REGULAÇÃO E CONCORRÊNCIA NOS PORTOS

RAFAEL VÉRAS DE FREITAS
LEONARDO COELHO RIBEIRO

Prefácio
André Luís Macagnan Freire

REGULAÇÃO E CONCORRÊNCIA NOS PORTOS

Belo Horizonte

2025

© 2025 Editora Fórum Ltda.

É proibida a reprodução total ou parcial desta obra, por qualquer meio eletrônico, inclusive por processos xerográficos, sem autorização expressa do Editor.

Conselho Editorial

Adilson Abreu Dallari	Floriano de Azevedo Marques Neto
Alécia Paolucci Nogueira Bicalho	Gustavo Justino de Oliveira
Alexandre Coutinho Pagliarini	Inês Virgínia Prado Soares
André Ramos Tavares	Jorge Ulisses Jacoby Fernandes
Carlos Ayres Britto	Juarez Freitas
Carlos Mário da Silva Velloso	Luciano Ferraz
Cármen Lúcia Antunes Rocha	Lúcio Delfino
Cesar Augusto Guimarães Pereira	Marcia Carla Pereira Ribeiro
Clovis Beznos	Márcio Cammarosano
Cristiana Fortini	Marcos Ehrhardt Jr.
Dinorá Adelaide Musetti Grotti	Maria Sylvia Zanella Di Pietro
Diogo de Figueiredo Moreira Neto (*in memoriam*)	Ney José de Freitas
Egon Bockmann Moreira	Oswaldo Othon de Pontes Saraiva Filho
Emerson Gabardo	Paulo Modesto
Fabrício Motta	Romeu Felipe Bacellar Filho
Fernando Rossi	Sérgio Guerra
Flávio Henrique Unes Pereira	Walber de Moura Agra

FÓRUM
CONHECIMENTO JURÍDICO

Luís Cláudio Rodrigues Ferreira
Presidente e Editor

Coordenação editorial: Leonardo Eustáquio Siqueira Araújo / Aline Sobreira de Oliveira
Revisão: Érico Barboza
Projeto gráfico: Walter Santos
Capa e Diagramação: Formato Editoração

Rua Paulo Ribeiro Bastos, 211 – Jardim Atlântico – CEP 31710-430
Belo Horizonte – Minas Gerais – Tel.: (31) 99412.0131
www.editoraforum.com.br – editoraforum@editoraforum.com.br

Técnica. Empenho. Zelo. Esses foram alguns dos cuidados aplicados na edição desta obra. No entanto, podem ocorrer erros de impressão, digitação ou mesmo restar alguma dúvida conceitual. Caso se constate algo assim, solicitamos a gentileza de nos comunicar através do *e-mail* editorial@editoraforum.com.br para que possamos esclarecer, no que couber. A sua contribuição é muito importante para mantermos a excelência editorial. A Editora Fórum agradece a sua contribuição.

Dados Internacionais de Catalogação na Publicação (CIP) de acordo com ISBD

F866r   Freitas, Rafael Véras de
         Regulação e concorrência nos portos / Rafael Véras de Freitas, Leonardo Coelho Ribeiro. Belo Horizonte: Fórum, 2025.
         340p. 14,5x21,5cm

         ISBN 978-65-5518-987-2
         ISBN digital 978-65-5518-988-9

         1. Portos. 2. Regulação. 3. Concorrência. 4. Infraestrutura portuária. 5. Assimetria regulatória. 6. Flexibilização. 7. SSE. 8. Importação e exportação. 9. Regime aduaneiro. I. Freitas, Rafael Véras de. II. Ribeiro, Leonardo Coelho. III. Título.

CDD: 387.1
CDU: 347.79

Ficha catalográfica elaborada por Lissandra Ruas Lima – CRB/6 – 2851

Informação bibliográfica deste livro, conforme a NBR 6023:2018 da Associação Brasileira de Normas Técnicas (ABNT):

FREITAS, Rafael Véras de; RIBEIRO, Leonardo Coelho. *Regulação e concorrência nos portos*. Belo Horizonte: Fórum, 2025. 340p. ISBN 978-65-5518-987-2.

AGRADECIMENTOS

Os autores agradecem a José Egídio Altoé Jr. e Fábio Amorim da Rocha Filho pela dedicação e brilhantismo empregados ao longo da elaboração deste livro. Vocês foram o melhor time com que poderíamos contar. Fizeram toda a diferença!

O processo de elaboração do livro foi ainda largamente beneficiado pela generosidade de autoridades nos temas de regulação e concorrência portuária.

Em pontapé inicial, o PSPHub, *think tank* de primeira linha, sediou o debate do *Working Paper* base para a elaboração do primeiro capítulo do livro. Foi a pedra de toque para começarmos, razão por que agradecemos ao Fred Turolla e a todos os membros do TCU, CADE, ANTAQ, FIESP e FGV Transportes, por engajarem na troca franca e colaborativa de ideias. A contribuição de vocês foi determinante para enfocarmos os temas tratados pelas lentes da realidade brasileira.

A todos que estiveram presentes no debate e contribuíram opinando criticamente no processo de elaboração do livro, nosso muito obrigado!

SUMÁRIO

PREFÁCIO
André Luís M. Freire 11

APRESENTAÇÃO 15

CAPÍTULO 1
RESTRIÇÕES À PARTICIPAÇÃO DOS ARMADORES EM
CONCORRÊNCIA PELO MERCADO DOS ARRENDAMENTOS
PORTUÁRIOS, EFICIÊNCIA E COMPETITIVIDADE 19
    Introdução 19
1   Do mercado de transporte de contêineres e de exploração da infraestrutura portuária e seus aspectos regulatórios 25
2   Limites ao estabelecimento de restrições regulatórias à concorrência para os transportadores marítimos de contêineres: inadequação da variável regulatória 35
3   Da impossibilidade de o regulador estabelecer presunções *ex ante* do exercício do poder de mercado em licitações 47
4   A eficiência como um dos vetores da regulação portuária e sua incompatibilidade com as restrições à concorrência pelo mercado nas licitações portuárias 72
5   As restrições à concorrência pelo mercado nas licitações portuárias como uma falha de regulação 86
    Conclusões 101

CAPÍTULO 2
ASSIMETRIA REGULATÓRIA E CONCORRÊNCIA NO SETOR
PORTUÁRIO 107
    Introdução: o histórico da assimetria regulatória no setor portuário 107
1   Os atuais quadrantes da assimetria regulatória no setor portuário e a diretriz de ampliação da concorrência 114
2   Os achados do Acórdão nº 2.711/2020 do Tribunal de Contas da União (TCU) e reformulação da assimetria regulatória no setor portuário 133

3	O regime jurídico trazido pela Lei nº 14.017/2020 e algumas propostas de flexibilização regulatória dos contratos de arrendamento	142
4	A questão do reequilíbrio econômico-financeiro dos contratos de arrendamento pela instituição de um terminal privado na mesma área de influência	160
	Conclusões	181

CAPÍTULO 3
SERVIÇO DE SEGREGAÇÃO E ENTREGA DE CONTÊINERES (SSE), REGULAÇÃO E CONCORRÊNCIA 193

	Introdução	193
1	A evolução regulatória da THC e da cobrança pelo SSE sob os influxos da regulação (ANTAQ), do controle externo (TCU) e da defesa da concorrência (CADE)	196
1.1	Fase 1 (anterior a 2012): ausência de resolução normativa regulatória	197
1.1.1	Disciplina regulatória (ANTAQ)	198
1.1.1.1	Processo nº 50300.000022/2002 – Porto de Salvador	198
1.1.1.2	Processo nº 50300.000159/2002 – Porto de Santos (Acórdão nº 13/2010)	199
1.1.2	Defesa da concorrência (CADE)	204
1.1.2.1	Processo nº 08012.007443/1999-17 – julgado em 27.04.2005	204
1.2	Fase 2 (2012-2019): Resolução ANTAQ nº 2.389/2012	205
1.2.1	Disciplina regulatória (ANTAQ)	205
1.2.2	Defesa da concorrência (CADE)	208
1.2.2.1	Processo nº 08012.001518/2006-37 – julgado em 28.06.2016	208
1.2.3	Controle externo (TCU)	209
1.2.3.1	Acórdão nº 1.704/2018 – Plenário	209
1.3	Fase 3 (2019-2022): Resolução ANTAQ nº 34/2019	212
1.3.1	Disciplina regulatória (ANTAQ)	212
1.3.2	Defesa da concorrência (CADE)	215
1.3.2.1	Processo nº 08700.005499/2015-51 – julgado definitivamente em 10.02.2021	215
1.3.2.2	Memorando de Entendimentos ANTAQ-CADE nº 01/2021	218
1.3.2.3	Manifestações da SEAE sobre a cobrança do SSE	220
1.3.3	Controle externo (TCU)	226
1.4	Fase 4 (2022-atual): Resolução ANTAQ nº 72/2022	227
1.4.1	Disciplina regulatória (ANTAQ)	227
1.4.2	Defesa da concorrência (CADE)	229

1.4.2.1	Nota Técnica nº 29/2022/DEE/CADE	229
1.4.2.2	CADE após a Nota Técnica nº 29/2022/CADE em análise correlata	238
1.4.3	Controle externo (TCU)	240
1.4.3.1	Acórdão TCU nº 1.448/2022 – Plenário	241
1.4.3.2	Acórdão ANTAQ nº 409-2022	247
1.4.3.3	Parecer Técnico ANTAQ nº 68/2022/GRP/SRG	248
1.4.3.4	Auditoria Operacional TCU sobre a prestação de serviços portuários – TC nº 020.789/2023-8	251
1.4.3.5	Acórdão TCU nº 1.825/2024	256
2	A dinâmica de importação e exportação, a cobrança pelo SSE e a concorrência entre terminais portuários e recintos alfandegados (portos secos)	260
2.1	A operação dos terminais portuários de contêineres e dos recintos alfandegados (portos secos)	261
2.2	Os fluxos de importação e exportação e a forma de remuneração dos serviços prestados pelos terminais portuários aos recintos alfandegados (portos secos)	264
2.3	Os regimes aduaneiros do comércio exterior e a cobrança assimétrica da THC	267
2.4	O serviço de segregação e entrega de contêineres (SSE) e sua cobrança à luz do regime aduaneiro de importação	269
2.5	Conclusão parcial	272
2.6	A concorrência efetiva entre os terminais portuários e os recintos alfandegados	273
3	A liberdade de preços nos arrendamentos portuários e a vedação ao enriquecimento sem causa	280
4	O entendimento atual do TCU pela suspensão da norma regulatória que fundamenta a cobrança pelo SSE	289
4.1	A impossibilidade de presunção *ex ante* de infração à ordem econômica baseada em conduta	291
4.2	O dever de deferência do TCU à regulação da ANTAQ: abuso do poder regulatório e expropriação regulatória	295
	Conclusões	312
REFERÊNCIAS		**325**

PREFÁCIO

A regulação do setor portuário e aquaviário enfrenta desafios cada vez mais complexos diante das novas tecnologias que transformam a dinâmica econômica global. A digitalização dos processos logísticos, a automação dos terminais e a ascensão da inteligência artificial impõem ao regulador a necessidade de adaptação ágil e criteriosa, inclusive num ambiente de expansão e aprimoramento das delegações de infraestrutura e serviços, como observado nas últimas três décadas.

O tradicional arcabouço normativo precisa equilibrar a segurança jurídica e a previsibilidade com a flexibilidade exigida pelo progresso tecnológico. Nesse contexto, este livro de Rafael Véras de Freitas e Leonardo Coelho Ribeiro é uma contribuição inestimável para o debate sobre a modernização regulatória do setor portuário.

Os desafios da regulação no setor portuário tornam-se ainda mais prementes diante da crescente complexidade das cadeias globais de suprimentos. A integração vertical entre transportadores marítimos e operadores portuários, cada vez mais presente, levanta questionamentos sobre a preservação de um ambiente concorrencial saudável.

O livro analisa, com precisão, como a regulação pode ser um instrumento de incentivo à eficiência, sem inviabilizar a competitividade e a inovação. A obra se debruça sobre a necessidade de calibração das restrições regulatórias para garantir que a integração logística proporcione benefícios à sociedade ao invés de ser aprioristicamente tratada como ameaça à concorrência.

A intersecção entre regulação setorial e defesa da concorrência no Brasil tem sido objeto de processo de amadurecimento significativo. O diálogo entre a Agência Nacional de Transportes Aquaviários (ANTAQ) e o Conselho Administrativo de Defesa Econômica (CADE) tem evoluído no sentido de garantir maior segurança jurídica e previsibilidade às decisões que envolvem os setores regulados, não sem contestação nas instâncias de controle externo ao Poder Executivo, como natural de todo processo decisório potencialmente conflitivo.

O livro apresenta uma análise criteriosa desse processo e destaca a importância de uma abordagem baseada em evidências, evitando presunções *ex ante* sobre possíveis efeitos anticompetitivos não apenas

nas operações societárias e práticas empresariais, mas também na modelagem dos projetos públicos de infraestrutura. A obra revela como a prática administrativa brasileira tem evoluído para uma visão mais sofisticada e alinhada às melhores práticas internacionais.

A legislação de defesa da concorrência, por essência, tem um caráter transversal e, no setor portuário, sua aplicação tem se mostrado bastante sofisticada. Por um lado, ao analisar casos envolvendo o setor, a autoridade da concorrência não escapa a ser um operador da regulação setorial. Por outro, o regulador, ao se debruçar sobre os problemas regulatórios postos, tampouco deixa de ser um operador da legislação concorrencial, caso pretenda fazer uso dessa ferramenta na construção das soluções. Cada qual no seu papel e com sua lente de análise.

Tendo isso em vista, a obra enfatiza a necessidade de um vetor concorrencial bem estruturado, que permita a evolução do setor sem comprometer a competitividade e a eficiência econômica. A abordagem proposta pelos autores reforça a relevância da livre concorrência como princípio fundamental para um ambiente regulatório saudável, contribuindo para a melhoria dos serviços portuários e para a redução de custos logísticos no país.

No capítulo 1, os autores trazem uma análise ao mesmo tempo abrangente e aprofundada sobre as restrições à participação dos armadores em licitações portuárias. O exame detalhado das premissas que sustentam tais restrições revela o impacto dessas medidas na eficiência do setor. A obra demonstra, de maneira robusta, que a regulação deve estar ancorada em uma avaliação empírica dos impactos concorrenciais ao invés de se basear em suposições abstratas sobre possíveis práticas anticoncorrenciais.

O capítulo 2 aprofunda-se na assimetria regulatória do setor portuário, um dos temas mais relevantes para a competitividade do setor. A análise da dualidade entre terminais arrendados e terminais privados revela um diagnóstico preciso dos desafios enfrentados pelo marco regulatório. Os autores propõem soluções pragmáticas para a flexibilização das regras, de modo a promover uma competição mais equilibrada e eficiente, sem comprometer a qualidade dos serviços prestados.

Já no capítulo 3, o livro trata da regulação e precificação do serviço de segregação e entrega de contêineres, tema que tem tido destaque na pauta setorial há duas décadas, abordando uma das discussões mais longevas do setor portuário. A obra oferece uma leitura instigante sobre o tema, destacando a evolução das normativas e as decisões das principais instituições envolvidas. A análise minuciosa das disputas regulatórias e concorrenciais em torno desse preço público proporciona ao leitor um panorama completo e atualizado sobre essa complexa questão.

Diante dos desafios contemporâneos da regulação portuária, esta obra se apresenta como leitura obrigatória para todos aqueles que atuam na área. A profundidade da análise, a clareza expositiva e o rigor técnico dos autores fazem deste livro uma referência essencial para estudiosos, reguladores, advogados e formuladores de políticas públicas. Em um setor tão estratégico para a economia nacional, o conhecimento aqui compartilhado tem o potencial de contribuir significativamente para a construção de um ambiente regulatório mais moderno, eficiente e competitivo.

André Luís M. Freire
Advogado da União. Procurador-Chefe do Conselho Administrativo de Defesa Econômica. Bacharel em Direito pela Universidade de São Paulo e em Economia pela Universidade de Brasília.

APRESENTAÇÃO

Há décadas, os portos brasileiros vêm experimentando o aumento de seu dinamismo. As reformas regulatórias setoriais romperam barreiras à entrada e fomentaram a competição e a qualidade dos serviços. Muitos passos na direção certa foram dados. Como era natural de ser, no entanto, as mudanças que assim permitiram avançar trouxeram consigo novos desafios, nem sempre adequadamente enfrentados.

Especialmente, interessam a nós os desafios situados no território compartilhado da regulação e da concorrência. São temas ricos e complexos, nos quais se imbricam a economia e o direito. Em seu conjunto, permitem capturar um bom retrato da atualidade, destacando os nós à espera de desate.

Este livro é sobre isto, regulação e concorrência nos portos, examinadas a partir de três temas estruturantes: integração logística, assimetria regulatória e cobrança pela prestação de serviços entre competidores.

Seguindo essa tríade, para tratar do tema da integração logística, o capítulo 1 é dedicado às restrições à participação dos armadores em concorrência pelo mercado dos arrendamentos portuários. Não raro, têm sido previstas em edital limitações à ampla competição nas licitações para gestão de arrendamentos portuários voltados à movimentação de contêineres. A medida seria necessária para promover a concorrência, dado que, aprioristicamente, a integração logística entre transportadores marítimos de contêineres e terminais portuários configuraria ilícito concorrencial, em razão de um probabilístico exercício do poder de mercado pelas companhias de navegação – o qual poderia ensejar, entre outras condutas anticompetitivas, o fechamento de mercado, a criação de barreiras à entrada, a prática de *self-preferencing* e o incremento dos preços cobrados no mercado *downstream*.

Desconfiando de certo tom de "lugar comum" assumido pela narrativa, a hipótese investigada por nós se dedica a apurar a procedência e os limites dessa linha de raciocínio ante as evidências disponíveis, lançando luzes sobre pontos que consideramos chave para o tratamento do tema.

No capítulo 2, voltamos a atenção para a assimetria regulatória setorial e seu papel na competição entre terminais portuários. A dualidade dos arranjos de incentivos traduzidos pelos regimes jurídicos que distintamente colhem terminais privados e arrendamentos portuários é tema merecedor de revisita, não pela dualidade em si, mas pela intensidade dos influxos regulatórios presentes nesses regimes, divisados a partir da definição da poligonal dos portos organizados, e os resultados ora produzidos.

Dados têm demonstrado a necessidade de recalibragem dos influxos lançados por esses arranjos para que arrendatários e terminais privados compitam de modo mais efetivo. O ponto está em como proceder a essa recalibragem.

Para apresentarmos proposições nesse tema, ressaltamos o risco de perda de eficiência, que vem a reboque de argumentos tendentes a promover uma corrida para a base (*race to the bottom*) ao nivelarem a competição por baixo, compensando ineficiências. Pensamos diferente. Para nós, é preciso intensificar o processo de flexibilização do regime jurídico dos arrendatários, de modo a promover uma corrida para o topo (*race to the top*), incrementando a eficiência, a competição e a qualidade da própria regulação.

Por fim, dedicamos o capítulo 3 à competição entre terminais portuários e recintos alfandegados (portos secos) no mercado de armazenagem de contêineres. Essa função é cumprida pela detalhada análise de uma contenda com mais de 20 anos: a possibilidade de cobrança em contrapartida à prestação do serviço de segregação e entrega de contêineres (SSE) por terminais portuários para recintos alfandegados.

O tema é prenhe de normativas e decisões da ANTAQ, do CADE e do TCU. E, em que pese sua longevidade, segue mal resolvido, como provam as muitas e distintas fases evolutivas pelas quais passou. A fase atual, simbolizada pela existência de acórdãos do TCU cautelarmente anulando dispositivos de resolução da ANTAQ e inobservando relatório de auditoria operacional, do próprio TCU, do qual constam informações contrárias às premissas assumidas pelos mencionados acórdãos, evidencia a incoerência a ser enfrentada e os riscos inerentes à postura atual da Corte de Contas.

Abordando esses três grandes temas, sumariando objetivamente os achados de nossa análise ao final de cada qual, os dados aqui apresentados parecem apontar que: (i) pode haver muitos benefícios a serem percebidos por meio da ampla competição por arrendamentos portuários para movimentação de contêineres, revelando-se a integração logística entre armadores e terminais portuários como um arranjo potencialmente provedor de resultados positivos à sociedade, a ser casuisticamente testado; (ii) a assimetria regulatória entre os regimes de arrendamento portuário e de terminais privados precisa ser recalibrada, mediante o incremento da flexibilização do regime dos arrendamentos, promovendo mais competição e eficiência setorial; e (iii) o SSE existe, razão por que sua cobrança é legal, e deve se dar sob orientação da liberdade de preços, sem assunções apriorísticas e simplificadoras quanto a possíveis ilícitos concorrenciais futuros, o que não afasta, por outra mão, a possibilidade de tutela da defesa da concorrência para remediar sobre o tema, repressivamente, em caso concreto.

Boa leitura!

CAPÍTULO 1

RESTRIÇÕES À PARTICIPAÇÃO DOS ARMADORES EM CONCORRÊNCIA PELO MERCADO DOS ARRENDAMENTOS PORTUÁRIOS, EFICIÊNCIA E COMPETITIVIDADE

Introdução

Nos últimos anos, teve lugar, em diversos foros dos setores de infraestrutura (e patrocinada por uma miríade de *stakeholders*), uma narrativa estruturada segundo a qual a atuação de empresas de navegação marítima, na gestão da infraestrutura portuária, seria, *per se*, antípoda à concorrência. Para além disso, têm-se disseminado argumentos apontando a conflagração de uma perniciosidade concorrencial, que seria experimentada em razão da estruturação de uma operação logística integrada entre os exploradores da infraestrutura portuária e os agentes econômicos situados em tal cadeia produtiva (importadores, exportadores, companhias de navegação e operadores logísticos).

Em breve síntese, essa narrativa se lastreia no entendimento consoante o qual a integração vertical entre transportadores marítimos de contêineres e terminais portuários, ou a operação logística integrada, configurariam, aprioristicamente, um ilícito concorrencial, em razão de um probabilístico exercício do poder de mercado pelas companhias de navegação – o qual poderia ensejar, entre outras condutas anticompetitivas, o fechamento de mercado, a criação de barreiras à entrada e o incremento dos preços cobrados no mercado *downstream*. Nesse quadrante, seria medida regulatória adequada, a tutelar tal ameaça à concorrência da exploração da infraestrutura portuária, limitar ou impedir a participação de armadores em procedimentos licitatórios de arrendamentos portuários, em atendimento à função regulatória das licitações, evitando-se uma possível conduta de *self-preferencing*.

Os efeitos líquidos negativos que poderiam ser experimentados por essa associação integrativa logística estão se tornando um argumento onipresente no discurso construído para restringir previamente a participação de armadores em licitações voltadas à exploração de terminais portuários (arrendamentos e concessões de portos organizados), em razão do caráter ambíguo dessa figura na literatura e na prática administrativa.

Nesse sentido, o Conselho Administrativo de Defesa Econômica (CADE), por exemplo, já destacou que a integração vertical é um dos aspectos concorrenciais relevantes nos processos de outorga de terminais portuários.[1] De acordo com a entidade de defesa da concorrência, a verticalização entre elos subsequentes da cadeia produtiva é uma característica comum nos mercados de logística, sobretudo no setor portuário brasileiro, não sendo a integração vertical um ilícito *per se*, considerando-se a concorrência pelo serviço (nas licitações) e as eficiências econômicas (nas operações) que pode proporcionar. Contudo, a legalidade da integração entre armadores e terminais portuários, bem como os benefícios que podem advir dessa forma de gestão, foi desafiada por manifestação individual da Superintendência Geral do CADE (Nota Técnica nº 10/2022/CGAA3/SGA1/SG/CADE), segundo a qual a verticalização logística seria uma prática nociva à concorrência, indutora de barreiras à entrada.[2]

Por sua vez, a Nota Técnica nº 35/2021/DEE/CADE simboliza o quanto vimos de dizer até aqui. Nela, o Departamento de Estudos Econômicos do CADE asseverou que a integração vertical pode gerar as seguintes eficiências: redução de custos, incremento da eficiência alocativa, redução de incertezas, eliminação do problema da dupla

---

[1] CADE. Departamento de Estudos Econômicos. *Nota Técnica nº 35/2021/DEE/CADE*. Disponível em: http://web.antaq.gov.br/Sistemas/WebServiceLeilao/DocumentoUpload/Audiencia%20105/_30_ANEXO%202%20-Tratativas_MInfra-CADE.pdf. Acesso em: 3 maio 2024.

[2] CADE. Superintendência Geral. *Nota Técnica nº 10/2022/CGAA3/SGA1/SG/CADE*. Disponível em: https://sei.CADE.gov.br/sei/modulos/pesquisa/md_pesq_documento_consulta_externa.php?HJ7F4wnIPj2Y8B7Bj80h1lskjh7ohC8yMfhLoDBLddbtiSElrg_jFEUpyESh7N5J5pT50JG7e5nwlomxBrdByAhiBz622W1mlNZfKbx0XYdcC6hI0LHR_Pzq7ClMtuKM. Acesso em: 3 maio 2024.

marginalização e obtenção de economias de escopo. De acordo com o documento, tais ganhos, além de auferidos pelas empresas, podem, dependendo das condições de mercado, ser usufruídos pelos consumidores. Nada obstante, tal documento aponta que dita integração pode também importar no fechamento de mercado para rivais nas cadeias *upstream* ou *downstream*, elevação dos custos de rivais e facilitação de condutas coordenadas. Por fim, conclui que a prática verticalizada pode ter efeitos concorrenciais positivos e/ou negativos, de modo que seu efeito líquido deve ser avaliado, caso a caso, considerando, inclusive, o histórico de condutas anticompetitivas nesses mercados.[3]

O caráter ambíguo das integrações verticais também foi ressaltado pela Nota Técnica nº 10/2022/CGAA3/SGA1/SG/CADE, no bojo da qual se recomendou cautela na inserção de regras restritivas à participação de licitantes verticalmente integrados, de modo a não gerar o efeito oposto daquele desejado, eliminando a concorrência e reduzindo eficiências. Mais recentemente, a Nota Técnica nº 5/2023/CGAA3/SGA1/SG/CADE,[4] elaborada no contexto do estudo concorrencial instrutivo da outorga do Porto de Itajaí, destacou que as integrações verticais, dependendo da estrutura do mercado, podem ser geradoras de eficiências, como redução de custos de transação ou eliminação do duplo *mark-up*.

A nota técnica observa, ainda, que as integrações verticais também podem aumentar incentivos à prática de condutas anticompetitivas, como fechamento de mercado, aumento dos custos de rivais e

---

[3] "É recomendável que se busquem informações sobre o histórico de condutas anticompetitivas nos mercados analisados. (...) Integrações verticais e consórcios são arranjos econômicos que se justificam sob o ponto de vista da racionalidade econômica na medida em que podem gerar reduções de custos e viabilizar investimentos em atividades intensivas em capital. (...) Considerando o caráter de incerteza quanto ao real resultado do processo licitatório, bem como, a ambiguidade dos efeitos concorrenciais de questões como a participação de consórcios e a existência de integrações verticais, que, via de regra, devem ser avaliados caso a caso e não de forma prévia, constata-se a dificuldade de se estabelecerem regras que restrinjam a participação de determinados agentes econômicos nos leilões. Nesse contexto, recomenda-se que a aplicação de restrições à participação de agentes econômicos, quando necessária, se dê com máxima cautela, considerando condições que indiquem efeitos concorrenciais negativos significativos e incontornáveis e com indicação de restrições mínimas capazes de neutralizar o possível prejuízo à concorrência" (CADE. Departamento de Estudos Econômicos. *Nota Técnica nº 35/2021/DEE/CADE*. Disponível em: http://web.antaq.gov.br/Sistemas/WebServiceLeilao/DocumentoUpload/Audiencia%20105/_30_ANEXO%20 2%20-Tratativas_MInfra-CADE.pdf. Acesso em: 3 maio 2024).

[4] CADE. Superintendência Geral. *Nota Técnica nº 5/2023/CGAA1/SG/CADE*. Disponível em: https://sei.CADE.gov.br/sei/modulos/pesquisa/md_pesq_documento_consulta_externa. php?HJ7F4wnIPj2Y8B7Bj80h1lskjh7ohC8yMfhLoDBLddautRF-pPj-nLLXuLxSYm93ElcgX kKgUQhtKxIojNXPK_dDoX7xiNfVwrMGUE6WC7_-opXLq8sn7mQVffdfH3BK. Acesso em: 3 maio 2024.

facilitação de acordos colusivos, por meio do aumento de barreiras de entrada, monitoramento de rivais e eliminação de agentes disruptivos no mercado *downstream*. Na mesma direção, a Nota Técnica nº 33/2023/CGAA11/SGA1/SG/CADE[5] indica que a integração vertical entre armadores e terminais portuários não é prejudicial, *per se*, para a concorrência. Essas integrações podem gerar efeitos pró-competitivos, como redução de custos de transação, o que pode ser revertido para melhoria e inovação de produtos e processos, aumentando a eficiência econômica da empresa e proporcionando ganhos em termos de preços e qualidade aos consumidores.

Nada obstante, a Nota Técnica nº 33/2023/CGAA11/SGA1/SG/CADE observa que, nos últimos anos, algumas características do setor ensejariam preocupações concorrenciais, se analisadas em conjunto. Seriam elas: (i) incremento das participações de mercado globais e no Brasil dos principais armadores (com redução geral do número de *players* atuando no transporte marítimo de contêineres e poucas/nenhuma novas entradas no mercado que atuem globalmente e/ou no Brasil); (ii) intensificação da verticalização dos armadores com terminais portuários; (iii) operação compartilhada na prestação dos serviços de transporte marítimo de contêineres (envolvendo junção de armadores em contratos do tipo *Vessel Sharing Agreements* – VSA e/ou *Slot Charter Agreements* – SCA); (iv) inclusão de cláusula, em contratos do tipo VSA, que incrementariam o poder de negociação das alianças sobre os terminais portuários; e (v) concentração de todas as cargas dos VSA no mesmo terminal portuário, com possível exclusão dos demais terminais portuários que não fazem parte de grupos econômicos dos armadores (quando estes são verticalizados).

Outra suposta problemática decorrente da integração logística vertical corresponderia à geração de uma "sobrecapacidade". No processo de estruturação do certame licitatório para a outorga do arrendamento do STS-10, do Complexo Portuário de Santos, por exemplo, essa alegação foi realçada nas contribuições apresentadas durante a consulta pública. De acordo com a síntese produzida pelo então relator, diretor Eduardo Nery, esse risco de sobrecapacidade teria como

---

[5] CADE. Superintendência Geral. *Nota Técnica nº 33/2023/CGAA11/SGA1/SG/CADE*. Disponível em: https://sei.CADE.gov.br/sei/modulos/pesquisa/md_pesq_documento_consulta_externa.php?HJ7F4wnIPj2Y8B7Bj80h1lskjh7ohC8yMfhLoDBLddY_X9cUsOiZo-Yts3uZC_BQ0G32xOmbb4JI-YXQ1fHyor_kWJ6kWm6VhlFtk9QIzigvujo4VOIKycL8XASUJFs-. Acesso em: 3 maio 2024.

causas: (i) um cenário de incerteza quanto ao crescimento da demanda frente a uma alegada capacidade ociosa das infraestruturas portuárias existentes; e (ii) a existência de processos, já em trâmite, que teriam o potencial de aumentar a capacidade de movimentação de contêineres, no Complexo Portuário de Santos, com a realização de investimentos em terminais já instalados.

Essas premissas foram afastadas, pelo diretor relator, ao notar que, mesmo se adotada a curva de demanda de contêineres menos otimista projetada para o Porto de Santos, ainda assim se daria um esgotamento de sua capacidade operacional em 2034. Em outras palavras: o cenário projetado não apontaria para uma sobrecapacidade, mas para um esgotamento da capacidade operacional do porto para esse tipo de carga.

O diretor relator também destacou que, embora se possa ter uma segurança quanto ao aumento de expansão da capacidade operacional dos arrendamentos cujos contratos foram renovados recentemente (Santos Brasil), para os terminais de uso privado (*DP World*), não há qualquer garantia de que o agente privado realizará investimentos de expansão dos terminais. Diante desse cenário e considerando o longo tempo de maturação de projetos de arrendamento dessa envergadura, o diretor relator concluiu ser imperioso que a administração portuária se antecipe no oferecimento de maior infraestrutura portuária na movimentação de contêineres, de modo que a capacidade instalada do porto esteja sempre à frente da demanda, evitando, assim, gargalos logísticos ou fuga de carga.

Esse mapeamento introdutório denota o quanto o tema demanda investigação, de modo a afastar as penumbras que vêm sendo lançadas sobre si. É o que nos propomos a fazer neste capítulo.

O tema não será tratado por nós sob a lente monolítica do direito da concorrência, mas à luz dos quadrantes característicos da função reguladora estatal e da função dos procedimentos licitatórios. Nada obstante, os pronunciamentos da entidade de defesa da concorrência serão examinados no que for pertinente, com o fito de lastrear as interfaces entre a regulação e a concorrência, no âmbito do setor portuário. Nesse quadrante, a presente obra pretende endereçar o seguinte questionamento: está incursa, na função regulatória e dos procedimentos licitatórios, a competência de restringir, *ex ante*, a concorrência pelo mercado da exploração da infraestrutura portuária, interditando ou restringindo a participação de licitantes que potencialmente integrem os elos do transporte de contêineres (armadores) e da operação da exploração da infraestrutura portuária? Para tanto, o presente livro é divido em duas partes. Na parte 1, investigaremos se a restrição, *ex ante*, da concorrência pelo mercado da exploração da infraestrutura portuária para os armadores é compatível com a função reguladora, em especial a exercida pela Agência Nacional de Transportes Aquaviários (ANTAQ).

Para além disso, sob o aspecto jurídico da regulação, pretende-se examinar se intervenção apriorística desse jaez se compatibiliza com os princípios da subsidiariedade, da proporcionalidade e da eficiência, que servem de limites à intervenção do Estado na ordem econômica. Ainda nesse quadrante, pretende-se divisar as competências da entidade reguladora (ANTAQ) e da entidade de defesa da concorrência (CADE), com o desiderato de estabelecer os lindes da atuação daquela em sede de tutela da defesa da concorrência. Em prosseguimento, pretende-se analisar a operação verticalizada entre o transportador de contêineres e o operador da infraestrutura à luz dos conceitos fundantes da Nova Economia Institucional (NEI), que tem, no desenvolvimento da teoria dos custos de transação, por Oliver Williamson,[6] o seu principal alicerce teórico.

A Nova Economia Institucional (NEI) configura vertente alternativa à economia neoclássica, segundo a qual se busca interpretar os fenômenos econômicos, a partir de vertentes organizacionais, sociológicas, políticas e antropológicas.[7] Cuida-se de terminologia que teve lugar a partir dos escritos de Oliver Williamson, lastreado em Ronald Coase e Douglass North, e nas teorias dos custos de transação e da função econômica das instituições.

Tal vertente econômica se lastreia em três pilares: (i) nos custos despendidos para realização de transações econômicas, os quais serão decisivos no estabelecimento dos direitos de propriedade; (ii) no ambiente institucional, que será construído a partir das "regras do jogo", assim consideradas como o arcabouço normativo (formal e

---

[6] COASE, Ronald. H. The problem of social cost. *The Journal of Law & Economics*, v. III, p. 1-44, 1960. WILLIAMSON, Oliver E. *The Economic Institutions of Capitalism*. New York: The Free Press, 1985.

[7] De acordo com tal concepção, pretende-se veicular um método indutivo, lastreado nas seguintes premissas: (i) as instituições são parte relevante nas análises econômicas; (ii) as regras do jogo devem sofrer uma influência recíproca para com o desenvolvimento das instituições. NORTH, Douglass C. Economic Performance Through Time. *Nobelprize.org*. Nobel Media AB 2014.

informal), que estabelecerá direitos e deveres para as partes contratantes; e (iii) nas estruturas de governança, notadamente nas formas da integração vertical.

São temas que engendram o substrato teórico que alicerça a interpretação econômica da integração vertical logística.

1 Do mercado de transporte de contêineres e de exploração da infraestrutura portuária e seus aspectos regulatórios

O transporte de contêineres tem por desiderato produzir eficiências ao transporte de cargas em geral, por intermédio de navios.[8] Cuidou-se, pois, de revolução no transporte marítimo, empreendida nos idos da década de 1960, a partir da qual se conseguiu simplificar o transporte e o manejo de um plexo de mercadorias, a partir da unitização de cargas – o que importou em ganhos de escala e de escopo pelo transportador.[9] Mais especificamente, em 1956, o Ideal X, um navio que foi construído no contexto histórico da Segunda Guerra Mundial,

---

[8] Como leciona Sander Magalhães Lacerda, os contêineres surgiram para facilitar o transporte de carga geral, assim classificadas as mercadorias que não são granéis (LACERDA, Sander Magalhães. Navegação e portos no transporte de contêineres. *Revista do BNDES*, Rio de Janeiro, v. 11, n. 22, p. 215-243, 2004. p. 217). Petrônio Sá Benevides Magalhães, por sua vez, classifica as cargas marítimas em dois grandes grupos de classes: (i) a carga geral; e (ii) os granéis líquidos ou sólidos. A carga geral pode ser manuseada e transportada com auxílio e embalagens, arranjos e agrupamentos, sendo tratada em três formas de movimentação: carga geral solta, neogranéis e os contêineres. Uma mesma mercadoria pode ser transportada em processos alternativos ou como carga de diferentes tipos. Por exemplo, o açúcar é comercializado a granel ou ensacado como carga geral e movimentado de forma solta ou colocado em contêineres (MAGALHÃES, Petrônio Sá Benevides. *Transporte marítimo*: cargas, navios, portos e terminais. São Paulo: Aduaneiras, 2010. p. 17-18).

[9] A Organização para a Cooperação e Desenvolvimento Econômico destaca que, após a década de 1950, a conteinerização alterou profundamente o setor de transporte marítimo, como demonstra o fato de, atualmente, a maior parte da carga global ser transportada em navios porta-contentores. A OCDE também indica que o setor de transporte marítimo "caracteriza-se por custos fixos elevados, uma vez que muitos custos são incorridos independentemente do volume de carga transportada. Esta estrutura de custos tem sido um dos principais fatores da tendência para o aumento da dimensão dos navios. Enquanto na década de 1980 os maiores navios tinham mais de 4.000 TEU (unidade equivalente a vinte pés), no final da década de 1990 atingiram uma capacidade nominal de 8.000 TEU. Atualmente, os maiores navios utilizados têm cerca de 18.000 TEU" (OCDE – ORGANIZAÇÃO PARA COOPERAÇÃO E DESENVOLVIMENTO ECONÔMICO. *Competition issues in liner shipping*, 2015. Disponível em: https://www.oecd.org/daf/competition/competition-issues-in-liner-shipping.htm. Acesso em: 15 maio 2024).
Trazendo a referência para a data presente, os maiores navios porta-contentores da atualidade ostentam a capacidade de transportar 24.000 TEU.

posteriormente transformado em um navio de cargas por Malcom Purcell McLean, partiu do Porto de Newark com destino ao Porto de Houston, transportando 58 contêineres, momento a partir do qual a *box Evolution* (produzida pela conteinerização) se tornou um dos pilares do processo de globalização.[10]

A partir de tal inovação, a cadeia logística portuária passa a ser constituída por uma miríade de agentes, que lançam mão de uma atuação concertada entre si. O elo central de toda a cadeia é vocacionado a atender os importadores e os exportadores, que são os titulares da propriedade das cargas.[11] Cuida-se de agentes econômicos localizados em diferentes regiões do planeta, que celebram contratos com transportadores, cujo objeto é o transporte e o manejo das cargas nas linhas marítimas e na infraestrutura portuária de origem e destino. Importada ou exportada, a carga é transportada nos navios, os quais são descarregados para terem suas cargas retiradas por seus destinatários ou temporariamente armazenadas em terminais portuários e recintos alfandegados.

Nesse passo, o transporte marítimo de contêineres se subdivide em duas modalidades: a *cabotagem*, no âmbito da qual é feito o transporte doméstico às margens da costa territorial; e o *transporte de longo curso*, realizado entre países.

De outro lado, têm-se os armadores e as linhas de navegação,[12] agentes econômicos que operam os navios de transporte de contêineres

---

[10] GIOVANETTI, Geoffrey N. Is ocean freight becoming a commodity?. *JOC*, 2004. MATTOS, César; ALLAIN, Marcelo; PINA, Fábio; SACCONATO, André. Terminais portuários de contêineres no Brasil – verticalização, concentração, antitruste e regulação. *BR infra group*, 2021.

[11] A titularidade da carga é bem delineada no *Bill of Lading*. Trata-se de instrumento contratual firmado entre o importador ou exportador e o transportador, disciplinando as obrigações de transporte da carga. Veja-se o item 2 de um desses instrumentos: "O contrato evidenciado por este Conhecimento de Embarque é entre o transportador e o comerciante. (...) O comerciante garante que, ao concordar com os termos e condições deste Conhecimento de Embarque, ele é o proprietário das mercadorias, ou que ele o faz em nome do proprietário das mercadorias ou da pessoa com direito à posse das mercadorias" (*MSC Bill of Lading*. Disponível em: https://www.msc.com/-/media/files/legal-files/bill-of-lading.pdf. Acesso em: 15 maio 2024).

[12] Como destacado pelo CADE, armadores são empresas de navegação que atuam, entre outros mercados, prestando serviços de transporte marítimo internacional de contêineres. Tais agentes operam em rotas predeterminadas e com frequência regular. Essa operação pode ser feita pela empresa de transporte marítimo regular de contêineres de forma individual, por meio de aluguel *spot* de *slots* em navios de terceiros ou por meio de uma rede de contratos de compartilhamento (CADE. Superintendência Geral. *Parecer nº 15/2020/CGAA3/SGA1/SG/CADE. Processo nº 08700.002724/2020-64. SEI nº 0814173*, 07 out. 2020).

entre a infraestrutura portuária de origem e a de destino. No direito brasileiro, tal atividade é disciplinada pela Lei nº 9.432/1997, que, em seu art. 5º, dispõe: "A operação ou exploração do transporte de mercadorias na navegação de longo curso é aberta aos armadores, às empresas de navegação e às embarcações de todos os países, observados os acordos firmados pela União, atendido o princípio da reciprocidade". O conceito legal de armador está previsto no art. 2º, III, da Lei nº 9.537/1997, de acordo com o qual o armador é a "pessoa física ou jurídica que, em seu nome e sob sua responsabilidade, apresta a embarcação com fins comerciais, pondo-a ou não a navegar por sua conta". Disso decorre que o armador é a sociedade empresária que procede à armação da embarcação de sua propriedade e a explora comercialmente.[13]

No âmbito regulatório brasileiro,[14] menciona-se a Resolução ANTAQ nº 62/2021, a qual estabeleceu as regras sobre os direitos e deveres dos usuários, dos agentes intermediários[15] e das empresas que operam nas navegações de apoio marítimo, apoio portuário, cabotagem e longo curso. A referida resolução estabelece, em seu art. 3º, que os transportadores marítimos de longo curso devem observar, entre outras, as seguintes condições: (i) regularidade, por meio da realização da frequência e das escalas ofertadas aos usuários; (ii) eficiência, por

---

[13] ROCHA, Nara Rejane Moraes da. *Responsabilidade civil do operador portuário*. São Paulo: Aduaneiras, 2014. p. 40.

[14] Há de se reconhecer, como Mariana Casati Nogueira da Gama, que o transporte marítimo de longo curso ocorre entre oceanos e mares, aproximando países. O transporte de mercadorias por via marítima é geralmente contratado para concluir a execução de um contrato de compra e venda internacional, constituindo um recurso essencial na fixação do preço final dos produtos e no atendimento das condições pactuadas no contrato de compra e venda. Nessa qualidade, está sujeito à incidência de tratados e convenções internacionais (GAMA, Mariana Casati Nogueira da. *O regime jurídico do contrato de transporte marítimo de mercadorias*. Dissertação de Mestrado em Direito, Pontifícia Universidade Católica de São Paulo – PUC-SP, São Paulo, 2005. p. 19).

[15] Cuida-se de agente conceituado como "todo aquele que intermedeia a operação de transporte entre o usuário e o transportador marítimo ou que representa o transportador marítimo efetivo, podendo ser: a) agente transitário: todo aquele que coordena e organiza o transporte de cargas de terceiros, atuando por conta e ordem do usuário no sentido de executar ou providenciar a execução das operações anteriores ou posteriores ao transporte marítimo propriamente dito, sem ser responsável por emitir *Bill of Lading* (BL); b) agente marítimo: todo aquele que, representando o transportador marítimo efetivo, contrata, em nome deste, serviços e facilidades portuárias ou age em nome daquele perante as autoridades competentes ou perante os usuários; ou c) transportador marítimo não operador de navios: a pessoa jurídica, conhecida como *Non-Vessel Operating Common Carrier* (NVOCC), que não sendo o armador ou proprietário de embarcação responsabiliza-se perante o usuário pela prestação do serviço de transporte, emitindo o BL, agregado, *house*, filhote ou *sub-master*, e subcontratando um transportador marítimo efetivo", na forma do art. 2º, II, da Resolução ANTAQ nº 62/2021.

intermédio do cumprimento dos parâmetros de desempenho, da adoção de procedimentos operacionais que evitem perda, dano ou extravio de cargas, minimizando custos a serem suportados pelos usuários, e da execução diligente de suas atividades operacionais; (iii) generalidade, assegurando a oferta de serviços, de forma indiscriminada e isonômica, a todos os usuários, com a maior amplitude possível; (iv) modicidade, caracterizada pela adoção de preços, fretes, taxas e sobretaxas em bases justas, transparentes e não discriminatórias e que reflitam o equilíbrio entre os custos da prestação dos serviços e os benefícios oferecidos aos usuários, além da remuneração adequada; e (v) pontualidade, mediante o cumprimento dos prazos, fixados ou estimados, para prestação dos serviços, tomando-se em consideração as circunstâncias do caso.[16]

De acordo com a própria regulação setorial, o usuário[17] que contrata o transporte marítimo tem o direito de "obter e utilizar o serviço, com liberdade de escolha de prestadores" (art. 8º, IV, da Resolução ANTAQ nº 62/2021), e o dever de "entregar ou retirar a carga no local e prazo acordados para embarque ou desembarque com o correto acondicionamento, em conformidade com as leis, regulamentos, exigências técnicas aplicáveis e tratados, convenções, acordos e outros instrumentos internacionais ratificados pela República Federativa do Brasil" (art. 9º, IV, da Resolução ANTAQ nº 62/2021).[18]

Tais disposições apontam no sentido de que o usuário tem liberdade para escolher o transportador marítimo de sua preferência, e o porto e o terminal da carga a ser transportada. Tanto é assim que o art. 30, VII, da Resolução ANTAQ nº 62/2021 qualifica como "infração administrativa de natureza média" quando o armador "deixar de entregar a carga no destino acordado".

---

[16] O art. 5º da Resolução ANTAQ nº 62/2021 prescreve que os transportadores marítimos devem abster-se de práticas lesivas à ordem econômica, por meio de atos que tenham por objeto ou possam produzir os efeitos, ainda que não alcançados, de limitar, falsear ou de qualquer forma prejudicar a livre concorrência ou a livre-iniciativa, aumentar arbitrariamente os lucros ou exercer de forma abusiva posição dominante.

[17] Ao definir o usuário, o art. 2º, XXVI, da Resolução ANTAQ nº 62/2021 deixa expresso que o próprio usuário é proprietário ou possuidor da carga. Confira-se: "Usuário: todo aquele que contrata, diretamente ou por meio de um agente intermediário, o transporte marítimo de cargas de sua propriedade ou posse, ou a operação nas navegações de apoio marítimo ou portuário".

[18] Além disso, o usuário deve prestar informações corretas, claras, precisas, tempestivas e completas para as operações de navegação de longo curso sobre carga a ser transportada (art. 9º, V, *a*, da Resolução ANTAQ nº 62/2021).

Ainda no âmbito regulatório, a Resolução ANTAQ nº 72/2022 estabeleceu os parâmetros para a prestação dos serviços de movimentação e armazenagem de contêineres e carga geral em instalações portuárias públicas ou privadas. O art. 2º, XI, da citada resolução conceituou o transportador marítimo como "aquele que realiza transporte de bens ou pessoas na cabotagem ou no longo curso, em embarcações próprias ou alheias, emitindo conhecimento de carga ou *Bill of Lading* (BL)".

Como regra geral, os importadores ou exportadores contratam o transporte marítimo de mercadorias com os armadores, definindo os portos de origem e de destino. Por sua vez, o transportador marítimo contrata os serviços dos terminais portuários, visando à movimentação horizontal e vertical das cargas. Tais serviços são negociados e contratados, pelos armadores, junto aos terminais, formando uma cesta de serviços remunerados por um preço denominada *box rate*, nos termos do art. 4º da Resolução ANTAQ nº 72/2022.[19] Nesse sentido, os serviços contemplados na *box rate* são realizados "pela instalação portuária ou pelo operador portuário, na condição de contratado do transportador marítimo, mediante remuneração livremente negociada".

O art. 2º, X, da Resolução ANTAQ nº 72/2022 estabelece, ainda, o conceito de taxa de movimentação no terminal ou *Terminal Handling Charge* (THC), entendida como o "preço cobrado pelos serviços de movimentação de cargas entre o portão do terminal portuário e o costado da embarcação, incluída a guarda transitória das cargas pelo prazo contratado entre o transportador marítimo, ou seu representante, e instalação portuária ou operador portuário, no caso da exportação, ou entre o costado da embarcação e sua colocação na pilha do terminal portuário no caso da importação". Daí que, nos termos do art. 3º do referido normativo, a THC "poderá ser cobrada pelo transportador marítimo, diretamente do exportador, importador ou consignatário, conforme o caso, a título de ressarcimento das despesas discriminadas no art. 2º, inciso X, assumidas com a movimentação das cargas e pagas à instalação portuária ou ao operador portuário".

Em 2023, a ANTAQ editou as Resoluções nº 100, 101, 107 e 108, por intermédio das quais alterou determinadas disposições das Resoluções nº 62/2021 e 72/2022, além de instituir novas regras ao regime jurídico

---

[19] ANTAQ – AGÊNCIA NACIONAL DE TRANSPORTES AQUAVIÁRIOS. *Relatório Final – Estudo comparativo dos valores de THC (Terminal Handling Charge/Taxa de Movimentação no Terminal) nos terminais de contêineres no Brasil e no mundo*, 2019, p. 11.

dos transportadores marítimos. A Resolução ANTAQ nº 100/2023 estabeleceu metodologia específica para determinar abusividade na cobrança da THC. A metodologia[20] disciplinada pela agência reguladora busca sistematizar as análises de casos concretos que envolvem a cobrança de THC, tendo por finalidade auxiliar os servidores da ANTAQ na instrução de processos administrativos que envolvam indícios de abusividade na cobrança de THC, na forma dos artigos 1º e 2º da Resolução ANTAQ nº 100/2023.[21]

Por sua vez, a Resolução ANTAQ nº 101/2023 alterou os arts. 8º, 15-A e 27 da Resolução ANTAQ nº 62/2021, bem como os artigos 2º, III, parágrafo único, 3º e 4º da Resolução ANTAQ nº 72/2022. O objetivo das mudanças foi "estabelecer instrumentos de aprimoramento de análise e fiscalização" da cobrança da THC, conforme o art. 1º da Resolução ANTAQ nº 101/2023. De outro lado, a Resolução ANTAQ nº 107/2023 modificou a Resolução ANTAQ nº 100/2023 para o fim de retificar a terminologia a respeito da taxa de movimentação no terminal, bem como esclarecer situações para a aplicação da metodologia para determinar abusividade na THC. Por último, a Resolução ANTAQ nº 108/2023 teve por objetivo alterar as Resoluções ANTAQ nº 62/2021 e 101/2023, redefinindo conceitos e alterando os direitos dos usuários marítimos.[22]

---

[20] De acordo com o art. 10 da Resolução ANTAQ nº 100/2023, a área técnica da agência deve adotar a seguinte metodologia para a aferição de abusividade: (i) verificar a existência de condutas abusivas, tais como aquelas dispostas em normativos da ANTAQ; (ii) buscar a justificativa, fundamentada pelo transportador marítimo, da THC que se almeja a restituição; (iii) realizar análise qualitativa, com a verificação de que os serviços cobrados a título de restituição constem na cesta de serviços que a instalação ou o operador portuário cobrou ao transportador marítimo; (iv) buscar a confirmação, junto à instalação ou operador portuários, de que aqueles serviços informados pelo transportador marítimo foram realmente prestados; (v) buscar a justificativa, fundamentada pela instalação ou operador portuários, da cesta de serviços cobrada do transportador marítimo ou do usuário e da THC cobrada do usuário nos casos de contratação direta; e (vi) observar se foram informados à contratante, antes de iniciada a prestação dos serviços de movimentação portuária: a) na cobrança de THC, o preço cobrado pelo serviço de intermediação; ou b) na cobrança pela cesta de serviços, a existência do preço estipulado em contrato ou a divulgação, em tabela de preços, dos valores máximos.

[21] Completa o art. 3º da Resolução ANTAQ nº 100/2023 no sentido de que "os procedimentos para aferição da abusividade na cobrança de THC conduzidos pela ANTAQ ocorrerão sem prejuízo da apreciação do caso pelo Poder Judiciário e por órgãos do Sistema Brasileiro de Defesa da Concorrência, na forma da lei".

[22] Em síntese, as mudanças implementadas pela ANTAQ: (i) modificaram a natureza jurídica e a forma de cobrança da THC (art. 3º da Resolução ANTAQ nº 101/2023, art. 2º da Resolução ANTAQ nº 107/2023 e art. 2º da Resolução ANTAQ nº 108/2023); (ii) criaram uma suposta relação jurídica entre o usuário marítimo e o operador portuário (art. 3º da Resolução ANTAQ nº 101/2023); (iii) estabeleceram que os transportadores marítimos prestariam serviços de "intermediação" entre o usuário e o operador portuário (art. 2º da Resolução

O serviço de transporte de cargas em contêineres envolve diversas etapas, sendo uma delas a sua movimentação entre os portos de carregamento de carga e de descarga. O transporte pode ser feito por qualquer armador, respeitados os lindes legais apontados, de forma esporádica (*on demand*), ou por meio de uma linha regular, operando em frequências determinadas (*liner shipping*). A cadeia do mercado de transporte marítimo regular de contêineres engloba, conforme destacado no Ato de Concentração nº 08700.001606/2017-33, as seguintes etapas: (i) o cliente contrata o transportador; (ii) é realizada a entrega da carga diretamente no porto ou a coleta da carga pelo transportador no local definido pelo cliente; (iii) a carga é acondicionada em contêiner; (iv) os contêineres são carregados no navio do porto de origem pelo terminal portuário; (v) após devidamente amarrados, os contêineres são transportados no navio para o porto de destino; (vi) no porto de destino, os contêineres são descarregados; e (vii) a carga é entregue ao cliente no local por ele determinado.

Uma das principais características desse mercado é a presença de um plexo de negócios jurídicos, celebrados entre os armadores, para garantir economias de escala e de escopo. Segundo a OCDE,[23] desde as suas origens, o mercado de transporte de contêineres tendeu a se organizar com cooperação horizontal entre os agentes. Atualmente, as alianças formadas entre armadores são "formas de cooperação que visam reduzir custos e se centram em um único serviço marítimo". Ainda segundo a OCDE, cada aliança é regulada, internamente, por um conjunto de acordos específicos entre os armadores.

Cada acordo importa em distintos graus de cooperação, podendo ser sistematizados, para fins didáticos, em três espécies: a primeira é o *Slot Charter*, que consiste no aluguel de *slots* de contêineres por um armador a bordo de navios operados por outro. A OCDE aponta que esse é o acordo mais comum entre os armadores, que preferem minimizar seu envolvimento na operação do serviço; a segunda é o

---

ANTAQ nº 107/2023 e art. 2º da Resolução ANTAQ nº 108/2023); (iv) classificaram a cobrança de THC como restituição a ser paga pelo usuário ao transportador em relação às despesas assumidas pela intermediação (arts. 2º e 3º da Resolução ANTAQ nº 101/2023); e (v) exigiram que os transportadores marítimos brasileiros emitam nota fiscal pelo suposto serviço de intermediação (cf. alterações das Resoluções ANTAQ nº 101/2023 e 108/2023, no que tange aos direitos do usuário marítimo disciplinados pelo art. 8º da Resolução ANTAQ nº 62/2021).

[23] OCDE. *Working party nº 2 on competition and regulation*: Competition issues in liner shipping, 2015. Disponível em: https://one.oecd.org/document/DAF/COMP/WP(2015)3/En/pdf. Acesso em: 24 maio 2024.

Slot Exchange, no qual há o aluguel recíproco de *slots*. É dizer, um dos armadores aluga *slots* no navio de outro em determinado serviço, ao mesmo tempo em que oferta, para este, também *slots* em um navio seu que opera em serviço distinto; por fim, destaca-se o *Vessel Sharing*, no qual as transportadoras operam, num mesmo serviço, por meio do compartilhamento de suas embarcações, a fim de aumentar a taxa de utilização dos navios. Cuida-se, pois, de contratos de compartilhamento de infraestrutura, por meio dos quais, de um lado, se permite que terceiros se valham de infraestruturas relevantes e, de outro, reduz-se a ociosidade dos navios, incrementando os ganhos de eficiência de escala.

No âmbito da jurisprudência concorrencial do CADE, dois tipos de acordo merecem especial atenção: os contratos de *Slot Charter Agreements* (SCA) e os de *Vessel Sharing Agreements* (VSA).

O SCA é um tipo de contrato que prevê o aluguel de espaços ociosos no navio de um concorrente em determinada rota. Nesse sentido, o transportador pode prestar seus serviços naquela rota sem necessariamente operar um navio, alugando *slots* ociosos em navios de concorrentes. Em tal forma de acordo, o operador do navio decide unilateralmente as linhas que atenderá e a frequência das viagens.

Por sua vez, o VSA prevê que as partes deverão contribuir com navios próprios para operar determinada rota e, em contrapartida, recebem parte dos *slots* de cada navio que opera no acordo, na mesma proporção da capacidade contribuída em relação à capacidade total do VSA. Cite-se, por exemplo, o VSA celebrado entre a CMA CGM S.A., a Cosco Shipping Lines Co. Ltd. (Cosco) e a Ocean Network Express Pte. Ltd. (One), no dia 22.03.2024, tendo por escopo geográfico o transporte entre portos da Colômbia, Equador, Peru, Chile e portos da costa leste dos Estados Unidos. O referido acordo prevê o "desenvolvimento e melhoria dos serviços de transportes marítimos reguladores explorados de forma independente pela CMA CGM, Cosco e One". Para atingir tal desiderato, as partes se comprometem com a "partilha de navios entre si no tráfego, utilizando navios 'contribuídos' e explorados de forma independente pelas partes", compartilhando os espaços dos navios utilizados no serviço, em conformidade com as disposições do acordo.

Além disso, o VSA da CMA CGM, Cosco e One prevê que, embora as partes possam discutir e cooperar para determinar a dimensão e as características mais adequadas dos navios, o calendário de navegação e a rotação dos portos, bem como a frequência, "cada uma delas oferecerá o serviço de forma independente aos respectivos clientes sob a sua designação comercial individual". Dessa forma, o instrumento veda o compartilhamento de receitas ou de despesas associadas ao serviço, assim como a troca de informações sensíveis.

Por fim, em complemento ao desenho do mercado de transporte de contêineres, têm-se os terminais portuários, detentores dos títulos habilitantes que lhes conferem a atribuição de movimentação de cargas e os denominados serviços complementares (arrendamentos portuários, terminais privados e concessionários de portos organizados).

Regendo o setor atualmente,[24] a Lei nº 12.815/2013 retrata, com nitidez, o modelo "misto" de intervenção do Estado brasileiro no domínio

---

[24] No Brasil, o regime regulatório dos terminais portuários acompanhou os quadrantes da intensidade da intervenção do Estado no domínio econômico. Desde a primeira abertura dos portos, esse vital setor econômico experimentou momentos de grande intervenção estatal – tendo seu ápice na estatização da sua gestão, por meio de uma empresa estatal federal, a PORTOBRÁS – até a sua (re)abertura à iniciativa privada.
Especificamente no setor portuário, constatava-se uma retração dos investimentos na modernização das infraestruturas das instalações de uso público, bem como um inchaço no quadro de pessoal que as operava, o que culminou com a obsolescência e a deterioração de seus equipamentos, prejudicando, sobremaneira, o regime de exportação brasileiro. Daí por que, nos idos da década de 1990 e lastreado no princípio da subsidiariedade – consagrado no artigo 173 da CRFB –, iniciou-se a chamada passagem de um modelo de Estado Burocrático para um Estado Gerencial/Regulador.
Com base nesse movimento, foi editada a Lei nº 8.031, de 12 de abril de 1990 – posteriormente, revogada pela Lei nº 9.941, de 9 de setembro de 1997 –, que instituiu o Programa Nacional de Desestatização (PND), programa orientado a: (i) reordenar a posição estratégica do Estado na economia, transferindo ao setor privado atividades antes executadas diretamente pelo aparelho estatal; (ii) contribuir para a redução da dívida pública, concorrendo para o saneamento das finanças; (iii) permitir a retomada de investimentos nas empresas e atividades que foram transferidas para o setor privado; (iv) contribuir para a modernização do parque industrial do país, ampliando sua competitividade e reforçando a capacidade empresarial nos diversos setores da economia; e (5) permitir que a Administração Pública concentre seus esforços nas atividades em que a presença do Estado seja fundamental para a consecução das prioridades nacionais.
Nesse contexto de delegação da prestação de serviços públicos para a iniciativa privada e da flexibilização de diversos monopólios, foi enviada a Mensagem Presidencial nº 67, de 18 de fevereiro de 1991, que encaminhou o Projeto de Lei nº 8/1991, dando origem à revogada Lei nº 8.630/1993.
Esta, que seria uma segunda abertura dos portos, foi levada a efeito por ocasião do início do movimento de Reforma do Estado, pela edição da Lei nº 8.630, de 25 de fevereiro de 1993, que dispunha sobre o regime jurídico da exploração dos portos organizados e das instalações portuárias (conhecida como a "Lei de Modernização dos Portos").
O advento desse então novo regime jurídico tinha por objetivo: (i) atrair investimentos privados, modernizando as infraestruturas portuárias brasileiras; (ii) fomentar a concorrência entre os terminais portuários, produzindo externalidades positivas para o setor e buscando atingir a eficiência por meio da competição; (iii) angariar recursos para o Poder Público, por meio do arrendamento das instalações portuárias; e (iv) extinguir o monopólio da gestão dos trabalhadores portuários.
Malgrado os inegáveis benefícios desse marco regulatório para o setor portuário, não houve avanços nos processos de integração intermodal, em especial com os segmentos ferroviário e rodoviário, dando origem a enormes gargalos de acesso aos portos, observados em

econômico. Isso porque se, por um lado, leva a efeito o que se poderia considerar uma terceira abertura dos portos brasileiros – contadas as anteriormente realizadas por D. João VI e pela Lei nº 8.630/1993 –, ao se adotarem providências como a extinção dos conceitos de "carga própria" e de "carga de terceiros", no âmbito dos terminais privativos de uso misto, por outro, clarifica a assimetria regulatória da exploração da infraestrutura portuária, na medida em que disciplina, de forma distinta, o regime jurídico dos arrendatários e concessionários e o dos exploradores de atividades econômicas reguladas (os autorizatários).[25]

O tema objeto desta obra permeia o regime jurídico dos transportadores de contêineres e da exploração da infraestrutura portuária.

É que, considerando a necessidade de gestão de cadeias logísticas para o atendimento de cadeias globais, a interseção negocial entre esses dois agentes passa a ser objeto de tutela jurídica, na qualidade de relevante elo da cadeia logística. Diante disso, pretende-se investigar quais os lindes da intervenção reguladora em restringir a *concorrência pelo mercado* de infraestrutura portuária, ao argumento segundo o qual a sua integração com o mercado *upstream* (no qual figuram os armadores) importaria, aprioristicamente, no exercício do poder de mercado. Sob o aspecto do direito regulatório, é de se investigar ainda se a agência reguladora setorial (ANTAQ) dispõe da necessária capacidade institucional para levar a efeito intervenção reguladora transversal dessa ordem.

---

todo o país. A ausência de planejamento, pautado em uma visão regulatória sistêmica e integrada da infraestrutura brasileira, permanecia um problema crônico da administração pública brasileira.

Buscando sanar parte desses problemas, foi editada a Medida Provisória nº 595, de 26 de dezembro de 2012, que teve por objeto instituir um novo regime jurídico para a exploração da infraestrutura portuária brasileira. Após grande embate político, a referida MP, às vésperas de caducar, foi convertida na Lei nº 12.815, de 5 de junho de 2013, que dispõe sobre a exploração direta e indireta, pela União, de portos e instalações portuárias.

[25] Como já se teve a oportunidade de asseverar, com Diogo de Figueiredo Moreira Neto: "Dito em outros termos, quando a exploração dos serviços portuários for delegada para o setor privado, por meio dos institutos da concessão e da permissão, ter-se-á, consoante o disposto no art. 175 da Constituição da República, a delegação de um serviço público, os quais serão informados pelo conceito constitucional de serviço público adequado (art. 175, parágrafo único, IV, da CRFB). Por outro lado, quando a exploração desses serviços for delegada pela via da autorização, tratar-se-á de uma atividade econômica em sentido estrito, a qual sofrerá os influxos da regulação estatal" (MOREIRA NETO, Diogo de Figueiredo; FREITAS, Rafael Véras de. *A Nova Regulação Portuária*. Belo Horizonte: Fórum, 2015. p. 65). No mesmo sentido, PEREIRA, Cesar; SCHWIND, Rafael Wallbach. O Marco Regulatório do Setor Portuário brasileiro. *In*: PEREIRA, Cesar; SCHWIND, Rafael Wallbach (Coord.). *Direito Portuário Brasileiro*. Belo Horizonte: Fórum, 2019; MAYER, Giovanna. Notas sobre o regime dos portos brasileiros. *In*: MAYER, Giovanna. *Portos e seus regimes* jurídicos: a Lei nº 12.815/2013 e seus desafios. Belo Horizonte: Fórum, 2014.

2 Limites ao estabelecimento de restrições regulatórias à concorrência para os transportadores marítimos de contêineres: inadequação da variável regulatória

As experiências recentes de leilões, no âmbito do setor portuário, têm veiculado restrições à participação de determinados agentes em procedimentos licitatórios de arrendamentos portuários, ao argumento de um probabilístico exercício de poder de mercado, o qual deveria ser combatido antecipadamente por intermédio do procedimento licitatório.[26]

Para o que aqui importa, destaque-se que vêm sendo estabelecidas restrições editalícias cujo objetivo é interditar (ou limitar) a participação de armadores na exploração de infraestruturas portuárias.

É o caso, por exemplo, da área conhecida como STS10, localizada no Porto de Santos, vocacionada à movimentação e armazenagem de cargas conteinerizadas.

A primeira minuta do edital, elaborado pela ANTAQ nos idos de 2022, dispõe em seu item 22.14 que "um possível consórcio entre as empresas Maersk e MSC só poderá ser declarado vencedor na hipótese de não haver outro proponente que tenha apresentado proposta válida". Tal restrição se estende às sociedades controladas conjuntamente pela Maersk e pela MSC que detenham titularidade de exploração de instalações portuárias dedicadas à movimentação e armazenagem de contêineres e carga geral no Complexo Portuário de Santos.

Em igual medida, a minuta do edital que visava à transferência do controle acionário da Autoridade Portuária de Santos (SPA) associada à concessão do serviço público de administração do Porto Organizado de Santos vedava a participação de armadores e de transportadores marítimos em seu item 3.5.8. A minuta de edital apenas admitia a participação de tais agentes em consórcio, desde que a participação individual fosse inferior a 15% no âmbito do consórcio, e a soma das participações, quando em conjunto, não superasse 40%. Além disso, os agentes que não poderiam participar do certame restavam impedidos de

---

[26] Restrição desse tipo foi inserida, por exemplo, nos leilões das áreas: (i) BEL02A, BEL02B, BEL04, BEL08 e BEL09, destinadas ao arrendamento de terminais de granéis líquidos do Porto Organizado de Belém e de Vila do Conde; (ii) STS13A, dedicada à movimentação de granéis líquidos no Porto de Santos; (iii) PAR12, visando à movimentação de veículos no Porto de Paranaguá; (iv) STS14 e STS14A do Porto de Santos, vocacionadas à movimentação de celulose; (v) STS08 e STS08-A, voltadas para a movimentação e armazenagem de granéis líquidos e gasosos, especialmente combustíveis e GLP.

participar, por meio de acordo de acionistas ou instrumento congênere, do grupo de controle societário da concessionária, caso o consórcio se sagrasse vencedor do leilão.

Os exemplos mencionados evidenciam a necessidade de se investigarem os limites da intervenção regulatória da ANTAQ em restringir a participação de transportadores de contêineres em procedimentos licitatórios, ao argumento segundo o qual tais agentes teriam o potencial de exercer o poder de mercado.

Pois bem. Como se sabe, a intervenção reguladora do Estado no domínio econômico não é neutra. De fato, ela produz externalidades positivas e negativas em diversos segmentos da sociedade. Não é por outra razão que, ao longo do tempo, se desenvolveram parâmetros justificadores dessa atuação na economia, especialmente, considerando-se que, em sistemas econômicos capitalistas (como o brasileiro), o mercado é o *locus* legado ao setor privado. Por esse motivo, num momento preambular, a base teórica sobre a qual se alicerçou a regulação econômica era no sentido da sua desnecessidade, em decorrência da primazia das liberdades individuais. Dito em outros termos, de acordo com tal vertente, a liberdade econômica seria a regra, enquanto a intervenção estatal, a exceção.[27]

De acordo com a vertente cunhada por Adam Smith[28] (e posteriormente reforçada por todo o cabedal da economia neoclássica e ergódica), o sistema econômico deveria se basear em duas premissas: (i) a da racionalidade ilimitada dos agentes econômicos; e (ii) a da infalibilidade do mercado.

A racionalidade ilimitada aponta no sentido de que os agentes econômicos sempre atuariam no mercado, de forma racional, em busca da maximização de seus próprios interesses. De acordo com tal vertente, existiria um *homo economicus*, que sempre buscaria atingir seus objetivos mediante uma lógica de incentivos (fundante da *Rational Choice Theory*).[29]

---

[27] No Brasil, v. GUERRA, Sérgio. *Discricionariedade, regulação e reflexividade*. 6. ed. Belo Horizonte: Fórum, 2021.

[28] SMITH, Adam. *A riqueza das nações*: investigação sobre sua natureza e suas causas. Tradução: Luiz João Baraúna. São Paulo: Abril Cultural, 1983. p. 379.

[29] O homem econômico, como formulado pelos economistas neoclássicos, é uma construção ideal, um conceito que descreve um agente "perfeitamente racional e onisciente que, ao tomar uma decisão, conhece todas as alternativas de forma que pode escolher com precisão e assim maximizar os resultados de sua decisão. Ele conhece todos os meios que, em cada situação de fato, o levam a atingir seus objetivos" (FONSECA, Eduardo G. Comportamento individual: alternativas ao homem econômico. *Revista Novos Estudos*. São Paulo: CEBRAP, 1989. p. 160). "O homem econômico é um agente dotado de preferências completas e

De outro lado, a infalibilidade do mercado pressupunha que o mercado seria um instituto perfeito, dentro do qual ocorreriam a produção e a circulação de riquezas. Diante da autossuficiência das leis do mercado, sua regulação deveria ser calibrada em consonância com a lógica da lei da oferta e da demanda. Nesse sentido, a teoria da regulação econômica, cunhada no direito estadunidense, George Joseph Stigler[30] e Richard Posner[31] à frente, lastreou-se no entendimento segundo o qual a regulação estatal seria desnecessária, seja porque tal intervenção incrementaria os custos de transação, seja porque ela já nasceria capturada para atender os interesses privados ou de burocratas.[32]

---

bem ordenadas, amplo acesso à informação e poderes de processamento de informações irrestritos. Estas condições permitem ao agente realizar todos os cálculos necessários para escolher a ação que satisfaz suas preferências melhor do que qualquer alternativa. O agente é racional, no sentido de que ele maximiza de modo consciente uma função objetiva" (SIMON, Herbert. *El comportamiento administrativo*: estudio de los procesos decisorios en la organización administrativa. Buenos Aires: Aguilar, 1988. p. 84).

[30] STIGLER, G. J. The theory of economic regulation. *In*: STIGLER, G. J. (org.). *The citizen and the State*: essays on regulation. Chicago; London: The University of Chicago Press, 1971. p. 114. Nesse sentido, Marçal Justen Filho assevera que: "A doutrina cunhou a expressão 'captura' para indicar a situação em que a agência se transforma em via de proteção e benefício para setores empresariais regulados. A captura configura quando a agência perde a condição de autoridade comprometida com a realização do interesse coletivo e passa a produzir atos destinados a legitimar a realização dos interesses egoísticos de um, alguns ou todos os segmentos empresariais regulados. A captura da agência se configura, então, como mais uma faceta do fenômeno de distorção de finalidades dos setores burocráticos estatais" (JUSTEN FILHO, Marçal. *O direito das agências reguladoras independentes*. São Paulo: Dialética, 2002. p. 97).

[31] POSNER, Richard. Teorias da regulação econômica. *In*: MATTOS, Paulo (coord.). *Regulação econômica e democracia*: o debate norte americano. Tradução: Mariana Mota Prado. São Paulo: Ed. 34, 2004. p. 49. Em sentido complementar, v. PELTZMAN, Sam. *Theory of regulation after a decade of deregulation*: political participation and government regulation. Chicago: University of Chicago Press, 1989/1998. p. 286-323.

[32] É que casos há em que a captura decorre de atos praticados pela própria burocracia estatal. Trata-se de uma decorrência da *public choice theory*, segundo o qual os atores políticos só agem para maximizar seus próprios benefícios. De acordo com a referida teoria, os indivíduos seriam maximizadores de suas próprias utilidades. Isto é, na qualidade de homens econômicos, seriam seres racionais e autointeressados, dotados de capacidades intelectuais que lhes permitiriam buscar as melhores soluções para os seus interesses particulares. Nesse quadrante, a referida teoria passa a considerar os agentes estatais como agentes econômicos que, como tal, direcionarão seu comportamento de modo a maximizar seus próprios benefícios. De acordo com essa teoria, o processo político é concebido como "um processo dinâmico em que cada agente político persegue o seu próprio interesse". V. BUCHANAN, James M. Politics without romance: a sketch of positive public choice theory and its normative implications. *In*: BUCHANAN, James M.; TOLLINSON, Robert D. (orgs.). *The theory of public choice*. v. II. Ann Arbor: The University of Michigan Press, 1984. No direito brasileiro, BAGATIN, Andreia Cristina. *Captura das agências reguladoras independentes*. São Paulo: Saraiva, 2013. p. 138.

Nada obstante, o paradigma da "infalibilidade do mercado" começou a ser desconstruído, a partir da crise econômica de 1929, por ocasião da quebra da Bolsa de Nova Iorque – a qual decorreu da interrupção de uma política de exportação para os países europeus, então devastados pela Primeira Guerra Mundial – e, mais recentemente, em 2008, pela crise dos *subprimes*, nos Estados Unidos, resultante da concessão de empréstimos hipotecários de alto risco por bancos (importando na queda do índice *Dow Jones*).

A partir de tais eventos, fortaleceram-se as teorias do interesse público (*public interest theories*), legitimadoras da intervenção reguladora, de acordo com as quais o regulador deve buscar a legitimidade de sua atuação, em diferentes matizes, sobretudo para garantir o bem-estar da sociedade. Mais especificamente, de que sua função tem por desiderato corrigir "falhas de mercado", gênero composto pelas seguintes espécies: (i) a configuração da possibilidade de abuso do poder econômico (mercados não competitivos), seja pela configuração de monopólios naturais (decorrentes da obtenção de economias de escala ou de escopo), ou criados, por instrumentos jurídicos (impostos pelo regime constitucional e legal); (ii) a existência de bens públicos, tais como os que se caracterizam como não rivais e não excludentes, que geram problemas de coordenação atrelados à "tragédia dos comuns"; (iii) a existência de assimetria de informações entre as partes, característica das relações econômicas, que incrementa seus custos de transação (por meio da configuração do risco moral, da seleção adversa e do efeito *hold-up*); e (iv) a produção de externalidades negativas, situação em que os efeitos produzidos pelas condutas de agentes econômicos produzem efeitos sobre terceiros, estranhos à relação jurídica originária.[33]

---

[33] Nesse sentido, entre inúmeros outros: SUNSTEIN, C. Paradoxes of the Regulatory State. *The University of Chicago Law Review, Administering the Administrative State*, v. 57, n. 2, p. 407-441, Spring, 1990; SUNSTEIN, C. As funções das normas reguladoras. *Revista de Direito Público da Economia*, Belo Horizonte, ano 1, n. 3, p. 33-65, 2003; STIGLITZ, Joseph E.; WALSH, Carl. *Introdução à microeconomia*. Rio de Janeiro: Campus, 2003; POSNER, Richard A. Teorias da regulação econômica. *In*: MATTOS, Paulo Todescan Lessa (coord.). *Regulação econômica e democracia*: o debate norte-americano. São Paulo: Ed. 34, 2004; PELTZMAN, Sam. A teoria econômica da regulação depois de uma década de desregulação. *In*: MATTOS, Paulo Todescan Lessa (coord.). *Regulação econômica e democracia*: o debate norte-americano. São Paulo: Ed. 34, 2004; OGUS, A. I. *Regulation*: Legal Form and Economic Theory. Oxford: Hart Publishing, 2004; MARQUES NETO, Floriano de Azevedo. A nova regulação estatal e as agências independentes. *In*: SUNDFELD, Carlos Ari (org.). *Direito administrativo econômico*. São Paulo: Malheiros, 2002.

São vicissitudes que merecem uma intervenção reguladora ainda mais destacada em setores ancestralmente excluídos da liberdade de iniciativa, a exemplo dos serviços públicos, historicamente associados a uma configuração de monopólio natural. É dizer: não raro, na prestação de tais serviços, só poderá haver um prestador, uma vez que os custos irrecuperáveis (*sunk costs*) são elevados e os custos para sua utilização, por cada novo usuário, são baixos (custos incrementais).

Assim, para que a atividade se torne economicamente viável, deve-se retirá-la da esfera da concorrência para a obtenção de economias de escala e de escopo, sob pena de a competição por utentes impossibilitar a amortização dos investimentos realizados. A economia de escala é aquela que terá lugar quando, já tendo o operador privado incorrido em um alto custo fixo para o desenvolvimento da atividade (*v.g.*, construção de uma rodovia), não terá ele que incorrer em significativos custos marginais (variáveis) em virtude do aumento da quantidade de usuários.

A economia de escopo, por sua vez, terá lugar quando o operador econômico conseguir se valer da mesma infraestrutura para desempenhar mais de uma atividade (*v.g.*, a utilização da mesma rede de telefonia para prestar serviços de curta e de longa distância). Em tal hipótese, haverá diluição do custo fixo investido na construção da infraestrutura, justamente pela otimização do uso da rede pela exploração de outras atividades. Razão por que qualquer tentativa de aumentar o número de produtores dessa indústria importará na presença de uma ou mais plantas de escala subótima. Para além disso, serviços prestados sob tais infraestruturas veiculam obrigações de continuidade e de regularidade (decorrentes da vetusta *publicatio*), o que impõe um viés ainda mais sistêmico à regulação dessas atividades.

Diante de tal situação, num contexto da existência de um só prestador, a regulação se mostra ainda mais necessária, de modo a tentar corrigir as falhas de mercado produzidas pela existência de uma estrutura de mercado monopolista.[34] Na qualidade de único produtor de determinado bem, o monopolista está em posição singular, podendo ou não se valer de sua posição dominante para o exercício do poder

---

[34] DEMSETZ, H. Why regulate utilities? *Journal of Law and Economics*, Chicago, v. 11, n. 1, p. 55-65, 1968.

de mercado, aqui entendido como a capacidade de influir no preço de uma mercadoria.[35] São condições necessárias para que a firma possa exercer poder de mercado[36] tanto a existência de barreiras à entrada quanto a baixa substitutibilidade dos serviços. Isso porque, em mercados que se aproximam do modelo de monopólio, os preços são ditados, unilateralmente, pelo produtor, o qual, dentro de uma perspectiva racional maximizadora, termina por fixá-los em níveis superiores aos que se vislumbrariam em uma realidade competitiva, restringindo a sua oferta. Nessa situação, tem lugar uma perda de bem-estar total para a sociedade (o *dead weight loss*). Nesse sentido, Stiglitz e Walsh[37] aludem a quatro "grandes fontes de ineficiência" dos monopólios e demais situações de concorrência imperfeita, quais sejam: (i) a restrição no volume produzido; (ii) a acomodação gerencial; (iii) a redução dos níveis ou negligência nos investimentos em pesquisa; e (iv) a busca de renda supracompetitiva.

Mais que isso, a ineficiência alocativa resulta da capacidade de os produtores estabelecerem preços superiores ao custo marginal de produção do bem. Nessas hipóteses, os produtores logram participar da distribuição da renda econômica, obtendo uma parcela maior do que sua contribuição efetiva, à custa dos consumidores.

De fato, em um mercado em ambiente de monopólio não regulado, o produtor único tem a prerrogativa de definir o preço que será praticado. Dito em outras palavras, a ausência de competição é um incentivo para que este não seja eficiente na sua operação, refletindo em uma oferta que estará abaixo do ponto de equilíbrio, se comparada com uma situação de competição perfeita. Consequentemente, o preço se torna excessivamente elevado para cumprir o objetivo de maximizar o lucro do produtor, causando redução dos excedentes dos consumidores

---

[35] PINDYCK, Robert; RUBINFELD, Daniel. *Microeconomia*. São Paulo: Pearson Education do Brasil, 2013. p. 352.

[36] Sobre o tema, veja-se o que diz a cartilha do CADE: "Para que seja caracterizada a existência de poder de mercado faz-se necessário proceder a uma análise complexa, que parte da existência de posição dominante, mas envolve ainda a investigação de outras variáveis, tais como existência de barreiras à entrada naquele mercado, a possibilidade de importações ou ainda a efetividade de competição entre a empresa que tem posição dominante e seus concorrentes. Se, mesmo tendo posição dominante em um mercado relevante, a decisão de elevação unilateral de preços por parte de uma empresa puder ser contestada pela reação de concorrentes efetivos ou potenciais, então essa empresa não possui poder de mercado" (CADE – CONSELHO ADMINISTRATIVO DE DEFESA ECONÔMICA. *Cartilha do CADE*, 2016. p. 9).

[37] STIGLITZ, Joseph; WALSH, Carl. *Introdução à microeconomia*. Rio de Janeiro: Campus, 2003. p. 223.

e produzindo efeitos líquidos negativos.[38] Cuida-se, pois, de uma falha de mercado a ser tutelada pela intervenção reguladora.[39]

À luz da teoria econômica, demanda e oferta têm relações distintas com o preço, mantendo-se outras variáveis constantes. Dito em outros termos, a demanda aumenta quando o preço diminui (e vice-versa). A oferta, por sua vez, desloca-se na mesma direção do preço. Em um mercado competitivo, o preço de equilíbrio é determinado no ponto em que a quantidade demandada é igual à quantidade ofertada, razão pela qual o preço é uma informação extremamente importante em uma economia de mercado. Assim é que consumidores e produtores tomam suas decisões em resposta, principalmente, às oscilações observadas nos preços. Essas flutuações permitem avaliar se determinado mercado está (ou não) em equilíbrio.

Para além da existência de estruturas de monopólios naturais (ao menos, em alguns segmentos da cadeia de infraestruturas) e dos desafios engendrados por ambientes concorrenciais assimétricos, a missão regulatória ainda é revestida de outra grande complexidade, em razão da assimetria de informações entre o poder concedente e as firmas reguladas (o que poderá ensejar a prática de comportamentos oportunistas), incrementando os "custos de transação".

Os custos de transação ocorrem sempre que os agentes econômicos recorrem ao mercado, tanto pela necessidade de negociar, redigir e garantir o cumprimento de cada contrato como, também, por outros

---

[38] É que, como asseveraram Robert Baldwin, Martin Cave e Martin Lodge: "Onde ocorre monopólio, o mercado 'falha' porque a concorrência é deficiente. Do ponto de vista do interesse público, o problema com uma empresa que ocupa uma posição monopolista é que, ao maximizar os lucros, restringirá a sua produção e fixar o preço acima do custo marginal. Fá-lo-á porque se cobrar um único preço do seu produto, as vendas adicionais só serão conseguidas através da redução do preço em toda a produção. O monopolista renunciará às vendas na medida em que as receitas perdidas com menos vendas serão compensadas por receitas mais elevadas derivado do aumento do preço das unidades ainda vendidas. Os efeitos do monopólio, em comparação com a concorrência perfeita, são produção reduzida, preços mais altos, e transferência de rendimentos dos consumidores para os produtores" (BALDWIN, R.; CAVE, M.; LODGE, M. *Understanding Regulation*: Theory, Strategy, and Practice. New York: Oxford University Press, 2013. p. 16).

[39] Atualmente, entre as situações de mercado comuns em que prevalece a concorrência imperfeita, destacam-se, do lado da oferta, o monopólio (no qual um único produtor determina toda a oferta e exerce grande poder sobre o preço) e o oligopólio (em que há um pequeno número de vendedores, como o mercado de automóveis, por exemplo, controlado por poucas e poderosas empresas); e, do lado da demanda, o monopsônio (em que um único comprador determina toda a demanda e exerce grande influência sobre os preços) e o oligopsônio (no qual um pequeno grupo de compradores controla o mercado e influi decisivamente sobre os preços (SANDRONI, Paulo. *Novíssimo dicionário de economia*. 14. ed. São Paulo: Best Seller, 2004. p. 378-379).

elementos de custo de oportunidade relevantes associados ao contrato. A abordagem dos custos de transação incorpora, ainda, a presença de ativos específicos, os quais geram incertezas e riscos de adaptação ao ambiente contratual (a isso voltaremos doravante). Nomeadamente, nessas hipóteses, a regulação deve incidir sobre a variável "preço", de modo a se estabelecerem preços máximos como uma forma de se tutelar a probabilidade do exercício do "poder de mercado" na cobrança de preços supracompetitivos,[40] e, na variável "qualidade", de modo a se evitar que esse "poder de mercado" importe na prestação de serviços qualitativamente insuficientes[41] aos usuários.

Dito em outras palavras, a regulação da variável "qualidade" se materializa por meio do estabelecimento de critérios, parâmetros e padrões de exigência segundo os quais a atividade deve ser prestada.[42] Sobre o tema, Alceu de Castro Galvão Júnior e Wanderley da Silva Paganini[43] lecionam que "a regulação da qualidade tem como objetivo fixar condições e parâmetros para a qualidade dos produtos e serviços prestados e, também, verificar se o cumprimento dessas disposições exige mecanismos diretos e indiretos para acompanhamento dos parâmetros e indicadores regulados, que demandam recursos humanos e custos elevados".

Para além disso, o regulador poderá se valer da variável "informação", ao disciplinar um procedimento licitatório que diminua as chances de se configurar uma seleção adversa. Como bem aponta Carlos Emmanuel Joppert Ragazzo,[44] "o processo de sofisticação da regulação

---

[40] Conforme sintetizaram Stiglitz e Walsh, "o preço e a quantidade de equilíbrio em um mercado competitivo levam ao nível mais alto possível de excedente total" (STIGLITZ, Joseph; WALSH, Carl. *Introdução à microeconomia*. Rio de Janeiro, Campus, 2003. p. 169).

[41] RAGAZZO, Carlos Emmanuel Joppert. *Regulação jurídica, racionalidade econômica e saneamento básico*. Rio de Janeiro: Renovar, 2011. p. 138-139.

[42] Nesse sentido, Robert Baldwin, Martin Cave e Martin Lodge lecionam que: "Uncertainties in specifying regulatory regimes will affect franchise allocation processes since applicants will look for predictability of regulation. Problems may arise, therefore, where regulators retain large discretions regarding the quality of service to be provided; where changes in regulatory policy may be made, and where regulatory authority is diffused or uncertain. Particular difficulties are to be expected in a sector, such as rail, where a number of agencies and operators are interdependent and will, in addition, be perceived to be subject to political pressures" (BALDWIN, Robert; CAVE, Martin; LODGE, Martin. *Understanding Regulation*: Theory, Strategy, and Practice. New York: Oxford University Press, 2013. p. 177).

[43] GALVÃO JUNIOR, Alceu de Castro; PAGANINI, Wanderley da Silva. Aspectos conceituais da regulação dos serviços de água e esgoto no Brasil. *Engenharia Sanitária e Ambiental*, Rio de Janeiro, v. 14, n. 1, p. 79-88, 2009.

[44] RAGAZZO, Carlos Emmanuel Joppert Ragazzo. A regulação da concorrência. In: *A regulação no Brasil*: enfoques diversos. Rio de Janeiro: Editora FGV, 2013. p. 1-19.

de setores no Brasil vem impondo uma mudança no perfil das variáveis reguladas. Em substituição à regulação de preço e de entrada no mercado, os agentes reguladores vêm apresentando regulações de qualidade e de informação justamente com o objetivo de viabilizar competição, endereçando, no entanto, as preocupações com falhas de mercado (em geral, externalidades e assimetria de informação)".

A regulação de diversos setores está sendo revisitada para criar padrões de informação que sejam suficientes para garantir maiores níveis de competição entre os agentes econômicos. Isso se deve ao fato de que a regulação da variável qualidade e, em alguma medida, até mesmo a regulação da variável preço são mais benéficas à competição do que a limitação regulatória à entrada de agentes no mercado.

Como se verá, a regulação de entrada costuma ser justificada com base nas seguintes razões: (i) proteção do usuário contra produtos ou serviços de baixa qualidade, reduzindo-se os riscos oriundos da assimetria de informação; (ii) manutenção das vantagens de um monopólio natural, viabilizando o subsídio cruzado; (iii) alocação de recursos escassos, por meio da seleção de agentes econômicos; e (iv) garantia de capacidade financeira para o exercício de funções de interesse público.[45]

Apesar da possibilidade teórica da adoção de tais justificativas para regular a entrada de mercados, estudos promovidos pela escola da *Public Choice* criticam a regulação da variável entrada, associando-a ao incremento da corrupção e à ausência de impactos empiricamente comprováveis na melhoria dos serviços regulados. Estudo conduzido por Simeon Djankov, Rafael La Porta, Florencio Lopez-de-Silanes e Andrei Schleifer[46] analisou dados sobre a regulação de entrada de 85 países, incluindo o Brasil, concluindo que "os países com uma regulação de entrada mais pesada têm uma corrupção mais elevada e economias não oficiais maiores, mas não uma melhor qualidade dos bens públicos ou privados". Isso confirmaria o ponto de vista da *Public Choice* de que "a regulação de entrada beneficia os políticos e os burocratas".

Em razão disso, costuma-se indicar que "a própria regulação deverá evoluir, a fim de permitir maior concorrência, intervindo em variáveis que são menos gravosas (tais como qualidade e informação) em

---

[45] RAGAZZO, Carlos Emmanuel Joppert. *Regulação jurídica, racionalidade econômica e saneamento básico*. Rio de Janeiro: Renovar, 2011. p. 150-151.
[46] DJANKOV, Simeon et al. The regulation of entry. *The Quarterly Journal of Economics*, v. 117, n. 1, 2002.

detrimento das clássicas regulações de preços e de entrada".[47] Cuida-se de evolução que parte da premissa de acordo com a qual a regulação não é um fenômeno estático, mas que busca, constantemente, inovações para reduzir custos, melhorar o bem-estar e promover a competição, nos limites da competência atribuída ao órgão regulador.

Isso, por si, já afastaria o alijamento de agentes econômicos de procedimentos competitivos, em razão de um juízo probabilístico de exercício do poder de mercado por agentes econômicos verticalizados. Seria o mesmo que manejar a variável menos adequada dentre as disponíveis, colhendo toda a sorte de externalidades negativas presentes, com a redução da competitividade no certame, ao argumento de que assim se poderá evitar a manifestação de um hipotético poder de mercado futuro.

Dessa forma, ainda que a relação estabelecida entre armadores e terminais portuários se qualificasse como um mercado não competitivo (premissa que será desconstituída doravante), jamais se cogitaria de uma interdição à entrada como sendo a variável adequada para tutelar o tema.[48]

A regulação de entrada, em contratos de exploração de infraestruturas, tem por objetivo extrair *ex ante* eficiências de um mercado que será explorado de forma monopólica ou por reduzido número de agentes. Para tanto, uma das primeiras formas de regulação incidente sobre tais mercados é a realização de um leilão (*franchise bidding*), por intermédio do qual se pretende, num ambiente de pressão competitiva, estabelecer um regime de competição pelo mercado. Por intermédio dos leilões, no âmbito da instauração de uma competição *ex ante*, seriam garantidos os melhores preços *ex post* (tal modalidade de regulação dará origem à regulação contratual, doravante desenvolvida).[49]

Um segundo objetivo é garantir a manutenção das eficiências decorrentes da exploração de uma utilidade pública, impedindo que cada agente, maximizando seus próprios interesses, ingresse em um mercado que não comporta sua exploração em regime concorrencial

---

[47] RAGAZZO, Carlos Emmanuel Joppert. *Regulação jurídica, racionalidade econômica e saneamento básico*. Rio de Janeiro: Renovar, 2011. p. 155.
[48] Para tanto, há variáveis concernentes a preço, qualidade e informação.
[49] PHILLIPS JR., C. F. The *regulation of public utilities*: theory and practice. Arlington, VA: Public Utilities Report Inc., 1993; DEMSETZ, H. Why regulate utilities? *Journal of Law and Economics*, Chicago, v. 11, n. 1, p. 55-65, 1968.

(o que configuraria uma falha de mercado decorrente de problemas de coordenação). Daí a importância regulatória da licitação.

A regulação de entrada também servirá a impedir a prática de subsídios cruzados quando firmas multiprodutos pretendam privilegiar as atividades mais rentáveis (*cream skimming*) em determinados segmentos, se aproveitando da condição de monopolista em outros. Nesse sentido, a regulação de entrada será serviente, justamente, a preservar a viabilidade econômico-financeira de monopólios naturais, o que não costuma ser, tipicamente, o caso de terminais portuários. Assim, por exemplo, cogite-se da hipótese em que uma concessionária de transmissão de energia elétrica se valha da condição de monopolista, nesse segmento, para subsidiar condutas anticoncorrenciais nos segmentos da geração e da comercialização por ela explorados.

Outra utilidade desse instrumento é o estabelecimento de um regime de transição entre um ambiente monopolista e um ambiente competitivo. Nessa hipótese, a regulação de acesso terá por objetivo reduzir as vantagens competitivas que o monopolista consolidado tem no setor, seja pela detença da propriedade das redes, seja pelo acesso aos consumidores cativos (*bottleneck*). Tal se dá por intermédio do controle estrutural das firmas (*unbundling*) ou da variável "preço" na interconexão. Nesse sentido, cite-se, por exemplo, o que se passou no setor de telecomunicações, no âmbito do qual, quando de sua abertura nos idos da década de 1990, foram criados regimes concorrenciais assimétricos entre as denominadas "empresas espelho", que detinham todos os ativos do Sistema Telebras, e os novos entrantes, motivo pelo qual, como bem assevera Peter W. de Langen[50] a propósito do setor de contêineres, "a separação vertical, se imposta pela modelagem licitatória, pode gerar custos e reduzir a eficiência, uma vez que a integração vertical é, pelo menos em parte, impulsionada pela criação de sinergias entre as operações de carregamento de navios de linha e as operações de terminais".[51] E prossegue o autor asseverando que "a opção política

---

[50] LANGEN, Peter W. de. *Productive arrangements in container logistics*: policy challenges for granting terminal concessions, p. 31. Disponível em: https://www.porteconomics.eu/mdocs-posts/2021-de-langen-policy-report/. Acesso em: 25 maio 2024.

[51] Em complemento, o autor assevera que "uma abordagem mais intervencionista é excluir o(s) operador(es) dotado(s) de participação de mercado relevante da licitação para um novo projeto de terminal. A capacidade de excluir operadores estabelecidos depende da estrutura jurídica em vigor. Essa exclusão também tem grandes desvantagens. Em primeiro lugar, excluir a(s) operadora(s) estabelecida(s) significa excluir potencialmente os licitantes mais interessados, pois eles têm um conhecimento profundo do mercado e podem ser capazes

intervencionista de proibir a participação das empresas de transporte marítimo tem desvantagens muito significativas, pois pode impedir a criação de sinergias. Além disso, essa política provavelmente reduzirá seriamente a concorrência pela concessão, já que três das seis principais operadoras de terminais têm vínculos com uma empresa de transporte marítimo".[52]

Mais que isso, como pontua Marçal Justen Filho,[53] "a restrição à participação das grandes empresas internacionais resulta em reserva de mercado. Tende a reduzir as chances de se obter propostas mais vantajosas ao poder público. Como decorrência, reduz-se a obtenção de recursos mediante outorga que poderiam ser revertidos em investimentos nos portos do país". Em prosseguimento, o autor conclui seu entendimento ao asseverar que, "nesse contexto, também não se justifica a criação de cláusulas contratuais que permitam à Antaq estabelecer limitações comportamentais ao terminal verticalizado. Chega-se ao absurdo de se cogitar o estabelecimento de taxas máximas de ocupação de berços e de movimentação de cargas do armador verticalizado com o terminal". É que, segundo o autor, "isso significa punir os prestadores mais eficientes justamente por serem mais eficientes. Um contrassenso absoluto",[54] já que, a seu ver, "essas limitações não contam com qualquer base normativa e seriam estabelecidas caso a caso, apenas para terminais

---

de gerar sinergias com as operações existentes. A consequência poderia ser a outorga a um licitante com uma proposta menos atraente (financeiramente e em termos da proposta técnica). Em segundo lugar, a exclusão de proponentes significa, na prática, reduzir as oportunidades quantitativas para que as partes interessadas apresentem propostas que combinem concorrência e cooperação" (LANGEN, Peter W. de. *Productive arrangements in container logistics*: policy challenges for granting terminal concessions, p. 29. Disponível em: https://www.porteconomics.eu/mdocs-posts/2021-de-langen-policy-report/. Acesso em: 25 maio 2024).

[52] LANGEN, Peter W. de. *Productive arrangements in container logistics*: policy challenges for granting terminal concessions, p. 31. Disponível em: https://www.porteconomics.eu/mdocs-posts/2021-de-langen-policy-report/. Acesso em: 25 maio 2024.

[53] JUSTEN FILHO, Marçal. Terminais de contêineres e competição: a irrelevância da integração vertical. *Jota.info*, Infraestrutura, 28 abr. 2023. Disponível em: https://www.jota.info/opiniao-e-analise/artigos/terminais-de-conteineres-e-competicao-a-irrelevancia-da-integracao-vertical-28042023?non-beta=1. Acesso em: 26 maio 2024.

[54] JUSTEN FILHO, Marçal. Terminais de contêineres e competição: a irrelevância da integração vertical. *Jota.info*, Infraestrutura, 28 abr. 2023. Disponível em: https://www.jota.info/opiniao-e-analise/artigos/terminais-de-conteineres-e-competicao-a-irrelevancia-da-integracao-vertical-28042023?non-beta=1. Acesso em: 26 maio 2024.

verticalizados. Outros terminais, ainda que praticassem condutas anticoncorrenciais, não poderiam sofrer o mesmo tipo de restrição".[55]

Daí já se pode concluir que, para além de não manejar a adequada variável regulatória (preço, qualidade ou informação), a regulação de bloqueio à entrada, configurada na restrição à participação de armadores, não encontra lastro na finalidade atribuída à "regulação de entrada" de projetos de infraestrutura. Não fosse o bastante, tal intervenção regulatória se revela ainda mais permeada de inconstitucionalidades na medida em que veicula juízo probabilístico e futurologista da configuração de mercado não competitivo, na hipótese de um armador se sagrar vencedor do certame.

3 Da impossibilidade de o regulador estabelecer presunções *ex ante* do exercício do poder de mercado em licitações

Para além da inadequação da variável regulatória em questão, fato é que não há, nas duas etapas da cadeia logística (a montante e a jusante), o potencial de exercício do poder de mercado que pudesse justificar uma intervenção reguladora dessa ordem. É que, sob o aspecto regulatório, a relação entre o armador e o operador da infraestrutura portuária não se qualifica como uma *essential facility*, que serviria para a criação de barreiras à entrada e à exclusão de rivais.

Como é de conhecimento convencional, a teoria das *essential facilities doctrine* foi aplicada, em uma primeira oportunidade, no precedente Terminal Railroad, julgado em 1912 pela Suprema Corte Estadunidense. Nada obstante, o precedente que fixou seus alicerces foi o MCI Communications Corp. v. AT&T. (708 F.2d 1081, 1132 (7th Cir.), cert. Denied, 464 U.S. 891 (1983). Nele, discutiu-se o dever de acesso à rede de telefonia fixa (a *facility*) para um entrante prestar seus serviços de telefonia interurbana em concorrência com a própria AT&T.[56]

---

[55] JUSTEN FILHO, Marçal. Terminais de contêineres e competição: a irrelevância da integração vertical. *Jota.info*, Infraestrutura, 28 abr. 2023. Disponível em: https://www.jota.info/opiniao-e-analise/artigos/terminais-de-conteineres-e-competicao-a-irrelevancia-da-integracao-vertical-28042023?non-beta=1. Acesso em: 26 maio 2024.

[56] Dessa teoria decorre o direito a um *duty to contract* ("dever de contratar"). Essa definição é, no entanto, importante, porque o direito deste país não equiparou o direito de acesso ao *right to pass*, que seria equivalente à nossa servidão administrativa (ARAGÃO, Alexandre Santos de. Serviços públicos e concorrência. *Revista de Direito Público da Economia – RDPE*, Belo Horizonte, ano 1, n. 2, p. 59-123, abr./jun. 2003). FERRAZ JÚNIOR, Tércio Sampaio.

De acordo com Carlos Ari Sundfeld,[57] "há uma teoria, da *essential facility*, criada no direito norte-americano, para fins concorrenciais, da qual resulta reconhecimento em favor das pessoas que desenvolvem atividades econômicas, de um direito subjetivo de usar as *facilities*, ou seja, as instalações alheias que sejam indispensáveis para o acesso ao mercado, para evitar que os donos das instalações impeçam o acesso de terceiro ao mercado e com isto inviabilize a prática de sua atividade. (...) Há um direito subjetivo consolidado de acesso aos bens públicos para instalações das redes, mas pode ser também um direito remunerado".

No mesmo sentido, Alexandre Wagner Nester,[58] em obra específica sobre o tema, assevera que a *essential facility doctrine* há de ser vista como "o instituto jurídico segundo o qual se assegura a determinados agentes econômicos, mediante o pagamento de um preço justo, o exercício do direito de acesso às infraestruturas e redes já estabelecidas (assim como a determinados insumos e bens), que são indispensáveis para o desenvolvimento da sua atividade econômica, cuja duplicação é inviável, e que se encontram na posse de outros agentes (normalmente em regime de monopólio natural), seus potenciais concorrentes". Daí por que "a esse direito de acesso corresponde uma obrigação específica do detentor da infraestrutura de ceder o acesso ao terceiro, em termos não discriminatórios e razoáveis, a fim de viabilizar os objetivos e políticas de concorrência preconizados pelo Estado".

Assim é que, como lecionam Gesner Oliveira e João Grandino Rodas,[59] embora a noção de *essential facility* varie de acordo com cada jurisdição, a referência conceitual reside consagrada na jurisprudência americana, no âmbito da qual foram assentados quatro elementos definidores para um caso de abuso de poder de mercado por parte de empresa que detenha controle sobre uma infraestrutura essencial: (i) o controle da infraestrutura por um monopolista; (ii) a impossibilidade de duplicação da infraestrutura; (iii) a possibilidade de oferta da infraestrutura ou serviços associados; e (iv) a efetiva verificação de recusa do uso da infraestrutura essencial.

Lei geral de telecomunicações e a regulação dos mercados. *Revista de Direito da Associação dos Procuradores do Novo Estado do Rio de Janeiro*, v. XI, Rio de Janeiro, p. 264, 2002.

[57] SUNDFELD, Carlos Ari. Utilização remunerada do espaço público pelas concessionárias de serviço. *Revista de Direito Municipal*, jan./mar. 2003, p. 21-22.

[58] NESTER, Alexandre Wagner. *Regulação e concorrência (compartilhamento de infraestruturas e redes)*. São Paulo: Dialética, 2006. p. 226.

[59] OLIVEIRA, Gesner; RODAS, João Grandino. *Direito e economia da concorrência*. São Paulo: Editora Revista dos Tribunais, 2013. p. 160-161.

Além disso, os autores lecionam que, dado o papel central da *essential facility*, as discussões antitruste relacionadas aos setores regulados envolvem práticas restritivas verticais. Nesse sentido, o mercado a montante (ou de origem) é o da infraestrutura essencial, que poderia constituir um monopólio natural, ao passo que o mercado a jusante (ou de destino) é aquele que requer como insumo os serviços proporcionados pela infraestrutura essencial. Portanto, caberia "à autoridade antitruste analisar se o detentor da infraestrutura essencial não estaria elevando artificialmente o custo do concorrente mediante discriminação de preços, recusa de negociação, exigência de venda casada, entre outras práticas restritivas".

Daí se poder concluir, na esteira da OCDE,[60] que a aplicação de tal teoria predica a configuração concreta de três características:

(i) que se configure em uma situação na qual o monopolista, que detém poder de mercado, endereça um sistema de barreiras à entrada dos seus competidores no *downstream*;
(ii) que se materialize a impossibilidade econômica, jurídica e fática dos seus concorrentes empreenderem a sua própria instalação essencial; e
(iii) que importe na cobrança de um preço de acesso tão exorbitante que produza externalidades negativas à competição, equivalendo a uma recusa de acesso.

São requisitos que não se encontram presentes na exploração de um terminal portuário por um armador.

Em primeiro lugar, não há como se afirmar, *ex ante*, que os armadores deteriam o poder de mercado, que seria exercido no âmbito do segmento de exploração de infraestrutura portuária. A presunção de que haveria poder de mercado com um *market share* de 20%, na forma do art. 36, §2º, da Lei nº 12.529/11, além de ser mera presunção relativa, é muito baixa, inclusive quando comparada às demais jurisdições, nas quais, via de regra, não se presumiria que uma empresa com menos de 40% de *market share* teria poder de mercado.[61] Nesse sentido, como

---

[60] OCDE. *The Essential Facilities Concept*. Paris: OECD, 1996. p. 89.
[61] Nesse sentido, Stefania Kollia e Athanasios A. Pallis lecionam que: "A maioria das integrações verticais não suscita preocupações com a concorrência e pode alcançar eficiências por meio da eliminação de custos de transação ou da contenção dos riscos associados a contratos incompletos. De qualquer forma, as empresas em um relacionamento vertical precisam cooperar para melhorar a produção ou a distribuição de seus produtos e serviços fornecidos.

assevera Adalberto Vasconcellos, uma análise do *benchmarking* internacional nos dá conta de que "a consolidação do mercado de movimentação e armazenagem de cargas conteinerizadas tem se tornado o padrão nos principais portos do mundo, como mostram casos recentes nos portos de Roterdã, Hamburgo e Piraeus".[62] O autor faz referência, por exemplo, que, em 2020, a autoridade antitruste holandesa autorizou a aquisição do terminal da APM Terminals pela Hutchinson Port Holdings (HPH), que passou a alcançar cerca de 70% de *market share* no referido porto, o maior de toda a Europa em volume de carga movimentada, diante do que a autoridade antitruste holandesa, após analisar o caso concreto, constatou ser improvável que a HPH conseguisse ser capaz de aumentar preços unilateralmente e continuar com a mesma demanda.[63]

De fato, como se depreende do International Competition Network (ICN),[64] em seu relatório do Merger Working Group (MWG), publicado na ICN de Nova Delhi em 2018, para configurar-se o poder de mercado em relações verticalizadas se deve vislumbrar: (i) a capacidade de fechar o mercado; (ii) o incentivo para fechar o mercado; e (iii) se o efeito final seria prejudicial aos consumidores finais, seja no caso de fechamento de mercados a montante ou a jusante.

Ainda de acordo com o relatório da ICN, podem ter lugar duas espécies de fechamento de mercado integralmente verticalizados: no *downstream* ou *input foreclosure*; e no *upstream* ou *customer foreclosure*. No caso de exclusividade e fechamento a jusante, o ente integrado limita suas vendas no *upstream*, ao não atender mais a concorrentes do *downstream*, para expandir a lucratividade no *downstream* a longo prazo. No caso de exclusividade e fechamento a montante, o ente integrado limita as vendas no *downstream* (por não utilizar insumos de concorrentes

---

Essa cooperação pode levar à redução de custos e tempo e à eliminação de riscos" (KOLLIA, S.; PALLIS, A. A. Competition effects of vertical integration in container ports: assessing the European Commission decisional practice. *Maritime Business Review*, vol. 9, n. 1, 2024, p. 80).

[62] VASCONCELOS, Adalberto. Exemplos mundiais são inspiração para licitação do STS10 no Porto de Santos. *Jota.info*, Porto, 31 maio 2022. Disponível em: https://www.jota.info/opiniao-e-analise/artigos/exemplos-mundiais-sao-inspiracao-para-licitacao-do-sts10-no-porto-de-santos-31052022?non-beta=1. Acesso em: 25 abr. 2024.

[63] VASCONCELOS, Adalberto. Exemplos mundiais são inspiração para licitação do STS10 no Porto de Santos. *Jota.info*, Porto, 31 maio 2022. Disponível em: https://www.jota.info/opiniao-e-analise/artigos/exemplos-mundiais-sao-inspiracao-para-licitacao-do-sts10-no-porto-de-santos-31052022?non-beta=1. Acesso em: 25 abr. 2024.

[64] *Economic Framework*. Disponível em: https://www.internationalcompetitionnetwork.org/wp-content/uploads/2018/10/MWG_SurveyreportVerticalMergers2018.pdf. Acesso em: 6 jun. 2024.

upstream) para expandir a lucratividade no *upstream*. Nesse quadrante, a necessidade de considerar dois tipos de fechamento exige uma dupla análise das condições de lucratividade a montante e a jusante. São características que não podem ser, aprioristicamente, atribuídas à relação armador/terminal portuário.

Tanto é verdade que, em análises concorrenciais, a entidade com capacidade institucional para avaliar a probabilidade do exercício do poder de mercado no segmento de transporte marítimo de contêineres (CADE) já se manifestou, em diversas oportunidades, no sentido de que não há indícios de fechamento de mercados ou de cobrança de preços supracompetitivos por armadores que exploram infraestruturas portuárias.[65]

Assim, por exemplo, cite-se o AC nº 08700.002350/2017-81, que teve por objeto analisar os efeitos da operação na qual o controle da Hamburg Süd foi adquirido pelo grupo A.P. Moller – Maersk. Ao analisar os aspectos de rivalidade no mercado de transporte marítimo regular de contêineres, chegou-se às seguintes conclusões: (i) existência da presença de concorrentes de grande porte atuando nas mesmas rotas; (ii) existência de capacidade ociosa no mercado, ou seja, as concorrentes seriam capazes de absorver desvios de demanda em caso de eventual exercício abusivo de poder de mercado; (iii) tendência de queda dos preços dos fretes marítimos; (iv) forte poder de barganha dos clientes que, em geral, são grandes empresas; e (v) em várias oportunidades, clientes consultados não apresentaram preocupações, apontando, inclusive, possíveis vantagens do ato de concentração, como aumento da oferta de viagens e maior regularidade dos serviços.

---

[65] Um caso concreto demonstra que não há cobrança de preços supracompetitivos por armadores que exploram infraestruturas portuárias. O terminal explorado pelo grupo filipino ICTSI em Pernambuco, o Tecon Suape, não é vinculado a qualquer armador, mas cobra uma das maiores tarifas para movimentação de contêineres do Brasil. O relatório final sobre o estudo comparativo dos valores de THC nos terminais de contêineres no Brasil e no mundo, elaborado pela ANTAQ, aponta que o terminal se destaca como o de maior valor de THC, considerando todos os armadores e tipos de contêineres, apresentando valores acima dos praticados no Porto de Santos. Há notícias no sentido de que a CMA CGM indicou que paga, por contêiner, uma tarifa de US$185, no Porto de Santos, de US$195, em Pecém, e de US$308, em Suape (ANTAQ – AGÊNCIA NACIONAL DE TRANSPORTES AQUAVIÁRIOS. *Relatório Final – Estudo comparativo dos valores de THC (Terminal Handling Charge/Taxa de Movimentação no Terminal) nos terminais de contêineres no Brasil e no mundo*, 2019, p. 47). Ver também: https://movimentoeconomico.com.br/economia/portos/2022/06/01/entenda-porque-em-suape-as-tarifas-para-conteiner-sao-mais-altas-do-brasil/. Acesso em: 25 jun. 2024.

O Parecer nº 26/2017/CGAA3/SGA1/SG, que aprovou a operação sem restrições, apontou que, "nas rotas de transporte marítimo regular de contêineres nas quais foi verificada possibilidade de exercício de poder de mercado por parte das Requerentes, a apreciação da rivalidade no mercado, de forma individualizada rota a rota, e sob a perspectiva global, afastou a probabilidade de exercício de poder de mercado por parte da Maersk após a operação". Significa dizer que, embora houvesse um risco abstrato de exercício de poder de mercado, a análise individualizada conduzida pelo CADE afastou tal possibilidade.

Além disso, a análise do Parecer nº 26/2017/CGAA3/SGA1/SG afastou a probabilidade de haver fechamento dos mercados a montante e a jusante devido às integrações verticais envolvendo os serviços de movimentação de cargas em terminais de contêineres e manutenção e reparo de contêineres. Isso porque a integração vertical não seria capaz de "incentivar as Requerentes a assumirem condutas anticompetitivas, nem tão pouco lhes conferiria poder de mercado suficiente para fazê-lo infligindo reais danos à concorrência, sem sujeitá-las, ao mesmo tempo, a proporcionais prejuízos".

Ainda no âmbito da análise dos primeiros atos de concentração no mercado de transporte de contêineres, por intermédio do voto do conselheiro Mércio Felski no Ato de Concentração nº 08012.007405/1998-47, o CADE se manifestou no sentido de que o transporte de contêineres interno do porto ao serviço de movimentação era mais eficiente do que o sistema anteriormente praticado, no qual os importadores podiam receber a carga e levá-la diretamente dos navios para os veículos das transportadoras autorizadas, nos termos do voto e do voto-vista proferidos pelos então conselheiros Afonso Arinos de Mello Franco Neto e Celso Campilongo, respectivamente.

Nesse caso, o CADE discutiu eventuais restrições a serem impostas ao Terminal de Vila Velha (TVV) como condição para aprovação de ato de concentração. Uma das restrições dizia respeito à eliminação de exclusividade mantida entre o TVV e a empresa que lhe prestava os serviços de transporte interno de contêineres. Inicialmente, o plenário do CADE admitiu a possibilidade de que o TVV, com base no poder de mercado local, poderia impor aos usuários um aumento do custo para o serviço de movimentação de contêineres por meio de integração vertical, por vínculo exclusivo, com a etapa de movimentação interna de contêineres, componente do transporte rodoviário que antes era prestado competitivamente. Essa possibilidade foi o fator determinante para que o Conselho, durante a primeira análise do ato de concentração, impusesse medidas restritivas à operação.

Contudo, o conselheiro Afonso Arinos de Mello Franco Neto, ao apreciar o pedido de reapreciação, afastou a possibilidade de haver aumentos de custo em razão da integração. De acordo com o voto, o "sistema operacional empregado pelo TVV na movimentação de contêineres tem a única finalidade de proporcionar ao navio o menor tempo possível de atracação". A operação pretendida possibilitaria o armazenamento provisório dos contêineres nas pilhas, de modo a permitir que se carreguem ou descarreguem os contêineres na ordem definida pela sua posição nos porões, "garantindo-se eficiência para a operação ao evitar que os caminhões transportadores de contêineres tenham que ser organizados em filas rigorosamente ordenadas em função da sequência pré-definida para o embarque ou desembarque".

No mesmo sentido, o voto-vista do conselheiro Celso Campilongo destacou que a racionalidade da restrição imposta pelo ato de concentração – que suprimia a etapa do transporte interno e eliminava a exclusividade da empresa que o realizava – era eliminar eventual integração vertical entre a atividade portuária e o transporte externo. Nada obstante, a solução restritiva adotada inicialmente pelo CADE não induzia nenhum benefício concreto para a concorrência.

Na visão do conselheiro Celso Campilongo, a restrição imposta ao ato de concentração não se afigurava razoável e, portanto, não beneficiaria a concorrência,[66] tendo em vista que "comparando-se o sistema de movimentação portuária de contêineres que vigorava sob a administração da CODESA com o novo sistema empregado pelo TVV, verifica-se que este último é justificável por razões de eficiência e não implica integração vertical entre as atividades portuárias do TVV e o transporte externo – rodoviário ou ferroviário – de contêineres".[67]

---

[66] Conforme exposto pelo voto-vista: "Com efeito, examinando-se a restrição atacada pelas Requerentes, isto é, a consistente no dever de eliminação da relação de exclusividade mantida entre o TVV e a empresa que lhe presta os serviços de transporte interno de contêineres, conclui-se que a mesma não se afigura razoável e, portanto, não pode beneficiar a concorrência".

[67] O voto-vista destacou ainda: "Note-se que essa eficiência, de caráter operacional, decorrente da exclusividade na movimentação interna de contêineres, não traz, por si só, prejuízos à concorrência. De fato, esta etapa interna de movimentação sequer existia anteriormente ao início da operação do terminal pelo TVV, como bem salientado no voto do ilustre Conselheiro-Relator. Assim, não há que se falar em prejuízos à concorrência numa etapa operacional que sequer existia".

Mais que isso, os casos de integração vertical que levaram o CADE a aplicar restrições para a sua aprovação não dizem respeito à integração terminal portuário/armador, mas, sim, à integração terminal portuário/operador de infraestruturas ferroviárias. E isso tem uma razão fundamental de ser: os contornos desses arranjos são absolutamente distintos. A entrada numa nova rota de transporte marítimo pode ser feita de forma imediata por um armador atuante em qualquer lugar do mundo, ao passo que, para a ferrovia, essa lógica não se sustenta. Para ferrovias, há elevados investimentos a serem realizados previamente, dispondo a infraestrutura necessária à prestação do transporte sobre trilhos, o que, por si, pode configurar barreira à entrada.

Assim, por exemplo, cite-se o Ato de Concentração nº 08012.005747/2006-21, que teve por objeto a análise da aquisição pela América Latina Logística (ALL) de malhas ferroviárias que ligam a região central do Brasil ao Porto de Santos/SP. Com essa operação, a ALL se tornaria sócia de empresas exportadoras de soja em dois terminais localizados no Porto de Santos.

Na oportunidade, duas preocupações restaram ventiladas: (i) a possibilidade de a ALL favorecer o acesso à ferrovia para seus associados nos terminais portuários, em prejuízo de exportadores que não fizessem parte da composição societária dos terminais, a qual restou refutada, sob o argumento de que o interesse maior da ALL seria maximizar o lucro da ferrovia, atraindo o maior volume de cargas possível; e (ii) uma possível discriminação por parte da ALL em desfavor de transportadores independentes (notadamente transportadores rodoviários que levam cargas até a ferrovia para posteriormente chegar ao porto) e em benefício de empresas de logística intermodal do seu próprio grupo econômico.

O voto do conselheiro-relator do caso, Luís Fernando Schuartz, observou que a aprovação do ato de concentração gerava preocupações concorrenciais em razão da relação vertical existente entre o transporte ferroviário e as atividades dos operadores logísticos portuários.

Tais preocupações levaram ao estabelecimento de condições para a aprovação do ato, por intermédio do chamado Termo de Compromisso de Desempenho, no sentido de garantir a não discriminação de usuários e transportadores de carga, juntamente com outras obrigações relativas à obtenção de eficiências. Em específico, foram impostas as seguintes restrições comportamentais: (i) divulgação de relatório periódico contendo os indicadores médios de desempenho por tipo de carga, como tempo de espera, de carga/descarga, atendimento de prioridades de embarque, entre outros, com nível de detalhamento hábil a identificar a ocorrência ou não de discriminação a clientes específicos; (ii) publicidade dos preços praticados para as operações acessórias à prestação do serviço ferroviário; e (iii) publicidade da política de descontos praticada na atividade ferroviária, com o detalhamento dos critérios adotados para a composição dos descontos aplicados.

O segundo precedente, materializado no AC nº 08700.005719/2014-65, teve por objeto a análise concorrencial da fusão entre ALL e Rumo, empresa de logística multimodal pertencente ao Grupo Cosan, que, entre outras atividades, atua na produção e distribuição de açúcar e etanol nos mercados interno e externo. Vislumbrando possíveis impactos à concorrência, tal operação fora aprovada mediante as seguintes condicionantes: (i) garantia de tratamento isonômico a todos os usuários da ferrovia, que deveria ser comprovado pelas requerentes através da divulgação de indicadores de desempenho por tipo de carga; (ii) publicidade da média trimestral dos preços praticados para as operações acessórias à prestação do serviço ferroviário; e (iii) publicidade da política de descontos praticada na atividade ferroviária tanto no mercado *spot* quanto no mercado contratualizado.

Ainda para os fins da presente investida, é de destacar, no que tange à análise de condutas anticompetitivas, o PA nº 08012.005660/2003-19, de relatoria do então conselheiro Abraham Benzaquen Sicsú. Em tal oportunidade, o CADE arquivou o processo considerando que o terminal, localizado no porto de Itaguaí/RJ, era classificado como de uso privativo misto e, portanto, destinado preferencialmente à movimentação de carga do operador arrendatário, sendo a movimentação residual de cargas de terceiros facultativa. Além disso, constatou-se que o operador ofertava a capacidade disponível de forma igualitária e impessoal, por meio de licitações e critérios de seleção objetivos. Nesse caso, o CADE se manifestou no sentido que, justamente, a integração vertical que era privilegiada pela Lei nº 8.630/1993, por intermédio dos transportes de cargas próprias, era mais eficiente e não limitava a concorrência.

Nesse sentido, fica evidenciado que a operação integrada pode proporcionar ganhos de eficiência a todos os elos da cadeia, como denotam os casos de operação vertical para movimentar carga própria, sob a égide do modelo da Lei nº 8.630/1993.

Isso posto, no modelo de movimentação de carga própria, as dificuldades concorrenciais que poderiam advir diziam respeito ao acesso à infraestrutura, dados os baixos incentivos para que seu operador, também dono da carga, viesse a movimentar cargas de terceiros.

Pois bem. Em um modelo integrativo, que permita que operadores logísticos não proprietários de carga atuem em mais de um elo da cadeia, como é o caso dos armadores/terminais portuários, as eficiências percebidas no modelo de movimentação de carga própria podem também se fazer presentes, dada a integração vertical, com o relevante adendo de que o incentivo para impedir a movimentação de outras cargas ou mesmo para se valer de outras infraestruturas portuárias não se faz presente pelo simples fato de que a carga movimentada pelos armadores não é própria e que o poder de escolha, em última instância, está nas mãos dos donos da carga.

Armadores são operadores logísticos por excelência. Bandeira branca. Integrados ou não, essa integração se dá no plano da logística em si, apenas. E, portanto, por si, isso já seria menos concentrador do que hipóteses nas quais terminais são operados para movimentação de carga própria, sem franquearem acesso a terceiros.

Como denota o funcionamento do mercado de contêineres, o armador não escolhe, ele próprio, o terminal no qual será movimentada a carga de propriedade de seu cliente. A decisão é do cliente e pode envolver inúmeras circunstâncias atinentes aos negócios deste em concreto, como destino da carga, meios de armazenagem, modais subsequentes disponíveis, entre tantos outros,[68] razão por que, sendo os armadores agentes econômicos dedicados ao transporte em geral, não atender a esses clientes porque as cargas viriam a ser movimentadas em terminais portuários não integrados, por exemplo, seria perder mercado, o que, naturalmente, não faria sentido, revelando os desincentivos para que armadores com participação em terminais portuários restrinjam sua atuação a esses terminais.

---

[68] Um exemplo ilustra o ponto: o Ministério de Portos e Aeroportos anunciou, no dia 15.05.2024, que a Seara Alimentos vai operar cargas conteinerizadas no Porto de Itajaí, na área arrendada dos berços 01 e 02, com expectativa de movimentação de 44 mil TEUs por mês, a partir do segundo semestre de 2024. É plausível supor que a Seara Alimentos, verticalizando a produção alimentícia e a operação portuária, escolherá (ou exigirá) que seus contêineres sejam carregados ou descarregados no Porto de Itajaí (ITAJAÍ. *Seara vai assumir as operações de contêineres do Porto de Itajaí*, 16 maio 2024. Disponível em: https://itajai.sc.gov.br/noticia/32102/seara-vai-assumir-as-operacoes-de-conteineres-no-porto-de-itajai. Acesso em: 25 jun. 2024).

Para além das manifestações do CADE, a inadequação de uma regulação de banimento de entrada aos armadores, em procedimentos licitatórios, se mostra intrusiva e desnecessária, na medida em que o próprio funcionamento da operação dos armadores já interditaria o seu exercício de poder de mercado.

Em primeiro lugar, porque não cabe aos armadores – mas, sim, aos clientes – escolherem o terminal portuário ao qual será destinada a carga importada ou exportada, dentre as alternativas disponibilizadas pelos armadores. De fato, ao escolherem um porto, os clientes donos das cargas levam em consideração diversos fatores, tais como: grau de integração dos portos a outros modais de transporte (como o férreo ou o rodoviário), proximidade do destino/origem das cargas, disponibilidade e qualidade, e valor do serviço prestado por terminais.

Assim é que, ao lançar mão de tal escolha, os clientes procuram uma linha de navegação que ofereça serviços na rota desejada, comparando preços e efetuando a compra imediata (*spot*) ou negociando um acordo recorrente (contrato). Cuida-se de um procedimento negocial complexo, que é capitaneado pelo cliente (importador/exportador), a quem competirá a escolha do terminal portuário, a depender do custo, do perfil da carga e da estrutura logística, e não ao armador. Em termos simples, quem cria a demanda do armador é o cliente, e não o contrário. Daí já se pode inferir que a presunção apriorística de que o armador, ao explorar um terminal portuário, exercerá o poder de mercado não se coaduna com a própria dinâmica mercadológica do setor.

Para além disso, a presunção segundo a qual os armadores que fazem parte de alianças operacionais atuam em regime de concertação e de pouca rivalidade denota uma incompreensão desses arranjos, não se coadunando com o regime jurídico instituído por tais instrumentos. E isso por alguns fatores.

O primeiro deles é que não é dado ao regulador presumir o acordo horizontal entre concorrentes. Como exposto no primeiro item, tais modalidades de acordo ostentam natureza operacional, e não veiculadora de um acordo prejudicial à concorrência. À medida que a escolha do terminal é atribuída ao cliente (importador e exportador), os armadores continuam a concorrer entre si e com os demais operadores que transportam os contêineres por determinada rota. Tais premissas não restarão superadas mesmo em se tratando de operação que guarda uma horizontalidade de operação a jusante.

Não é por outra razão que o CADE, ao apreciar o Ato de Concentração nº 08700.002724/2020-64, por intermédio de voto do então relator conselheiro Sérgio Costa Ravagnani, deixou assentado que "os acordos desse tipo possuem claras limitações sobre o nível de informação compartilhada, de modo que cada empresa possui (...) canais de vendas, políticas de precificação, e que não possuem acesso às informações de preços praticados pela outra parte", motivo pelo qual tais restrições regulatórias à concorrência em procedimentos licitatórios se mostram intrusivas e desproporcionais.

Como bem apontado por Floriano de Azevedo Marques Neto,[69] a função reguladora deve ser orientada por dois limites: o horizontal e o vertical. O primeiro (horizontal) está relacionado à existência de limites aos setores ou campos da atividade econômica, que podem ser objeto de incidência regulatória direta, em razão do princípio da subsidiariedade. Isso porque, na concepção do referido autor, o Estado só deverá intervir no domínio econômico quando a iniciativa privada não possuir interesse ou capacidade.[70]

O segundo (vertical) tem por fim analisar quais os limites constitucionais para o exercício das competências regulatórias à luz do princípio da proporcionalidade.[71] Em prosseguimento, Marques Neto, ao comentar a aplicação do princípio da proporcionalidade nas diversas formas de

---

[69] MARQUES NETO, Floriano de Azevedo. Limites à abrangência e à intensidade da regulação estatal. *Revista de Direito Público da Economia – RDPE*, n. 1, v. 1, p. 69-93, mar. 2003.

[70] Silvia Faber Torres, em trabalho específico sobre o tema, traça as implicações da subsidiariedade na intervenção do Estado na ordem econômica: "Embora a subsidiariedade não seja um princípio estritamente diretivo da ordem econômica, ela a tem como um de seus objetos precípuos, orientando, nesse âmbito, a atuação estatal e informando a relação entre o Estado e o particular, de modo a harmonizar a coexistência do poder público e da liberdade de que goza a iniciativa privada. A subsidiariedade, portanto, regula a intervenção estatal na economia, cabendo-lhe fixar pautas que orientem uma relação harmônica entre a ordem econômica espontânea e a ação do Estado, a qual, saliente-se, não é por ela vedada, mas limitada à correção de distorções em nome do bem comum e da promoção da justiça" (TORRES, Silvia Faber. *O princípio da subsidiariedade no direito público contemporâneo*. Rio de Janeiro: Renovar, 2001. p. 152).

[71] Esse parece ser o entendimento de Alexandre Santos de Aragão: "O grande desafio é coordenar sem tirar a independência. Temos o princípio da proporcionalidade atuando aqui, pelo qual se deve escolher um meio adequado para realizar o fim visado, no nosso tema, o meio adequado para realizar a necessidade de coordenação. Dentre esses meios adequados – e aí vem o elemento necessidade da proporcionalidade –, tem que se escolher o meio menos restritivo à autonomia da agência. Do ponto de vista da adequação, o objetivo a ser visado é a necessidade de coordenação, não a substituição da instância regulatória; e mesmo sendo só para a coordenação, o instrumento a ser adotado tem de ser a forma menos restritiva à independência. O segundo pressuposto, que é paradoxal em relação ao primeiro, é de manter ao máximo possível a independência das agências reguladoras que já forem especialmente autônomas. Dar ou não independência não vai ser uma decisão do órgão responsável pela AIR. Trata-se de decisão legislativa já tomada" (ARAGÃO,

exercício da função regulatória, leciona que o regulador manejará suas competências regulatórias em excesso, quer editando norma que não observe parâmetros justificáveis de adequação e necessidade das restrições, quer "atuando, em concreto, sem atenção à devida ponderação entre os ônus impostos ao regulado e os bônus que, potencialmente, este venha a obter com a observância das pautas regulatórias".

É, justamente, o que aqui se passa. Como é de conhecimento convencional, a atuação da autoridade antitruste na defesa da concorrência é regida por dois padrões de regulação: regulação de conduta e regulação de estrutura. No campo da regulação das condutas, há regras de comportamento que, se não observadas, podem gerar punições ao agente. De outro lado, as condutas podem ser punidas *per se* ou a partir de uma avaliação das implicações das ações dos agentes sobre a concorrência e o bem-estar dos consumidores. Nesse caso, aplica-se o critério da razoabilidade, que conjuga a análise das condicionantes, motivações e impactos da conduta sobre o mercado.[72]

Não se está, por evidente, apregoando que o setor portuário gozaria de qualquer modalidade de isenção antitruste (albergada pela aplicação de alguma das teorias da *primary jurisdiction doctrine, filed rate doctrine, state action doctrine, implied antitrust immunities doctrine*), mas isso não importa dizer que a entidade reguladora está autorizada a criar presunções sequer aplicáveis pela entidade de defesa da concorrência.

Explica-se. O art. 36 da Lei nº 12.529/2011 adota o conceito de razoabilidade lastreado na jurisprudência da Suprema Corte norte-americana, extraída do *"Sherman Act"*. O §3º do art. 36 prescreve que tais condutas resultarão em violação à ordem econômica se importarem em: (i) condutas de colusão, que consistem naquelas em que os agentes coordenam sua atuação em determinado mercado (*e.g.*, incisos I, II e VIII); (ii) restrições de entrada, na forma das quais a conduta impede que concorrentes efetivos ou potenciais tenham acesso a insumos ou canais de distribuição necessários para a produção de determinado bem ou serviço (*e.g.*, incisos III, IV, V, VI, XIX); (iii) restrições verticais, quando a conduta restringe a concorrência na cadeia de produção e distribuição de um bem ou serviço (*e.g.*, incisos IX, X, XII e XVIII); (iv) recusa de contratar, quando um agente econômico recusa a negociar

---

Alexandre Santos de. Análise de impacto regulatório – AIR. *Revista de Direito Público da Economia – RDPE*, Belo Horizonte, ano 8, n. 32, p. 13, out./dez. 2010).

[72] SALGADO, Lucia Helena. *Política de concorrência*: tendências recentes e o estado da arte no Brasil. Brasília: IPEA, 1995. p. 5. Disponível em: https://repositorio.ipea.gov.br/handle/11058/1725. Acesso em: 1º jun. 2024.

determinado bem ou serviço que é necessário para as atividades de outro agente (*e.g.*, incisos V, XI); e (v) práticas predatórias, que visam retirar um concorrente do mercado (*e.g.*, inciso XV).

Do exame do referido dispositivo, é possível se depreender que uma infração unilateral da ordem econômica é definida em função dos efeitos econômicos que potencialmente pode produzir no mercado, e não a partir da descrição da conduta. Nesse quadrante e para o que aqui importa, o exemplo mais saliente é o das restrições verticais, tais como exclusividade de distribuição ou fixação de preços de revenda.

De fato, quando um produtor estabelece que seus distribuidores somente podem comercializar o produto por um preço mínimo, por um lado, isso gera um preço superior ao que poderia ser cobrado na ausência do ajuste; mas, por outro lado, estimula os distribuidores a se destacarem, ofertando ao cliente um melhor atendimento, e não apenas o menor preço, como melhor demonstração do produto, melhor entrega, melhores serviços pós-venda etc. Dependendo do bem ou serviço que está sendo comercializado, a atuação destacada do distribuidor pode agregar valor ao bem e serviço comercializado. No mesmo sentido, um acordo de exclusividade na venda de um insumo que preveja valores mínimos a serem adquiridos, por um lado, pode vedar o acesso de concorrentes a tal insumo, mas, por outro lado, pode dar ao produtor do insumo as condições necessárias para fazer investimentos no aumento da produção para atender ao cliente exclusivo que não seriam feitos na ausência do ajuste.

Isso importa dizer que, diversamente dos denominados cartéis *hard core*,[73] as eventuais condutas que podem resultar de integrações verticais não se configuram como um ilícito concorrencial *per se*,[74] pois

---

[73] "Cartel hard-core [aqueles cartéis voltados única e exclusivamente à determinação de preço/quantidade e demais variáveis competitivas] são os vilões por excelência do direito da concorrência. Eles são considerados não apenas por toda parte como ilícitos antitruste, mas em vários ordenamentos, também como criminosos. SCHUARTZ, L. F. Ilícito antitruste e acordos entre concorrentes". *In*: POSSAS, M. L. (org.). *Ensaios sobre Economia e Direito da Concorrência*. São Paulo: Singular, 2002. p. 120.

[74] Como se depreende do voto do conselheiro-relator do CADE no processo administrativo do cartel da pedra britada, que também aborda o tema: "Mesmo abandonando-se a premissa de concorrência perfeita, os efeitos negativos para o bem-estar dos consumidores de cartéis são determinados de forma conclusiva por economistas das várias correntes de pensamento econômico. Quando bem-sucedidos os cartéis elevam preços acima do que seria possível na ausência de coordenação das decisões alocativas. Os consumidores, inclusive empresas ou governo, são compelidos a pagar preços mais elevados ou não consumir esses produtos. Em muitos casos, portanto, os cartéis reduzem o nível de produção para viabilizar seus níveis de preços: esses se apropriam dos excedentes econômicos e da renda dos setores que consomem seus produtos. Finalmente, ao ficarem protegidas da competição e da rivalidade, as empresas cartelizadas são desestimuladas a controlar seus custos ou

que predicam uma análise das eficiências líquidas produzidas *vis-à-vis* a eventuais restrições à concorrência.[75] No mesmo sentido, Vinicius Marques de Carvalho e Gabriel Dantas Maia[76] asseveram que "a postura adotada conflita frontalmente com a perspectiva do antitruste sobre como integrações verticais devem ser compreendidas. Integrações verticais são forma legítima de se estruturar a atividade econômica em um dado setor, aptas a gerar tanto eficiências quanto riscos concorrenciais".[77] E concluem: "É em razão disso que restrições verticais são apreendidas como eventuais ilícitos concorrenciais por efeito, demandando análise *in concreto* que demonstre os potenciais efeitos negativos da conduta do

---

inovar. Dessa forma pode-se afirmar que cartéis são sempre (e sem qualquer exceção) nocivos à eficiência de uma economia de mercado" (Voto do Cons. Relator no Processo Administrativo nº 08012.002127/02-14, Representante: Secretaria de Direito Econômico *ex officio* Representados: Sindicato da Indústria de Mineração de Pedra Britada do Estado de São Paulo – SINDIPEDRAS e outros. Relator: Cons. Luiz Carlos Delorme Prado, p. 7).

[75] Nesse sentido, de acordo com Eugenio Battesini: "Conforme destaca Simon Bishop, o precedente da Corte de Justiça estabeleceu a presunção de pró-competitividade das concentrações verticais no âmbito da Comunidade Européia. Presunção que, segundo o autor, deriva da fundamental diferença entre concentração horizontal e vertical: enquanto na concentração horizontal há o afastamento direto da competição, possibilitando a elevação no preço dos produtos e serviços com prejuízo para os consumidores, na concentração vertical a competição não é diretamente afetada, além do que o impacto geral sobre os preços é no sentido de sua redução face à eliminação de ineficiências existentes pré-concentração. A análise da jurisprudência da Comunidade Européia denota a passagem de postura eminentemente estruturalista, adotada no caso Skanska/Scancem, para postura mais aberta que incorpora a análise dos benefícios gerados aos consumidores, caso AOL/Time Warner, e avança para o acolhimento da presunção de pró-competitividade da concentração vertical, caso Tetra-Laval/Sidel. A sensível evolução verificada em pouco menos de uma década evidencia de forma paradigmática a importância de interação de fundamentos econômicos e jurídicos da concorrência (BISHOP, Simon e outros. The efficiency-enhancing effects of non-horizontal mergers, p. IV)". (BATTESINI, Eugenio. Direito e Economia da Concorrência: Concentração Vertical na União Europeia. *Publicações da Escola da AGU – Debates em Direito da Concorrência*, n. 7, 2011, p. 188).

[76] CARVALHO, Vinícius Marques de; MAIA, Gabriel Dantas. Concorrência no setor portuário: a concessão do Porto de Santos. *Jota.info*, Fronteiras de concorrência e regulação, 27 mar. 2022. Disponível em: https://www.jota.info/opiniao-e-analise/colunas/fronteiras-concorrencia-regulacao/concorrencia-setor-portuario-concessao-porto-de-santos-27032022?non-beta=1. Acesso em: 25 abr. 2024.

[77] Mais que isso, como asseveram Óscar Álvarez-Sanjaime, Pedro Cantos-Sánchez, Rafael Moner-Colonques e José J. Sempere-Monerris: "Ao comparar vários regimes de concorrência, mostramos que, em primeiro lugar, uma empresa de transporte marítimo com um terminal dedicado terá interesse em transportar parte de sua carga por um terminal independente. Em segundo lugar, ela também achará lucrativo fornecer seus serviços de terminal a outras empresas de transporte marítimo. Nesse caso, são oferecidos produtos mais diferenciados, e a produção será máxima no caso de não exclusividade. Em termos de implicações políticas, esse é um resultado interessante, pois o uso não exclusivo do terminal da companhia marítima aumenta o bem-estar social - os lucros das companhias marítimas são maiores, assim como o frete total" (ÁLVAREZ-SANJAIME, Oscar; CANTOS-SÁNCHEZ, Pedro; MONER-COLONQUES, Rafael; SEMPERE-MONERRIS, José J. Vertical integration and exclusivities in maritime freight transport. *Transport Research Part E 51* (2013), p. 11).

agente verticalizado, balanceando tais preocupações com as potenciais eficiências suscitadas pela prática".[78]

Não é por outra razão que o CADE,[79] ao analisar os efeitos de eventuais práticas restritivas verticais entre operadores *upstream* e *downstream*, já se manifestou no sentido de que "os acordos de exclusividade podem também gerar efeitos pró-competitivos, tais como: (i) maior alinhamento dos interesses do fabricante e do distribuidor, acirrando a competição intermarcas, ao encorajar ao distribuidor para que eleve as vendas daquele determinado fabricante; (ii) incentivos para que fabricantes auxiliem os distribuidores, por meio de investimentos de capacitação, fornecimento de serviços e informações; (iii) mitigação de problemas decorrentes do 'efeito carona' (*free riding*) incentivando investimentos do fabricante no distribuidor; (iv) viabilidade de investimentos para atendimento de consumidores específicos; e (v) maior controle de qualidade da distribuição pelo fabricante e redução de custos de transação".

Tanto é verdade que a Superintendência Geral do Conselho Administrativo de Defesa Econômica (SG/CADE) emitiu, em caráter de advocacia da concorrência, a Nota Técnica nº 10/2022/CGAA3/SGA1/SG/CADE (Nota Técnica nº CADE 10/2022), cujo objeto era analisar os aspectos concorrenciais impostos na licitação do arrendamento do STS-10.

Ao analisar o tema, a SG se manifestou no sentido de que: (i) a exclusão de competidores vai contra as melhores práticas internacionais e certamente é uma decisão drástica e irreversível. Essa solução deve ser utilizada somente quando existir certeza de que o competidor necessariamente prejudicará o mercado e que não existem outras soluções para a contenção do problema; (ii) a solução mais eficiente seria permitir a participação dos agentes verticalmente integrados, desde que alterado o contrato de forma a inserir remédios comportamentais particulares; e (iii) a solução proposta harmonizaria adequadamente regulação discricionária e contratual, maximizando os princípios da liberdade econômica, sem desconsiderar os riscos apontados na audiência pública e tampouco onerar demasiadamente a ANTAQ.

---

[78] CARVALHO, Vinícius Marques de; MAIA, Gabriel Dantas. Concorrência no setor portuário: a concessão do Porto de Santos. *Jota.info*, Fronteiras de concorrência e regulação, 27 mar. 2022. Disponível em: https://www.jota.info/opiniao-e-analise/colunas/fronteiras-concorrencia-regulacao/concorrencia-setor-portuario-concessao-porto-de-santos-27032022?non-beta=1. Acesso em: 25 abr. 2024.

[79] Processo Administrativo (PA) nº 08012.005009/2010-60.

Daí a ausência de capacidade institucional da ANTAQ para veicular restrições à concorrência em procedimentos licitatórios se utilizando da regra *per se* ao invés da regra da "razão" para analisar as eficiências e os possíveis efeitos da operação verticalizada entre o transportador e o terminal portuário.

Segundo essa teoria, que tem tomado parte importante do debate jurídico nacional, a análise das questões de interpretação jurídica, em geral, deve ser iniciada por uma análise das situações estruturais internas das instituições envolvidas, identificando e avaliando suas capacidades e aptidões, de modo a determinar qual é o *locus* mais apropriado à tomada de determinada decisão.[80] Isto é: antes mesmo de se debater sobre a legalidade, constitucionalidade ou até mesmo a melhor forma de interpretação de determinada norma, dever-se-ia fazer uma análise das capacidades das instituições envolvidas. Assim, seriam verificadas questões empíricas, como: (i) a possibilidade de o agente levantar recursos e informações;[81] (ii) a sua especialização, representada por um conhecimento aprofundado em determinadas matérias; e (iii) a sua capacidade de avaliar os efeitos sistêmicos de sua decisão.[82]

---

[80] Nesse sentido, lecionam Cass Sunstein e Adrian Vermeule que: "Temos visto que vozes influentes na doutrina constitucional argumentam em favor de estratégias interpretativas sem sintonia com a questão das capacidades institucionais. Aqueles que enfatizam argumentos filosóficos, ou a idéia de interpretações holísticas ou intratextuais, parecem, em nossa visão, terem dado muito pouca atenção às questões institucionais. Aqui, como em outros lugares, a nossa colocação [*submission*] mínima é a de que uma afirmação sobre a interpretação adequada é incompleta se não prestar atenção às considerações das capacidades administrativas [*administrability*], das capacidades judiciais e efeitos sistêmicos, além das colocações usuais sobre legitimidade e autoridade constitucional" (SUNSTEIN, Cass R.; VERMEULE, Adrian. Interpretation and institutions. *John M. Olin Program in Law and Economics Working Paper*, n. 156, 2002. Disponível em: http://chicagounbound.uchicago. edu/cgi/viewcontent.cgi?article=1279&context=law_and_economics. Acesso em: 12 maio 2024.

[81] O levantamento de recursos e informações também serve, portanto, de parâmetro informativo a uma postura mais ou menos deferente do Poder Judiciário ao controlar a Administração Pública. Segundo Adrian Vermeule, há um papel apropriado para os tribunais no sentido de assegurar que as agências tenham adequadamente investido recursos na coleta de informações que podem resolver a incerteza, seja transformando-a em risco ou mesmo em certeza. Assim, quanto mais tempo e recursos o regulador tiver investido na busca de informações, mais justificada será a deferência do Judiciário às escolhas de primeira ordem tomadas pelas agências em um ambiente de incerteza. Cf.: VERMEULE, Adrian. Rationally Arbitrary Decisions (in Administrative Law). *Harvard Public Law Working Paper*, n. 13-24. Disponível em: http://papers.ssrn.com/sol3/papers.cfm?abstract_id=2239725. Acesso em: 12 maio 2024.

[82] Nesse sentido, Carlos Bolonha, José Eisenberg e Henrique Rangel anotam: "Em se tratando de capacidades institucionais, pode-se compreender que existe a necessidade de serem firmados parâmetros para definir o nível de interpretação que deve ser empregado sobre o caso concreto. Como exemplos de fatores indispensáveis para o aprofundamento da discussão decisional, pode-se apontar o fato de a instituição ser plenamente capaz de

O objetivo dessa análise consistiria em, por meio da determinação criteriosa da capacidade institucional dos agentes envolvidos, determinar qual entidade está mais habilitada a produzir a melhor decisão em determinada matéria.[83] Nessas hipóteses, os tribunais devem reconhecer que o Poder Executivo tem aptidão especial, que o torna mais bem equipado para decidir determinadas questões de fato, o que se aproxima da própria ideia de deferência.

A doutrina da deferência advém da construção da Suprema Corte Americana, segundo a qual, se houve um processo administrativo e uma fundamentação adequada para a Administração escolher uma entre várias interpretações plausíveis do ato normativo, o Judiciário não deve substituir a interpretação plausível da Administração pela sua própria, salvo se aquela não for razoável.[84] Essa premissa se baseia

---

levantar recursos e informações que balizem sua decisão, bem como ela estar inserida em debates teóricos e empíricos sobre os fatos conexos àquela matéria. No que tange aos efeitos sistêmicos, preocupa-se com os resultados que podem recair sobre pessoas, instituições públicas e instituições privadas; o que exige do processo de deliberação um rigor maior na interpretação, discussão e decisão do caso concreto" (BOLONHA, Carlos; EISENBERG, José; RANGEL, Henrique. Problemas Institucionais no Constitucionalismo Contemporâneo. Direitos Fundamentais e Justiça. *Revista do Programa de Pós-Graduação Mestrado e Doutorado em Direito da PUC-RS*, ano 5, n. 17, out./dez. 2011).

[83] De acordo com Alexandre Santos de Aragão, "o controle jurisdicional está avançando para um nível de discussão muito mais sofisticado do que a divisão binária (e muitas vezes ad hoc) entre discricionariedade e vinculação, que está sendo gradualmente substituída pelo conceito de índices de capacidade institucional do órgão administrativo que emitiu a decisão comparativamente à capacidade institucional que o Judiciário tem para decidi-la" (ARAGÃO, Alexandre Santos de. Controle jurisdicional de políticas públicas. *A&C – Revista de Direito Administrativo & Constitucional*, Belo Horizonte, ano 10, n. 42, out./dez. 2010).

[84] Cass R. Sunstein e Adrian Vermeule: "Temos argumentado que as questões de interpretação jurídica não podem ser adequadamente resolvidas sem atenção às questões institucionais. Uma extraordinária variedade de pessoas ilustres tem explorado estratégias interpretativas sem atentar para o fato de que tais estratégias, inevitavelmente, serão usadas por pessoas falíveis e com prováveis efeitos dinâmicos que vão muito além do caso em questão. Dois mecanismos parecem principalmente responsáveis por esta cegueira institucional. Um deles é uma armadilha relacionada a quem desempenha o papel [*role-related trap*]: os teóricos interpretativos se perguntam 'como eu decidiria o caso, se eu fosse um juiz?' – Uma pergunta cuja forma muito suprime a questão fundamental de que as regras interpretativas relevantes serão utilizadas por juízes, em vez de teóricos. Outra é uma armadilha cognitiva: especialistas, como professores de Direito, criticam opiniões monocromáticas [*insufficiently nuanced opinions*] emitidas por juízes generalistas em casos particulares, desconsiderando que os mesmos juízes poderiam muito bem ter feito muito pior, ao longo de uma série de casos, na tentativa de emular a abordagem dos especialistas. No geral, a questão-chave parece ser, 'como juízes perfeitos decidem os casos?' ao invés de "como juízes falíveis devem proceder, à luz de sua falibilidade e de seu lugar em um sistema complexo de ordem privada e pública?" (SUNSTEIN, Cass R.; VERMEULE, Adrian. Interpretation and Institutions. *John M. Olin Program. Law and Economics Working Paper*, n. 156, 2002. Disponível em: http://chicagounbound.uchicago.edu/cgi/viewcontent.cgi?article=1279&context=law_and_economics. Acesso em: 12 maio 2024).

no fato de que existem atos administrativos de natureza técnica, cuja competência é privativa da Administração Pública, a qual não pode ser substituída nessa tarefa por outra entidade detentora de poder, tudo isso levando em conta a premissa de que, como as entidades técnicas seriam capazes de alcançar uma profundidade técnica maior do que a possível em sede judicial, estariam elas em melhor posição para tomar decisões regulatórias que assim demandassem. Por consequência, o Poder Judiciário deveria adotar uma postura de *judicial deference* (deferência jurisdicional) à atuação da Administração Pública.

O dever de deferência, pois, limita a atuação do julgador nos casos em que este é provocado a alterar os juízos de ponderação (técnicos, econômicos, sociais e jurídicos) realizados pela autoridade administrativa, que dispõe de formação adequada para tanto.[85] Nessas hipóteses, a sindicabilidade do ato envolve o exame limitado aos aspectos de legalidade – em especial, o atendimento dos elementos do ato administrativo, mediante a aferição da regularidade do procedimento pelo qual foi cunhado. O racional da deferência já foi reconhecido, expressamente, pelo STF, por ocasião do julgamento da ADI nº 4874/DF[86] e do RE nº 1.083.955/DF.[87]

No julgamento da ADI nº 4.874/DF, o Supremo Tribunal apontou que, uma vez definidos na legislação de regência as políticas a serem perseguidas, os objetivos a serem implementados e os objetos de tutela, "ainda que ausente pronunciamento direto, preciso e não ambíguo do legislador sobre as medidas específicas a adotar, não cabe ao Poder Judiciário, no exercício do controle jurisdicional da exegese conferida por uma Agência ao seu próprio estatuto legal, simplesmente substituí-la pela sua própria interpretação da lei".

Por sua vez, no âmbito do Recurso Extraordinário nº 1.083.955/ DF, o STF consignou que o dever de deferência do Judiciário às decisões técnicas adotadas por entidades reguladoras repousa na: (i) falta

---

[85] Chevron USA Inc. v. Natural Resources Defense Council. 467 U.S. 837 (1984). Destaca-se que o precedente está sendo revisitado, como demonstra a decisão da Suprema Corte, datada de 28.06.2024. Os impactos da referida decisão, em termos teóricos e práticos, ainda não podem ser apontados. Cf.: Loper Bright Enterprises et. al. v. Raimondo, Secretary of Commerce, et al. 22-451 U.S. (2024).

[86] "Deferência da jurisdição constitucional à interpretação empreendida pelo ente administrativo acerca do diploma definidor das suas próprias competências e atribuições, desde que a solução a que chegou a agência seja devidamente fundamentada e tenha lastro em uma interpretação da lei razoável e compatível com a Constituição. Aplicação da doutrina de deferência administrativa (Chevron U.S.A. v. Natural Res. Def. Council)" (STF – ADI nº 4.874/DF – Plenário – Rel. Min. Rosa Weber – J. 01/02/2018).

[87] STF – AgR no RE nº 1.083.955/DF – Primeira Turma – Rel. Min. Luiz Fux, J. 28.05.2019.

de *expertise* e capacidade institucional de tribunais para decidir sobre intervenções regulatórias, que envolvem questões policêntricas e prognósticos especializados; e (ii) possibilidade de a revisão judicial ensejar efeitos sistêmicos nocivos à coerência e dinâmica regulatória administrativa. De acordo com o Supremo Tribunal, "em perspectiva pragmática, a invasão judicial ao mérito administrativo pode comprometer a unidade e coerência da política regulatória, desaguando em uma paralisia de efeitos sistêmicos acentuadamente negativos".

Para além disso, ao instituir restrições regulatórias à concorrência em procedimentos licitatórios, presumindo-se o eventual exercício de poder de mercado pelos armadores na exploração de infraestruturas portuárias, o regulador se utiliza de metodologia mais rigorosa do que a do próprio CADE e viola o princípio da proporcionalidade, criando um ônus para o poder público, que terá reduzido o universo de competidores, e, na ponta, para os usuários da infraestrutura portuária, que, entre outras coisas, serão privados das eficiências que poderiam resultar da integração.

A título exemplificativo, o CADE concluiu, em análise de caso concreto, que não havia riscos concorrenciais caso ocorresse integração vertical no âmbito da licitação do Porto de Itajaí. Na visão da área técnica do Conselho, o exercício do poder de fechamento de mercado não se mostrava crível por três principais fatores: (i) a necessidade de amortizar os investimentos realizados com as licitações e com o desenvolvimento do Terminal de Itajaí;[88] (ii) o aumento de capacidade ociosa;[89] e (iii) a não alteração do atual cenário de transporte de cargas.[90]

---

[88] "Sabe-se que os aportes financeiros estimados para a validação da concessão do Terminal de Itajaí flutuam na casa dos R$ 2,1 bilhões. Despesas de tamanho calibre tendem a serem amortizadas ao longo de anos, fazendo-as perquirir pelos meios mais eficientes de influxo de caixa. Nesse sentido, um fechamento de mercado acabaria por reduzir esse influxo, prejudicando a empresa concessionária."

[89] "Em relação ao mercado à montante, a capacidade da nova estrutura conjunta dos terminais operados pelo grupo econômico da MSC seria de aproximadamente 2.700 mil TEUs, superando amplamente os 470.000 TEUs movimentados pela armadora no ano de 2022. A manutenção das instalações ociosas não é uma opção viável economicamente e contratualmente, tendo em vistas as diversas obrigações previstas em contrato, em especial a Movimentação Mínima Contratual (MME), bem como os colossais investimentos a serem aportados, impedindo a prática de fechamento."

[90] "No âmbito do mercado à jusante, com o transporte de cargas marítimas promovido pelas armadoras, também não se observa um racional para um fechamento de mercado. Caso o Operador Portuário do grupo MSC se sagrasse campeão da licitação, não haveria sequer possibilidade de a armadora desviar o curso de suas rotas para preferenciar o Terminal de Itajaí, visto que atualmente, 30-40% [ACESSO RESTRITO AO CADE E À ANTAQ] da carga recepcionada pela Portonave é proveniente da MSC, ambos verticalizados entre si."

A manifestação do CADE[91] apontou, após análise dos cenários intraporto e interportos com sobreposições horizontais ou verticais, que todos os cenários "não apresentam riscos concorrenciais após o leilão, considerando-se a inexistência de incentivos para fechamento de mercado tanto a montante, quanto a jusante decorrente de possíveis reforços de integrações verticais entre armadores e operadores portuários, bem como pela baixa probabilidade de exercício do poder de mercado decorrente da combinação dos ativos de empresas incumbentes no mercado de movimentação de cargas conteinerizadas ao se sagrarem vencedoras do certame". Ressaltou-se, ainda, que a ANTAQ dispõe de ferramentas que podem ser usadas caso se identifiquem eventuais condutas anticoncorrenciais do futuro arrendatário do Porto Organizado de Itajaí.

Não se desconsidera, é claro, que a interface entre regulação e concorrência é objeto de controvérsias doutrinárias e jurisprudenciais. Isso porque a defesa da concorrência busca garantir que o mercado funcione, por meio de suas próprias forças e pressões naturais (preço, demanda, qualidade e eficiência), com o objetivo de evitar abusos que distorçam mercados eficientes. Por outro lado, a regulação tem por objetivo estabelecer regras delimitadoras do ingresso de agentes em determinado mercado (regulação técnica), bem como definir medidas norteadoras da conjuntura de funcionamento de um setor (regulação econômica). Em outras palavras, a regulação se destina ao "equilíbrio" dos interesses entre os agentes que atuam no mercado.

Segue-se daí que uma das principais diferenças entre a defesa da concorrência e a regulação é a incidência de cada qual. Enquanto as autoridades antitruste procuram assegurar a manutenção da concorrência continuamente, as autoridades reguladoras estão orientadas para substituir as forças naturais de mercado.[92] Tal âmbito de incidência

---

[91] CADE. Superintendência Geral. *Nota Técnica nº 5/2023/CGAA3/SGA1/SG/CADE*. Disponível em: https://sei.CADE.gov.br/sei/modulos/pesquisa/md_pesq_documento_consulta_externa.php?HJ7F4wnIPj2Y8B7Bj80h1lskjh7ohC8yMfhLoDBLddautRF-pPj-nLLXuLxSYm93ElcgX kKgUQhtKxIojNXPK_dDoX7xiNfVwrMGUE6WC7_-opXLq8sn7mQVffdfH3BK. Acesso em: 3 maio 2024.

[92] Nesse sentido, a intervenção regulatória pode atuar em desfavor da concorrência (fixação de preços que funcionam como barreiras à entrada), ao passo que a intervenção concorrencial pode vir a contrariar os objetivos regulatórios (proibição de atos de concentração que poderiam consolidar determinado setor) (MARQUES, Maria Manuel Leitão; ALMEIDA, João Paulo Simões de; FORTE, André Matos. *Concorrência e regulação*: a relação entre a autoridade da concorrência e as autoridades de regulação setorial. Coimbra: Coimbra Editora, 2005. p. 15).

não é claramente delineado. É dizer, apesar de a intervenção reguladora não ser incompatível com a atuação de defesa da concorrência, a experiência prática demonstra que as opções regulatórias adotadas podem influenciar a promoção da concorrência em setores regulados. Em setores de infraestrutura, o excesso desorientado de normas setoriais pode ocasionar condutas anticoncorrenciais, cuja repreensão desafia quais são os limites das competências da entidade reguladora e do órgão de defesa concorrencial. Nesse sentido, a resolução de problemas complexos, no campo da infraestrutura, exige uma constante e recíproca redelimitação dos campos de incidência das políticas regulatórias e concorrenciais.[93]

No setor portuário, a principal interface entre a regulação e a concorrência encontra-se na necessidade de evitar possíveis abusos de posição dominante pelos detentores de infraestruturas portuárias impassíveis de duplicação, diante da tendência natural de concentração dos ativos em poucos agentes econômicos atuantes no mercado. Cuida-se de interface potencializada pelo *trade-off* envolvendo a integração vertical do setor portuário. É que: (i) de um lado, a integração é necessária para que o desempenho da atividade se dê de maneira eficiente, permitindo o aproveitamento de economias de escala e de escopo no mercado *downstream*, especialmente porque há a necessidade de investimentos em ativos específicos e, assim, um maior incentivo ao fluxo de informações entre agentes econômicos inicialmente dependentes;[94] e (ii) de outro lado, existe a preocupação, afeta ao órgão de defesa da concorrência, de que a integração possa dar margem para que o agente detentor da infraestrutura crie dificuldade em seu acesso aos competidores não integrados.

Diante disso, as opções regulatórias adotadas no setor portuário, no que tange às delegações de serviço público, podem ter interfaces no regime concorrencial. Nesse sentido, relatório elaborado pela Conferência das Nações Unidas sobre Comércio e Desenvolvimento (UNCTAD)[95] aponta que o modelo predominante, no âmbito internacional, pressupõe

---

[93] FERNANDES, Victor Oliveira. Os desafios do antitruste no setor portuário brasileiro: as inovações da Lei nº 12.815/2013 e seus reflexos concorrenciais. *Revista de Direito Setorial e Regulatório*, Brasília, v. 2, n. 1, p. 161-210, 2016. p. 162-166.

[94] SAMPAIO, Patrícia Regina Pinheiro. *Regulação e concorrência nos setores de infraestrutura*: análise do caso brasileiro à luz da jurisprudência do CADE. Tese de Doutorado em Direito, Universidade de São Paulo, São Paulo, 2012. p. 58.

[95] UNCTAD – UNITED NATIONS CONFERENCE ON TRADE AND DEVELOPMENT. *Best practices for defining respective competences and settling of cases, which involve joint action by*

uma atribuição dúplice de competências às entidades reguladoras e às autoridades de defesa da concorrência para a repressão de abuso de poder de mercado. Nesse sentido, seria desejável que o regulador atuasse preventivamente, ao passo que a autoridade concorrencial atuaria de maneira repressiva, sem prejuízo de auxiliar na elaboração da regulação, por intermédio de recomendações às agências reguladoras.

O ordenamento jurídico brasileiro está alinhado com a tendência mundial de atribuição dúplice de competências entre regulador e entidade de defesa da concorrência. Victor Oliveira Fernandes[96] leciona que as deliberações tomadas pela ANTAQ com fundamento no art. 20, II, *b*, da Lei nº 10.233/2011,[97] embora representem "autêntico controle concorrencial", não afastam a apreciação do sistema brasileiro de defesa da concorrência, tutelado pelo CADE, que possui "soberanamente o dever de punir as infrações à ordem econômica", nos termos do art. 31 da Lei nº 12.529/2011.

A Lei nº 10.233/2001 também instituiu a competência da ANTAQ, no que tange à interface com o regime concorrencial, para: (i) elaborar e editar normas relativas à prestação de serviços de transporte, assegurando os direitos dos usuários e fomentando a competição (art. 27, IV); (ii) fomentar a competição e tomar as medidas necessárias para evitar práticas anticoncorrenciais (art. 27, XXX). Além disso, a agência tem o dever de comunicar os órgãos que integram o sistema de defesa da concorrência sempre que identificar fatos que configurem ou possam configurar infração da ordem econômica, na forma do art. 31.

O regulamento da ANTAQ, aprovado pelo Decreto nº 4.122/2022, reforça as interfaces existentes entre as searas regulatória e concorrencial ao prever que a agência tem a finalidade de impedir situações que configurem competição imperfeita ou infração contra a ordem

---

competition authorities and regulatory bodies, 2006. Disponível em: https://unctad.org/system/files/official-document/tdrbpconf6d13rev1_en.pdf. Acesso em: 17 maio 2024.

[96] FERNANDES, Victor Oliveira. Os desafios do antitruste no setor portuário brasileiro: as inovações da Lei nº 12.815/2013 e seus reflexos concorrenciais. *Revista de Direito Setorial e Regulatório*, Brasília, v. 2, n. 1, p. 161-210, 2016. p. 171.

[97] Veja-se o teor do dispositivo: "Art. 20. São objetivos das Agências Nacionais de Regulação dos Transportes Terrestre e Aquaviário: (...) II – regular ou supervisionar, em suas respectivas esferas e atribuições, as atividades de prestação de serviços e de exploração da infra-estrutura de transportes, exercidas por terceiros, com vistas a: (...) b) harmonizar, preservado o interesse público, os objetivos dos usuários, das empresas concessionárias, permissionárias, autorizadas e arrendatárias, e de entidades delegadas, arbitrando conflitos de interesses e impedindo situações que configurem competição imperfeita, práticas anticompetitivas ou formação de estruturas cartelizadas que constituam infração da ordem econômica".

econômica (art. 2º, II, *c*). Nesse quadrante, a agência, no exercício de seu poder normativo, poderá estabelecer restrições, limites ou condições a empresas ou grupos empresariais quanto à obtenção e transferência de títulos habilitantes, visando propiciar competição efetiva e impedir situações que configurem infrações contra a ordem econômica (art. 4º, I). O exercício de tais atribuições encontra limite, justamente, na competência atribuída ao CADE, como se denota pelo art. 3º, XLV, de acordo com o qual compete à ANTAQ "exercer, relativamente aos transportes aquaviários, as competências legais em matéria de controle, prevenção e repressão das infrações contra a ordem econômica, ressalvadas as cometidas ao Conselho Administrativo de Defesa Econômica".

Por seu turno, o art. 3º da Lei nº 12.815/2013 prescreve que a exploração portuária terá como objetivo aumentar a competitividade e o desenvolvimento do país, pautando-se pelas diretrizes de "estímulo à concorrência" e de repressão a "qualquer prática prejudicial à competição e o abuso do poder econômico". Tal não implica dizer que o atingimento desses desideratos deve ser alcançado por intermédio da imposição de medidas restritivas aos editais de licitação por parte da agência reguladora. É dizer, em consonância com os arts. 26 e 27 da Lei nº 13.848/2019, que o órgão de defesa da concorrência possui a legitimidade precípua para apurar infrações contra a ordem econômica, bem como de adotar as providências cabíveis para evitar o abuso de posição dominante.

Mas, de tais interfaces, não se depreende a prerrogativa da ANTAQ de se valer de presunções *ex ante* do exercício de posição dominante, restringindo a instalação de um ambiente concorrencial no segmento de exploração da infraestrutura portuária.

Tal entendimento parece ter prevalecido, inclusive, no âmbito do Tribunal de Contas da União, por ocasião da análise da desestatização da área denominada ITG02, localizada no Complexo Portuário de Itaguaí/RJ.[98] O Acórdão nº 1.834/2024, sob relatoria do ministro Walton Alencar Rodrigues, ressaltou a posição privilegiada do CADE para avaliar questões concorrenciais sensíveis. Na visão do ministro,

---

[98] A decisão do TCU foi tomada em sessão ocorrida no dia 04.09.2024. O julgado, portanto, é posterior ao *working paper* que deu origem ao presente capítulo. Em 11.07.2024, publicamos, por meio do PSPHUB, as primeiras ideias sobre restrições à participação dos armadores em concorrência pelo mercado dos arrendamentos portuários. A versão do *working paper* pode ser consultada em: https://psphub.org/wp-content/uploads/2024/07/PAPER-Restricoes-aconcorrencia-pelo-mercado-de-arrendamentos-18.07.2024.pdf. Acesso em: 19 nov. 2024.

o CADE ponderou, nos casos de Itajaí e do STS10, que a exclusão de competidores do certame é deletéria quando comparada com a inserção de remédios comportamentais no edital licitatório. De acordo com o Acórdão nº 1.834/2024, "na falta de estudos a embasar as distorções, causas de ineficiências no mercado, não há como concluir que a solução é adequada. Não há sequer como saber se existe, de fato, problema a ser corrigido, ou se a decisão tem diversos objetivos", razão pela qual, segundo o ministro relator, "causa espécie a adoção de restrições neste processo, sem que tenham sido realizados estudos concorrenciais que pudessem amparar essa medida".

Especificamente sobre a participação do CADE na avaliação de questões concorrenciais, o TCU considerou que o regulador pretendia, "diretamente, estabelecer restrições de participação no certame sem a manifestação do órgão de defesa da concorrência e sem robustas evidências, tecnicamente embasadas que justifiquem a medida". Nesse sentido, o Tribunal de Contas exarou determinação à ANTAQ, no sentido de que a agência suprimisse a cláusula restritiva à ampla participação no certame do ITG02, a qual somente poderia "ser inserida no edital de licitação com a prévia manifestação do Conselho Administrativo de Defesa Econômica".[99]

Disso decorre que as restrições regulatórias à concorrência em procedimentos licitatórios violam, pois, o art. 3º, V, da Lei nº 12.815/2023, segundo o qual a exploração da infraestrutura portuária deve restar orientada pelo *"estímulo à concorrência,* por meio do incentivo à *participação do setor privado e da garantia de amplo acesso aos portos organizados, às instalações e às atividades portuárias"*. E, na mesma medida, o art. 27, IV, segundo o qual compete à ANTAQ "elaborar e editar normas e regulamentos relativos à prestação de serviços de transporte e à exploração da infra-estrutura aquaviária e portuária, garantindo isonomia no seu acesso e uso, assegurando os direitos dos usuários e *fomentando a competição entre os operadores"*, bem como o art. 28, II, da Lei nº 10.233/2021, o qual preceitua que "os instrumentos de concessão ou permissão *sejam precedidos de licitação pública* e celebrados em cumprimento ao princípio da *livre concorrência entre os capacitados para o exercício das outorgas"*.

---

[99] Confira-se a íntegra da determinação: "9.2.2. suprima a cláusula restritiva à ampla participação no certame, que somente pode ser inserida no edital de licitação com a prévia manifestação do Conselho Administrativo de Defesa Econômica (Cade), de que há comprovado risco ao ambiente concorrencial, a justificar a restrição alvitrada, facultando aos licitantes, até a homologação da licitação, o envio ao CADE, para eventual providência de sua alçada".

Daí se pode inferir que estabelecer restrições licitatórias a operadores verticalizados, de forma apriorística, ao invés de tutelar a concorrência no mercado, está a restringir uma concorrência pelo mercado de exploração da infraestrutura portuária, em violação aos limites verticais e horizontais da regulação, subvertendo os lindes da competência da entidade reguladora prescritos nas leis que delimitam a sua competência.

4 A eficiência como um dos vetores da regulação portuária e sua incompatibilidade com as restrições à concorrência pelo mercado nas licitações portuárias

Como visto, a regulação tem por fim corrigir, por meio de um processo reflexivo de interesses,[100] "falhas de mercado" (*market failures*) e "falhas de governo" (*government failures*). Para Tony Prosser,[101] "a regulação é um conjunto de atos de controle e direção de acordo com uma regra, princípio ou sistema, que se desenvolve por intermédio de normas legais e outras medidas de comando e controle, caracterizadores da intervenção pública que afeta a operação de mercados e as decisões econômicas das empresas, normalmente pela restrição de mercados". Daí a complexidade atual da regulação.

De fato, o exercício da função regulatória se desenvolve por meio da ponderação dos múltiplos interesses setoriais. Portanto, se esses interesses não se manifestam, não há regulação – e viola-se o "princípio da legitimidade". Mais que isso, essa pretensa regulação não será eficiente e violará o "princípio da eficiência" por não ter alcançado o "ponto ótimo" de equilíbrio entre custos e benefícios da regulação. A regulação representa, assim, um método que possibilita pronta atuação do poder público, em apoio e reforço às forças espontâneas da sociedade, para restabelecer o equilíbrio comprometido, sem afastá-las. Deve, pois, na medida do possível, produzir, sinergicamente, *o máximo de eficiência na solução dos problemas*, aliando, na dosagem necessária para cada hipótese, as vantagens da flexibilidade negocial privada e do rigor da coercitividade estatal decorrente do exercício do poder extroverso.

Trata-se de uma tendência que inova fórmulas, funcionais e orgânicas, para desenvolver uma administração pública especializada

---

[100] GUERRA, Sérgio. *Discricionariedade, regulação e reflexividade*. 6. ed. Belo Horizonte: Fórum, 2021.
[101] PROSSER, Tony. *Law and the Regulators*. Oxford: Claredon Press, 1997. p. 3-7.

em setores críticos de interesses, o que se opera por intermédio da deslegalização de matérias e se caracteriza ainda: pela separação entre a formulação de política pública (*policy*) e a administração pública (*administration*); pela visibilidade (ou como vem passando ao português na voz "transparência" como tradução literal de *transparency*, implícita no princípio da publicidade e também conhecida no sistema anglo-saxão como *sunshine policy*); pela responsividade (*accountability*), que é a satisfação da legitimidade da ação administrativa em termos de eficiência, mas, sobretudo, tem como característica a intensa processualização administrativa, inclusive com ampla participação de todos os agentes dos setores interessados.

Nesse quadrante, a finalidade dessa função administrativa é a de estabilização de subsistemas, para a qual os reguladores se utilizam de diversas competências (cada qual com suas estruturas particularizantes, apartadas por suas finalidades e por diferentes graus de *enforcement*).

No que tange ao exercício de suas funções, é de curial notoriedade que tais entidades exercem funções normativas, executivas e judicantes, que realizam uma harmonização setorial de interesses complexos, por meio de uma intervenção branda na economia, visando calcar um equilíbrio no setor objeto da deslegalização. A intervenção regulatória, no entanto, deve possuir caráter excepcional, como leciona Juan Carlos Cassagne,[102] para quem "uma regra contrária implicaria na ruptura do Estado de Direito, que assenta no princípio fundamental da liberdade face aos poderes públicos, e subverteria a regra de que as restrições à liberdade são a exceção no sistema de direitos e de garantias constitucionais".

Assim é que a regulação não define qualquer interesse público geral – o que cabe ao poder concedente – nem, muito menos, impõe determinado comportamento, exigível das partes, senão que prescreve uma situação de equilíbrio, a ser alcançada ou mantida, entre interesses e valores concorrentes. O interesse público é considerado, assim, ponderadamente, ou seja, em conjunto com vários outros interesses convergentes protegidos pela ordem jurídica, pois o que visa, com sua atuação, é a realização harmônica de valores protegidos. De fato, foi a partir do reconhecimento da diferença entre as matérias que exigem

---

[102] CASSAGNE, Juan Carlos. *Derecho administrativo II*. 6. ed. Buenos Aires: Abeledo-Perrot, 1998. p. 501. Tradução livre.

escolhas político-administrativas e as matérias em que devam predominar as escolhas técnicas que surgiram as técnicas de regulação. Nesse quadrante, como bem observam Baldwin, Cave e Lodge:[103] "Certas funções da regulação podem exigir o exercício de um juízo de valor por parte dos especialistas. É provável que tal aconteça quando o decisor tem de considerar uma série de opções ou valores concorrentes e chegar a um juízo equilibrado com base em informações incompletas e variáveis". Tal especialidade se justifica para endereçar temas de alta complexidade técnica, para os quais o Poder Legislativo não se revela a entidade mais adequada, seja pela morosidade do processo legislativo, seja pela incapacidade de tratar, na arena política, de temas técnicos.

No início da década de 1990, as principais questões sobre a juridicidade do exercício da função regulatória no Brasil[104] estavam relacionadas: (i) à legitimidade do exercício da função normativa pelas agências reguladoras; (ii) à constitucionalidade da atribuição de mandatos fixos e não coincidentes com o do chefe do Poder Executivo para os seus diretores; (iii) à sua autonomia frente ao chefe do Poder Executivo; e (iv) ao cabimento de recurso hierárquico impróprio em face de suas decisões.

Em que pese remanescerem polêmicas sobre as referidas questões, atualmente, a doutrina do denominado "direito regulatório"[105] passa a voltar suas luzes para a forma como a atividade regulatória estatal vem sendo exercida. Dito em outros termos, o debate não está apenas centrado na natureza dessa função – notadamente se regulamentar ou normativa –, mas se tal modalidade de intervenção indireta do Estado

---

[103] BALDWIN, Robert; CAVE, Martin; LODGE, Martin. *Understanding Regulation*: Theory, Strategy, and Practice. New York: Oxford University Press, 2013. p. 157. Tradução livre.

[104] De acordo com Floriano de Azevedo Marques Neto, "a regulação é uma atividade estatal pela qual o Estado usa o seu poder extroverso para intervir e modelar comportamentos privados. Porém, o faz a não a partir de comandos binários proibido-permitido, vedado-autorizado, conduta-sanção, ordem-sujeição, mas, sim, perseguindo objetivos públicos pautados no ordenamento jurídico em concertação com os atores econômicos e sociais. Sendo assim, podemos concluir a função reguladora como sendo a modalidade de intervenção estatal indireta no domínio econômico ou social destinada à busca do equilíbrio de interesses aos sistemas regulados e à satisfação de finalidades públicas, condicionada aos limites e parâmetros determinados pelo ordenamento jurídico". KLEIN, Aline; MARQUES NETO, Floriano de Azevedo. *In*: DI PIETRO, Maria Sylvia Zanella (Coord.). Tratado de direito administrativo. V. 4. São Paulo: Revista dos Tribunais, 2014. p. 512.

[105] Essa questão foi examinada de forma pioneira em tese de doutorado defendida por Marcos Juruena, posteriormente publicada: SOUTO, Marcos Juruena Villela. *Direito Administrativo regulatório*. Rio de Janeiro: Lumen Juris, 2004.

no Domínio Econômico, prevista, de forma ampla, no art. 174 da CRFB, vem sendo exercida de modo necessário, adequado e proporcional.[106] Como bem observado por Gustavo Binenbojm,[107] "assentada a premissa segundo a qual a noção de regulação envolve uma atividade de interferência no exercício da liberdade privada, por meio de coerções ou de induções, a definição do meio (instrumento regulatório) deve ser objeto de meticulosa justificação que seja capaz de demonstrar a adequação da medida ao objetivo regulatório previamente definido".

Esse juízo acerca da qualidade e da necessidade do exercício da função reguladora tem lugar, sobretudo, nas hipóteses em que a norma regulatória estabelece limites a direitos dos administrados, malgrado se trate de atividades qualificadas como serviços públicos.

Nesse quadrante, a regulação tem por propósito, justamente, a partir desse processo de ponderação de interesses, garantir o atendimento do ponto ótimo de eficiências (alocativas e produtivas) nos setores regulados.

Não é por outra razão que à ANTAQ foi conferido um plexo de competências que orientam o exercício de sua regulação sobre a exploração das infraestruturas portuárias à eficiência.

Assim, por exemplo, cite-se o art. 11, IV, da Lei nº 10.233/2001, o qual prescreve que a gestão da infraestrutura portuária deve "assegurar, sempre que possível, que os usuários paguem pelos custos dos serviços prestados em regime de eficiência". Na mesma direção, no art. 20, II, *a*, atribui-se à ANTAQ a função de regular a exploração da infraestrutura portuária com vistas a "garantir a movimentação de

---

[106] OCDE. *Building an institutional framework for regulatory impact analysis*. Version 1.1 Regulatory Policy Division Directorate for Public Governance and Territorial Development. Paris, 2008; RODRIGO, Délia. *Regulatory Impact Analysis in OECD Countries Challenges for Developing Countries*: South Asian Third High level Investment Roundtable, 2005; BECK, Leland E. *Judicial Review & EO 12866 Regulatory Impact Analysis*, on August 29th, 2012. Posted in Executive – OMB Review, Judicial Review & Remedies, Regulatory Flexibility & Small Business, Regulatory Process. No Brasil, V. SALGADO, Lucia Helena; HOLPERIN, Michelle Moretzsonh. *Análise de Impacto*: Ferramenta e Processo de Aperfeiçoamento da Regulação, p. 3. Disponível em: http://www.agersa.es.gov.br/arquivos/relatorios/Analise%20do%20 Impacto%20Regulatorio%20Ferramenta%20e%20Processo%20de%20Aperfeicoamento%20 da%20Regulacao.pdf. Já se teve a oportunidade de abordar o tema em FREITAS, Rafael Véras de. A Análise de Impacto Regulatório (AIR) no setor de energia elétrica. *Revista Brasileira de Direito Público – RBDP*, Belo Horizonte, ano 12, n. 46, p. 177-200, jul./set. 2014.

[107] BINENBOJM, Gustavo. Aspectos institucionais da transformação: desestatização e desterritorialização do poder de polícia. *In*: BINENBOJM, Gustavo. *Poder de Polícia Ordenação Regulação*: Transformações Político-jurídicas, Econômicas e Institucionais do Direito Administrativo Ordenador. Belo Horizonte: Fórum, 2020.

pessoas e bens, em cumprimento a padrões de eficiência, segurança, conforto, regularidade, pontualidade e modicidade nos fretes e tarifas".

O normativo dispõe, ainda, que a ANTAQ deverá "promover estudos aplicados às definições de tarifas, preços e fretes, em confronto com os custos e os benefícios econômicos transferidos aos usuários pelos investimentos realizados". Na mesma direção, o art. 3º, III, da Lei nº 12.815/2013 prescreve que a exploração da infraestrutura portuária deve observar "estímulo à modernização e ao aprimoramento da gestão dos portos organizados e instalações portuárias, à valorização e à qualificação da mão de obra portuária e à eficiência das atividades prestadas".

É sob tal mirada que se deve analisar as restrições regulatórias à concorrência estipuladas pela ANTAQ, interditando ou mitigando a participação de armadores em licitações de arrendamentos portuários para movimentação de contêineres.

Cuida-se de restrição que desconsidera, *ex ante* e em desconformidade com o arcabouço regulatório do setor portuário, as eficiências que podem ser experimentadas pela integração vertical de elos da cadeia logística portuária, notadamente em razão da redução dos custos de transação – o que, na ponta, beneficiará o usuário de um serviço público (nos termos do que dispõe o art. 21, XII, *f*, da CRFB). Explica-se.

Ronald Coase, em dois textos seminais, o primeiro, publicado em 1937, denominado *The nature of the firm*, e o segundo, em 1960, cujo título é *The problem of social cost*, desenvolveu a teoria dos custos de transação. Em breves palavras, a teoria formulada pelo autor consagra o entendimento de acordo com o qual "quando os direitos de propriedade são bem definidos e o custo de transação é igual a zero, a solução final do processo de negociação entre as partes será eficiente, independentemente da parte a que se atribuam os direitos de propriedade".

O núcleo desse teorema está no conceito de "custos de transação". Tal conceito está atrelado à adequada (e realista) concepção de acordo com a qual o livre mercado é dotado de imperfeições, que justificam a intervenção do direito. Dito em outros termos, considera-se que conceitos como o de concorrência perfeita e de simetria de informações entre os agentes econômicos não têm lugar no mundo dos fatos (como outrora defendido pela teoria neoclássica).

Nesse contexto, Coase aponta que a estruturação hierárquica de uma firma, ao substituir a atuação isolada do agente econômico do mercado, reduzindo o plexo de relações jurídicas, tem o potencial de reduzir os custos de transação – substituindo a concepção então prevalente pela teoria neoclássica segundo a qual tal arranjo teria por fim responder às influências do preço sobre as relações comerciais. Dito em outras palavras, a partir da estruturação hierárquica de uma firma, os custos que eram suportados por cada relação empresarial esparsa passam a ser mitigados e reduzidos. É que se incorporam, pois, diversas etapas produtivas de um mesmo mercado, de sorte a reduzir e internalizar decisões e conflitos que teriam lugar nas transações diretas no mercado, o que reduziria os custos de transação. Como bem desenvolvido por Oliver Williamson,[108] lastreado na concepção coaseana, no sentido de que as relações econômicas geram fricções que devem ser precificadas pelas partes, ao se veicular um sistema de incentivos, as relações econômicas devem ser analisadas sob perspectivas mercadológicas, hierárquicas e, para o aqui importa, contratuais.

De acordo com o autor, o ponto central da Nova Economia Institucional (NEI) diz com a produção de eficiências, por intermédio das relações contratuais e das operações de integração vertical. O racional do autor é no sentido de que os mecanismos de incentivos devem equilibrar a barganha entre os custos experimentados, *ex ante* e *ex post*. Nesse quadrante, Oliver Williamson[109] asseverou que os "custos de transação", nos negócios jurídicos, têm lugar porque os agentes econômicos não adquirem bens, tão somente, por conta dos custos de produção, mas porque a todos eles estão agregados os custos de negociação (barganha), que são aqueles necessários à formação e à manutenção dos ajustes. Ainda de acordo com o autor, esses custos podem se materializar, *ex ante*, na fase pré-contratual; ou, *ex post*, após a celebração do contrato.

Na fase pré-contratual, os custos de transação podem ser exemplificados: (i) pela redação do contrato; (ii) pelas negociações para obtenção de melhores condições e obrigações contratuais; e (iii) pelo estabelecimento de garantias para se mitigarem os riscos da ocorrência de fatos supervenientes. Já na fase pós-contratual, os custos de transação terão lugar, por exemplo: (i) na fiscalização do contrato; (ii) na manutenção das condições originalmente acordadas; e (iii) na sua renegociação pela ocorrência de fatos supervenientes.

Assim é que, na qualidade de um instrumento de redução dos custos de transação, o autor – na esteira de Coase – ressalta a importância

---

[108] WILLIAMSON, O. E. Economics of Organization: The Transaction Cost Approach. *American Journal of Sociology*, Chicago, v. 87, n. 3, p. 548-577, 1981. p. 552.
[109] WILLIAMSON, O. E. *The Economic Institutions of Capitalism*. New York: The Free Press, 1985. p. 34.

da integração vertical ou da governança unificada, notadamente nas relações de longo prazo que envolvem a necessidade da realização de investimentos em ativos específicos.

Chamamos de concessões verticais os serviços de infraestrutura que envolvem duas ou mais atividades integradas verticalmente. No setor de eletricidade, por exemplo, a energia é gerada em uma etapa, transmitida em alta tensão em uma segunda etapa, e depois levada em baixa tensão aos consumidores pelas redes de distribuição elétrica em uma terceira etapa. Há, portanto, uma relação dita vertical entre geração, transmissão e distribuição, em que o operador em uma etapa utiliza serviços ou bens gerados na etapa anterior.

Em um mundo sem custos de transação, o ideal seria comprar tudo fora (governança de mercado), pois isso permitiria um elevado grau de especialização e escala, além de ganhos dinâmicos de aprendizagem, o que leva a níveis elevados de produtividade. Mas, no mundo real, há custos de transação,[110] e isso pode fazer com que a melhor solução seja realizar as atividades mais sensíveis dentro da firma. O grau em que é ótimo comprar fora ou fazer dentro da estrutura empresarial dependerá da natureza e do tamanho desses custos de transação, o que pode variar entre jurisdições e ao longo do tempo.

De fato, há uma série de fatores que podem levar uma empresa a querer operar verticalmente integrada. Assim, por exemplo, citem-se as possibilidades de pagar menos impostos; de explorar economias de escopo entre as várias etapas; de reduzir o risco de investimentos em ativos específicos, entre outras.

Além disso, a atuação integrada permite que a operação funcione com uma governança hierárquica, de comando e controle, o que facilita a adaptação a contingências imprevistas e a solução de conflitos que venham surgir entre os responsáveis pelas diversas etapas do processo de produção. Nesse sentido, como assevera M. K. Perry,[111] "a

---

[110] "No contexto dos contratos, 'custos de transação' é um termo usado pelos economistas para cobrir tempo, esforço, problemas e outros custos incorridos pelas partes ao negociar um acordo sobre os termos de seu contrato, ou ao negociar a cessação de, ou litigar a adjudicação de uma disputa contratual. O economista assume que homens racionais tentarão evitar ou minimizar os custos de transação." HARRIS, Donald; VELJANOVSKI, Cento. The use of economics to elucidate legal concepts: The Law of Contract. *In*: DAINTITH, Terence; TEUBNER, Gunter. *Contract and organization – legal analysis in the light of economic and social theory*. Berlin: Walter de Gruyter & Co., 1986. p. 111.

[111] PERRY, M. K. Vertical Integration: Determinants and Effects. *In*: SCHEMALENSEE, R.; WILLIG, R. (org.). *Handbook of Industrial Organization*. New York: The MIT Press, 1989. p. 183-255. Tradução livre.

integração vertical deve significar um aumento do controle do decisor sobre a produção ou a distribuição, ou um aumento da sua informação sobre os parâmetros de produção e distribuição? As duas coisas podem parecer inseparáveis".

Trata-se, pois, de uma estratégia empresarial que, ao disciplinar relações de longo prazo, visa prover incentivos para a realização de investimentos específicos, assim considerados como a condição determinada pelas limitações de remoção para torná-los disponíveis a outras finalidades e a outros usuários, sobretudo em função dos custos irrecuperáveis (*sunk costs*).

São, portanto, investimentos que pressupõem: (i) a sua vocação ao atendimento de unidades de capital fixo especializadas; (ii) que a sua expansão seja direcionada e dimensionada para atender a uma demanda envolvendo um conjunto de transações; e (iii) um processo de aprendizagem, por intermédio do qual os contratantes, em razão da relação duradoura, poderão dele se valer para a celebração de outros negócios jurídicos. De fato, como leciona Rachel Sztajn,[112] "para que os indivíduos façam investimentos e façam surgir o pleno potencial das trocas através da especialização, faz-se necessária a redução nos custos associados a riscos futuros de rupturas de promessa".

A especificidade de ativos tem de ver com a impossibilidade (provocada pelo elevado custo de transação) de se utilizarem os ativos empregados em determinada relação contratual em outras utilidades, que é experimentada pela especialização e pela sua localização, razão pela qual a identidade específica das partes para uma transação, bem como o fato de que tais relações se protraem no tempo, claramente importa nessas circunstâncias. Diante disso, devem ser constituídas salvaguardas contratuais e organizacionais, em suporte a transações desse tipo, que venham a reduzir os custos de transação.[113]

---

[112] SZTAJN, Rachel. Law and economics. *In*: ZYLBERSZTAJN, Décio; SZTAJN, Rachel. *Direito & economia*: análise econômica do direito e das organizações. Rio de Janeiro: Elsevier, 2005.
[113] WILLIAMSON, O. E. *The Economic Institutions of Capitalism*. New York: The Free Press, 1985. p. 46. Ao analisar os escritos, Vinicius Klein assevera que "a ECT identificou três dimensões chaves das transações: especificidade de ativos (*asset specificity*), incerteza (*uncertainty*) e frequência (*frequency*). A especificidade dos ativos é a dimensão de maior relevância, sendo definida como o grau pelo qual um ativo pode ser realocado em usos alternativos sem o sacrifício do seu valor produtivo. De forma exemplificativa, o autor cita ao menos seis tipos de especificidade de ativos: física, humana, locacional, ativos dedicados, ativos relacionados a marcas e a especificidade temporária. A incerteza é incorporada à ECT como uma incerteza comportamental derivada do homem contratual e da sua principal consequência, que é a incompletude dos contratos. Essa situação é agravada quando adicionada à especificidade

Ainda de acordo com o autor, existem quatro modalidades de especificidade de ativos, a saber: (i) a especificidade local, que é uma condição decorrente da imobilidade de ativos, a qual importa em elevados custos de instalação e/ou relocalização; (ii) a especificidade de ativos físicos, que, a seu turno, tem de ver com a especialização e a tecnicidade do bem, o que poderá gerar um sistema de disputa entre as partes, *ex post*; (iii) a especificidade de capital humano, que se materializa por intermédio do grau de aprendizado dos trabalhadores em determinada relação contratual; e (iv) a especificidade de ativos dedicados, que é relacionada com a destinação de determinado bem ao incremento de uma planta ou de determinada infraestrutura.

Acontece que, de acordo com o autor, "a especificidade de ativos só se reveste de importância em conjunto com a racionalidade limitada/ oportunismo e na presença de incerteza". Daí se pode depreender que, para Oliver Williamson, a contratação de longo prazo encerra, em si, um sistema de incentivos, que visa reduzir os custos de transação, notadamente os despendidos para a realização de ativos específicos.[114]

Para o que aqui importa, a integração vertical tem o potencial de evitar o denominado problema do *hold up*. O *hold up* terá lugar quando um dos contratantes realiza um investimento irreversível em uma relação específica para outra firma, tal como um usuário em um ativo que é especializado (em termos de sua função, localização, ou expectativa de um certo nível de demanda).[115] Havendo alguma incerteza com relação ao grau da utilização do ativo pela outra firma, o investidor tende, então, a ser mais comedido em seus investimentos.

---

dos ativos, o que gera diversos riscos (*hazards*) para as transações. Afinal, se as partes não conseguem acordar todos os eventos e os agentes são oportunistas, tem-se necessariamente alguma incerteza comportamental. A terceira dimensão é a frequência, que diz respeito à quantidade de vezes que as transações ocorrem. A outra ponta do processo de alinhamento é a dos modos de governança, que são tratados como um continuum com dois extremos, ocupados pelos mercados de um lado e pela hierarquia do outro, havendo diversas formas híbridas no espaço intermediário" (KLEIN, Vinicius. *A economia dos contratos*: uma análise microeconômica. Curitiba: CRV, 2015. p. 145).

[114] WILLIAMSON, O. E. *The Economic Institutions of Capitalism*. New York: The Free Press, 1985. p. 86.

[115] O efeito *hold up* se aplica, segundo Patrícia Sampaio e Thiago Araújo, "especialmente a contratos de longa duração e que requeiram investimentos em ativos específicos por uma das partes contratantes, gerando uma situação de dependência econômica de um dos agentes com a relação contratual" (SAMPAIO, Patrícia; ARAÚJO, Thiago. Previsibilidade ou resiliência? Notas sobre a repartição de riscos em contratos administrativos. *Revista de Direito da Procuradoria Geral*, Rio de Janeiro, edição especial: Administração Pública, risco e segurança jurídica, p. 311-333, 2014.

Para além disso, de acordo com Benjamin Klein, Robert G. Crawford e Armen Alchian,[116] a principal circunstância suscitada como aquela que pode levar ao comportamento oportunista é a presença de quase-rendas especializadas apropriáveis (*appropriable specialized quasi rents*), isto é, de períodos de aumento no lucro de uma empresa por conta de fatores de produção e aumento temporário de demanda. Ainda de acordo com os autores, a partir do momento em que os ativos se tornam mais especializados e mais "*quasi-rents*" apropriáveis são criados, os custos de contratação aumentam bem mais do que os custos de realizar a integração vertical, motivos pelos quais a integração vertical é examinada como uma maneira de economizar nos custos de evitar riscos de apropriação das quase-rendas nos ativos especializados por indivíduos oportunistas.

Cuida-se de eficiências que são bastante salientes na operação armador/terminal portuário.[117]

Nesse sentido, Peter W. de Langen[118] assevera que a integração vertical das empresas de logística pode criar benefícios para as partes, bem como, eventualmente, para os usuários. Por fim, de acordo com o autor, há três principais fatores que motivam a integração vertical, quais sejam: (i) estratégia de oferecimento de produtos diferenciados para os usuários finais; (ii) sinergias entre diferentes atividades; e (iii) objetivo de redução da dependência de operadores de terminais independentes, principalmente quando a capacidade e disponibilidade de berços de atracação são limitadas.[119]

---

[116] KLEIN, Benjamin; CRAWFORD, Robert G.; ALCHIAN, Armen. Vertical Integration, appropriable rents and the competitive contracting process. *Journal of Law and Economics*, 1978, p. 297-326.

[117] Quando se trata da avaliação da integração vertical entre empresas de transporte marítimo e terminais portuários, ambas as autoridades (CADE e Comissão da União Europeia) também reconheceram que há benefícios consideráveis nesse tipo de relacionamento e que, em muitos casos concretos, incluindo a avaliação da integração vertical entre a Maersk e a APMT, não haveria risco de *foreclosure* (CADE Merger Filing nº 08700.002350/2017-81 – Maersk Line A/S e Hamburg Südamerikanische DampfschifffahrtsGesellschaft KG). "A integração vertical foi reconhecida como majoritariamente benéfica por múltiplos entes reguladores ao redor do mundo" (Cf. EU Commission Guidelines on the assessment of non-horizontal mergers under the Council Regulation on the control of concentrations between undertakings, (2008/C 265/07), paras. 11-13; ICN Vertical Mergers Survey Report, 2018, paras. 34-40; DOJ & FTC Vertical Merger Guidelines, 2020, p. 2).

[118] LANGEN, Peter W. de. *Productive arrangements in container logistics*: policy challenges for granting terminal concessions. Disponível em: https://www.porteconomics.eu/mdocs-posts/2021-de-langen-policy-report/. Acesso em: 25 maio 2024.

[119] No mesmo sentido, Óscar Álvarez-Sanjaime, Pedro Cantos-Sánchez, Rafael Moner-Colonques e José J. Sempere-Monerris, para quem: "Esse processo de privatização dos portos resultou

No mesmo sentido, Óscar Álvarez-Sanjaime, Pedro Cantos-Sánchez, Rafael Moner-Colonques e José J. Sempere-Monerris[120] asseveram que o movimento em direção a mercados cada vez mais convergentes e integrados produziu um crescimento substancial no escopo das atividades realizadas pelas transportadoras. Diante desse cenário, de acordo com os autores, lógica tradicional de concorrência entre empresas de transporte marítimo e portos foi alterada para a concorrência entre cadeias logísticas, as quais são compostas por: serviços puramente marítimos, manuseio de frete no porto e serviços da hinterlândia. Diante disso, apontam que a integração vertical contempla os seguintes benefícios: maior flexibilidade, previsibilidade e maior eficiência na organização das cadeias logísticas. E concluem o escrito ao asseverarem que há vantajosidade, para o setor como um todo, na existência de terminais portuários controlados por empresas de transporte marítimo.

Sob um viés empírico, Stefania Kollia e Athanasios A. Pallios[121] concluem que a integração vertical nos terminais e em operações terrestres é uma estratégia para que as empresas transportadoras de contêineres reduzam custos e permaneçam competitivas dentro da lógica de mercado. A maioria das integrações verticais, no entanto, não levanta suspeitas de autoridades de competição e atinge eficiências eliminando custos de transação.

De fato, diante da complexidade da administração da oferta e demanda de serviços de transporte de contêineres, as empresas de navegação buscam realizar acordos operacionais para melhorar sua

---

em investimentos privados em terminais de contêineres, como forma de superar a escassez de infraestrutura portuária. Os mega-navios não podem ser atendidos em todos os terminais, o que gera um aumento significativo nos custos de estiva, e faz com que as operações de carga e descarga exijam mais tempo. Com a crescente complexidade das redes de transporte globais, o gerenciamento do fator tempo torna-se crucial para o atual projeto de serviços de transporte. Menores tempos de espera e atrasos resultam em benefícios para os clientes que economizam em custos de logística (NOTTEBOOM, 2006). Nesse sentido, Wilmsmeier et al. (2006) concluíram que a eficiência portuária é o elemento mais importante dos custos de transporte internacional, seguido pela infraestrutura portuária, participação do setor privado e conectividade entre portos" (ÁLVAREZ-SANJAIME, Oscar; CANTOS-SÁNCHEZ, Pedro; MONER-COLONQUES, Rafael; SEMPERE-MONERRIS, José J. Vertical integration and exclusivities in maritime freight transport. *Transport Research Part E 51* (2013), p. 50-61).

[120] ÁLVAREZ-SANJAIME, Oscar; CANTOS-SÁNCHEZ, Pedro; MONER-COLONQUES, Rafael; SEMPERE-MONERRIS, José J. Vertical integration and exclusivities in maritime freight transport. *Transport Research Part E 51* (2013), p. 50-61. Disponível em: https://www.sciencedirect.com/science/article/abs/pii/S1366554512001172.

[121] KOLLIA, S.; PALLIS, A. A. Competition effects of vertical integration in container ports: assessing the European Commission decisional practice. *Maritime Business Review*, vol. 9, n. 1, 2024, p. 74-94.

eficiência operacional, reduzindo custos e otimizando o uso de seus ativos. Outro fator relevante é que o setor de transporte marítimo regular de contêineres é caracterizado por ser de capital intensivo, sobretudo devido aos elevados custos associados à construção, aquisição, manutenção e operação das embarcações, motivo pelo qual o porte crescente dos navios auxilia a redução dos custos de transporte, aumentando os ganhos associados às economias de escala, malgrado isso demande requisitos de capital para investimentos e certa infraestrutura (berços de atracação, capacidade do calado, entre outros) nos portos e terminais para que possam atender aos seus clientes.[122]

Para além de tais eficiências, a diluição dos custos fixos por meio de embarcações maiores resulta do maior volume de carga transportada por viagem. Nesse sentido, considerando que uma embarcação tem um componente de custo fixo – por exemplo, aqueles oriundos de construção das embarcações e os custos regulatórios para a operação destas, bem como custos de insumos e logística operacional etc. –, um maior volume de carga movimentada por viagem implica a redução do custo fixo por unidade transportada.

Para além disso, embarcações maiores permitem uma redução do número de navios em circulação, reduzindo os custos variáveis por viagem (por exemplo, gastos com combustível), enquanto também geram uma expectativa de redução das emissões dos gases poluentes expelidos pelos motores das embarcações. Essa tendência contribui para um esforço de redução de emissões pelos armadores, que também inclui o uso de combustíveis menos poluentes, como é o caso do metanol, amônia, GLP (gás liquefeito de petróleo) e GNL (gás natural liquefeito).

Nada obstante, com o aumento do tamanho dos navios e do fluxo de comércio global, a capacidade portuária passa a ser um fator ainda mais determinante, demandando que as instalações portuárias sejam capazes de receber, acomodar e movimentar a carga de tais embarcações. Em muitos casos, faz-se necessário que as instalações portuárias

---

[122] Nesse sentido, Peter W. de Langen, para quem: "Há significativas economias de escopo associadas às redes de transporte, as quais são fundamentais para o transporte de contêineres (...). Essas economias de escala explicam o surgimento dos 'meganavios', com capacidades bem superiores aos 20.000 TEU (...). No mesmo sentido, as economias de escala explicam a longa tradição de cooperação no transporte de contêineres, de modo que a partir do *bundling* de navios, as empresas de transporte marítimo podem fornecer redes de transporte mais atrativas". LANGEN, Peter W. de. *Productive arrangements in container logistics: policy challenges for granting terminal concessions*, p. 7. Disponível em: https://www.porteconomics.eu/mdocs-posts/2021-de-langen-policy-report/. Acesso em: 25 maio 2024.

sejam capazes de realizar uma série de adaptações, como investimentos em dragagem de canais de acesso, atualização de estruturas de cais, aumento dos berços de atracação, capacidade de escoamento das cargas, expansão das áreas de armazenagem e melhorias na tecnologia e processos para planejamento e execução da movimentação de cargas e liberação das cargas a serem movimentadas por outros modais.

De fato, para garantir que as cadeias de suprimento consigam atender às expectativas dos clientes no que tange aos critérios ESG (*environmental, social and corporate governance*), é fundamental que os terminais também assumam compromissos dessa natureza e desenvolvam modelos de negócio mais ambientalmente sustentáveis. Para que as vantagens atreladas ao aumento das embarcações beneficiem os consumidores finais, é essencial que as estruturas dos terminais portuários recebam mais investimentos, a fim de se adaptarem às novas exigências e tornarem-se propícias para o recebimento de tais embarcações, capazes de movimentar adequadamente um maior volume de carga e obedecer às diversas regulações locais.

Dentre esses investimentos, é possível mencionar, por exemplo, a implementação de tecnologia que permita que os navios sejam abastecidos por energia elétrica enquanto estão atracados, fazendo com que consumam menos combustível (o chamado *shore power*), e a implementação de equipamentos movidos à energia elétrica de fonte renovável também nas suas operações no âmbito do terminal, alinhando-se a prática às iniciativas mundiais de descarbonização do setor.

Nesse cenário, uma das maneiras de garantir que tais investimentos tenham mais chances de sucesso, ao serem realizados no tempo, na quantidade e na qualidade necessários para atender a esses objetivos, consiste na integração das cadeias logísticas, em especial entre agentes do setor de transporte marítimo e terminais portuários.

Por meio de tal expediente, como ressalta a OCDE,[123] as linhas de navegação encontram "oportunidade de ter mais controle sobre os custos de mão de obra e investir em negócios correlatos". Em alguns casos, a integração entre armador e terminal portuário pode ter como objetivo o uso de ativos e estruturas especializadas. Cita-se, por exemplo, o caso da aquisição da HSF Logistics (operadora portuária especializada

---

[123] OCDE. *Relatórios de Avaliação Concorrencial da OCDE*: Brasil. 2022. Disponível em: https://www.oecd.org/competition/relatorios-de-avaliacao-concorrencial-da-ocde-brasil-283dc7c1-pt.htm. Acesso em: 6 jun. 2024.

em carga de temperatura controlada) pela DFSD, armadora do norte da Europa. Em casos de cargas que necessitam de condições especiais, a integração permite que o armador possa melhor direcionar seus recursos para que os investimentos sejam bem implementados.[124]

Para além disso, a integração permite que os terminais integrados invistam e expandam a infraestrutura de forma proativa, ou seja, antes que o crescimento da demanda esteja realmente presente e os estrangulamentos de capacidade sejam alcançados, evitando assim congestionamentos e menor desempenho (eliminando o *hold up problem*).[125] Isso se aplica tanto para terminais *gateway* (próximos aos mercados consumidores e exportadores) como aos terminais que realizam transbordo (transferência de um navio para outro, incluindo também os *feeders*). As empresas integradas investem para modernizar as infraestruturas do país e para aumentar sua competitividade, o que, por sua vez, afeta positivamente o bem-estar de clientes, partes interessadas e comunidades.[126]

---

[124] EU – EUROPEAN COMMISSION. *Cases & Judgments (Transport & Tourism)*. Disponível em: https://competition-policy.ec.europa.eu/sectors/transport-tourism/cases_en#maritime. Acesso em: 6 jun. 2024.

[125] Stefania Kollia e Athanasios A. Pallis vão além ao afirmarem que "a integração vertical no setor marítimo colhe todos os benefícios do transporte intermodal, permite que as companhias marítimas ofereçam um serviço melhor, aumenta a eficiência da movimentação de cargas, minimiza os custos de transação, reduz o tempo operacional para o manuseio de cargas e garante padrões de segurança e qualidade de serviço que certamente serão benéficos para os embarcadores, aprimora o desempenho corporativo e aumenta o valor corporativo ao reduzir os custos de transação" (KOLLIA, S.; PALLIS, A. A. Competition effects of vertical integration in container ports: assessing the European Commission decisional practice. *Maritime Business Review*, vol. 9, n. 1, 2024, p. 74-94).

[126] Nesse sentido, Peter W. de Langen, para quem: "O ponto de partida da análise é que, se houver concorrência suficiente dentro dos portos, os operadores de terminais de contêineres não terão uma posição dominante no mercado. No entanto, os terminais de contêineres podem não ter posições dominantes no mercado, mesmo quando são o único prestador de serviços em um porto, a depender do grau de concorrência interportuária, ou seja, da concorrência com (um) operador (es) de terminal (is) em (um) porto (s) diferente (s). É necessária, portanto, uma análise específica do porto para avaliar a intensidade da concorrência entre os operadores em diferentes portos; duas considerações gerais são relevantes. Primeiro, a atividade principal é a carga de 'gateway', ou seja, carga para/de destinos no interior do porto, ou carga de 'transbordo', ou seja, contêineres descarregados de um navio e carregados em outro navio. Em geral, a concorrência no segmento de transbordo é acirrada, pois as empresas de transporte marítimo podem facilmente 'trocar' de porto. Em segundo lugar, a intensidade da concorrência entre os portos para cargas de importação e exportação depende do grau em que as hinterlândias são cativas. As hinterlândias são cativas se um porto tiver uma vantagem substancial em relação a um segundo melhor porto" (LANGEN, Peter W. de. *Productive arrangements in container logistics*: policy challenges for granting terminal concessions, p. 20-21. Disponível em: https://www.porteconomics.eu/mdocs-posts/2021-de-langen-policy-report/. Acesso em: 25 maio 2024.

Não é por outra razão que essa é uma das principais características da operação portuária no Brasil, tal qual exemplificam os diversos casos de integração vertical por interesse do exportador que, na condição de dono da carga, investiu diretamente na implantação de terminais portuários. Como destaca a OCDE:[127] "A integração vertical no Brasil tem raízes diferentes que variam de acordo com o tipo de carga. Antes de 2013, a regulamentação dos terminais privados estabelecia que eles precisavam priorizar a própria carga e não podiam movimentar apenas cargas de terceiros. Essa evolução regulatória é uma das razões pelas quais um número considerável de terminais privados ainda hoje faz parte de empresas integradas verticalmente no Brasil".

Cite-se, nesse sentido, a Lei nº 13.288/2016, que dispõe sobre os contratos de integração, obrigações e responsabilidades nas relações contratuais entre produtores integrados e integradores, e dá outras providências. O art. 2º, IV, do referido diploma define contrato de integração vertical ou contrato de integração, como o negócio jurídico, firmado entre o produtor integrado e o integrador, que estabelece a sua finalidade, as respectivas atribuições no processo produtivo, os compromissos financeiros, os deveres sociais, os requisitos sanitários, as responsabilidades ambientais, entre outros que regulem o relacionamento entre os sujeitos do contrato.

Há, portanto, de se concluir este item no sentido de que as restrições regulatórias à concorrência em licitações de ativos portuários vêm sendo praticadas sem evidências comportamentais que as recomendem, ao mesmo passo em que desconsideram as externalidades positivas que poderão ser experimentadas pela operação verticalmente integrada, violando o art. 11, IV, e o art. 20, II, *a*, da Lei nº 10.233/2001, bem como o art. 3º, III, da Lei nº 12.815/2013.

5 As restrições à concorrência pelo mercado nas licitações portuárias como uma falha de regulação

Como visto até aqui, a restrição regulatória à concorrência imposta aos armadores em explorar infraestruturas portuárias milita em desfavor

---

[127] OCDE. *Relatórios de Avaliação Concorrencial da OCDE*: Brasil. 2022. Disponível em: https://www.oecd.org/competition/relatorios-de-avaliacao-concorrencial-da-ocde-brasil-283dc7c1-pt.htm. Acesso em: 6 jun. 2024.

das eficiências que são produzidas por uma operação verticalmente integrada (armados/infraestrutura portuária). Daí a manifesta violação à proporcionalidade dessa espécie de restrição. O dever de proporcionalidade, sabemos, é o guia por excelência das escolhas públicas a serem feitas, que devem, ao mesmo tempo, atender ao interesse público especificamente visado, mas fazendo-o de maneira menos constritiva a outros fins igualmente importantes e albergados na Constituição. É dizer, como exposto por David Duarte, que "este princípio revela, portanto, a justa medida entre os interesses presentes na ponderação e determina que, na relação desses interesses entre si, deve a composição ser proporcional à luz do interesse público em causa".

O princípio da proporcionalidade[128] como ideia subjacente ao direito administrativo surge muito antes de sua positivação. Ele emerge quando se passa a limitar e condicionar o poder exorbitante (desvinculado da pessoa do soberano e albergado na personificação jurídica do Estado), subordinando-o ao direito,[129] razão por que guarda enorme vinculação com o princípio da finalidade,[130] que, como sabemos, obriga que o manejo do poder exorbitante: (i) decorra da necessidade de concretização de uma finalidade de interesse público; e (ii) se dê nos estritos lindes do necessário para concreção dessa finalidade.

Não é por outra razão que Canotilho[131] relaciona a criação do princípio da proporcionalidade com a teoria do desvio de poder (ou

---

[128] Não desconhecemos a controvérsia em torno da utilização do termo "princípio" para designar o objeto dessa parte do texto. Com efeito, o uso do termo "princípio" para tratar da proporcionalidade pode ser incorreto se adotado o prisma da teoria de Robert Alexy, que contrapõe regras e princípios jurídicos. Sobre isso, ver ÁVILA, Humberto Bergman. A distinção entre princípios e regras e a redefinição do dever de proporcionalidade. *Revista de Direito Administrativo – RDA*, n. 215, p. 153-179, 1999. Feita essa ressalva, usar-se-á da terminologia já consagrada na doutrina e na jurisprudência brasileira.

[129] Na pertinente construção de Lima: "Estão os negócios públicos vinculados, por essa forma, não ao arbítrio do Executivo, mas à finalidade impessoal, no caso, pública, que este deve procurar realizar. [...] Preside, destarte, ao desenvolvimento da atividade administrativa do Poder Executivo, não o arbítrio que se funda na força, mas a necessidade que decorre da racional persecução de um fim" (LIMA, Ruy Cirne. *Princípios de direito administrativo*. 2. ed. Porto Alegre: Globo, 1939. p. 21).

[130] Nos dizeres de Celso Antônio Bandeira de Mello, o princípio da finalidade "impõe que o administrador, ao manejar competências postas a seu cargo, atue com rigorosa obediência à finalidade de cada qual" (*Curso de direito administrativo*. 13. ed. São Paulo: Malheiros. p. 78).

[131] "A instituição da dimensão material do princípio não é nova como atrás se acentuou. Já nos séculos XVIII e XIX, ela está presente na ideia britânica de *reasonableness*, no conceito prussiano de *Verhältnismässigkeit*, na figura de *détournement du pouvoir* em França e na categoria italiana do *eccesso di potere*" (CANOTILHO, José Gomes. *Direito constitucional*. 5. ed. Coimbra: Almedina. p. 268).

desvio de finalidade), entendida como a invalidação do ato administrativo por ser este praticado para atingir finalidade diversa ou exorbitante àquela predicada em lei. A relação entre esses princípios é certa e se coloca numa ordem sequencial. Da mesma forma que não se admitiria o manejo da autoridade (poder exorbitante-estatal) de forma a discrepar das finalidades justificadoras da atribuição específica desta (competência), poder-se-ia também extrair uma regra geral no sentido de que a restrição à liberdade, ditada pela afirmação legal da autoridade, não poderia ser maior do que o *quantum* necessário ao atingimento da finalidade justificadora da restrição.

Na precisa construção de Canotilho,[132] "o princípio da proporcionalidade dizia privativamente respeito ao problema da limitação do poder executivo, sendo considerado como medida para as restrições administrativas da liberdade individual". Daí já a noção genérica e até certo ponto fluida de proporcionalidade no exercício do poder pelo Estado. Embora patente a relação histórica entre princípio da proporcionalidade (como ideia central à noção de limitação e condicionamento do poder exorbitante) e da adstrição da Administração ao princípio da finalidade e à legalidade, aquele princípio vai demorar mais para se introduzir como regra vinculante no direito administrativo.[133]

Para a aplicação de tal postulado, como é cediço, são utilizados três subprincípios, originados na Suprema Corte alemã e consagrados em nossa jurisprudência: adequação, necessidade e proporcionalidade em sentido estrito. O exame de adequação importa na avaliação da idoneidade da medida para produzir o resultado visado. Nada mais, significa que o meio escolhido deve ser apto a atingir o fim que pretende salvaguardar. Por sua vez, a necessidade (também denominada exigibilidade) impõe a inexistência de meio menos gravoso que a medida

---

[132] "A instituição da dimensão material do princípio não é nova como atrás se acentuou. Já nos séculos XVIII e XIX, ela está presente na idéia britânica de *reasonableness*, no conceito prussiano de *Verhältnismässigkeit*, na figura de *détournement du pouvoir* em França e na categoria italiana do *eccesso di potere*" (*Direito constitucional*. 5. ed. Coimbra: Almedina. p. 268). Para um aprofundamento sobre a evolução do princípio da proporcionalidade, sob o prisma da razoabilidade e do devido processo legal substantivo, no direito americano, ver o percuciente estudo de SARMENTO, Daniel. *A ponderação de interesses na Constituição Federal*. Rio de Janeiro: Lumen Juris, 2002. p. 81-87.

[133] Ver nesse sentido BARROS, Suzana de Toledo. *O princípio da proporcionalidade e o controle de constitucionalidade das leis restritivas de direitos*. Brasília: Brasília Jurídica, 1996. Para um aprofundamento sobre a evolução do princípio da proporcionalidade, sob o prisma da razoabilidade e do devido processo legal substantivo, no direito americano, ver o percuciente estudo de SARMENTO, Daniel. *A ponderação de interesses na Constituição Federal*. Rio de Janeiro: Lumen Juris, 2002. p. 81-87.

eleita para a consecução do mesmo fim, ou seja, se traduz em uma proibição de medidas excessivamente onerosas. A ideia de proporcionalidade em sentido estrito, por sua vez, consiste na ponderação entre o ônus imposto e o benefício trazido, verificando-se a legitimidade da medida. Cuida-se, aqui, de uma verificação da relação custo-benefício da medida, isto é, da ponderação entre os danos causados e os resultados a serem obtidos.[134]

Assim é que as medidas que atentam contra o postulado da proporcionalidade ferem os limites externos da discricionariedade administrativa, encontrando-se sujeitas à anulação, por intermédio de um processo administrativo. Isso porque os agentes administrativos encontram-se obrigados a avaliar, antes de qualquer atuação restritiva, se, no caso concreto, existem bens jurídicos coletivos e até mesmo particulares de igual ou maior relevância a serem preservados[135] (entendimento que conta com o amplo beneplácito da jurisprudência pátria).[136] Caso, porém, tais aspectos não sejam observados, tal decisão

---

[134] BARROSO, Luís Roberto. *Interpretação e aplicação da Constituição*, op. cit., p. 209.

[135] Lógica da qual já tive a oportunidade de me valer como um limite ao exercício da função reguladora: "Por tudo isso tenho comigo que o princípio da proporcionalidade é central e fundamental quando estamos diante do exercício da atividade regulatória estatal. De um lado, porque se trata de atividade estatal que implica, por definição, em alguma restrição do princípio de liberdade de iniciativa. De outro, porque a regulação, especialmente quando exercida por agências independentes, envolve a transferência de significativos poderes a um só órgão, obrigando o conseqüente reforço no condicionamento e adstrição aos princípios limitadores do poder extroverso. Como sói, então, o princípio da proporcionalidade deverá ser observado pelos órgãos incumbidos de exercer regulação estatal quer esta se manifeste no âmbito dos procedimentos normativos (de modo a não prever restrições infralegais de caráter geral que exorbitem o quanto necessário à consecução das finalidades públicas justificadoras da regulação); quer no âmbito do poder sancionador (onde revelar-se-á em sua plenitude, tal qual ocorre no direito penal, não só na avaliação da punibilidade, mas também na dosimetria da pena); quer no exercício do poder de polícia ínsito à atividade regulatória (predicando que as restrições e condicionamentos típicos do poder de polícia deverão observar os traços de necessidade e adequação acima divisados)" (MARQUES NETO, Floriano de Azevedo. Limites à abrangência e à intensidade da Regulação Estatal. *Revista de Direito Público da Economia – RDPE*, Belo Horizonte, ano 1, n. 1, p. 69-92, jan./mar. 2003).

[136] A exemplo do que ficou decidido pelo Supremo Tribunal Federal na ADC nº 41: "Em terceiro lugar, a medida observa o princípio da proporcionalidade em sua tríplice dimensão. A existência de uma política de cotas para o acesso de negros à educação superior não torna a reserva de vagas nos quadros da administração pública desnecessária ou desproporcional em sentido estrito. Isso porque: (i) nem todos os cargos e empregos públicos exigem curso superior; (ii) ainda quando haja essa exigência, os beneficiários da ação afirmativa no serviço público podem não ter sido beneficiários das cotas nas universidades públicas; e (iii) mesmo que o concorrente tenha ingressado em curso de ensino superior por meio de cotas, há outros fatores que impedem os negros de competir em pé de igualdade nos concursos públicos, justificando a política de ação afirmativa instituída pela Lei nº 12.990/2014" (ADC 41/DF – DISTRITO FEDERAL AÇÃO DECLARATÓRIA DE CONSTITUCIONALIDADE

restará maculada pela pecha na ilegalidade, podendo ser anulada pela Administração Pública ou pelo Poder Judiciário.[137] Daí a tríplice violação à proporcionalidade.

Tal restrição regulatória à concorrência não é *necessária*, pois que, como visto, é o próprio cliente que escolhe a rota e o terminal portuário dentre as alternativas oferecidas pelo mercado, e não o armador. Ela é *inadequada*, porquanto, ao invés de tutelar a concorrência, na verdade, está consagrando uma situação de monopólio de terminais desverticalizados que não são incentivados a realizar novos investimentos e a reduzir os valores praticados para a utilização da infraestrutura portuária. Por fim, ela é violadora da *proporcionalidade em sentido estrito*, na medida em que aumentará o "custo Brasil", que se alimenta, entre outros fatores, dos gargalos da infraestrutura brasileira.

De fato, tal restrição produz efeitos nefastos à regulação ao criar uma reserva de mercado para os terminais estabelecidos.

Explica-se. Com pontua Cass Sunstein,[138] as falhas da regulação podem ser provocadas: (i) pela captura por grupos de interesse; (ii) por erros de diagnóstico e análises superficiais; (iii) pela gestão de riscos *versus* direitos; (iv) por efeitos sistêmicos complexos e pela falta de antecipação das consequências; (v) por falhas de coordenação; (vi) pela modificação nas circunstâncias e obsolescência; (vii) pela indevida delegação de decisões políticas; (viii) pela proteção inadequada; (ix) pelo aumento de ineficiência e excesso de controle; (x) pela distribuição enviesada; e (xi) por processos e resultados não democráticos.

Relator(a): Min. ROBERTO BARROSO, Julgamento: 08.06.2017, Órgão Julgador: Tribunal Pleno).

[137] Como se extrai, por exemplo, do seguinte julgado do Superior Tribunal de Justiça (STJ): "Na atualidade, a Administração pública está submetida ao império da lei, inclusive quanto à conveniência e oportunidade do ato administrativo. 2. Comprovado tecnicamente ser imprescindível, para o meio ambiente, a realização de obras de recuperação do solo, tem o Ministério Público legitimidade para exigi-la. 3. O Poder Judiciário não mais se limita a examinar os aspectos extrínsecos da administração, pois pode analisar, ainda, as razões de conveniência e oportunidade, uma vez que essas razões devem observar critérios de moralidade e razoabilidade. 4. Outorga de tutela específica para que a Administração destine do orçamento verba própria para cumpri-la. 5. Recurso especial provido" (STJ, SEGUNDA TURMA, REsp nº 429.570/GO; Rel. Min. ELIANA CALMON, DJ 22.03.2004, p. 277, RSTJ vol. 187, p. 219. Do mesmo modo, AC nº 0001146-14.2005.4.01.3500/GO, Rel. JUIZ FEDERAL MARCELO DOLZANY DA COSTA, 2ª TURMA SUPLEMENTAR, e-DJF1 p. 403 de 18.09.2013). Na doutrina, v. OLIVEIRA, Márcio Berto Alexandrino de. A possibilidade de controle do mérito do ato administrativo pelo Poder Judiciário. *Fórum Administrativo – FA*, Belo Horizonte, ano 16, n. 180, fev. 2016.

[138] SUNSTEIN, Cass. *After Rights Revolution*: Reconceiving the Regulatory State. Massachusetts: Harvard University Press, 1993.

Ressalte-se que o autor se refere à "regulação" em sentido amplo, realizada pelas entidades estatais norte-americanas (*agencies*). Nada obstante, considerando a realidade brasileira, entende-se que o conceito de "falha da regulação" pode ser utilizado tanto no âmbito da função normativa estatal genérica quanto na função normativa exercida pelas agências reguladoras.

De fato, a regulação pode produzir efeitos deletérios, ou colaterais, quando expropria a propriedade de agentes privados. São efeitos que, por certo, não são ínsitos à regulação. Pelo contrário, subvertem uma das suas principais funções, que é a de equilibrar interesses sistêmicos. A regulação que tem consequências expropriatórias é a antítese da regulação, porque é despida de qualquer legitimidade – seja econômica, social, procedimental ou comportamental. De fato, se a regulação de determinada atividade só se justifica para o atendimento de um resultado, se esse próprio resultado é indesejado ou ilegal, não há que ser falar no legítimo exercício da função reguladora.

A investigação acerca das justificativas da regulação já foi abundantemente realizada pela literatura especializada.[139] A ideia aqui é investigar a restrição regulatória à luz da teoria da regulação.

A regulação é composta pelas seguintes fases, necessariamente interdependentes: (i) por uma finalidade, ou seja, um fim a ser alcançado (econômico, social ou comportamental); (ii) pela escolha das variáveis que serão reguladas para o atingimento dessa finalidade (*v.g.*, preço, qualidade, informação, entrada, quantidade);[140] e (iii) pela edição de uma medida regulatória que imponha, após a ponderação dos interesses setoriais, condutas aos agentes regulados. Nesse quadrante, ausente quaisquer dessas três fases, não há que se falar no legítimo exercício da regulação ou, no limite, na própria existência da regulação. Trata-se do que Cass Sunstein[141] denomina de "paradoxos da regulação".

---

[139] Veja-se, por exemplo, NOLL, Roger. Economic Perspectives on the Politics of Regulation. *In*: SCHMALENSEE, Richard. *Handbook of Industrial Organization*. v. 2. Disponível em: http://econpapers.repec.org/bookchap/eeeindhes/2.htm. Acesso em: 21 out. 2024. STIGLITZ, Joseph E. Reforming the Global Economic Architecture: Lessons from Recent Crises. *The Journal of Finance*, New York, v. 54, n. 4, Papers and Proceedings, Fifty-Ninth Annual Meeting, American Finance Association, January 4-6, 1999 (Aug., 1999), p. 1508-1521. BRESSER-PEREIRA, Luiz Carlos. O Estado na economia brasileira. *Ensaio de Opinião*, São Paulo, v. 4, n. 2-2, p. 16-23, 1977.

[140] VISCUSI, W. Kip. *Economics of regulation and antitrust*. Massachusetts: Mit Press, 2005.

[141] SUNSTEIN, Cass. *After Rights Revolution*: Reconceiving the Regulatory State. Massachusetts: Harvard University Press, 1993. p. 87.

Os "paradoxos da regulação", traduzidos em suas "falhas", maculam a sua validade, seja porque trazem vícios congênitos à sua formação, seja porque produzem resultados indesejados. Nesse sentido, de acordo com George J. Stigler,[142] adepto da teoria econômica da regulação da Escola de Chicago, essa modalidade de intervenção na economia produziria mais prejuízos do que benefícios, em razão das suas vicissitudes endógenas (provocadas por interesses privados – *private interest theories* – ou da própria burocracia – *public interest theories*) ou exógenas (pelas suas deletérias consequências para o funcionamento do mercado).

Esse não parece ser o melhor entendimento. A produção de "falhas" é inerente à própria função administrativa. Defender o contrário seria, no limite, interditar a realização de qualquer atividade da Administração Pública. Afinal, a atividade administrativa não é neutra. Ao contrário, produz externalidades positivas ou negativas, pois pressupõe, em maior ou menor grau, uma interferência na vida dos administrados. Por isso, cabe ao ordenamento jurídico, justamente, "regular" os seus efeitos, e não interditar o seu exercício, mas a intervenção reguladora pode produzir falhas por ela não vislumbradas de antemão ou mesmo desconhecidas.

Trata-se das denominadas *government failures*[143] ou *non-market failures*[144] – nomenclatura análoga às *market failures* –, ou, como já denominado pela doutrina pátria, em estudo monográfico de Alice Bernardo Voronoff de Medeiros,[145] das denominadas "falhas de regulação". São hipóteses em que a regulação produz efeitos indesejados em razão de possuir vícios congênitos ou porque a sua implementação produziu efeitos sistêmicos negativos.

---

[142] STIGLER, George J. A Teoria da Regulação Econômica. *In*: MATTOS, Paulo *et al.* (coord.). *Regulação Econômica e Democracia*. São Paulo: Editora 34, 2004. p. 23-48.

[143] Nesse sentido: MCKEAN, Roland N. The Unseen Hand in Government. *American Economic Review*, n. 55, p. 496-506, 1965.

[144] Por sua vez, preferindo a terminologia *non-market failure*: WOLF JR., Charles. *Markets or governments*: choosing between imperfect alternatives. Santa Mônica: The Rand Corporation, 1986.

[145] MEDEIROS, Alice Bernardo Voronoff de. *Racionalidade e otimização regulatórias*: um estudo a partir da teoria das falhas de regulação. 2015. Dissertação (Pós-graduação em Direito) – Universidade do Estado do Rio de Janeiro. Rio de Janeiro, 2015.

As falhas da regulação referem-se "à imperfeição do governo no desempenho da atividade regulatória".[146] Tais imperfeições são compostas por ações inadequadas e omissões não razoáveis, as quais podem ser provocadas por uma série de fatores, dentre os quais: (i) o negligenciamento de riscos existentes; (ii) análises de custo-benefício inadequadas; (iii) desvio de finalidades normativas, em razão de expectativas populares; e (iii) má alocação de recursos públicos.[147] Nesse sentido, Cass Sunstein[148] afirma que "o processo de regulação nem sempre tem produzido bons resultados. Muitas vezes, estatutos são mal concebidos, ora porque agravam o problema que se destinam a resolver, ora porque, durante a sua execução, apresentam consequências que não haviam sido previstas". Por isso, ainda segundo o autor, o processo regulatório "pode ser menos benéfico do que deveria, produzindo falhas de governo tão ou mais onerosas do que a deficiência do mercado que demandou a regulamentação".

Todavia, não há concordância doutrinária no que diz respeito à delimitação de quais são as possíveis falhas regulatórias.

Segundo Charles Wolf Jr.,[149] existiriam quatro fontes ou tipos de falhas regulatórias, a saber: (i) internalidades e finalidades privadas; (ii) custos redundantes e crescentes; (iii) externalidades derivadas; e (iv) desigualdade distributiva. De outro lado, Gaspar Ariño Ortiz[150] enumera como falhas de regulação: (i) a presença de ambiguidade, calculada ou não; (ii) a instabilidade da regulação estabelecida em normas regulatórias de menor hierarquia, que são fáceis de mudar; (iii) a elevada discricionariedade do regulador com efeitos claramente

---

[146] ORBACH, Barak. What Is Government Failure. *Yale Journal on Regulation Online*, New Haven, n. 30, p. 44-56, 2013. p. 55. Disponível em: http://ssrn.com/abstract=2219709. Acesso em: 15 ago. 2024.

[147] ORBACH, Barak. What Is Government Failure. *Yale Journal on Regulation Online*, New Haven, n. 30, p. 44-56, 2013. p. 56. Disponível em: http://ssrn.com/abstract=2219709. Acesso em: 15 ago. 2024.
Em sentido semelhante, Cass Sunstein afirma que "é falha a norma regulatória que produz significativos efeitos colaterais, custos muito maiores do que os benefícios, ou que incorpora interesses de grupos privados não defensáveis em termos de fins públicos" (SUNSTEIN, Cass. *After Rights Revolution*: Reconceiving the Regulatory State. Massachusetts: Harvard University Press, 1993. p. 85).

[148] SUNSTEIN, Cass. *After Rights Revolution*: Reconceiving the Regulatory State. Massachusetts: Harvard University Press, 1993. p. 87.

[149] WOLF JR., Charles. *Framework for Implementation Analysis*, 1978. Disponível em: http://www.rand.org/content/dam/rand/pubs/papers/2006/P6034.pdf. Acesso em: 15 ago. 2024.

[150] ARIÑO ORTIZ, Gaspar. Sucessos e Fracassos da Regulação. *Revista Eletrônica de Direito Administrativo Econômico*, Salvador, Instituto de Direito Público da Bahia, n. 3, ago./set./out. 2005. Disponível em: http://www.direitodoestado.com.br. Acesso em: 16 ago. 2024.

perniciosos; e (iv) a modificação súbita dos arranjos regulatórios e dos próprios reguladores.

Cass Sunstein,[151] por sua vez, leciona que existem duas espécies de falhas da regulação: as relacionadas ao processo de elaboração da norma e as relacionadas à sua implementação. As primeiras se manifestam: (i) pela captura por grupos de interesse; (ii) por erros de diagnóstico e análises superficiais; (iii) pela inadequada gestão de riscos *versus* a garantia de direitos; (iv) pelos efeitos sistêmicos complexos e pela falta de antecipação das consequências; (v) pelas falhas de coordenação; (vi) pela modificação nas circunstâncias e consequente obsolescência da regulação; e (vii) pela indevida delegação de decisões políticas.[152] As segundas decorrem: (i) da proteção inadequada; (ii) do aumento de ineficiência e excesso de controle; (iii) pela distribuição enviesada de benefícios; e (iv) pelo surgimento de processos e resultados não democráticos. Apesar da detalhada enumeração, o autor reconhece que o rol de falhas regulatórias apontado não é taxativo, posto que, "para cada justificativa de intervenção regulatória, existe uma falha correspondente como resultado da má aplicação do estatuto regulatório".[153]

Cass Sunstein aponta como uma das principais falhas relacionada ao processo de elaboração das normas regulatórias[154] a "teoria da captura", que tem em George J. Stigler[155] um de seus principais expoentes.[156]

De nossa parte, entende-se que a captura do regulador terá lugar quando este tiver a sua neutralidade (sob o prisma da equidistância dos interesses envolvidos) comprometida, em razão da influência (que poderá ser facilitada pela existência de uma assimetria de informações), autointeressada, de organizações públicas (*v.g.*, por meio de modelagens institucionais) e privadas (*v.g.*, pela participação organizada em consultas

---

[151] SUNSTEIN, Cass. *After Rights Revolution*: Reconceiving the Regulatory State. Massachusetts: Harvard University Press, 1993. p. 96-101.
[152] SUNSTEIN, Cass. *After Rights Revolution*: Reconceiving the Regulatory State. Massachusetts: Harvard University Press, 1993. p. 84-96.
[153] SUNSTEIN, Cass. *After Rights Revolution*: Reconceiving the Regulatory State. Massachusetts: Harvard University Press, 1993. p. 75.
[154] Como pudemos desenvolver em: RIBEIRO, Leonardo Coelho. *O direito administrativo como "caixa de ferramentas"*: uma nova abordagem da ação pública. São Paulo: Malheiros, 2017. p. 166.
[155] STIGLER, George J. The theory of economic regulation. *In*: STIGLER, George J. (Org.). *The citizen and the State*: essays on regulation. Chicago; London: The University of Chicago Press, 1971. p. 114.
[156] Sobre o tema, no Brasil, veja-se o estudo específico: BAGATIN, Andreia Cristina. *Captura das Agências Reguladoras Independentes*. São Paulo: Saraiva, 2013.

e em audiências públicas) nas suas atividades quase-normativas, quase-executivas e quase-judicantes (impedindo a realização do equilíbrio de subsistemas). A captura subverte a regulação, porque desequilibra, em favor de uma parte, o exercício de uma função que deveria estabilizar setores, justamente por ser insulada de influências exógenas.

Essa influência pode ser realizada por empresas do setor privado que têm por objetivo privilegiar seus próprios interesses econômicos, por exemplo, pela expedição de normas que as favoreçam ou que prejudiquem seus concorrentes.[157] Mas não só. Casos há em que a captura decorre de atos praticados pela própria burocracia estatal.[158] Trata-se de uma decorrência da *public choice theory*,[159] segundo a qual os atores políticos só agem para maximizar seus próprios benefícios.

De acordo com a referida teoria, os indivíduos seriam "maximizadores de suas próprias utilidades".[160] Isto é, na qualidade de homens econômicos,[161] seriam seres racionais e autointeressados, dotados de capacidades intelectuais que lhes permitiriam buscar as melhores

---

[157] Nesse sentido, Marçal Justen Filho assevera que: "A doutrina cunhou a expressão 'captura' para indicar a situação em que a agência se transforma em via de proteção e benefício para setores empresariais regulados. A captura configura quando a agência perde a condição de autoridade comprometida com a realização do interesse coletivo e passa a produzir atos destinados a legitimar a realização dos interesses egoísticos de um, alguns ou todos os segmentos empresariais regulados. A captura da agência se configura, então, como mais uma faceta do fenômeno de distorção de finalidades dos setores burocráticos estatais" (JUSTEN FILHO, Marçal. *O direito das agências reguladoras independentes*. São Paulo: Dialética, 2002. p. 97).

[158] MARQUES NETO, Floriano de Azevedo. A Nova Regulação Estatal e as Agências Independentes. *In*: SUNDFELD, Carlos Ari (coord.) *Direito Administrativo Econômico*. São Paulo: Malheiros, 2002. p. 90.

[159] BAGATIN, Andreia Cristina. *Captura das Agências Reguladoras Independentes*. São Paulo: Saraiva, 2013. p. 138.

[160] STIGLER, G. J. The theory of economic regulation. *In*: STIGLER, G. J. (org.). *The citizen and the State*: essays on regulation. Chicago; London: The University of Chicago Press, 1971.

[161] O homem econômico como formulado pelos economistas neoclássicos é uma construção ideal, um conceito que descreve um agente "perfeitamente racional e onisciente que, ao tomar uma decisão, conhece todas as alternativas de forma que pode escolher com precisão e assim maximizar os resultados de sua decisão. Ele conhece todos os meios que, em cada situação de fato, o levam a atingir seus objetivos" (FONSECA, Eduardo G. Comportamento individual: Alternativas ao homem econômico. *Revista Novos Estudos*. São Paulo: CEBRAP, 1989. p. 160). "O homem econômico é um agente dotado de preferências completas e bem ordenadas, amplo acesso à informação e poderes de processamento de informações irrestritos. Estas condições permitem ao agente realizar todos os cálculos necessários para escolher a ação que satisfaz suas preferências melhor do que qualquer alternativa. O agente é racional, no sentido de que ele maximiza de modo consciente uma função objetiva" (SIMON, Herbert. *El comportamiento administrativo*: estudio de los procesos decisorios en la organización administrativa. Buenos Aires: Aguilar, 1988. p. 84).

soluções para seus interesses particulares.[162] Nesse quadrante, a referida teoria passa a considerar os agentes estatais como agentes econômicos que, como tal, direcionarão seu comportamento de modo a maximizar seus próprios benefícios. De acordo com essa teoria, o processo político é concebido como "um processo dinâmico em que cada agente político persegue o seu próprio interesse".[163] Trata-se, pois, de empreender uma análise econômica e racional do comportamento de políticos e burocratas, agentes que devem ser analisados como detentores de um comportamento utilitário semelhante ao que teriam se atuassem na esfera econômica.

A incorporação dessa premissa comportamental – de que haveria uma atuação autointeressada –, como explicativa do processo político, leva ao entendimento no sentido de que seria improvável que a escolha dos agentes públicos se identificasse com a busca do bem comum.[164] Em suma, nesse quadrante, a política influenciaria a escolha das ferramentas que serão utilizadas para disciplinar condutas, esvaziando a imparcialidade inerente ao exercício das funções regulatórias. Dessa forma, a escolha dos instrumentos adotados e das finalidades estabelecidas pelo regulador não se daria de forma técnica e isenta, tampouco seria direcionada a buscar os melhores resultados, mas se encontraria comprometida com a realização dos interesses políticos em jogo.[165]

Para além disso, analisar-se-á a falha regulatória denominada por Cass Sunstein como "erros de diagnóstico e análises superficiais".

De acordo com Sunstein,[166] exemplo de erros de diagnósticos seriam "os casos em que o Legislador ou regulador, instado a se

---

[162] Sobre o ponto, cf.: BUCHANAN, James M. Politics without romance: a sketch of positive public choice theory and its normative implications. *In*: BUCHANAN, James M.; TOLLINSON, Robert D. (orgs.). *The theory of public choice*. V. II. Ann Arbor: The University of Michigan Press, 1984.

[163] Nesse sentido: PRZEWORSKI, Adam. Reforma do Estado, responsabilidade política e intervenção econômica. *Revista Brasileira de Ciências Sociais*, São Paulo, v. 11, n. 32, p.18-38, out. 1996. p. 4.

[164] Cf. BUCHANAN, James. *Toward a theory of the rent-seeking society*. Texas: University Press, 1985.

[165] Nesse sentido, a afirmação de Christopher C. Hood e Helen Z. Margetts de que: "É aplicando essas ferramentas que o governo faz a ligação entre desejo e realização. É preciso dizer que essa ligação é frequentemente problemática e altamente politizada. Selecionar a ferramenta correta para o trabalho se torna mais uma questão de fé e política do que certeza. De fato, não é incomum constatar que a escolha dos 'instrumentos' atraia muito mais um debate político do que sobre os fins almejados" (HOOD, Christopher C.; MARGETTS, Helen Z. *The Tools of Government in the Digital Age*. New York: Palgrave MacMillan, 2007. p. 13).

[166] SUNSTEIN, Cass. *After Rights Revolution*: Reconceiving the Regulatory State. Massachusetts: Harvard University Press, 1993. p. 86.

manifestar por conta de eventos singulares – que dificilmente se repetirão – ou fortes anseios populares momentâneos, edita normas sem submetê-las a exames mais apurados que indiquem os possíveis efeitos negativos gerados pelas mesmas". Isso porque, a seu ver, a maioria das pessoas, por meio de "uma lente grosseiramente distorcida, vê pequenos riscos como grandes riscos e grandes riscos como pequenos, e muitas vezes eles defendem soluções cujos riscos são ainda maiores do que aqueles dos problemas que se propõem resolver".[167] Fato é que a influência do regulador por apelos populares tende a gerar processos regulatórios mais céleres e menos reflexivos, sem a adequada motivação técnica. Afinal, chega a ser intuitivo que a regulação de urgência seja produzida sem a realização de uma análise empírica dos custos e benefícios que justificam a sua edição.

São esses os potenciais deletérios de restrições à concorrência, tais como as que são objeto desta obra. Nesse sentido, Marçal Justen Filho,[168] ao examinar tais restrições, leciona que "a restrição à participação das grandes empresas internacionais resulta em reserva de mercado. Tende a reduzir as chances de se obter propostas mais vantajosas ao poder público. Como decorrência, reduz-se a obtenção de recursos mediante outorga que poderiam ser revertidos em investimentos nos portos do país. Os custos dessa realidade são arcados pela população em geral – sem benefícios nem para o país, nem para a economia local".

No mesmo sentido, Cesar Mattos e Marcello Alain[169] entendem que "afastar a concorrência de empresas de navegação e de agentes verticalmente integrados da licitação de terminais, como no caso do STS10, nos parece fazer perder uma grande fonte de concorrência no leilão. O objetivo de um mecanismo impessoal como esse é 'revelar' o agente mais eficiente para executar o serviço. A remoção artificial de agentes da licitação pode impedir que essa revelação aconteça, impondo

---

[167] SUNSTEIN, Cass. *Risk and Reason Safety, Law and the Environment*. USA: Cambridge University Press, 2002.

[168] JUSTEN FILHO, Marçal. Terminais de contêineres e competição: a irrelevância da integração vertical. *Jota.info*, Infraestrutura, 28 abr. 2023. Disponível em: https://www.jota.info/opiniao-e-analise/artigos/terminais-de-conteineres-e-competicao-a-irrelevancia-da-integracao-vertical-28042023?non-beta=1. Acesso em: 25 abr. 2024.

[169] MATTOS, César; ALLAIN, Marcelo. Integração vertical entre empresas de navegação e terminais – os bons argumentos que não teimam com os fatos. *AgênciaiNFRA*, iNFRADebate, 22 ago. 2022. Disponível em: https://agenciainfra.com/blog/integracao-vertical-entre-empresas-de-navegacao-e-terminais-os-bons-argumentos-que-nao-teimam-com-os-fatos/#:~:text=Enfim%2C%20os%20bons%20argumentos%20n%C3%A3o,brasileiros%2C%20seguindo%20a%20tend%C3%AAncia%20mundial. Acesso em: 25 abr. 2024.

aos donos de carga e aos grandes armadores preços exorbitantes, assim como era antes da entrada em operação da BTP e da DPW no Porto de Santos". Ou seja, o que se deseja é assegurar uma "reserva de mercado" após a licitação, algo totalmente dissociado do incremento esperado na oferta e na eficiência dos serviços portuários, como se deveria buscar na concorrência pelo direito de ser o arrendatário do STS10.

Como se sabe, o ordenamento jurídico brasileiro conta com a Lei nº 13.874/2019 (Lei de Liberdade Econômica), que, em seu art. 4º, prescreve ser "dever da administração pública e das demais entidades que se vinculam a esta Lei, no exercício de regulamentação de norma pública pertencente à legislação sobre a qual esta Lei versa, exceto se em estrito cumprimento a previsão explícita em lei, evitar o abuso do poder regulatório de maneira a, indevidamente: I - criar reserva de mercado ao favorecer, na regulação, grupo econômico, ou profissional, em prejuízo dos demais concorrentes; (...) V- aumentar os custos de transação sem demonstração de benefícios".

De acordo com Floriano de Azevedo Marques Neto,[170] o novel diploma obriga o "regulador a duas coisas: i) previamente à edição de medida regulatória demonstrar que os ônus, mensuráveis em custos, da medida são compensados com os benefícios alcançados; ii) permanentemente, verificar se os resultados (benefícios) que vêm sendo alcançados justificam os custos a ela associados".

Para José Vicente Santos de Mendonça, a noção de abuso de poder regulatório é problema que pressupõe, antes de tudo, a identificação do limite ao exercício da competência fixada para a entidade reguladora. De acordo com o autor, "o desvio do poder regulatório, na forma como tratado pelo art. 4º da Lei n. 13.874/19 e trabalhado pela literatura do Direito Administrativo, poderia ser definido como a regulamentação da legislação de direito econômico que, mercê de complementá-la, acaba por restringir injustificadamente alguma garantia da liberdade de iniciativa".[171]

---

[170] MARQUES NETO, Floriano de Azevedo. Abuso de poder regulatório: algo prático na Lei de Liberdade Econômica. *Advocacia HJ*, n. 003, mar. 2020. Disponível em: https://www.oab.org.br/revistas/revista-adv-hj-3a-edicao.pdf. Acesso em: 15 mar. 2024.

[171] Como bem sistematiza o autor, "no tema do abuso de poder e de sua espécie mais célebre – o desvio de poder –, a literatura tradicional de Direito Administrativo costuma destacar as seguintes afirmações: (i) o administrador se vincula à finalidade indicada pela lei, (ii) tal finalidade pode ser identificada, talvez até de modo objetivo, (iii) o ato administrativo não pode ir contra a finalidade da lei, nem na aparência nem na essência, sendo, caso isso ocorra, inválido, (iv) mesmo o ato administrativo que atende a finalidade pública,

O aumento injustificado dos custos de transação, espécie do gênero abuso do poder regulatório, nos termos do art. 4º, inciso V, da Lei nº 13.874/2019 (Lei de Liberdade Econômica), está relacionado com a ideia, comum à Análise Econômica do Direito (AED), de que o principal papel do direito seria alocar os bens a quem lhes atribuir maior valor, reduzindo-se os custos de transação ou convergindo o mercado de modo a agir como se isso acontecesse. Tal significa, na prática, um "reforço à exigência de que regulamentos sejam precedidos e acompanhados por análises de impacto. A norma, aliás, refere-se à demonstração de benefícios, remetendo ao método principal da análise de impacto, a análise de custo-benefício".[172]

Mais que isso, o art. 4º da Lei de Liberdade Econômica impõe uma espécie de alteração no "ônus da prova sobre a necessidade da regulação". Nas palavras de Dario da Silva Oliveira Neto e Alexandre Cordeiro Macedo, "a partir desse dispositivo, em uma eventual contestação sobre a existência de uma regulação, são os reguladores os responsáveis por justificar a imposição da norma regulatória e, caso não seja justificada, concluir-se-ia pelo abuso de poder regulatório".[173]

Em sentido semelhante, Renato Toledo Cabral Junior e João Vitor Silva, ao interpretarem o art. 4º da Lei de Liberdade Econômica, asseveram que a juridicidade da norma regulatória está condicionada à própria conduta do regulador ao longo do processo de sua elaboração, em especial, na produção da AIR (também exigida, vale-se mencionar, pelo art. 5º da Lei de Liberdade Econômica). Dessa forma, o abuso de poder regulatório restaria configurado quando: "(i) o administrador público não considerou os elementos pertinentes ou que o fez de maneira inadequada, evidenciando sua negligência, imprudência ou imperícia (culpa); ou (ii) que a restrição foi deliberadamente guiada por motivações caprichosas e não republicanas (dolo)".[174]

---

mas distinta da indicada na norma que atribui competência para sua prática, é inválido" (MENDONÇA, José Vicente Santos de. *Abuso de poder regulatório*: modo de usar (compreensão do art. 4º da lei 13.874/19), p. 3-4. Disponível em: https://www.academia.edu/40442363/Art4Lei_Liberdade_Economica_Final_12672_. Acesso em: 11 jul. 2024).

[172] MENDONÇA, José Vicente Santos de. *Abuso de poder regulatório*: modo de usar (compreensão do art. 4º da lei 13.874/19), p. 5-6. Disponível em: https://www.academia.edu/40442363/Art4Lei_Liberdade_Economica_Final_12672_. Acesso em: 11 jul. 2024.

[173] OLIVEIRA NETO, Dario da Silva; MACEDO, Alexandre Cordeiro. Abuso de poder regulatório: uma evolução da advocacia da concorrência no Brasil. *Revista de Defesa da Concorrência*, v. 9, n. 2, 2021, p. 19.

[174] CABRAL JUNIOR, Renato Toledo; SILVA, João Vitor. O abuso do poder regulatório na lei de liberdade econômica. *Jota.info*, Seção: Análise, 30 out. 2019. Disponível em: https://

Na visão de Juliana Oliveira Domingues e Pedro Aurélio de Queiroz, a norma contida no art. 4º, inciso V, da Lei de Liberdade Econômica funciona como norma de controle da eficiência da atuação do poder público, na medida em que veda a expedição de normas que aumentem os custos de transação sem a demonstração dos benefícios e, portanto, "permite o controle amplo da atuação da administração pública em compasso com o princípio da eficiência já insculpido no *caput* do artigo 37 da Constituição. Nesse ponto, vale sublinhar que não se trata de um dispositivo que veda, pura e simplesmente, a intervenção do Estado na economia, mas sim uma previsão que limita intervenções que criem custos adicionais às atividades econômicas e que onerem, de forma injustificada, as pessoas em geral".[175]

Nesse quadrante, pode-se concluir no sentido de que o abuso de poder regulatório, indicado pelo art. 4º, inciso V, da Lei de Liberdade Econômica, se configura quando a regulação não indica, "com algum nível de certeza, que os benefícios esperados superam o aumento dos custos de transação igualmente esperados".[176]

Não é por outra razão que o Comitê de Política Regulatória da OCDE, por exemplo, já havia recomendado aos membros da organização, em 2012, que assumissem o compromisso "no mais alto nível político com uma política explícita de qualidade regulatória para o governo como um todo. A política deve ter objetivos claros e estruturas para a implementação que assegurem que, se a regulação for usada, os benefícios econômicos, sociais e ambientais justifiquem os custos, os efeitos distributivos sejam considerados e os benefícios líquidos maximizados" (Recomendação nº 1). Além disso, a OCDE recomendou aos governos que revissem "os meios pelos quais os cidadãos e as empresas

---

www.jota.info/opiniao-e-analise/artigos/o-abuso-do-poder-regulatorio-na-lei-de-liberdade-economica-30102019. Acesso em: 11 jul. 2024.

[175] DOMINGUES, Juliana Oliveira; SILVA, Pedro Aurélio de Queiroz P. da. Lei da liberdade econômica e a defesa da concorrência. *In*: SALOMÃO, Luis Felipe; CUEVA, Ricardo Villas Bôas; FRAZÃO, Ana (coord.). *Lei de liberdade econômica e seus impactos no direito brasileiro*. São Paulo: Thomson Reuters Brasil, 2020. p. 278. Para Vanessa de Mello Brito Arns, "a ideia da Lei da Liberdade Econômica é que não se adicionem custos de transação às transações econômicas, especialmente no tocante à incerteza: fontes de perturbações, como a assimetria de informação entre as partes em uma negociação. Quanto maior a incerteza em uma negociação e seus efeitos, isso tende a aumentar os seus custos de transação" (ARNS, Vanessa de Mello Brito. Análise Econômica do Direito e a Lei de Liberdade Econômica (13.874/2019). *Revista Jurídica da Escola Superior de Advocacia da OAB-PR*, ano 5, n. 1, 2020).

[176] MENDONÇA, José Vicente Santos de. *Abuso de poder regulatório*: modo de usar (compreensão do art. 4º da lei 13.874/19), p. 6. Disponível em: https://www.academia.edu/40442363/Art4Lei_Liberdade_Economica_Final_12672_. Acesso em: 11 jul. 2024.

são obrigados a interagir com o governo para satisfazer as exigências regulatórias e reduzir os custos de transação" (Recomendação nº 5.6).[177]

Conclusões

Ante o exposto, é possível sumariar as seguintes conclusões:

(i) as experiências recentes de leilões, no âmbito do setor portuário, têm veiculado restrições à participação de determinados agentes em procedimentos licitatórios de arrendamentos portuários ou à livre operação dos ativos adjudicados, em razão de um especulado exercício futuro de poder de mercado, decorrente da atuação em mais de um dos elos da cadeia logística, sob a alegação de que isso deveria ser combatido por intermédio do procedimento licitatório;

(ii) por diversas razões, essas restrições regulatórias não encontram razão de ser;

(iii) para além de não se manejar a adequada variável regulatória (preço, qualidade ou informação), a regulação de banimento de participação de armadores em licitações para arrendamentos portuários ou a limitação na operação dos terminais por parte destes não encontra lastro na finalidade atribuída à "regulação de entrada" de projetos de infraestrutura, tampouco há potencial exercício de poder de mercado que justifique uma intervenção regulatória dessa ordem;

(iv) sob o aspecto regulatório, o elo entre o armador e o operador da infraestrutura portuária na movimentação de cargas não se configura como uma *essential facility*. Tanto é verdade que, em análises concorrenciais, a entidade com maior capacidade institucional para avaliar a probabilidade do exercício do poder de mercado no segmento de transporte marítimo de contêineres (CADE) já se manifestou, em diversas oportunidades, no sentido de que não há

---

[177] OCDE. *Recomendação do Conselho sobre Política Regulatória e Governança*, 2012. Disponível em: https://www.oecd.org/gov/regulatory-policy/Recommendation%20PR%20with%20cover.pdf. Acesso em: 11 jul. 2024.

indícios de fechamento de mercados ou de cobrança de preços supracompetitivos por armadores que exploram infraestruturas portuárias;

(v) mais do que isso: os casos de integração vertical que levaram o CADE a aplicar restrições para a sua aprovação não dizem respeito à integração terminal portuário/armador, mas, sim, à integração terminal portuário/operador de infraestruturas ferroviárias;

(vi) ao instituir restrições regulatórias à concorrência em procedimentos licitatórios, presumindo-se o eventual exercício futuro de poder de mercado pelos armadores na exploração de infraestruturas portuárias, o regulador incorre em intrusão no mercado mais rigorosa do que a realizada pela própria entidade de defesa da concorrência, o CADE. Ao fazê-lo, viola o princípio da proporcionalidade, criando um ônus para o poder público, que terá reduzido o seu o universo de competidores e, na ponta, para os usuários da infraestrutura portuária;

(vii) além das manifestações do CADE, a inadequação de uma regulação *ex ante*, de banimento de entrada ou limitação à operação dos terminais, se mostra intrusiva e desnecessária, porquanto o próprio funcionamento da operação dos armadores já interditaria o seu exercício de poder de mercado;

(viii) em primeiro lugar, porque não cabe exclusivamente aos armadores escolherem o terminal portuário ao qual será destinada a carga importada ou exportada. A escolha cabe ao cliente, considerando fatores como o grau de integração dos portos a outros modais de transporte, a proximidade do destino/origem das cargas, a disponibilidade e a qualidade e valor do serviço prestado por terminais. E é com base nas preferências manifestadas pelos clientes que a escolha do terminal pelo armador se dará;

(ix) em segundo lugar, porquanto os armadores não são donos da carga transportada. Armadores são operadores logísticos por excelência. Bandeira branca. Integrados ou não, essa integração se dá no plano da logística em si. Dessa forma, não há incentivos para que os armadores verticalizados impeçam a movimentação de outras cargas;

(x) ademais disso, a imposição de restrições regulatórias à entrada ou à operação dos terminais em livre concorrência com os demais viola o art. 3º, V, da Lei nº 12.815/2023, segundo o qual a exploração da infraestrutura portuária deve restar orientada pelo "estímulo à concorrência, por meio do incentivo à participação do setor privado e da garantia de amplo acesso aos portos organizados, às instalações e às atividades portuárias". E, na mesma medida, o art. 27, IV, segundo o qual compete à ANTAQ "elaborar e editar normas e regulamentos relativos à prestação de serviços de transporte e à exploração da infraestrutura aquaviária e portuária, garantindo isonomia no seu acesso e uso, assegurando os direitos dos usuários e fomentando a competição entre os operadores", bem como o art. 28, II, da Lei nº 10.233/2021, o qual preceitua que "os instrumentos de concessão ou permissão sejam precedidos de licitação pública e celebrados em cumprimento ao princípio da livre concorrência entre os capacitados para o exercício das outorgas";

(xi) não se pode desconsiderar, ainda, que a regulação tem por desiderato, justamente, a partir de um processo de ponderação de interesses, garantir o atendimento do ponto ótimo de eficiências (alocativas e produtivas) nos setores regulados;

(xii) não é por outra razão que à ANTAQ foi conferido um plexo de competências que orientem o exercício de sua regulação sobre a exploração das infraestruturas portuárias à eficiência;

(xiii) assim, por exemplo, cite-se o art. 11, IV, da Lei nº 10.233/2001, o qual prescreve que a gestão da infraestrutura portuária deve "assegurar, sempre que possível, que os usuários paguem pelos custos dos serviços prestados em regime de eficiência". Na mesma direção, o art. 20, II, *a*, atribui à ANTAQ regular a exploração da infraestrutura portuária com vistas a "garantir a movimentação de pessoas e bens, em cumprimento a padrões de eficiência, segurança, conforto, regularidade, pontualidade e modicidade nos fretes e tarifas";

(xiv) o normativo dispõe, ainda, que a ANTAQ deverá "promover estudos aplicados às definições de tarifas, preços e fretes, em confronto com os custos e os benefícios econômicos transferidos aos usuários pelos investimentos realizados". Na mesma direção, o art. 3º, III, da Lei nº 12.815/2013 prescreve que a exploração da infraestrutura portuária deve observar "estímulo à modernização e ao aprimoramento da gestão dos portos organizados e instalações portuárias, à valorização e à qualificação da mão de obra portuária e à eficiência das atividades prestadas";

(xv) de fato, há uma série de fatores que podem levar uma empresa a querer operar verticalmente integrada. Citem-se as possibilidades de redução nos custos de transação, de explorar economias de escopo entre as várias etapas, de reduzir o risco de investimentos em ativos específicos, entre outras;

(xvi) é sob tal mirada que se deve analisar as restrições regulatórias à concorrência estipuladas pela ANTAQ para interditar ou embaraçar a participação de armadores nas licitações para arrendamentos portuários voltados à movimentação de contêineres ou para estabelecer limitações operacionais aos terminais;

(xvii) cuida-se de restrições que desconsideram, *ex ante* e em desconformidade com o arcabouço regulatório do setor portuário, as eficiências que podem ser experimentadas pela integração vertical de elos da cadeia logística portuária, notadamente em razão da redução dos custos de transação – o que, na ponta, beneficiará o usuário de um serviço público (nos termos do que dispõe o art. 21, XII, *f*, da CRFB);

(xviii) são tão inequívocas as eficiências produzidas por uma operação verticalmente integrada que, no setor do agronegócio, tal operação é oficialmente fomentada e disciplinada pelo ordenamento jurídico. Cite-se, nesse sentido, a Lei nº 13.288/2016, que dispõe sobre os contratos de integração, obrigações e responsabilidades nas relações contratuais entre produtores integrados e integradores, e dá outras providências. O art. 2º, IV, do referido diploma define contrato de integração vertical ou contrato de integração como o negócio jurídico, firmado entre o produtor integrado e o integrador, que estabelece a sua finalidade, as respectivas atribuições no processo produtivo, os compromissos financeiros, os deveres sociais, os requisitos sanitários, as responsabilidades ambientais, entre outros que regulem o relacionamento entre os sujeitos do contrato;

(xix) conclui-se, portanto, que as restrições regulatórias concorrenciais, à participação de armadores em licitações de ativos portuários, vêm sendo praticadas sem evidências comportamentais que as recomendem, ao mesmo passo em que desconsideram as externalidades positivas que poderão ser experimentadas pela operação verticalmente integrada, violando o art. 11, IV, e o art. 20, II, *a*, da Lei nº 10.233/2001, bem como o art. 3º, III, da Lei nº 12.815/2013.

CAPÍTULO 2

ASSIMETRIA REGULATÓRIA E CONCORRÊNCIA NO SETOR PORTUÁRIO

Introdução: o histórico da assimetria regulatória no setor portuário

Um dos principais temas de regulação que têm lugar no setor portuário é o da assimetria regulatória entre os exploradores da infraestrutura portuária (concessionários, arrendatários e exploradores de terminais privados). Cuida-se de temática histórica, saliente ainda sob a vigência da Lei nº 8.630/1993, mas que já é predicadora de novas reflexões, após 11 anos de vigência da Lei nº 12.815/2013.

Sob a vigência da Lei nº 8.630/1993, tal controvérsia restou lastreada na assimetria regulatória existente entre os então arrendatários de terminais portuários (especialmente utilizados para a movimentação de contêineres) e os então terminais privativos de uso misto (TUPs), que estavam autorizados a realizar o transporte de carga própria e de carga de terceiros.[178]

---

[178] Nesse contexto de delegação da prestação de serviços públicos para a iniciativa privada e da flexibilização de diversos monopólios, foi enviada a Mensagem Presidencial nº 67, de 18 de fevereiro de 1991, que encaminhou o Projeto de Lei nº 8/1991, dando origem à revogada Lei nº 8.630/1993. Como se extrai da exposição de motivos dessa proposição, a intenção em se inaugurar um novo marco regulatório para o setor portuário era fomentar a criação de um ambiente concorrencial – intra e extraporto –, com vista a contribuir para o aporte de investimentos privados na modernização da infraestrutura portuária, conforme se depreende de alguns dos seus trechos: 2. Este projeto insere-se no Programa Federal de Desregulamentação e reflete a significativa preocupação do meu Governo em fixar limites à atuação do Estado, bem como em remover os obstáculos ao pleno exercício do trabalho e à livre iniciativa. Destina-se primordialmente a modernizar a anacrônica estrutura

Essa dualidade de regimes jurídicos gerou aguda controvérsia entre os exploradores da infraestrutura portuária à época. De fato, o art. 5º, II *c*, da revogada Resolução ANTAQ nº 517/2005 prescrevia que a autorização para instalação portuária de uso privativo dependia, para o transporte de carga de terceiros, de "declaração da requerente especificando as cargas próprias que serão movimentadas no terminal, *com movimentação anual mínima estimada que justifique, por si só, de conformidade com estudo técnico especializado, a sua implantação, e, com relação às cargas de terceiros, se houver, a natureza destas*". No mesmo sentido, o art. 35, inciso II, do Decreto nº 6.620/2008, ao tentar endereçar o tema, dispunha que as instalações portuárias de uso privativo eram vocacionadas à "*movimentação preponderante de carga própria e, em caráter subsidiário e eventual, de terceiros, em terminal portuário de uso misto*".

A controvérsia girava (e ainda gira) em torno de se endereçar uma concorrência desequilibrada entre os exploradores de terminais portuários que prestam serviços similares e, mais que isso, no âmbito da mesma área de influência.[179]

---

portuária brasileira que, corroída pelo tempo e pela falta de investimentos, tem seus custos desproporcionalmente superiores aos de seus similares internacionais. 3. Tal situação obriga o exportador brasileiro a praticar preços inferiores aos dos seus concorrentes estrangeiros para poder compensar a sobrecarga ocasionada pelos elevados gastos de embarque, quando não inviabiliza de todo a colocação do produto nacional nos mercados externos. a) assegurar o aumento da produtividade do setor portuário, mediante a racionalização da atividade econômica e a integração dos diversos agentes envolvidos, através da diminuição da intervenção do Estado e do estímulo à livre concorrência, de sorte a possibilitar maior rentabilidade aos investimentos necessários à modernização do setor e melhores níveis de remuneração ao fator trabalho. (...) c) estimular a participação do setor privado na construção e exploração, arrendamento ou locação de instalações portuárias privadas, sempre através de licitação, de maneira a dotar o País, a médio prazo, de uma infraestrutura portuária moderna e compatível com as necessidades do comércio exterior. (...) 9). Para alcançar estes objetivos o anteprojeto, essencialmente, propõe: c) a livre concorrência entre os diversos portos, de maneira a assegurar, de um lado, maior racionalidade na destinação de receitas e no processo de tomada de decisões em matéria econômica, e, de outro lado, fomentar, em cada caso, uma busca permanente de maior eficiência nas operações portuárias e melhor rentabilidade aos investimentos em equipamentos e em infraestrutura;

d) a livre concorrência entre os proprietários, arrendatários ou locatários de instalações de um mesmo porto, de maneira a possibilitar, através da competição, a prática de tarifas adequadas e a prestação de serviços de acordo com as necessidades dos usuários;

e) o estímulo à participação do setor privado nos investimentos necessários à modernização da infraestrutura e ao reaparelhamento dos portos – em face da carência de recursos públicos, que devam ser destinados, prioritariamente, para atender às demandas da área social – possibilitando aos terminais privativos movimentarem mercadorias de terceiros.

[179] MOREIRA NETO, Diogo de Figueiredo; FREITAS, Rafael Véras de. *A Nova Regulação Portuária*. Belo Horizonte: Fórum, 2015. Como bem observado por Vitor Rhein Schirato: "No vigente Direito positivo brasileiro, em consonância com a tradição histórica de serviço público descrita no tópico precedente, as atividades portuárias encontram-se disciplinadas na alínea 'f' do inciso XII do artigo 21 da Constituição Federal. Referido dispositivo prevê de forma

Em breve resumo, de um lado, os arrendatários defendiam, à época, a existência de uma concorrência desleal instituída pelos então terminais privativos de uso misto, porquanto: (i) a licitação prévia ao arrendamento imporia um discrímen em relação aos terminais privativos de uso misto, que, embora estejam autorizados a transportar cargas de terceiros, não se submetem a tal procedimento; (ii) os operadores econômicos que se sujeitaram à licitação possuiriam obrigações de universalidade, continuidade e de modicidade tarifária não extensíveis aos terminais privativos de uso misto; (iii) a sujeição a um prazo determinado e às diretrizes da Autoridade Portuária geraria, para os arrendatários, um ônus superior ao imposto aos terminais privativos de uso misto; e (iv) os arrendatários não conseguiriam oferecer preços inferiores aos dos terminais privativos de uso misto, eis que instaurada concorrência desleal.[180]

---

clara qual o regime jurídico das atividades portuárias, na medida em que determina que referidas atividades constituem-se competência privativa da União, a qual poderá delegá-las a terceiros por meio de concessão ou permissão, ou franqueá-las a particulares por meio de autorizações. A dicotomia de formas de exploração por particulares das atividades portuárias prevista na Constituição Federal demonstra a adoção, pelo Ordenamento Jurídico brasileiro, de um dualismo de regimes nas atividades portuárias, consubstanciada na existência de serviço público, de competência da União, e, ao mesmo tempo, de atividade econômica em sentido estrito, mantida a competência da União de regular a matéria" (SCHIRATO, Vitor Rhein. A experiência e as perspectivas da regulação do setor portuário no Brasil. *Revista de Direito Público da Economia – RDPE*, Belo Horizonte, ano 6, n. 23, p. 171-190, jul./set. 2008).

[180] Nesse sentido, cf. JUSTEN FILHO. O regime jurídico dos operadores de terminais portuários no direito brasileiro. *Revista de Direito Público da Economia – RDPE*, p. 77-124; SCHIRATO. A experiência e as perspectivas da regulação no setor portuário no Brasil. *Revista de Direito Público da Economia – RDPE*, p. 171-190; e SUNDFELD, Carlos Ari; CÂMARA, Jacintho Arruda. Terminais portuários de uso privativo misto: as questões da constitucionalidade e das alterações regulatórias. *Revista de Direito Público da Economia – RDPE*, p. 9-26. Para ilustrar tal entendimento, cite-se o seguinte trecho do parecer proferido por Alexandre Aragão, nos autos da ADPF nº 139, fls. 179-180: "O que não é possível é submeter os terminais portuários públicos a uma livre competição face aos terminais portuários privativos, quando esses últimos não estão adstritos a uma série de limitações a que se submetem os primeiros: (a) a limitação de preço, havendo o dever de modicidade, a teor da Resolução da ANTAQ nº 55, (b) dever de continuidade e regularidade de oferta do serviço (o que aumenta o custo da atividade), (c) limitação temporal (o contrato de arrendamento possui prazo ao contrário da autorização), (d) obrigação de reversão de bens ao final do contrato. [...] O terminal portuário privativo não foi concebido para ser opção ampla e irrestrita ao terminal de uso público. Caso o fosse, o legislador teria de tê-los submetidos às mesmas obrigações; não cabe à lei promover discriminações injustificadas entre agentes econômicos, favorecendo a competitividade de uns em detrimentos de outros. Dar-se-ia, aqui, o que a teoria econômica chama de Cherry Picking. Os terminais portuários de uso privativo misto, liberados da exigência de operarem cargas próprias, mas contando com preços livres, e, ainda desonerados do dever de universalidade e continuidade, enfrentariam os terminais públicos com larga vantagem; escolheriam os melhores usuários e as cargas mais valiosas, restando, àqueles, as cargas menos lucrativas e de maior risco. A prática merece tradução

De outro lado, os então terminais privativos de uso misto postulavam a instalação de um ambiente concorrencial pleno, tendo em vista que: (i) caso se encontrassem fora da área do porto organizado, teriam o custo da construção de toda a infraestrutura portuária, além da necessidade de manutenção das condições de navegabilidade e acesso ao cais do seu terminal; (ii) arcariam com os mesmos impostos e obrigações trabalhistas dos arrendatários, necessitando, contudo, de um prazo maior para o retorno dos seus investimentos; e (iii) estariam instalados em imóvel de sua propriedade, o que se constituía em óbice inviabilizador da licitação.

Em 2012, fora realizado Estudo Comparativo das Estruturas de Custos e Avaliação de Projetos/Investimentos entre Terminais Portuários de Uso Público e Terminais Portuários de Uso Privativo Misto, pelo Centro de Estudos em Regulação de Mercados, da Universidade de Brasília.[181] O estudo comparativo utilizou índices financeiros de desempenho dos terminais, uma vez que esses referenciais seriam capazes de sumariar a eficiência agregada das múltiplas decisões operacionais, de investimento e financiamento dos gestores de cada tipo de terminal. Para tanto, foram utilizados quatro indicadores, quais sejam: (i) margem bruta sobre vendas, que relaciona o lucro bruto com as receitas líquidas de prestação de serviços; (ii) retorno sobre o investimento, o qual relaciona o lucro operacional com os ativos operacionais que contribuíram para a geração do lucro; (iii) retorno sobre os ativos, que mede o lucro gerado pelos ativos operacionais e não operacionais, considerando, também, o custo de financiamento desses ativos; e (iv) retorno sobre o patrimônio líquido, que mede o retorno gerado sobre o capital que pertence aos donos do empreendimento, após a remuneração do capital de terceiros.

De acordo com o estudo, a variabilidade média dos indicadores era bastante similar para os arrendamentos e os terminais privativos de uso misto. Além disso, ao comparar os fluxos de caixa descontados dos terminais privativos e dos terminais arrendados, constatou-se que terminais arrendados geram valores presentes líquidos maiores do

---

popular e livre, que ora se pede vênia para sugerir: é a de 'ficar com o filé mignon'. Aos terminais públicos restaria roer algum osso".

[181] Disponível em: https://sei.antaq.gov.br/sei/modulos/pesquisa/md_pesq_documento_consulta_externa.php?2kzIdPuJRKzvKvnsxjKKY4M9Ta2XJq5jmjdkRolzLITY71lg1niPF-JB7pz iWi6OJOvucOuH7GdJMhqqRE71cemQAN_bECw-XKqeErQW_TRvTqi3p3SvQtOa2_hGlur6. Acesso em: 15 ago. 2024.

que os terminais privativos na maioria dos casos, de modo que, como as receitas e custos de terminais arrendados e de terminais privativos também não apresentaram diferenças significativas, chega-se à conclusão de que inexistiam evidências de desempenho superior dos então terminais privativos, que poderiam ser atribuídas a assimetrias regulatórias. É dizer, de acordo com o estudo, "embora existam distinções nas regras que regem os terminais arrendados e privativos, ficou bem estabelecido neste estudo que os dados do setor não apontam vantagem concorrencial favorecendo os terminais privativos em detrimento dos terminais arrendados especializados em movimentação de contêineres proveniente de regulação assimétrica, isto é, qualquer vantagem concorrencial de um terminal com relação a outro é proveniente de maior eficiência gerencial ou tecnológica, isto é, economicamente legítima".

O tema fora objeto de diversas contendas administrativas, dentre as quais, destacam-se: (i) o Ato de Concentração nº 08012.007452/2009-31, que tramitou perante o Conselho Administrativo de Defesa Econômica (CADE); e (ii) a Representação nº TC 015.916/2009-0, que tramitou perante o Tribunal de Contas da União (TCU).

No âmbito do Tribunal de Contas da União (TCU), o Processo nº 015.916/2009-0 decorreu de denúncia, formulada pela Federação Nacional dos Portuários, a propósito da existência de supostas irregularidades em relação às autorizações para exploração de terminais privativos de uso misto, as quais redundariam em burla à licitação e em concorrência assimétrica. O representante alegou que estaria havendo concorrência assimétrica dos terminais privativos de uso misto em relação aos terminais de uso público, cujo resultado seria a ocorrência de contínuos desequilíbrios econômico-financeiros e perda de competitividade.

Nada obstante, no Acórdão TCU nº 410/2013, o TCU se manifestou no sentido de que não haveria concorrência assimétrica entre tais operadores.[182] Mais do que isso, ponderou que, mesmo se houvesse, isso não seria motivo para inibir a atuação dos terminais de uso privativo misto, uma vez que o risco de concorrência assimétrica pode ser adequadamente tratado pela ANTAQ, seja por meio da regulamentação

---

[182] MOREIRA, Egon Bockmann; CAGGIANO, Heloisa Conrado. Regulação e Delimitação de Regimes Jurídicos – Caso Portos Públicos e Privados: Acórdãos nº 402/2013 e 989/2017, TCU. *In*: MARQUES NETO, Floriano de Azevedo; MOREIRA, Egon Bockmann; GUERRA, Sérgio. *Dinâmica da regulação*: estudo de casos da jurisprudência brasileira – a convivência dos tribunais e órgãos de controle com agências reguladoras, autoridade da concorrência e livre iniciativa. 2ª edição. Belo Horizonte: Fórum, 2021 (Capítulo 5 da Seção 1). p. 71-89.

do setor, seja no âmbito dos próprios contratos de arrendamento. Além disso, restou consignado que a concorrência entre o público e o privado, mesmo se ou quando assimétrica, é salutar para que seja possível obter ganhos de eficiência de ambos os lados. Ainda segundo o Tribunal de Contas, ao possibilitar a exploração de atividade em regime privado, a assimetria regulatória é uma estratégia legítima na tentativa de equilibrar o jogo do mercado, porque a prática de preços mais baixos é desejada pelo mercado, e não um problema advindo de tal assimetria regulatória.[183]

O CADE, no Ato de Concentração nº 08012.007452/2009-31, analisou a alegação de assimetria concorrencial entre os portos públicos e as instalações portuárias de uso privativo. A questão dizia respeito às operações no Porto de Santos, mais precisamente à aquisição pelos grupos Dubai World e Odebrecht de 51,40% do capital social da Empresa Brasileira de Terminais Portuários S.A. (Embraport), pertencente ao Grupo Coimex. Ao examinar o tema, a entidade de defesa da concorrência deixou assentado que: (i) não há assimetrias sistemáticas de custos entre os terminais de uso público ou privativos de uso misto; (ii) não há motivação para distinguir regimes público e privado no setor portuário; (iii) é desejável que os leilões sejam utilizados para os terminais portuários, de qualquer natureza, haja vista que "a construção de terminais portuários são ativos escassos"; (iv) as restrições de liberdade dos agentes acarretam ineficiência desnecessária; e (v) deve haver "regras claras sobre o espaço de concorrência dos agentes que deem segurança jurídica aos investidores".[184]

---

[183] Do julgado se extrai o seguinte excerto, para os fins da presente investida: "Ao se admitir a exploração em regime privado de atividade que também é explorada em regime público, produzindo-se uma assimetria regulatória, pretende-se equilibrar o jogo do mercado por intermédio da normatização diferenciada. O agente com predominância e vantagens fáticas no mercado (explorador em regime público) se sujeita a maiores deveres, enquanto o competidor incipiente (explorador em regime privado) é liberado de alguns ônus para poder se estabelecer e exercer uma concorrência efetiva. A alegação da autora da representação é no sentido de que a concorrência assimétrica decorreria dos preços mais baixos que poderiam ser ofertados pelos TUPM, tendo em vista os custos mais baixos nos quais incorrem. Com as devidas vênias, não me parece razoável admitir que se deva inibir a atuação dos Terminais Privados sob a alegação de que praticariam preços mais baixos. Entendo que a redução dos preços é desejada por todos, a fim de que se reduzam os custos de transporte portuário no Brasil. Nessa perspectiva, entendo que o melhor é buscar os mecanismos adequados para que também os portos públicos possam praticar preços mais baixos, o que me parece ser um dos objetivos da recente MP 595/2012" (Acórdão TCU nº 410/2013).

[184] NIEBUHR, Joel de Menezes. O Direito dos arrendatários ao reequilíbrio econômico-financeiro provocado pela assimetria concorrencial e pelo novo Marco Regulatório do Setor Portuário.

Essa conhecida controvérsia resultou no ajuizamento da Arguição de Descumprimento de Preceito Fundamental (ADPF) nº 139, pela Associação Brasileira dos Terminais de Contêineres de Uso Público (ABRATEC), tendo por objeto as autorizações outorgadas, pela ANTAQ, à Portonave S.A., à Itapoá Terminais Portuários S.A. e à Imbituba Empreendimentos e Participações S.A. para a exploração de terminais privativos de uso misto. Nada obstante, tal investida de controle concentrado experimentou a perda superveniente do seu objeto, em razão da edição da Lei nº 12.815/2013 (Marco Regulatório do Setor Portuário).

A propósito de tais agudas controvérsias, como já se teve a oportunidade de asseverar:[185] (i) a diferenciação de regime jurídico dos setores abertos à iniciativa privada teve por fim, justamente, ampliar a concorrência em setores monopolizados, em prol do atendimento de outros valores constitucionais, dentre os quais, o incremento da qualidade dos serviços e a modicidade das tarifas aos usuários; (ii) a forma da exploração dos portos não foi "engessada" pelo texto constitucional; o artigo 21, inciso XII, *f*, da CRFB confere à União a possibilidade de exploração da infraestrutura portuária diretamente ou mediante autorização, concessão ou permissão, reservando uma margem de discricionariedade ao legislador ordinário para instituir diversos regimes exploratórios, de acordo com as especificidades das atividades que serão prestadas; (iii) a realização de um procedimento licitatório não é um fim em si, mas um instrumento para o atendimento de outros valores constitucionais (*v.g.*, a eficiência e economicidade); e (iv) violaria o princípio da eficiência a realização de um procedimento licitatório típico, prévio à outorga de uma autorização para a exploração de uma atividade econômica que pode ser explorada por uma pluralidade de agentes.

Malgrado a constitucionalidade da instalação de uma assimetria regulatória no setor portuário, fato é que, passados mais de 10 anos de vigência da Lei nº 12.815/2013, o tema merece uma revisitação, à luz dos impactos concretos produzidos por tal assimetria, tema que será desenvolvido nos próximos itens.

In: PEREIRA, Cesar; SCHWIND, Rafael Wallbach (coord.). *Direito Portuário Brasileiro*. Belo Horizonte: Fórum, 2019.

[185] MOREIRA NETO, Diogo de Figueiredo; FREITAS, Rafael Véras de. *A Nova Regulação Portuária*. 1. ed. Belo Horizonte: Fórum, 2015. p. 137.

1 Os atuais quadrantes da assimetria regulatória no setor portuário e a diretriz de ampliação da concorrência

Com o advento da Lei nº 12.815/2013, os conceitos de "carga própria" e de "carga de terceiro" deixaram de ser critérios para as modalidades de outorga, e foi abandonado o conceito de terminal privativo de uso misto. Restou a designação de terminal privado. De acordo com o art. 2º, inciso I, da Lei nº 12.815/2013, os terminais privados se configuraram como a instalação portuária explorada mediante autorização e localizada fora da área do porto organizado, ao passo que os arrendamentos se configuram como a cessão onerosa de área e infraestrutura públicas localizadas dentro do porto organizado, para exploração por prazo determinado (art. 2º, XI). De acordo com o regime regulatório instituído pela Lei nº 12.815/2023, é a poligonal do porto organizado que delimita os parâmetros que configuram a nova assimetria regulatória do setor portuário. Nesse quadrante, com a edição do Novo Marco Regulatório, somente poderão ser outorgadas novas autorizações para a exploração de infraestrutura portuária fora da área do "porto organizado". Por outro lado, dentro da poligonal do "porto organizado", apenas poderão ser celebrados contratos de arrendamento e contratos de concessão de toda a infraestrutura do "porto organizado".[186]

Para além disso, o regime regulatório entre os arrendatários e os terminais privados restou substancialmente diferenciado[187] pela

---

[186] A Lei nº 12.815/2015 inovou nesse particular. O seu artigo 2º, inciso I, passa a definir porto organizado como o bem público construído e aparelhado para "atender às necessidades de navegação, de movimentação de passageiros ou de movimentação e armazenagem de mercadorias, e cujo tráfego e operações portuárias estejam sob jurisdição de autoridade portuária". O inciso II do mesmo artigo dispõe que a área do porto organizado corresponde "à área delimitada por ato do Poder Executivo que compreende as instalações portuárias e a infraestrutura de proteção e de acesso ao porto organizado".

[187] Marçal Justen Filho bem aponta a diferenciação regulatória entre os terminais privados e os arrendamentos portuários: "A Lei nº 12.815 implantou, portanto, um sistema de competição direta entre portos públicos e privados. Os interessados podem escolher livremente entre um terminal público e um terminal privado para operar as suas cargas e os seus navios. Ocorre que as condições de exploração do empreendimento são distintas. Existem situações diferenciadas para a implantação e desenvolvimento das atividades dos terminais públicos e privados. Os terminais públicos são implantados em áreas públicas, no interno de um porto organizado, mediante um contrato de arrendamento, com prazo de até vinte e cinco anos (renováveis por outro tanto). Ao final do contrato, os ativos revertem para o Poder Público. Os preços e as condições de exploração são estabelecidos pela autoridade pública. Há restrições no tocante à contratação de mão de obra, que deve fazer-se por meio do OGMO (Órgão de Gestão de Mão de Obra). Os terminais privados são implantados em áreas privadas (propriedade ou domínio útil na titularidade de um particular). A lei exige

regulação e pela regulamentação.¹⁸⁸ Tanto é verdade que o prazo da autorização da instalação portuária é de até 25 anos, prorrogável por períodos sucessivos, desde que atendidas as condições estabelecidas, conforme prescreve o art. 8º, §2º, da Lei nº 12.815/2013.¹⁸⁹ De outro lado, o prazo de vigência dos contratos de arrendamento portuário, previsto no Decreto nº 8.033, de 2013, era de até 25 anos, prorrogável uma única vez, o que veio a ser alterado pelo Decreto nº 9.048, de 2017, prevendo o prazo de 35 anos, passível de prorrogação, até o limite de 70 anos (art. 19).¹⁹⁰

No que toca ao regime de alterações, os arrendatários dispõem de menor autonomia para lançar mão de modificações em seu

---

uma autorização estatal, que pode prevalecer de modo contínuo, sem limites temporais. Todos os investimentos são privados e não dependem de manifestação do Poder Público. Os preços são livres e a contratação de mão de obra faz-se também livremente" (JUSTEN FILHO, Marçal. O regime jurídico das atividades portuárias e seus reflexos sobre a delimitação do porto organizado. *In*: PEREIRA, Cesar; SCHWIND, Rafael Wallbach (Coord.). *Direito Portuário Brasileiro*. Belo Horizonte: Fórum, 2019).

[188] A começar pela desnecessidade da realização de procedimento licitatório. Nos termos do art. 3º da Resolução ANTAQ nº 71, de 30 de março de 2022: "A pessoa jurídica constituída sob as leis brasileiras, com sede e administração no país, poderá requerer à ANTAQ, em seu nome, a qualquer tempo, autorização para construção e exploração de instalação portuária, conforme modelo de formulário divulgado pela ANTAQ, instruída com a documentação referida no art. 4º, em formato eletrônico e físico".

[189] Para além disso, a Resolução ANTAQ nº 71/2022, em seu art. 27: "A autorização terá o prazo de até vinte e cinco anos, prorrogável por períodos sucessivos, desde que a atividade portuária seja mantida e, na forma das diretrizes do poder concedente, o autorizatário promova os investimentos necessários para a expansão e a modernização das instalações portuárias. § 1º A alteração do perfil de cargas movimentadas não configura a descontinuidade da atividade portuária nos termos do caput, devendo ser observado o disposto no art. 34. § 2º A modernização das instalações portuárias terá como objetivo garantir a adequação do projeto às melhores práticas de serviço e segurança operacional".

[190] Destaque-se, por oportuno, que os arrendamentos portuários se submetem a uma regulação típica dos serviços públicos. Assim, por exemplo, cite-se o art. 4º da Resolução Normativa nº 7 – 2016 (Arrendamentos): "Art. 4º A exploração de áreas e instalações portuárias operacionais está condicionada ao compromisso, por parte das arrendatárias, bem como dos titulares de outros contratos, de prestação de serviço adequado aos usuários, observando, quando compatível com a destinação da área: I – a adoção de procedimentos que evitem atrasos operacionais, e perda, dano ou extravio de mercadorias; II – a prestação de serviços ou disponibilização de bens de forma isonômica e não discriminatória, de acordo com as disposições legais, regulamentares e contratuais pertinentes; III – a fixação de valores condizentes com a complexidade e com os custos dos serviços, respeitados os limites das tarifas de serviço fixadas e reguladas nos termos do contrato; IV – a utilização de pessoal capacitado para atendimento às demandas dos usuários e ao tratamento adequado das reclamações apresentadas; V – as metas e indicadores para aferição dos objetivos definidos no projeto do empreendimento, tendo como referência padrões estabelecidos no contrato e na regulamentação vigentes; VI – a prestação de informações pertinentes à atividade, quando solicitadas, à administração do porto, à ANTAQ e ao poder concedente, com vistas ao acompanhamento da execução do contrato; e VII – quando envolver a movimentação de passageiros, os requisitos mínimos fixados em regulamento da ANTAQ".

empreendimento. De fato, nos arrendamentos portuários, tendo em vista o princípio da vinculação ao instrumento convocatório e da isonomia entre os licitantes, são proscritas alterações que subvertam o objeto contratual, bem como que estejam divorciadas do Plano de Desenvolvimento e Zoneamento (PDZ) do porto respectivo.[191]

Mais que isso, tem lugar robusta disciplina regulatória a propósito das alterações dos contratos de arrendamento. Assim, por exemplo, cite-se a Portaria MINFRA nº 530/2019, que estabelece normas para alterações em contratos de arrendamento portuário. De acordo com seu art. 7º, "as alterações contratuais de que trata este Capítulo serão formalizadas por meio de termo aditivo a ser celebrado entre a União, por intermédio do Ministério da Infraestrutura, e a arrendatária, com a interveniência da Antaq e da autoridade portuária". Para implementar tal alteração, a arrendatária deverá protocolar requerimento de que constem: (i) descrição simplificada dos investimentos, com demonstrativo de preços e custos que permitam fixar o montante a ser investido; (ii) dados e informações referentes à capacidade e ao desempenho atuais da instalação portuária; e (iii) dados e informações referentes às estimativas de capacidade e desempenho caso implementados os investimentos propostos (art. 10).

Ademais disso, para levar a efeito uma alteração do perfil da carga manejada, "o arrendatário interessado na alteração de tipo de carga deverá apresentar requerimento ao poder concedente que contenha a justificativa do pleito e acompanhado de plano de investimento, se houver" (art. 29), requerimento este que só restará deferido "caso seja demonstrada sua compatibilidade e coerência com as políticas públicas definidas para o setor portuário e com o planejamento do porto organizado" (art. 30).

Para os terminais privados, diferentemente, de acordo com o art. 35 da Resolução ANTAQ nº 71/2022, "o aumento da capacidade de movimentação ou armazenagem da instalação portuária sem expansão da área dependerá de *comunicação ao poder concedente com antecedência de sessenta dias*, exceto quando vedado no contrato de adesão, dispensada a celebração de novo contrato ou aditivo". Especificamente a propósito de alteração do perfil de carga dos terminais privados, é de destacar que, de acordo com o regime previsto no art. 27: (i) a alteração do perfil

---

[191] PACHECO, Renata Cristina Vasconcelos. As assimetrias regulatórias do setor portuário: arrendamentos portuários e terminais de uso privado. *Publicações da Escola da AGU*, 2021.

de cargas movimentadas não configura a descontinuidade da atividade portuária; (ii) a realização de investimentos não previstos nos contratos de adesão deverá ser precedida de comunicação à ANTAQ. Ademais disso, de acordo com o art. 37, "as alterações efetuadas no cronograma físico e financeiro ou no montante de investimentos previstos para a implantação da instalação portuária dependem de análise da ANTAQ e aprovação do poder concedente, dispensada a celebração de novo contrato de adesão".

No que toca à forma societária de exploração do ativo, o art. 14 da Resolução Normativa ANTAQ nº 07/2016 prescreve que, "como condição para a assinatura do contrato, deverá o licitante vencedor, nacional ou estrangeiro, constituir Sociedade de Propósito Específico (SPE), com prazo de duração indeterminado, patrimônio próprio e objeto social específico e exclusivo para a execução do objeto do arrendamento, bem como previamente exibir seu acordo de quotistas ou acionistas ou declaração de sua inexistência, firmada pelo representante legal do consórcio ou da empresa licitante".[192] De outro lado, os terminais privados podem ser explorados por consórcios, nos termos do art. 42 da Resolução ANTAQ nº 71/2022. Ademais disso, é de destacar que um dos pontos mais sensíveis da assimetria regulatória entre TUPs e arrendamentos portuários é a forma de contratação dos trabalhadores portuários. A Lei nº 12.815/2013 reestabeleceu o critério de exclusividade de contratação perante o OGMO, o qual havia sido substituído anteriormente pelo critério da prioridade quando da internalização da Convenção nº 137 da OIT.[193]

---

[192] Com destaque para a atenuação de tal obrigação trazida pela Cláusula 19 do Leilão nº 06/2024-ANTAQ, para o arrendamento de área e infraestrutura pública para a movimentação e armazenagem de granéis líquidos, especialmente óleos básicos, exceto produtos inflamáveis, localizadas dentro do Porto Organizado do Rio de Janeiro, denominada Rdj06: "Sociedade de Propósito Específico – SPE 19.1 A Arrendatária se manterá preferencialmente como uma SPE, constituída de acordo com a lei brasileira, por prazo indeterminado, com a finalidade exclusiva de explorar o Arrendamento. 19.1.1 Alternativamente à criação da SPE, a arrendatária poderá criar unidade operacional ou de negócios, quer como filial, sucursal ou assemelhada, procedendo com sistema de escrituração descentralizada, contendo registros contábeis que permitam a identificação das transações de cada uma dessas unidades, na forma e no grau de detalhamento previsto no art. 3º da Resolução nº 49, de 23 de julho de 2021, da ANTAQ; nas Normas Brasileiras de Contabilidade ITG 2000, aprovadas pela Resolução nº 1330, de 18 de março de 2011, do Conselho Federal de Contabilidade – CFC, em especial em seus itens 20 a 25, ou nas normas contábeis que as sucederem".

[193] PACHECO, Renata Cristina Vasconcelos. As assimetrias regulatórias do setor portuário: arrendamentos portuários e terminais de uso privado. Publicações da Escola da AGU, 2021.

Acontece que, muitas vezes, o regime jurídico de tais operadores poderá importar em questões concorrenciais, em razão de tal assimetria regulatória. O exame do tema envolve o cerne das alterações porque passa o conceito de serviços públicos; mais especificamente, de quais são os lindes da instituição de uma proporcional assimetria regulatória concorrencial entre exploradores de utilidades públicas.

Como é cediço, a regulação dos serviços públicos teve a sua gênese atrelada à necessidade de apartação do direito administrativo do direito privado. Nas primeiras décadas do século XX, para uma vertente sociológica, desenvolvida pela escola de Bordeaux, León Duguit[194] à frente, o Estado não seria caracterizado estritamente pelos atos de soberania, pelo exercício do seu poder extroverso baseado na desigualdade entre soberanos e súditos. De acordo com tal concepção, sua atuação estaria atrelada ao dever de prestação de um serviço público, um núcleo prestacional consistente não num plexo de prerrogativas, mas num conjunto de deveres de provimento das necessidades afetas à coesão social.

Foi, contudo, a partir da consolidação da Escola de Bordeaux, empreendida por Gaston Jezé,[195] que a noção tradicional de serviço público ganhou corpo. De acordo com o autor, no contexto permeado pelo advento de um Estado Social, toda vez que se estiver diante de uma atividade considerada serviço público, sobre ela incidirá um regime especial, um plexo de prerrogativas, voltado à sua regular execução. Ainda para Jezé, esse regime jurídico especial pressuporia as seguintes características: (i) a titularidade de tais atividades pelo Estado; (ii) a interdição de sua prestação em regime de liberdade, só sendo admitida a sua prestação por particulares recebedores de uma outorga específica do poder público; e (iii) a sujeição de todos os prestadores a um regime jurídico único, fortemente regulado e pautado por prerrogativas publicísticas (*publicatio*).[196]

---

[194] Na obra de Duguit, o serviço público assume a posição de critério de identidade do direito administrativo. Tudo o que diz respeito à organização e ao funcionamento dos serviços públicos passa a ser considerado inserido no âmbito do direito administrativo. A nova escola do serviço público afasta o direito público das relações desiguais de poder-sujeição e passa a considerá-lo um conjunto de regras e princípios essenciais para determinar a organização e o funcionamento regular e ininterrupto dos serviços públicos (DUGUIT, Leon. *Traité de Droit Constitucionnel*. t. II. 3ª ed. 5 V. Paris: Ancienne Librarie, 1927. p. 59).

[195] V. JÈZE, Gaston. *Princípios Generales del Derecho Administrativo*. Tomo II. 6 volume. Tradução: Julio N. San Millan Almargo. Buenos Aires: Depalma, 1948.

[196] Para uma ampla contextualização das principais características dos serviços públicos, V. MARQUES NETO, Floriano de Azevedo; GAROFANO, Rafael Roque. Notas sobre o

Forte nessas características, a doutrina pátria, a partir da década de 1940,[197] encampou o entendimento segundo o qual a ideia de serviço público encerraria a subtração dessas atividades do regime de livre concorrência. Nesses quadrantes, o serviço público passa a ser considerado um privilégio estatal, oponível aos cidadãos, e não um dever do Estado. Mais que isso, tratar-se-ia de atividade antípoda à lógica de mercado, que seria avocada pelo Estado. O entendimento ainda predomina na doutrina pátria. Por todos, veja-se Marçal Justen Filho,[198] para quem "a previsão da exclusividade não exterioriza incompatibilidade com o disposto no artigo 170. Trata-se de decorrência da titularidade estatal sobre os serviços públicos, de que deriva seu monopólio estatal. Os princípios da livre iniciativa e livre concorrência aplicam-se às atividades econômicas em sentido restrito. No tocante aos serviços públicos, faz-se sua atribuição ao Estado, com inevitável cunho de exclusividade".

Foi, entre nós, contudo, Eros Grau,[199] na virada dos anos 1980 para os 1990, quem melhor sintetizou essa formulação. Na sua inigualável síntese, a Constituição traria uma apartação essencial entre "serviços públicos" e "atividades econômicas em sentido estrito". De acordo com o referido autor, as atividades econômicas seriam o gênero no qual se incluiriam a "prestação de serviços públicos" e as "atividades econômicas em sentido estrito". Estes (serviços públicos) seriam de titularidade estatal, prestados em regime de exclusividade, compondo uma espécie de "livre-iniciativa pública" para a exploração dessas atividades. Aquelas (atividades econômicas em sentido estrito) deveriam ser abertas à exploração privada, só cabendo ao Estado a sua exploração, excepcional e subsidiariamente, nos termos dos artigos 173 e 177 da Constituição.[200] Nesse quadrante, em sede de serviços públicos,

---

conceito de serviço público e suas configurações na atualidade. *Revista de Direito Público da Economia – RDPE*, Belo Horizonte, ano 12, nº 46, abr./jun. 2014, p. 63-77.

[197] Notadamente, por meio das obras de Viveiros de Castro, Mário Masagão, Francisco Campos, Tito Prates da Fonseca, Oswaldo Aranha Bandeira de Mello, Meirelles Teixeira, Luís de Anhaia Melo, Bilac Pinto e Temístocles Brandão Cavalcanti.

[198] JUSTEN FILHO, Marçal. *Teoria geral das concessões de serviço público*. São Paulo: Dialética, 2003. p. 44.

[199] GRAU, Eros Roberto. *A Ordem Econômica na Constituição de 1988*. 5ª edição. São Paulo: Malheiros, 2000. p. 141 e seguintes.

[200] O referido entendimento foi sufragado pelo Supremo Tribunal Federal (STF) em diversas oportunidades, na pena do próprio Eros Grau, quando no exercício da função de ministro daquela corte. Sobre esse tema, veja-se a ADI nº 3.237- DF ("Adin do Petróleo"), em que o referido ministro, em seu voto condutor, deixou assentado que: "O conceito de monopólio pressupõe apenas um agente apto a desenvolver as atividades econômicas a ele correspondentes. Não se presta a explicitar características da propriedade, que é sempre

sequer caberia falar em intervenção estatal, pois que "não se intervém no que é próprio".

Essa construção, a propósito da *publicatio*, refletiu-se no entendimento segundo o qual os serviços públicos referidos pelo texto da Constituição de 1998, especialmente os previstos nos artigos 21 e 175, somente poderiam ser prestados pelo próprio Estado e em regime de exclusividade, interditando-se à iniciativa dos particulares, salvo na condição de delegatários pelo Estado (por concessão ou permissão). O referido entendimento encontrou guarida na jurisprudência do Supremo Tribunal Federal. Cite-se, por exemplo, o Recurso Extraordinário nº 49.988/SP, relatado pelo então ministro Hermes de Lima, no qual aquela corte se manifestou no sentido de que a instituição de um serviço público (naquele particular, o funerário) impõe a sua prestação fora da lógica concorrencial de mercado.[201]

Nada obstante, tais caracteres da *publicatio* restaram, definidamente, delimitadas, pelo STF, por ocasião do julgamento da ADPF nº 46/DF, relatada pelo então ministro Eros Grau, ocasião em que se debateu a possibilidade de a Empresa Brasileira de Correios e Telégrafos (ECT), pessoa jurídica de direito privado, prestar serviços em "regime de exclusividade". Em seu voto condutor, o referido ministro deixou assentado que "é imprescindível distinguirmos o regime de privilégio, que diz com a prestação dos serviços públicos, do regime de monopólio sob o qual, algumas vezes, a exploração de atividade econômica em sentido estrito é empreendida pelo Estado".

Acontece que tal conceito, como é sabido, vem cedendo terreno ao conceito de Serviço de Interesse Econômico Geral (SIEG), consagrado no âmbito da União Europeia. De acordo com essa concepção, central no regime comunitário europeu[202] – posto que cunhada com fins de

---

exclusiva, sendo redundantes e desprovidas de significado as expressões 'monopólio da propriedade' ou 'monopólio do bem'. 2. Os monopólios legais dividem-se em duas espécies: (i) os que visam a impelir o agente econômico ao investimento – a propriedade industrial, monopólio privado; e (ii) os que instrumentam a atuação do Estado na economia. A Constituição do Brasil enumera atividades que consubstanciam monopólio da União [artigo 177] e os bens que são de sua exclusiva propriedade [artigo 20]".

[201] Confira-se trecho da emenda: "Organização de serviços públicos municipais. Entre estes estão os serviços funerários. Os municípios podem, por conveniência coletiva e por lei própria, retirar a atividade dos serviços funerários do comércio comum".

[202] Confira-se o teor do artigo 86.2 do Tratado de Roma, com redação dada pelo Tratado de Amsterdam: "[...] as empresas encarregadas da gestão de serviços de interesse econômico geral ou que tenham a natureza de monopólio fiscal ficam submetidas ao disposto no presente Tratado, designadamente às regras de concorrência, na medida em que a aplicação destas regras não constitua obstáculo ao cumprimento, de direito ou de facto, da missão

integração –, os SIEG são todas as atividades de relevância pública, prestadas sob o regime de direito privado e abertas à concorrência, que são acometidas de deveres de natureza pública, notadamente os de universalização e de continuidade. Essa concepção é, sobremaneira, distinta do conceito de serviço público à francesa, posto que contraria a lógica de que os serviços de relevância pública deveriam ser titularizados pelo Estado e, por conseguinte, excluídos de um regime concorrencial. Pelo contrário, a regulação dos SIEG aponta para uma regulação pró-competição, seja no mercado, seja pelo mercado – pautada pela subsidiariedade –, de tal modo que qualquer restrição a essa diretriz prejudicará a devida fundamentação do poder público, tendo em vista a necessidade de atingimento de outras finalidades.

Em síntese que acompanha o entendimento de Floriano de Azevedo Marques Neto,[203] essa nova vertente dos SIEG foi sendo construída pela interpretação conferida pelo Tribunal de Justiça das Comunidades Europeias (TJCE), de acordo com três pilares: (i) na garantia da liberdade iniciativa; (ii) na primazia da concorrência, quando técnica e economicamente viável; e (iii) na garantia da preservação de interesses gerais que justifiquem restrições a essa liberalização.

Nesse mesmo contexto, a partir do Ato Único de 1986, surge o conceito de "Serviços Universais", assim considerados como o conjunto de atividades essenciais, que devem ser acessíveis a todos a preços justos e em níveis qualitativos mínimos, que guardam, em si, os deveres de universalidade, continuidade e igualdade.

Uma importante elaboração teórica sobre o tema é erigida por Christian Stoffaës. Esse autor afirma que se pode representar o "serviço universal" e o "serviço de interesse econômico geral" por meio de dois círculos concêntricos. Nessa metáfora visual, o menor seria quase um nó, traduzindo o campo de abrangência do Serviço Universal. O círculo maior, que o envolveria, seria o âmbito dos "serviços de interesse econômico geral".[204] De acordo com essa sistemática, existiriam duas doses distintas de incidência regulatória sobre tais atividades: a

---

particular que lhes foi confiada. O desenvolvimento das trocas comerciais não deve ser afectado de maneira que contrarie os interesses da Comunidade".
[203] MARQUES NETO, Floriano de Azevedo. Os serviços de interesse econômico geral e as recentes transformações dos serviços públicos. In: Direito público em evolução: estudos em homenagem à professora Odete Medauar. Belo Horizonte: Fórum, 2013. p. 546.
[204] JUSTEN, Monica Spezia. O serviço público na perspectiva do direito comunitário europeu. Revista de Direito Público da Economia – RDPE, Belo Horizonte, ano 1, n. 1, jan./mar. 2003, p. 137-175.

primeira, mais intensa e pautada por prerrogativas publicísticas, com o fim de assegurar a prestação dos serviços universais a todos os usuários; a segunda, menos intrusiva, aberta à concorrência, sendo a sua derrogação cabível apenas quando o seu advento implicar em ameaça à prestação dos Serviços Universais.

Essa fragmentação de regimes jurídicos resultou no entendimento segundo o qual o regime jurídico de privilégios em favor do Estado só deverá ser utilizado quando necessário à manutenção e à universalização dos serviços delegados, como ficou assentado, por exemplo, no famoso caso *Corbeau* (Processo C-320/91, de 19 de maio de 1993). O caso versava sobre a violação que teria sido perpetrada pelo comerciante Paul Corbeau ao monopólio Postal Belga, o qual era explorado pela Régie des Postes, pessoa jurídica de direito público daquele país.

Tal violação estaria ocorrendo em razão de o referido comerciante estar prestando, no município de Liège, serviços expressos de recolhimento e de distribuição de correspondências, o que traria prejuízos ao dever de universalização do serviço prestado pela referida entidade. Ao examinar a questão, o TJCE aduziu que a empresa encarregada de uma missão de interesse geral trabalha de modo a compensar os prejuízos dos serviços menos rentáveis com outros mais lucrativos, razão pela qual poderia ser prejudicada nas hipóteses de abertura de seus serviços à concorrência. Mas, nesse caso específico, concluiu que "o equilíbrio financeiro do serviço de interesse econômico geral, assumido pelo titular do direito exclusivo, não restou prejudicado, pela especificidade dos serviços prestados por aquele comerciante" (tradução livre).

Com base nessa diretriz, busca-se consagrar, assim, o valor da livre-iniciativa como um direito que deve ser considerado pela Administração Pública na prestação de seus serviços, valor este que pode, inclusive, interditar a atuação pública. Como grande preocupação de fundo está, portanto, a racionalização da intervenção econômica no domínio privado. Não se mostra mais suficiente, se é que algum dia o tenha sido, que a Administração Pública reserve para si, na qualidade de titular da modelagem e da prestação, determinada atividade com base em fórmulas abstratas, como prerrogativas estatais e os conceitos de serviços públicos e interesse público. Do conceito de serviço de interesse econômico geral, extrai-se que a transformação mais significativa corresponde ao regime jurídico que rege as atividades compreendidas nessa noção. A consagrada visão monista do regime dos serviços públicos (regime único) é substituída por uma visão de fragmentação de regimes. Conceitos e princípios de direito público, suficientes para o quadro dos serviços públicos, não são mais suficientes para a disciplina dos serviços de interesse econômico geral.

É justamente essa a lógica que deve orientar a regulação dos arrendatários e dos autorizatários que exploram determinada infraestrutura portuária. Assim como nos Serviços de Interesse Econômico Geral europeu, os serviços públicos previstos pelo ordenamento jurídico brasileiro (a exemplo da exploração da infraestrutura portuária) não predicam a existência de um regime jurídico-administrativo único, que encerraria a subtração dessas atividades do regime de liberdade e da livre concorrência. É que, como se extrai da leitura dos já citados artigos 21 e 175, o Estado tem a obrigação de prestar determinadas atividades essenciais (*v.g.*, portos, telecomunicações, aeroportos), mas isso não significa que essas prestações tenham de ser levadas a efeito por meio de um regime jurídico único, dotado de prerrogativas para o Estado e excluído de um regime concorrencial.

De fato, considerando que, à luz da Constituição brasileira, os princípios da liberdade de iniciativa e da livre concorrência são orientadores da intervenção do Estado no domínio econômico, a livre concorrência deverá ser aplicada aos serviços públicos, exceto se, por meio de um processo de ponderação de interesses, tenha de ser restrita em face de outros princípios.[205] Tanto é verdade que o artigo 16 da Lei nº 8.987/1995 dispõe que "a outorga de concessão ou permissão não terá caráter de exclusividade, salvo no caso de inviabilidade técnica ou econômica justificada no ato a que se refere o artigo 5º desta Lei". Desse modo, se não bastasse a ausência de fundamentação normativa para que exista um regime jurídico-administrativo único para as atividades reguladas como serviços públicos, com as características que lhe são apontadas pela doutrina acima colacionada, fato é que a Lei nº 12.815/2013 reforça essa dualidade de regimes jurídicos. É dizer, não há qualquer antijuridicidade, *per se*, na instauração de um regime concorrencial assimétrico entre exploradores habilitados por títulos delegatórios diversos (arrendatários e autorizatários).

Mais que isso, tal entendimento veio a ser expressamente consagrado pela Lei nº 13.448/2017, que estabelece diretrizes gerais para prorrogação e relicitação dos contratos de parceria, que produzirão

---

[205] SCHIRATO, Vitor Rhein. *A livre iniciativa nos serviços públicos*. Belo Horizonte: Editora Fórum, 2012.

efeitos no setor portuário. Tal diploma alterou a redação do artigo 34-A da Lei nº 10.233/2011, que passou a ostentar a seguinte redação:

> Art. 34-A. As concessões e as suas prorrogações, a serem outorgadas pela ANTT e pela Antaq para a exploração de infraestrutura, precedidas ou não de obra pública, ou para prestação de serviços de transporte ferroviário associado à exploração de infraestrutura, poderão ter caráter de exclusividade quanto a seu objeto, nos termos do edital e do contrato, devendo as novas concessões ser precedidas de licitação disciplinada em regulamento próprio, aprovado pela Diretoria da Agência. (Redação dada pela Lei nº 13.448, de 2017).

A leitura do referido dispositivo permite concluir que, nos setores portuário, rodoviário e ferroviário, tradicionalmente considerados como serviços públicos, tal entendimento foi alterado não só para os contratos de parceria como também para os demais contratos e suas prorrogações. De fato, a referida alteração normativa desconstrói o entendimento segundo o qual os serviços públicos deveriam ser explorados, em caráter de exclusividade, mesmo que o projeto de infraestrutura não seja qualificado como um "empreendimento público", para os fins do disposto na Lei nº 13.334/2016 (criadora do Programa de Parcerias de Investimentos – PPI).

Porém, a concorrência também não deve ser absoluta. Ela não é um fim em si, mas um instrumento para o atendimento de outros valores constitucionais, dentre os quais se inclui a prestação de adequados serviços à população. Entre esses dois pilares é que devem ser entendidas as restrições e condicionamentos próprios da regulação estatal. Se, por um lado, não pode haver uma interdição à concorrência (inclusive no que toca aos novos entrantes para além dos concessionários ou permissionários estatais), por outro, deve haver restrição à atuação de agentes se e quando esta colocar em risco a continuidade ou a universalidade da oferta dos serviços à população.

Caberá, pois, à regulação, como uma metodologia de equilíbrio de subsistemas jurídico-econômicos,[206] modular "as doses" de concorrência

---

[206] Isso porque, como já teve a oportunidade de asseverar, "a regulação é uma atividade estatal pela qual o Estado usa o seu poder extroverso para intervir e modelar comportamentos privados. Porém, o faz não a partir de comandos binários proibido-permitido, vedado-autorizado, conduta-sanção, ordem-sujeição, mas, sim, perseguindo objetivos públicos pautados no ordenamento jurídico em concertação com os atores econômicos e sociais. Sendo assim, podemos concluir a função reguladora como sendo a modalidade de intervenção estatal indireta no domínio econômico ou social destinada à busca do equilíbrio de

que incidirão na prestação de serviços de utilidade pública, de modo que possam ser equacionados: de um lado, o direito do cidadão de receber serviços essenciais; e, de outro, o direito de exploração de atividades econômicas por particulares. Para tanto, o regulador deverá se valer de estudos econômicos, da oitiva dos setores regulados, de aspectos consequencialistas, de análises de custo-benefício, e não meramente de ensinamentos doutrinários de outrora considerados imutáveis.

Tudo isso resultará na instituição de uma adequada assimetria regulatória, assim caracterizada pela distinção de atividades, aplicando-se-lhes uma maior ou menor dose de regulação, de acordo com as peculiaridades de cada uma delas.[207] Nesse sentido, Floriano de Azevedo Marques Neto[208] assevera que "a maior transformação neste cenário parece ser mesmo a introdução da competição em um mesmo serviço com distintas incidências regulatórias, ou seja, com a concomitância entre prestadoras sujeitas ao regime público e ao regime privado, ainda que ambas subordinadas a restrições de acesso para a exploração da atividade específica (necessidade de prévia licença – concessão, permissão, ou autorização, conforme o caso)".

A intensidade diferenciada de regulação em prol da abertura à concorrência tem lugar em diversos setores, como é o caso, por exemplo, do setor de energia elétrica. Nesse setor, as diversas atividades desse serviço – que outrora eram prestadas sob o regime monopolístico – foram desverticalizadas nos seguintes segmentos: (i) geração, que pode ser explorada por concessionário, produtor independente (PIE) e autoprodutor (respectivamente, previstos nos artigos 4º, §5º, I, 11 e 5º, III, todos da Lei nº 9.074/1995); (ii) transmissão, atividade de condução da energia elétrica explorada por concessionários e autorizatários (artigos 17 e 14, respectivamente, da Lei nº 9.074/1995); (iii) distribuição, atividade de fornecimento de energia aos consumidores, prestada por concessionários (artigo 4º, §3º, da Lei nº 9.074/1995); e (iv)

---

interesses aos sistemas regulados e à satisfação de finalidades públicas, condicionada aos limites e parâmetros determinados pelo ordenamento jurídico" (KLEIN, Aline; MARQUES NETO, Floriano de Azevedo; DI PIETRO, Maria Sylvia Zanella (coord.). *Tratado de Direito Administrativo – Funções Administrativas do Estado*. São Paulo: Revista dos Tribunais, 2014. p. 512).

[207] ARAGÃO, Alexandre Santos de. *Direito dos Serviços Públicos*. 3. ed. Rio de Janeiro: Forense, 2013. p. 448-449.

[208] MARQUES NETO, Floriano de Azevedo. A nova regulamentação dos serviços públicos. *Revista Eletrônica de Direito Administrativo Econômico*, Salvador, Instituto de Direito Público da Bahia, n. 1, fev. 2005. Disponível em: http://www.direitodoestado.com/revista/REDAE-1-FEVEREIRO-2005-FLORIANO-MARQUES-NETO.pdf. Acesso em: 3 jan. 2024.

comercialização, atividade exercida por agentes econômicos comercializadores (artigo 26, II, da Lei nº 9.427/1996).[209] Do mesmo modo, no setor de telecomunicações, o serviço de Telefonia Fixo Comutado (STFC), à luz do disposto no artigo 65 da Lei nº 9.472/1997, poderá ser prestado sob distintos regimes regulatórios, assimetria que teve a sua constitucionalidade placitada pelo Supremo Tribunal Federal (STF), por maioria de votos, na decisão proferida na ADI nº 1.668/MC.

É, justamente, o que se passa com a Lei nº 12.815/2013, o que, frise-se, não poderá representar o advento de regulações intrusivas, desproporcionais e violadoras do princípio da liberdade de iniciativa.[210] Daí por que concordamos com Carlos Emmanuel Joppert Ragazzo,[211] para quem "é de vital importância regular apenas as variáveis estritamente necessárias, a fim de evitar efeitos perversos para a sociedade em benefício de poucos".

Para esse efeito (da instituição de uma adequada assimetria regulatória), deverá o regulador observar as seguintes fases, necessariamente, interdependentes: (i) estabelecer uma finalidade, ou seja, um fim a ser alcançado; (ii) escolher as variáveis que serão reguladas para o atingimento dessa finalidade (*v.g.*, preço, qualidade, informação, entrada, quantidade);[212] e (iii) editar uma medida regulatória que imponha, após a ponderação dos interesses setoriais, condutas aos agentes regulados.[213] Assim é que a assimetria regulatória entre os referidos agentes passará pela escolha da variável que será regulada em cada atividade.

---

[209] Nesse sentido, confiram-se os ensinamentos de Marcos Juruena Villela Souto: "Os serviços de energia elétrica compreendem as etapas de geração, transmissão e distribuição; somente a segunda e terceira etapas, que utilizam os sistemas e redes públicas e envolvem o consumidor (usuário), é que, inicialmente, seriam consideradas serviços públicos. A comercialização é tida como atividade econômica" (SOUTO, Marcos Juruena Villela. *Direito Administrativo das Concessões*. 5ª edição. Rio de Janeiro: Lumen Juris, 2004. p. 54). Em igual sentido: TOLMASQUIN, Mauricio Tiomno. *Novo Modelo do Setor Elétrico*. Rio de Janeiro: Sinergia, 2011. p. 56.

[210] Isso porque "o regulador manejará suas competências regulatórias em excesso, quer editando norma que não observe parâmetros justificáveis de adequação e necessidade das restrições, quer atuando, em concreto, sem atenção à devida ponderação entre os ônus impostos ao regulado e os bônus que, potencialmente, este venha a obter com a observância das pautas regulatórias" (MARQUES NETO, Floriano de Azevedo. Limites à abrangência e à intensidade da Regulação Estatal. *Revista de Direito Público da Economia – RDPE*, Belo Horizonte, ano 1, n. 1, p. 69-92, jan./mar. 2003).

[211] RAGAZZO, Carlos Emmanuel Joppert. *Regulação Jurídica, Racionalidade Econômica e Saneamento Básico*. Editora Renovar, 2011. p. 138-139.

[212] VISCUSI, W. Kip. *Economics of Regulation and Antitrust*. Massachusetts: Mit Press, 2005.

[213] FREITAS, Rafael Véras de. *Expropriações Regulatórias*. Belo Horizonte: Editora Fórum, 2016.

A assimetria regulatória calcada na regulação da variável "preço" tem o propósito de prescrever conduta aos agentes no tocante aos preços máximos e/ou mínimos oferecidos no mercado de determinado produto ou serviço. Cuida-se de variável adequada a corrigir distorções concorrenciais provocadas, por exemplo, pela prática de *dumping*, pela configuração de monopólios naturais e para evitar comportamentos heuristicamente indesejados.[214]

A assimetria regulatória baseada na variável "entrada", por sua vez, será levada a efeito pelo estabelecimento de requisitos qualitativos e quantitativos a determinar "quantos" agentes poderão iniciar a exploração de determinada atividade, a fim de evitar que haja excesso de agentes prestadores, diante da competitividade que seja fática ou economicamente suportável naquele mercado. A assimetria regulatória instituída com base na variável "qualidade" tem por objetivo estabelecer critérios, balizamentos e padrões de exigência, dentro dos quais a atividade deve ser prestada, variável serviente a coibir a produção de externalidades negativas, tendencialmente observáveis em mercados monopolizados.

A assimetria regulatória instituída pela variável "quantidade" tem por objetivo a fixação de uma quantidade máxima ou mínima de produtos ou serviços que deverá ser imposta ao agente regulado, a fim de coibir hipóteses de crises de desabastecimento de mercados tidos como não competitivos. Por fim, a assimetria regulatória instituída pela variável "informação" terá por propósito impor ao agente prestador de determinada atividade a divulgação, aos consumidores,

---

[214] Tal variável regulatória vem sendo manejada no setor portuário, como bem expõe Bruno de Oliveira Pinheiro e Sandro José Monteiro, para quem: "Nesse contexto, o Poder Público vale-se de mecanismos de regulação, como regulação de preços (tanto o preço ao consumidor como o preço de interligação de redes e cadeias verticais), restrições de quantidade, controle do número de empresas atuantes, estabelecimento de padrões mínimos de qualidade e imposição de limites mínimos de investimento, entre outros. Num segundo momento, quando a competição estiver até certo grau estabelecida, cessa a regulação intensa, que dá lugar à regulação do mercado através de outros meios de intervenção, como a utilização de instrumentos de transparência de atos e decisões e a utilização dos mecanismos de defesa da concorrência (com atuação não só das agências setoriais, mas especialmente através dos demais órgãos específicos de defesa da concorrência)". PINHEIRO, Bruno de Oliveira; MONTEIRO, Sandro José. Regulação tarifária e expansão das autorizações: dois avanços, lado a lado, da Lei nº 10.233, de 2001. *In*: TOJAL, Sebastião Botto de Barros; SOUZA, Jorge Henrique de Oliveira (coord.). *Direito e infraestrutura*: portos e transporte aquaviário – 20 anos da Lei nº 10.233/2001. v. 1. Belo Horizonte: Fórum, 2021.

de informações imprescindíveis para que estes realizem uma correta avaliação da relação custo-benefício da conduta que devem adotar.[215] Por todas essas razões, temos para nós que a assimetria regulatória entre os exploradores da infraestrutura portuária é predicadora da instituição de uma assimetria regulatória ótima entre esses agentes que considere a regulação da variável regulatória estritamente necessária para evitar distorções que prejudiquem a competitividade dos agentes envolvidos, de modo que qualquer outra interferência estatal no desenvolvimento de atividades econômicas de relevante interesse público, à luz do princípio da liberdade de iniciativa, restará maculada pela pecha da inconstitucionalidade.

O tema não passou despercebido pela ANTAQ, que conduziu, em 2022, análise concorrencial comparativa, a propósito da exploração dos portos organizados e da implantação das instalações portuárias.[216] Conforme dados da ANTAQ, extraídos do Painel de Instalações Privadas da Agência Reguladora, "a agência concedeu autorização para 209 instalações portuárias de uso privado até 2021, sendo que 115 autorizações foram concedidas entre 1993 e 2012, antes da edição da Lei nº 12.815/2013, e 94 autorizações entre 2013 e 2021. Após a edição da Lei nº 12.815/2013, a média anual de autorizações praticamente dobrou, passou de 5,8 autorizações por ano no período de 1993 a 2012 para 10,4 autorizações por ano no período de 2013 a 2021". Confira-se:

---

[215] Sobre o tema, no Brasil, v. TRAVASSOS, Marcelo Zenni. *A legitimação jurídico-moral da regulação estatal à luz de uma premissa liberal-republicana*: autonomia privada, igualdade e autonomia pública. Rio de Janeiro: Editora Renovar, 2015; RAGAZZO, Carlos Emmanuel Joppert. *Regulação Jurídica, Racionalidade Econômica e Saneamento Básico*. Editora Renovar, 2011.

[216] Disponível em: https://sei.antaq.gov.br/sei/modulos/pesquisa/md_pesq_documento_consulta_externa.php?9LibXMqGnN7gSpLFOOgUQFziRouBJ5VnVL5b7-UrE5RgpbzVMnGN-zJErX1SpBsAbd7aHV8P2vIMy9xUp7OSSOF7igc8wCGJa4hL-1HU1hqzaVlfTncG9YXrx14hfJk3. Acesso em: 19 ago. 2024.

Figura 1 – Quantidade de instalações portuárias
de uso privado autorizadas por ano

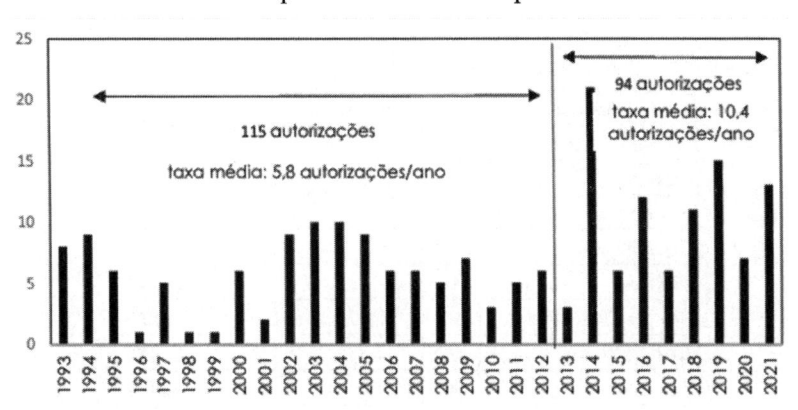

115 autorizações
taxa média: 5,8 autorizações/ano

94 autorizações
taxa média: 10,4 autorizações/ano

Fonte: ANTAQ.

Além disso, também foi observada a expansão dos tipos de serviço portuário prestados. Veja-se:

Figura 2 – Terminais de uso privado autorizados entre
2013 e 2021 por serviço prestado ou perfil de carga

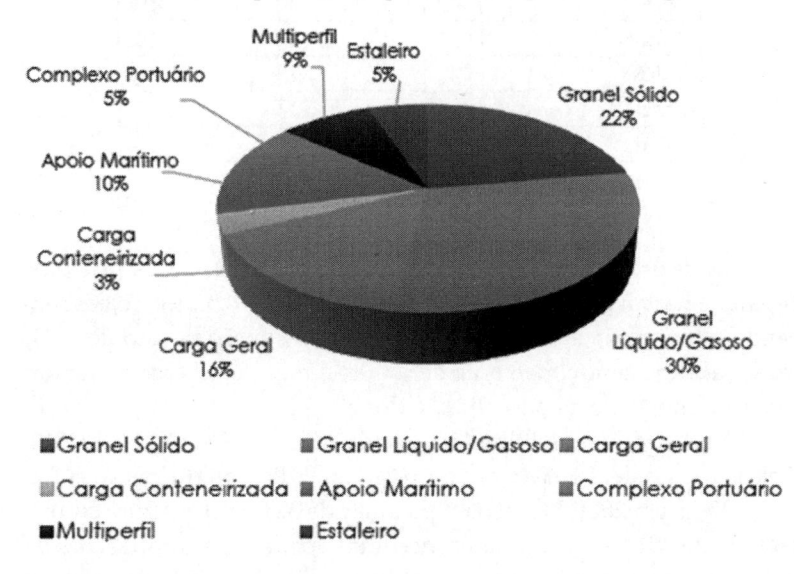

- Complexo Portuário 5%
- Multiperfil 9%
- Estaleiro 5%
- Granel Sólido 22%
- Apoio Marítimo 10%
- Carga Conteneirizada 3%
- Carga Geral 16%
- Granel Líquido/Gasoso 30%

■ Granel Sólido   ■ Granel Líquido/Gasoso   ■ Carga Geral
■ Carga Conteneirizada   ■ Apoio Marítimo   ■ Complexo Portuário
■ Multiperfil   ■ Estaleiro

Fonte: ANTAQ.

A ANTAQ destaca, ainda, o número de terminais privados explorados após a edição da Lei nº 12.815/2013:

Figura 3 – Terminais privados explorados após a Lei nº 12.815/2013

Estado	UF	Quantidade	Participação
Rio de Janeiro	RJ	23	24,50%
Pará	PA	11	11,70%
Amazonas	AM	8	8,50%
Espírito Santo	ES	8	8,50%
Bahia	BA	7	7,40%
Santa Catarina	SC	6	6,40%
Rondônia	RO	5	5,30%
Amapá	AP	4	4,30%
Mato Grosso do Sul	MS	4	4,30%
Rio Grande do Norte	RN	4	4,30%
Rio Grande do Sul	RS	3	3,20%
São Paulo	SP	3	3,20%
Maranhão	MA	2	2,10%
Paraná	PR	2	2,10%
Acre	AC	1	1,10%
Ceará	CE	1	1,10%
Goiás	GO	1	1,10%
Mato Grosso	MT	1	1,10%
TOTAL		94	100,00%

Fonte: ANTAQ.

De acordo com a entidade reguladora, os terminais privados desempenharam papel importante no setor portuário brasileiro, respondendo por aproximadamente 66% da movimentação no ano de 2021. No segmento da movimentação de contêineres, é possível observar um aumento constante na participação dos TUPs.

De acordo com tal estudo, antes da edição da Lei nº 12.815/2013, a participação de mercado era de 16%. Em 2013, a participação subiu para 23% e, em 2021, alcançou o patamar de 33%. No entanto, entre o período de 2013 e 2021, foram concedidas apenas três autorizações de TUPs para movimentações de contêineres. Isso significa dizer que a mudança no marco regulatório portuário, com a retirada da restrição para movimentação de carga de terceiros, parece mais ter contribuído para a expansão da participação dos terminais já instalados do que ter incentivado outros terminais a entrarem no segmento. O gráfico abaixo ilustra esse cenário:

Figura 4 – Movimentação de contêiner por tipo de terminal (2010-2021)

Movimentação de Contêiner

	2010	2011	2012	2013	2014	2015	2016	2017	2018	2019	2020	2021
Portos Organizados	85%	84%	82%	77%	75%	74%	70%	71%	72%	70%	68%	67%
Terminais Privados	15%	16%	18%	23%	25%	26%	30%	29%	28%	30%	32%	33%

Fonte: ANTAQ.

Em conclusão, a agência reguladora entende que, ao comparar "os dados de movimentação portuária no período de 2013 a 2021, dos TUPs outorgados após 2013 e dos terminais arrendados localizados no mesmo município ou cidade próxima, de modo geral, não foram identificados impactos relevantes na movimentação portuária dos terminais localizados dentro do porto organizado em função de maior concorrência com TUPs, como por exemplo, alteração na participação de mercado".

A ANTAQ também afirma que "a vantagem competitiva de um porto não é dada apenas por sua localização geográfica privilegiada, pelas condições de acesso terrestre, pela proximidade ou facilidade de acesso aos centros consumidores ou produtores, mas também pela eficiência operacional". Isso porque os portos não são infraestruturas isoladas, mas constituem elo na cadeia logística e integram transporte marítimo e terrestre, com o fim de viabilizar o comércio internacional e facilitar o comércio nacional. Dentre os indicadores portuários de desempenho relacionados à produtividade dos terminais, foram selecionados: (i) consignação média;[217] (ii) prancha média geral;[218] e (iii) tempo médio atracado.[219]

Apenas a título de exemplo, de acordo com agência, no caso das cargas conteinerizadas, observou-se que os arrendamentos portuários sobressaem na consignação média. Os terminais privados, porém, apresentam tempo médio de atracação inferior ao dos portos organizados. Com relação à prancha média, identificou-se uma alternância entre os modelos de exploração do serviço portuário. A agência reguladora analisou também casos concretos para realizar esse comparativo. Para os contêineres, foram observados dois cenários: (i) Itajaí; e (ii) Santos.

Em Itajaí, a ANTAQ concluiu que TUP e arrendamento possuíam indicadores de produtividade parecidos, sendo difícil afirmar que o tipo de outorga seria determinante para a quantidade movimentada de carga. Além disso, os valores máximos praticados nas rubricas comparadas em ambos os terminais, como os preços de armazenagem, eram similares. Em Santos, novamente chegou-se à conclusão de que os indicadores portuários de produtividade dos terminais arrendados eram compatíveis com o terminal privado, com exceção da Ecoporto Santos S.A. Desse modo, entendeu-se que, no caso da carga conteinerizada, a competitividade dos terminais não estaria relacionada à forma de exploração da atividade portuária.

Acontece que os arrendamentos portuários ainda sofrem uma intensa regulação (decorrente da vetusta *publicatio*, que rege os serviços públicos), ao passo que os terminais privados se submetem a uma regulação menos intrusiva.[220] Mas isso não significa dizer que os terminais

---

[217] Medida em toneladas por navio para a carga geral, granéis líquidos, *roll on-roll off* e granéis sólidos. Indica a característica do tamanho de navio que frequenta o porto, para cada perfil de carga ou mercadoria, em cada terminal ou conjunto de berço.

[218] Medida em unidades por hora, por navio, para contêineres e em toneladas por hora, por navio, para carga geral, *roll on-roll off*, granéis líquidos e granéis sólidos, em cada terminal ou conjunto de berços. Indica a produtividade média de cada terminal ou conjunto de berços, medida em relação ao tempo de atracação dos navios, tomado como tempo de atendimento.

[219] Representa o tempo desde a atracação até a desatracação.

[220] Tanto é verdade que, no Brasil, em razão de tal assimetria regulatória desequilibrada, os terminais privados passaram a responder por cerca de 65% (sessenta e cinco por cento) das cargas movimentadas no país. A partir da edição da Lei nº 12.815/2013, enquanto a taxa de crescimento dos TUPs foi de 5%, entre 2014-2017, a taxa de crescimento dos arrendamentos portuários foi de apenas 2% no mesmo período. Isso significa dizer que, nesse período, foram investidos R$16,7 bilhões na instalação de setenta e seis novos TUPs (por intermédio de contratos de adesão), ao passo que, das 159 áreas projetadas pela Administração Pública para arrendamento, apenas sete foram licitadas.

arrendados tenham um direito subjetivo à ausência de concorrência,[221] máxime em razão da produção das externalidades positivas que lhe são subjacentes.[222] O equacionamento de tais pontos será objeto dos próximos itens.

2 Os achados do Acórdão nº 2.711/2020 do Tribunal de Contas da União (TCU) e reformulação da assimetria regulatória no setor portuário

O tema da assimetria regulatória restou amplamente investigado, pelo Tribunal de Contas da União (TCU), por intermédio do Acórdão nº 2.711/2020, da relatoria do ministro Bruno Dantas. Cuidou-se de auditoria operacional, desenvolvida pela Secretaria de Fiscalização de Infraestrutura Portuária e Ferroviária (SeinfraPortoFerrovia), que teve por objeto analisar o modelo de exploração da atividade portuária, nos

---

[221] De fato, "a transição de qualquer monopólio de atividade econômica para um regime de competição nunca será desvestida de complexidade. O rompimento do regime de monopólio, exclusividade ou privilégio, traz, necessariamente, duas ordens de desafios. Primeiro, descontaminar a cadeia produtiva da atividade econômica para tornar efetiva a competição. Segundo, dotar o segmento específico de mecanismos regulatórios aptos a permitir que, inobstante o regime de competição, seja assegurado que a atividade siga sendo oferecida aos consumidores ou usuários" (MARQUES NETO, Floriano de Azevedo. Universalização de serviços públicos e competição: o caso da distribuição de gás natural. *Revista de Direito Administrativo* – RDA, v. 223, p. 135, 2001). ARIÑO ORTIZ, Gaspar; GARCÍA-MORATO, Lucía López de Castro. *Derecho de la competencia en sectores regulados*. Granada: Comares, 2001. p. 187-210. De fato, "o novo modelo de regulação para a concorrência consiste precisamente no seguinte: introduzir uma maior concorrência naqueles aspectos ou atividades em que essa seja possível e revisar ou reformar o sentido da regulação, orientando-a à recriação do mercado. Assim, concorrência e regulação não são antitéticas, mas sim complementares, como demonstram as experiências britânica e norte-americana" (ORTIZ, Gaspar Ariño; GARCÍA-MORATO, Lucía López de Castro. *Derecho de la competencia en sectores regulados*. Granada: Comares, 2001. p. 9-10).

[222] Nesse sentido, Egon Bockmann Moreira leciona que, "de qualquer modo, uma coisa é certa: hoje, a regulação portuária não mais pode ser exercida com vistas a preservar os portos então existentes (e a mantê-los tal como sempre existiram), mas sim com o escopo da instalação de concorrência no setor – real ou virtual – e ao compartilhamento de ganhos de eficiência. Pois para que isso ocorra é necessária a conjugação de esforços – desde o legislador até a agência reguladora setorial, passando pela Presidência da República (e respectivas administrações estaduais). Tais novas medidas – por mais radicais que sejam – são indispensáveis ao desenvolvimento de mercados da envergadura do portuário, onde, paradoxalmente, a concorrência precisa ser instalada pelo Estado. Caso exista a competição, os operadores históricos ver-se-ão constrangidos a aprimorar a sua atividade e, mais do que isso, a compartilhar os seus ganhos de eficiência com os usuários" (MOREIRA, Egon Bockmann. Portos brasileiros e seus regimes jurídicos. *In*: MOREIRA, Egon Bockmann. *Portos e seus regimes jurídicos*: a Lei nº 12.815/2013 e seus desafios. Belo Horizonte: Fórum, 2014).

portos públicos brasileiros, em comparação ao modelo de exploração de terminais privados e aos modelos aplicados a portos internacionais de referência.

Durante a instrução processual, a Secretaria de Fiscalização de Infraestrutura Portuária e Ferroviária (SeinfraPortoFerrovia) ressaltou que o processo de arrendamento segue as diretrizes de planejamento que constam no Plano Nacional de Logística Portuária (PNLP), no Plano Mestre e no Plano de Desenvolvimento e Zoneamento (PDZ), sendo certo que tais instrumentos informam a capacidade de movimentação e armazenagem atual nos portos organizados, bem como evidenciam que a capacidade existente atende à demanda atual e à demanda projetada futura para os perfis de carga. De outro lado, aduz a SeinfraPortoFerrovia que os TUPs, a seu turno, são instalados em áreas localizadas fora do porto organizado, cuja exploração será realizada mediante autorização, formalizada pela celebração de contrato de adesão.

De acordo com o TCU, a abertura de mercado empreendida pela Lei nº 12.815/2013 teria como objetivo incrementar a concorrência interportos e, assim, aumentar a eficiência na prestação dos serviços portuários. Ocorre que, a seu ver, criaram-se assimetrias regulatórias entre terminais arrendados e autorizados que interferiram na competitividade dos terminais. Para exemplificar o ponto, a Corte de Contas deixou assentada a simplicidade e celeridade do processo de autorização quando comparado ao processo de arrendamento. Além disso, apontou que a maioria das alterações contratuais dispensa a celebração de novo contrato de adesão, bastando a aprovação do poder concedente. Referiu-se, também, ao fato de a autorização de instalação portuária ter prazo de até 25 (vinte e cinco) anos, prorrogável, por períodos sucessivos, ao passo que os contratos de arrendamento seriam terminativamente aprazados. Outro exemplo referenciado reside na forma de contratação dos trabalhadores pelos terminais privados, que, ao contrário dos arrendamentos, não se dá necessariamente por meio do Órgão Gestor de Mão de Obra (OGMO).

A Seinfra observou uma tendência, iniciada a partir do novo marco regulatório, de aumento da participação dos TUPs no setor portuário e diferença do volume de recursos investidos por TUPs e por arrendatários.

O comparativo realizado pela auditoria revela, ainda, a discrepância dos prazos estimados para início de operação das instalações portuárias. Enquanto o prazo licitatório gira em torno de 28 (vinte e oito) meses, podendo demorar mais de 5 (cinco) anos nos casos de judicialização, a autorização leva em média 16 (dezesseis) meses. Em portos internacionais, contudo, como o Porto de Houston, o tempo médio é de 4 (quatro) a 8 (oito) meses. Além disso, a equipe de auditoria verificou um alto índice de ociosidade dos portos públicos brasileiros, na ordem de 56%, o que poderia evidenciar os efeitos negativos da referida assimetria regulatória. Com base nas informações levantadas, a SeinfraPortoFerrovia formulou os seguintes questionamentos: (i) quais são as principais limitações observadas até a celebração de contratos de arrendamento, em contraposição ao processo de obtenção de autorização de implantação de terminal de uso privado? (ii) Quais as principais limitações inerentes à execução dos contratos de arrendamento portuário, em comparação à operação de terminais de uso privado? (iii) Quais são as principais limitações enfrentadas pelos terminais arrendados relacionadas ao porto organizado e ao modelo de autoridade portuária pública?

Foram identificados 5 (cinco) achados em temas que comportam oportunidades de melhoria. Em primeiro lugar, entende-se que o processo licitatório para arrendamento portuário é complexo, rígido e moroso, incompatível com a agilidade necessária para a otimização do espaço público. No mesmo sentido, o modelo de contrato de arrendamento portuário é incapaz de conferir a flexibilidade necessária para adaptações das operações ao dinamismo dos fluxos comerciais. Além disso, o monopólio do OGMO constitui limitação aos terminais arrendados. Outro ponto de destaque é a dificuldade de contratação e a falta de recursos das autoridades portuárias públicas. Por fim, de acordo com o TCU, a nomeação de gestores sem qualificação técnica ou gerencial também se apresenta como obstáculo.

A equipe de auditoria realizou *benchmark* internacional e anotou as seguintes características comuns nos procedimentos de seleção de parceiros para ocupação de áreas nos principais portos do mundo: (i) autonomia da autoridade portuária na condução do processo; (ii) ampla liberdade na forma de seleção de parceiros para cada caso específico; (iii) modelagem e contratos de arrendamento (ou assemelhados) mais simples; (iv) maior liberdade para os interessados definirem seus projetos; (v) projetos avaliados segundo critérios previamente definidos pela autoridade portuária, não apenas financeiros (empregabilidade, externalidades positivas para a cidade e sustentabilidade ambiental, por exemplo); e (vi) sustentabilidade financeira da autoridade portuária.

Ao apreciar a referida auditoria operacional, o ministro Bruno Dantas deixou assentado que: (i) além da simplicidade e celeridade do processo de autorização dos terminais privados, a maioria das alterações contratuais, a exemplo da ampliação da área ou do montante de investimentos, depende apenas da aprovação do poder concedente, ficando dispensada a celebração de novo contrato de adesão ou a realização de novo anúncio público; (ii) a liberdade de movimentação de cargas próprias e de terceiros, bem como a liberdade de contratação de mão de obra, ofereceu estímulo ao setor privado para realização de investimentos na operação portuária, o que deveria proporcionar ao setor um ambiente de maior competitividade; (iii) dados de maio de 2020 dão conta de que foram investidos R$34,28 bilhões em 112 novos terminais privados e mais R$4,6 bilhões em 18 ampliações e alterações de perfil, totalizando R$38,9 bilhões, enquanto, das 159 áreas projetadas pelo Governo Federal para arrendamento, apenas 21 foram licitadas e adjudicadas, somando um total de R$3,6 bilhões; (iv) embora TUPs e os arrendamentos portuários tenham interesses econômicos semelhantes, a equipe de auditoria observou alto nível de ociosidade dos portos públicos brasileiros, na ordem de 56%, evidenciando os efeitos negativos das diferentes exigências para autorizações e arrendamentos estabelecidas pela Lei nº 12.815/2013; e (v) quando comparado com os TUPs, os arrendamentos portuários se mostram muito mais burocráticos em razão da morosidade do processo licitatório, da rigidez contratual, da excessiva centralização e dos desincentivos à eficiência, o que prejudica sobremaneira a competitividade logística brasileira.

O ministro Bruno Dantas, ainda reconhecendo o desequilíbrio na competitividade dos terminais resultante da assimetria regulatória setorial entre os terminais privados e os arrendamentos portuários, deixou assentado que "a reversão de bens presente nos contratos de arrendamento mostra-se especialmente danosa ao erário. Primeiro, porque obriga a autoridade portuária, ao final do contrato, a incorporar bens obsoletos ou sem nenhuma utilidade. Segundo, porque mesmo que seja atribuído ao futuro arrendatário o ônus de desmobilizar e dar a correta destinação a tais equipamentos, o custo disso será repassado ao poder público, pois será incorporado no fluxo de caixa que embasará a licitação".

Tais achados apontados pelo TCU importam em um movimento de desregulação e desburocratização regulatória dos contratos de arrendamento portuário, que restou, primeiramente, empreendido pelas inovações regulatórias trazidas pelo Decreto nº 9.048/2017, reconhecendo a cambialidade de tais ajustes.

Assim, por exemplo, cite-se o art. 19 do referido ato regulamentar, segundo o qual "os contratos de concessão e de arrendamento terão prazo determinado de até trinta e cinco anos, prorrogável por sucessivas vezes, a critério do poder concedente, até o limite máximo de setenta anos, incluídos o prazo de vigência original e todas as prorrogações".

Tal previsão considera que o prazo é um elemento econômico, e não jurídico, do contrato de arrendamento portuário, diante do que prevê a possibilidade de prorrogação por sucessivos e distintos prazos, no âmbito dos quais serão estabelecidos distintos crivos de equilíbrio do contrato de arrendamento.

Na mesma linha, cite-se o art. 19-A, §4º, do referido normativo, segundo o qual "os investimentos que o arrendatário tenha se obrigado a realizar poderão ser escalonados ao longo da vigência do contrato, conforme o cronograma físico-financeiro previsto no estudo de viabilidade" apresentado em sede de prorrogação antecipada. Tal previsão denota uma espécie de abertura à adaptabilidade dos contratos de concessão.

Cite-se, ainda, o disposto no art. 42-A, segundo o qual, "nos casos de arrendamento portuário, o poder concedente poderá autorizar investimentos, fora da área arrendada, na infraestrutura comum do porto organizado, desde que haja anuência da administração do porto". Do exame de tal dispositivo se depreende que, em razão da necessidade da realização de investimentos para o acesso da infraestrutura essencial de acesso das embarcações (*v.g.*, obras de dragagem), o contrato de arrendamento poderá ser alterado para dar conta de objetivos comuns de exploradores portuários, no âmbito da infraestrutura do porto organizado.

O tema vem sendo endereçado pela ANTAQ. Assim, por exemplo, cite-se projeto de revisão normativa da Resolução ANTAQ nº 7/2016, em cumprimento à Agenda Regulatória 2022-2024, que trata da regulamentação decorrente das alterações promovidas pela Lei nº 14.407/2020, atinentes à exploração de áreas e instalações portuárias do porto organizado.[223] O projeto normativo visa atender, de forma concomitante,

---

[223] Disponível em: http://web.antaq.gov.br/sistemas/WebServiceSisapDocumentos/Documentos/Audiencia631/Relat%C3%B3rio%20de%20AIR%202.pdf. Acesso em: 21 ago. 2024.

a revisão e consolidação a que alude o Decreto nº 10.139/2019,[224] posteriormente revogado pelo Decreto nº 12.002/2024. O problema regulatório analisado pela agência reguladora circunscreve-se aos portos organizados. De acordo com a ANTAQ, passados 10 (dez) anos desde a publicação do novo marco, houve um crescimento significativo das instalações portuárias localizadas fora do porto organizado, conforme se depreende da seguinte figura disponibilizada pela ANTAQ:

Figura 5 – Comparativo entre instalações fora do porto organizado (2013 e 2021)

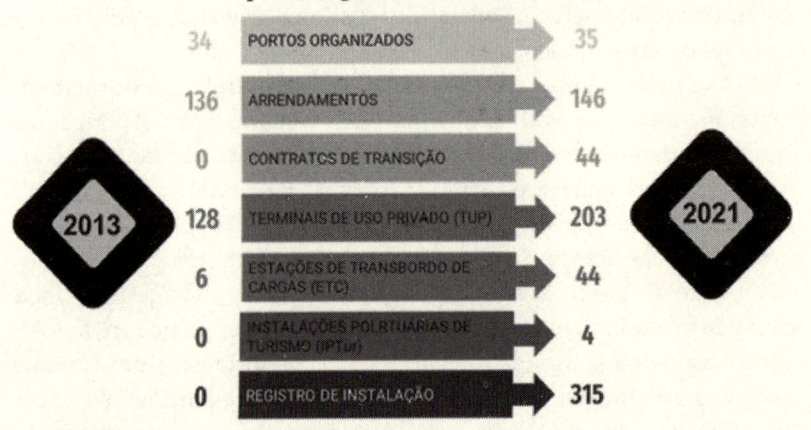

2013		2021
34	PORTOS ORGANIZADOS	35
136	ARRENDAMENTOS	146
0	CONTRATOS DE TRANSIÇÃO	44
128	TERMINAIS DE USO PRIVADO (TUP)	203
6	ESTAÇÕES DE TRANSBORDO DE CARGAS (ETC)	44
0	INSTALAÇÕES PORTUÁRIAS DE TURISMO (IPTur)	4
0	REGISTRO DE INSTALAÇÃO	315

Fonte: ANTAQ.

Trata-se de um crescimento de 322% de instalações localizadas fora do porto organizado, em comparação com 39,7% das instalações dentro do porto organizado. Isso não se deve única e exclusivamente ao novo marco regulatório, mas a toda a sistemática do setor portuário, que passou a priorizar a ampliação da infraestrutura e de capacidade, criando um verdadeiro choque de oferta de serviços. Citem-se, a título de exemplo, o Programa de Arrendamentos Portuários de 2013 e o Programa de Investimentos em Logísticas de 2015. Some-se a isso o fato de o marco legal de 2013 não ter trazido melhorias para a exploração do porto organizado, mantendo os institutos e procedimentos previstos

---

[224] O decreto dispunha sobre a revisão e consolidação dos atos normativos inferiores a decretos editados por órgãos e entidades da Administração Pública federal direta, autárquica e fundacional.

na lei anterior. Segundo o documento, a assimetria regulatória setorial é assim descrita:

Figura 6 – Comparativo das principais diferenças entre os modelos de outorga do setor portuário

Aspectos	Dentro do Porto Organizado	Fora do Porto Organizado
Obtenção da outorga	Licitação	Chamamento Público
Gestão de bens	Pública	Privada
Regulação de preços	Preço-teto (recorrente)	Liberdade de Preços
Gestão dos investimentos (novos)	Aprovação prévia e reequilíbrio	Livre, sem reequilíbrio
Gestão de mão-de-obra	OGMO	Livre
Gestão Contratual (alterações)	Aprovação prévia e reequilíbrio	Aprovação sem reequilíbrio
Licenciamento ambiental	Conta e risco.	Conta e risco.

Fonte: ANTAQ.

Do ponto de vista concorrencial, contudo, de acordo com o documento, não há evidências para uma mudança expressiva do modelo. Isso porque, superadas as respectivas exigências dos procedimentos de outorga, a competitividade entre terminais arrendados e privados é similar, havendo evidências de que inexiste vantagem significativa em estar localizado dentro ou fora do porto organizado. Ainda que haja discrepâncias operacionais e recaiam assimetrias ao procedimento de outorga ou a eventuais modificações contratuais, fato é que o mercado, a depender do segmento de cargas, é liderado ora por terminais arrendados, ora por terminais privados.

Não apenas isso. De acordo com o documento, a legislação portuária brasileira também avançou no sentido de reduzir barreiras à entrada no setor, em especial, por meio da Lei nº 14.047/2020, que endereçou alguns dos apontamentos decorrentes da Auditoria Operacional do TCU,[225] dispondo as seguintes inovações: (i) estímulo à concorrência, por meio do incentivo à participação do setor privado; (ii) reforço da liberdade de preços para os serviços portuários; (iii) segregação dos modelos de concessão e arrendamento no porto organizado; (iv) criação de hipótese de dispensa de licitação de arrendamentos no porto

---

[225] Acórdão nº 2.711/2020 – TCU – Plenário.

organizado, quando comprovada a existência de um único interessado; (v) legalização do instituto do uso temporário; e (vi) criação de competência da ANTAQ para regulamentação de outras formas de ocupação e exploração de áreas e instalações portuárias não previstas em legislação específica (a isso voltaremos doravante). Diante do quadro, a ANTAQ sintetizou o problema regulatório nas duas figuras adiante:

Figuras 7 e 8 – Definição do problema regulatório e descritores do problema regulatório

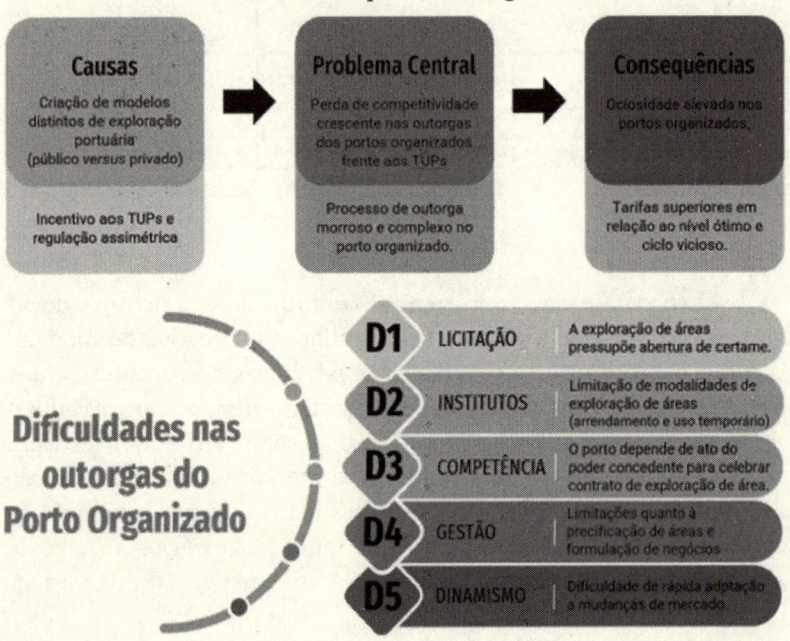

Causas
Criação de modelos distintos de exploração portuária (público versus privado)
Incentivo aos TUPs e regulação assimétrica

Problema Central
Perda de competitividade crescente nas outorgas dos portos organizados frente aos TUPs
Processo de outorga moroso e complexo no porto organizado.

Consequências
Ociosidade elevada nos portos organizados.
Tarifas superiores em relação ao nível ótimo e ciclo vicioso.

Dificuldades nas outorgas do Porto Organizado

D1 LICITAÇÃO — A exploração de áreas pressupõe abertura de certame.
D2 INSTITUTOS — Limitação de modalidades de exploração de áreas (arrendamento e uso temporário)
D3 COMPETÊNCIA — O porto depende de ato do poder concedente para celebrar contrato de exploração de área.
D4 GESTÃO — Limitações quanto à precificação de áreas e formulação de negócios
D5 DINAMISMO — Dificuldade de rápida adaptação a mudanças de mercado

Fonte: ANTAQ.

Além disso, conforme análise do *benchmark* internacional, com ênfase ao *Port Reform Toolkit* do Banco Mundial,[226] identificou-se que a experiência brasileira vai na contramão da prática internacional preponderante, na qual o dinamismo na cessão de áreas públicas é um grande diferencial. Já no que toca aos procedimentos de seleção de parceiros para ocupação de áreas, os portos internacionais são dotados

---
[226] Disponível em: https://ppp.worldbank.org/public-private-partnership/library/port-reform-toolkit-ppiaf-world-bank-2nd-edition. Acesso em: 24 ago. 2024.

das seguintes características: (i) autonomia e liberdade; (ii) modelagem e contratos mais simples; e (iii) maior liberdade para definirem seus projetos. Assim sendo, para o caso brasileiro, de acordo com a entidade reguladora, faz-se necessário buscar formas mais simples de contratação, conferindo maior liberdade na busca de negócios para o porto organizado, de forma a facilitar o crescimento econômico.

Não por outra razão, está em andamento a Consulta Pública ANTAQ nº 02/2024, cujo objeto é a obtenção de contribuições, subsídios e sugestões para o aprimoramento da proposta normativa de alteração da Resolução Normativa ANTAQ nº 7, de 31 de maio de 2016, que regula a exploração de áreas e instalações portuárias sob gestão da administração do porto, no âmbito dos portos organizados.

Para além disso, a Associação Brasileira de Terminais Portuários (ABTP) formulou, em 23 de maio de 2024, propostas para melhorias do setor portuário em sede de audiência pública conduzida pela CEPORTOS/PE. Trata-se de Plano de Desenvolvimento do Setor Portuário, que perpassa a alteração do mercado regulatório a fim de: (i) enfatizar que agentes econômicos exploram a atividade portuária em regime de livre concorrência; (ii) garantir a liberdade econômica, enfrentando a burocratização e excessiva intervenção estatal; (iii) eliminar toda a assimetria regulatória; e (iv) equacionar as questões referentes à alocação e gestão laboral.

De acordo com tal entidade, é fundamental "reduzir a assimetria regulatória no setor portuário, notadamente entre terminais arrendados e terminais privados". Dentre as possíveis medidas, citam-se: (i) ampliação do prazo de exploração do arrendamento portuário em até 70 (setenta) anos, inclusive para os contratos vigentes; (ii) reconhecimento, mediante comunicação, da liberdade para execução imediata de investimentos necessários; (iii) eliminação das cláusulas de movimentação mínima; (iv) eliminação das cláusulas de preço-teto; e (v) estabelecimento de processos céleres para alteração de perfil de cargas e expansão de áreas, de forma a atender as exigências do mercado.[227]

---

[227] Sobre o tema, Rafael Wallbach Schwind e Karlin Olbertz Niebuhr asseveram que: "Com a edição da Lei nº 12.815, a estrutura de mercado sofreu uma alteração marcante. Não há mais barreiras de entrada a novos *players*. Em tese, qualquer investidor pode entrar no "mercado de portos" e criar um terminal portuário para a prestação de serviços a terceiros, sem participar de um processo licitatório prévio – e sem depender, portanto, da vontade do Poder Público em dar início a uma licitação para a criação de um terminal portuário naquela localidade específica pretendida pelo investidor. Nesse contexto, houve uma redução significativa das barreiras de entrada, com o aumento da concorrência e uma

Mas isso não importa em se conferir, *ex ante* e de forma irrestrita, um direito ao reequilíbrio econômico-financeiro em contratos de arrendamento pelo advento de um terminal privado nem, muito menos, um dever da interdição da instalação de regime concorrencial em determinada área de influência. O ponto ótimo do tema está em calibrar a assimetria regulatória entre os terminais privados e os arrendamentos de modo compatível com o cenário competitivo em que estão inseridos tais exploradores da infraestrutura portuária.

3 O regime jurídico trazido pela Lei nº 14.017/2020 e algumas propostas de flexibilização regulatória dos contratos de arrendamento

Como visto, a partir da edição da Lei nº 14.047/2020, buscou-se instalar um regime de desregulação dos arrendamentos, de modo a rebalancear a assimetria regulatória existente no setor portuário. O art. 5º-A, introduzido à Lei nº 12.815/2013 (Marco Regulatório do Setor Portuário), por exemplo, prescreve que os "contratos celebrados entre a concessionária e terceiros, inclusive os que tenham por objeto a exploração das instalações portuárias, serão regidos pelas normas de direito privado, não se estabelecendo qualquer relação jurídica entre os terceiros e o poder concedente, sem prejuízo das atividades regulatória e fiscalizatória da Antaq".

Bem vistas as coisas, é possível se afirmar que, de acordo com novel diploma, os referidos contratos não se submeterão mais ao regime jurídico-administrativo (usualmente atribuído aos contratos administrativos). Cuida-se de uma flexibilização da intensidade regulatória,

---

relativa desestruturação da "planificação" que ocorria com a obrigatoriedade de licitação prévia que se aplicava a todos os terminais que desempenham serviços para o mercado. Nesse contexto em que as barreiras de entrada no "mercado de portos" são muito menos significativas e não há uma planificação da instituição de novos terminais, há uma maior disponibilidade de serviços portuários. Isso faz com que a estrutura de mercado atual seja absolutamente diversa daquela que se apresentava até há alguns anos, à luz da vigência da Lei nº 8.630. Identificadas essas premissas, é evidente que a cláusula de MMC se tornou inviável, ao menos em certas situações. A solução, a depender das circunstâncias de cada caso concreto, será rever a cláusula de MMC (reduzindo-se a movimentação mínima) ou até mesmo excluí-la totalmente do contrato, inclusive porque, diante da alteração da estrutura de mercado e da redução das barreiras de entrada, tal cláusula tornou-se desnecessária (SCHWIND, Rafael Wallbach; NIEBUHR, Karlin Olbertz. Considerações críticas sobre a movimentação mínima contratual (MMC) em arrendamentos portuários: um conceito que demanda revisão. In: PEREIRA, Cesar; SCHWIND, Rafael Wallbach (coord.). *Direito Portuário Brasileiro*. Belo Horizonte: Fórum, 2019).

que visa dar conta, justamente, desse desequilíbrio concorrencial entre os terminais privados e os arrendamentos portuários.[228] O dispositivo pretendeu, na linha do art. 25, §2º, da Lei nº 8.987/1995, instituir a figura dos contratos privados regulados para os concessionários de toda a infraestrutura do porto organizado. De fato, não se trata de um contrato regido, integralmente, pelo direito privado, tampouco de um contrato administrativo (com as exorbitâncias que lhe são inerentes). Assim é que os referidos contratos não se submetem ao regime jurídico-administrativo (*publicatio*) – usualmente atribuído aos contratos de que a Administração Pública é parte –, na medida em que têm por objeto a faculdade que foi atribuída ao concessionário do porto organizado para explorar parcelas do serviço que lhe foi delegado.

Nada obstante, por se tratar de um contrato de direito privado celebrado no âmbito de uma relação que veicula a prestação de um serviço público, esse dirigismo contratual é qualificado pela incidência de influxos regulatórios. Isso porque a metodologia regulatória possibilita que os interesses, potencialmente conflitantes em contratos de longo prazo, possam ser equacionados, por intermédio de um devido procedimento participativo. Assim é que, como bem observado por Jorge Alves Correia e Ana Carolina Costa Leitão,[229] "a regulação constitui, assim, um *upgrade* relativo à 'publicização', captando o fenômeno da contratação no universo jurídico-privado, de forma mais ampla, profunda e atual". É o que Pedro Gonçalves[230] denomina de "contato privado como objeto de regulação administrativa". De acordo com o autor, "o trabalho das autoridades administrativas de regulação, dotadas de amplos poderes normativos, acabou, em certas áreas da economia, por conduzir a um

---

[228] É que, como já tivemos a oportunidade de asseverar, "para esse efeito (da instituição de uma adequada assimetria regulatória), deverá o regulador observar as seguintes fases, necessariamente, interdependentes: (i) estabelecer uma finalidade, ou seja, um fim a ser alcançado; (ii) escolher as variáveis que serão reguladas para o atingimento dessa finalidade (*v.g.* preço, qualidade, informação, entrada, quantidade); e (iii) edição de uma medida regulatória que imponha, após a ponderação dos interesses setoriais, condutas aos agentes regulados. Assim é que a assimetria regulatória entre os referidos agentes passará pela escolha da variável que será regulada em cada atividade" (MARQUES NETO, Floriano de Azevedo; FREITAS, Rafael Véras de. Uber, WhatsApp, Netflix: os novos quadrantes da *publicatio* e da assimetria regulatória. *Revista de Direito Público da Economia – RDPE*, ano 18, n. 56, p. página inicial-página final, out./dez. 2016).

[229] CORREIA, Jorge Alves; LEITÃO, Ana Carolina da Costa. A regulação pública como limite à autonomia da vontade no direito contratual. *Revista Brasileira de Direito Público – RBDP*, Belo Horizonte, ano 14, n. 52, p. 75-95, jan./mar. 2016.

[230] GONÇALVES, Pedro António P. Costa. Regulação administrativa e contrato. *Revista de Direito Público da Economia – RDPE*, Belo Horizonte, ano 9, n. 35, p. 105-141.

fenômeno de administrativização do contrato privado ou, como alguns também assinalam, a uma parcial substituição do direito privado do contrato pelo direito da regulação".

É que, por se tratar de contratos de direito privado coligados a contratos administrativos que veiculam a prestação de serviços públicos (o contrato de concessão de exploração do porto organizado), tal ajuste será regido, ainda que parcialmente, por normas regulatórias que compatibilizem o princípio da autonomia da vontade com o dever de prestação de um adequado serviço público. Para além disso, não se pode desconsiderar que esses contratos são celebrados no bojo de um sistema,[231] porquanto sobre eles incide um plexo de direitos e de obrigações que alcançam não apenas as partes que o celebram, mas, também, o conjunto dos usuários.

Não é por outra razão que não se pode conferir tratamento autonômico à relação jurídica veiculada por meio desses ajustes, como se esse vínculo não estivesse conectado a uma ideia maior (a própria organização e exploração da infraestrutura portuária no âmbito do porto organizado). É dizer, os efeitos produzidos por esses contratos não ficam restritos aos interesses da concessionária e de terceiros, mas se espraiam para todo o sistema por meio do qual é veiculada a prestação de um serviço público; tem-se, aqui, um exemplo de temperamento ao princípio da relatividade dos contratos.

Daí por que temos para nós que esses contratos possuem natureza jurídica de contratos privados coligados. A coligação contratual, nas palavras de Eduardo Takemi Kataoka,[232] tem lugar quando "acontecimentos de um contrato produzirão efeitos sobre os outros".[233]

---

[231] Essa ideia de sistema já foi reconhecida, em diversas oportunidades, pelo Poder Judiciário pátrio. O Superior Tribunal de Justiça já se manifestou sobre o tema: "Administrativo. [...] Nesse regime, a tarifa mínima, a um tempo, favorece os usuários mais pobres, que podem consumir expressivo volume de água a preços menores, e garante a viabilidade econômico-financeira do sistema, pelo ingresso indiscriminado dessa receita prefixada, independentemente de o consumo ter, ou não, atingido o limite autorizado. Recurso especial não conhecido". Resp nº 20.741/DF. Min. Rel. Ari Pargendler. Segunda Turma. Publicado no DJ em: 03.06.1996.

[232] KATAOKA, Eduardo Takemi. *A coligação contratual*. Rio de Janeiro: Lumen Juris, 2008. p. 62.

[233] Em suma, o que diferencia essa espécie contratual é a sua causa comum, consubstanciada em um nexo econômico articulado, estável e funcional, que se destina ao atendimento de uma finalidade que será alcançada pela conexão de negócios jurídicos. Trata-se de arquitetura contratual já reconhecida, inclusive, pelo Superior Tribunal de Justiça, que, por ocasião do julgamento do Agravo de Instrumento nº 951.724, se posicionou no sentido de que: "Somente com a pactuação dos vários contratos supramencionados as partes conseguiram alcançar

Trata-se de uma sofisticação contemporânea para o desenvolvimento de atividades econômicas, por meio das redes de negócios como "meios de organização de atividades econômicas que vinculam empresas formalmente independentes, que são mais ou menos economicamente dependentes umas das outras, tendo em vista relações estáveis e uma reciprocidade complexa que assume uma forma mais cooperativa do que competitiva".[234]

Para esse desiderato, caberá à ANTAQ editar normativo que discipline os efeitos desse contrato de direito privado celebrado entre os concessionários dos portos organizados e os exploradores de parcela da infraestrutura portuária para o fim de evitar que: (i) seus termos violem as normas regulamentares do serviço concedido; e (ii) sua receita seja subtraída, integralmente, da rubrica da modicidade tarifária.

Tal modalidade de contratação é bem abordada por Alexandre Santos de Aragão,[235] para quem "muitas vezes a função social dos bens é concretizada através de restrições à liberdade de celebrar contratos sobre esses bens, restrições que podem não apenas impor determinadas cláusulas obrigatórias aos contratos, como também a própria obrigação de contratar ou de não contratar".

Não se trata de previsão novidadeira em setores da infraestrutura. É o caso, por exemplo, da Resolução Conjunta nº 1/1999, expedida pela Agência Nacional de Energia Elétrica (ANEEL), pela Agência Nacional

---

a finalidade econômica perseguida [...] na espécie, a ideia de 'negócio' é mais ampla que a de 'contrato' (STJ. AI nº 951.724-RS. Min. Hamilton Carvalhido. Publicado em: 11.12.2007). Diego Jacome Valois Tafur apresenta hipótese similar de contratos coligados ou conexos no âmbito de relações que versam sobre a prestação de serviços públicos, que têm lugar na estruturação de um *project finance*: "A extensa cadeia de contratos, caracterizados por partes e objetos distintos, não obstante, requer unicidade quanto à finalidade abstrata comum, ou seja, o esforço conjunto para que a operação a ser desenvolvida pela SPE alcance os resultados predefinidos, com a consequente quitação do serviço da dívida (pagamento do empréstimo) e manutenção das margens de rentabilidade (Taxa Interna de Retorno – TIR) que as partes entendem compatível com os riscos assumidos. Para tanto, será fundamental que cada um desses contratos seja cumprido não apenas considerando o seu escopo principal e particular, mas, com igual importância, o seu escopo abstrato, condizente com as metas traçadas para a operação de project finance. Do 'escopo abstrato' emergem os 'contratos conexos' e os efeitos legais que advêm deste conceito, seja em relação à teoria geral dos contratos, especificamente a observância do 'princípio da relatividade', seja no aspecto prático, que atinge a todos os integrantes da rede de contratos". TAFUR, Diego Jacome Valois. Contratos conexos no âmbito do *project finance*. *Revista Brasileira de Infraestrutura – RBINF*, Belo Horizonte, ano 2, n. 4, p. 197-227, jul./dez. 2013.

[234] TEUBNER, Gunther. *Network as connected contracts*. Tradução: Michelle Everson. p. 17. Tradução livre. Disponível em: http://ssrn.com/abstract=1233545. Acesso em: 18 abr. 2024.

[235] ARAGÃO, Alexandre Santos de. *Direito dos Serviços Públicos*. 3. ed. Rio de Janeiro: Forense, 2013. p. 448-449.

de Telecomunicações (Anatel) e pela Agência Nacional de Petróleo, Gás Natural e Biocombustíveis (ANP), a qual aprova o regulamento para compartilhamento de infraestrutura entre os setores de energia elétrica, telecomunicações e petróleo. Cuida-se de normativo que estabelece que os prestadores de tais serviços têm o direito de compartilhar seus ativos com outros agentes desses setores, de forma não discriminatória e a preços e condições justos e razoáveis, por intermédio da celebração de um contrato privado regulado.

Outro exemplo de contrato privado regulado é encontrado no setor ferroviário. De acordo com o disposto na Resolução ANTT nº 5.943/2021, o compartilhamento da infraestrutura ferroviária ou de recursos operacionais (tráfego mútuo ou direito de passagem) deve ser efetivado, necessariamente, mediante a celebração de Contrato Operacional Específico (COE), a ser firmado entre o requerente e o cedente. O COE deve estabelecer os direitos e as obrigações das partes (art. 6º, §1º) e conter determinadas cláusulas consideradas essenciais (art. 7º).[236]

Na realidade, no setor portuário, o exemplo mais saliente desse tipo de ajuste é o contrato de exploração de instalação portuária em regime de direito privado celebrado entre a Vports Autoridade Portuária (Vports) e os exploradores em regime privado. Tal modelo de contrato restou celebrado no contexto da desestatização da CODESA (atualmente Vports), que passou a atuar no regime de direito privado, na qualidade de concessionária que administra as áreas dos Portos Organizados de Vitória e de Barra do Riacho, nos termos do Contrato de Concessão nº 01/2022, celebrado entre a União Federal e a Vports (Contrato de Concessão). A natureza de contrato privado regulado de tal negócio jurídico entre as exploradoras e a Vports pode ser bem visualizada na Cláusula 12.1, i:

> 12.1. Sem prejuízo das demais obrigações decorrentes da Legislação Aplicável ou deste Contrato de Exploração, a Exploradora se obriga a, sem ônus à VPORTS:
> i) Realizar a exploração da Instalação Portuária com estrita observância aos termos e condições deste Contrato de Exploração *e da Legislação Aplicável*, incluindo, mas sem limitação, as exigências da Lei nº 12.815/13, sua regulamentação e normas expedidas pela VPORTS, ANTAQ e Ministério de

---

[236] Sobre o tema e a regulação setorial ferroviária, ver nosso: PINHEIRO, Armando Castelar; RIBEIRO, Leonardo Coelho. *A regulação das ferrovias*. Rio de Janeiro: FGV, 2017.

Portos e Aeroportos, autoridade marítima, dentre outras Autoridades Públicas, naquilo que aplicáveis, devendo disponibilizar também, a qualquer tempo, por solicitação da ANTAQ, as demonstrações contábeis relativas à exploração realizada. (Grifos postos)

Para além disso, o instrumento contratual prevê uma eficácia ultrativa da regulação contratual na avença privada celebrada entre o concessionário do porto organizado e a exploradora da infraestrutura portuária. Tal se dá pela prescrição que confere, à concessionária do porto organizado, a prerrogativa de aplicar penalidade administrativa à exploradora privada, caso esta reste inadimplente para com suas obrigações regulatórias. É o que dispõe a Cláusula 20.1, *ii*, vazada nos seguintes termos:

> 20.1. A VPORTS poderá aplicar à Exploradora as seguintes penalidades, com caráter de mínimo indenizatório:
> ii) Descumprimento *ou cumprimento irregular pela Exploradora de qualquer outra disposição ou obrigação estabelecida na Legislação Aplicável ou neste Contrato de Exploração, sem penalidade específica*, e que não seja sanado no prazo de 15 (quinze) dias após o envio de notificação pela VPORTS a esse respeito: quantia equivalente à média do valor devido pela Exploradora à VPORTS como Remuneração (incluindo Valor Mensal e Valor Variável) e Encargos nos três meses anteriores à data do descumprimento ou cumprimento irregular, por evento, ficando ainda a Exploradora sujeita ao pagamento de uma multa diária de 2% (dois por cento) até a efetiva e integral correção do descumprimento, sendo certo que, nas hipóteses em que (i) a VPORTS reputar tais descumprimentos não passíveis de correção, ou (ii) quando passíveis de correção, tais descumprimentos não sejam sanados no prazo de 1 (um) mês da sua verificação pela VPORTS, a VPORTS poderá declarar extinto o presente Contrato de Exploração, sendo devida pela Exploradora a multa prevista na Cláusula 20.3. (Grifos postos)

Ademais disso, para os fins da presente investida, é de destacar que tal contrato privado leva a efeito saliente simplificação do procedimento de realização de novos investimentos pelo arrendatário privado – notadamente, se comparado ao previsto na Portaria MINFRA nº 530/2019. Assim, por exemplo, cite-se que, nos termos da Cláusula 8.1 do instrumento contratual, "caso a Exploradora queira introduzir qualquer investimento na Instalação Portuária, deverá enviar à VPORTS notificação escrita com informações detalhadas acerca das modificações que pretende introduzir, incluindo plantas e croquis da modificação pretendida, conforme aplicável, incluindo, mas sem limitação, aqueles investimentos previstos no Anexo 4". Cuida-se, pois, de relevante alteração da dinâmica da mutabilidade dos contratos de arrendamento[237] que ainda são regidos pelo direito público.

Para além disso, como uma forma de reduzir os impactos da assimetria regulatória entre os terminais privados e os arrendamentos portuários, incluiu-se o art. 5º-C à Lei nº 12.815/2013, estabelecendo um rol de cláusulas obrigatórias aos contratos de arrendamento portuário. Mais do que reproduzir o art. 23 da Lei nº 8.987/1995, o referido artigo provê um sistema de regulação contratual para os contratos de arrendamento portuário (*regulation by contract*), por meio do qual, para além de impor o estabelecimento de uma adequada matriz de riscos contratuais, se retira a obrigatoriedade publicística de os arrendamentos serem modelados com bens reversíveis. Cuida-se de mais uma investida para reduzir a intensidade regulatória incidente sobre os contratos de arrendamento, já que a sistemática dos bens reversíveis, como constatado pelo TCU, onera o contrato de arrendamento, o próprio poder público[238] e os próprios usuários.

---

[237] Segundo Jorge Henrique de Oliveira Souza: "Esta inovação normativa permitirá, portanto, a coexistência de arrendamentos sob o regime de direito público, arrendamentos ou contratos de exploração de áreas operacionais sobre o regime de direito privado, além das instalações privadas (de regime privado) em um mesmo porto organizado ou em sua área de influência. Neste cenário de condições sensivelmente distintas para oferta dos mesmos serviços e atividades, realizar interpretações restritivas acerca da possibilidade de adequação dos contratos de arrendamento no tempo conduzirá à própria inviabilidade da prestação condizente destes serviços, incompatível com os anseios do marco regulatório estabelecido pela Lei nº 12.815/2013, em que 'há uma tendência a que o Estado se esquive do regime de serviço público para evitar todos os ônus daí decorrentes', não se sustentando limitações injustificadas à possibilidade de mutação dos contratos de arrendamento" (SOUZA, Jorge Henrique de Oliveira. Flexibilização dos contratos de arrendamento. *In*: TOJAL, Sebastião Botto de Barros; SOUZA, Jorge Henrique de Oliveira (coord.). *Direito e infraestrutura*: portos e transporte aquaviário – 20 anos da Lei nº 10.233/2001. v. 1. Belo Horizonte: Fórum, 2021).

[238] Maurício Araquam de Sousa propõe o seguinte modelo para a flexibilização do regime de arrendamentos portuários: "Administração portuária e arrendatários passam a ser tratados como parceiros do negócio portuário, agindo juntos e de forma contínua, em busca de novos projetos; licitação de arrendamento deixa de ser vista como procedimento de entrada em certa área e passa a ser vista como entrada no 'negócio portuário', inicialmente em certa área, mas com flexibilidade para imediata adaptação a sazonalidades, desde que demonstrado o aumento de eficiência (economias de escala e escopo); arrendatário passa a poder atuar em qualquer ponto do porto, em função de novas cargas ou novos projetos, uma vez demonstrado o ganho de eficiência sobre o bem público (sítio padrão) cedido; administração também passa a poder propor, a qualquer momento, a troca de área aos arrendatários já instalados, desde que relatório circunstanciado (ato administrativo discricionário devidamente motivado) demonstre ao poder concedente e à Antaq os ganhos de eficiência ou a atração de investimentos para o condomínio portuário; de regra o proponente arca

Explicamos. No que toca aos bens reversíveis, a influência do direito continental europeu nas modelagens concessórias ainda causa certas perplexidades jurídicas. Ao se modelar um contrato de concessão, o operador do direito não se desvincula do entendimento de que o trespasse de um serviço público congregaria um regime jurídico único, mesmo que tal regime esteja dissociado da geração de eficiências produtivas e, principalmente, alocativas. O princípio da continuidade dos serviços públicos é um exemplo saliente disso. Dotado de alto grau de abstração e de indeterminabilidade, ele pode servir, seja para lastrear a operação graciosa de um ativo (por intermédio de vedações genéricas de interrupção e pela profusão de isenções tarifárias), seja para impor a reversão do patrimônio utilizado na exploração do ativo para o poder público, quando do decurso da vigência do contrato de concessão.[239]

Como diagnosticado por Floriano de Azevedo Marques Neto em trabalho específico sobre o tema,[240] dois são os critérios para a

---

com os custos das mudanças; mas administração e arrendatário proponente serão livres para pactuar formas de compensação, a fim de convencer o arrendatário afetado a aceitar a proposta de mudança de área, como melhoria de acessos, de infra ou superestrutura, compensações tarifárias, dilatação de prazos etc.; pequenas alterações de área passam a ser vistas como inerentes ao negócio portuário, havendo a necessidade de reequilíbrios apenas em hipóteses excepcionais (complexas, desproporcionais ou extraordinárias), e que tenham requerido investimentos não razoáveis das partes envolvidas; os limites das alterações não são fixados em termos percentuais, mas com base nos princípios da supremacia do interesse público, legalidade, moralidade, finalidade, razoabilidade, proporcionalidade e eficiência, passando os próprios condôminos a influírem no planejamento do porto e na fiscalização das propostas uns dos outros, inclusive quanto aos aspectos concorrenciais; o crescimento do porto organizado continua a ser feito por meio de licitação" (SOUSA, Maurício Araquam de. Proposta de flexibilização do atual modelo de arrendamento portuário. *In*: PEREIRA, Cesar; SCHWIND, Rafael Wallbach (coord.). *Direito Portuário Brasileiro*. Belo Horizonte: Fórum, 2019).

[239] Nesse sentido, Flávio Henrique Unes Pereira, Marilda de Paula Silveira e Bruna R. Colombarolli, em trabalho específico sobre o tema, lecionam que "a reversão, portanto, deve ser concebida como decorrência da extinção dos contratos de delegação de serviços públicos, contratualmente prevista, que deve ser implementada à luz das especificidades das situações concretas e em respeito aos direitos fundamentais dos particulares contratados, especialmente o direito de propriedade e da garantia do devido processo administrativo" (PEREIRA, Flávio Henrique Unes; SILVEIRA, Marilda de Paula; COLOMBAROLLI, Bruna R. A identificação dos bens reversíveis: do ato ao processo administrativo. *Fórum Administrativo – FA*, Belo Horizonte, ano 14, n. 165, p. 38-44, nov. 2014). Sobre o tema, Juan Carlos Cassagne leciona que "en rigor, la reversión de los bienes del concesionario no puede considerarse una cláusula implícita del contrato de concesión o licencia, ya que la voluntad de perder el dominio no se presume (como en general la renuncia de derechos) y toda cláusula de renuncia al derecho de propiedad es de interpretación restrictiva" (CASSAGNE, Juan Carlos. *Derecho administrativo II*. 6. ed. Buenos Aires: Abeledo-Perrot, 1998, p. 548-550).

[240] MARQUES NETO, Floriano de Azevedo. Bens reversíveis nas concessões do setor de telecomunicações. *Revista de Direito Público da Economia – RDPE*, Belo Horizonte, n. 8, ano 2, out./dez. 2004.

identificação dos bens reversíveis: o patrimonial e o funcional. No primeiro, os bens reversíveis são aqueles cuja titularidade está atrelada ao fato de ser o poder público titular do serviço, de sorte que "os bens titularizados pela pessoa jurídica de direito privado (concessionária) ou adquiridos por força econômica das receitas auferidas com a exploração do serviço seriam, necessariamente, públicos, ainda que momentaneamente trespassados à posse (ou domínio útil) do particular". De acordo com esse critério, seriam reversíveis todos os bens integrantes do patrimônio da concessionária. No segundo, o plexo de bens reversíveis estaria ligado à sua afetação ao serviço público, de modo que "seria não uma forma de recomposição (ou enriquecimento) do patrimônio público, mas uma necessidade para se assegurar que os serviços seguirão prestados regularmente independentemente da concessionária". Nesse quadrante, a reversão está muito mais ligada ao instituto da afetação (consagração e efetivo emprego do bem a uma dada finalidade de interesse público – no caso, ao serviço público concedido) do que à titularidade do bem.[241]

Mas fato é que o princípio da continuidade dos serviços públicos ainda causa confusões interpretativas a propósito do regime dos bens reversíveis. De fato, a interpretação conjugada dos arts. 18, incisos X e XI, 31, II, 23, X, e 35, §1º, da Lei nº 8.987/1995 vem lastreando o entendimento segundo o qual todas as concessões deveriam ser modeladas com a previsão do trespasse de bens reversíveis. Tal entendimento, contudo, não se coaduna com o racional econômico-financeiro dos contratos de longo prazo.

É que, em termos econômicos, os investimentos realizados pelo concessionário, em bens reversíveis, podem ser equiparados a um

---

[241] A acepção funcional sobre os bens reversíveis também encontra ampla guarida na jurisprudência pátria. Assim, por exemplo, cite-se o já clássico Recurso Extraordinário nº 32.865, no qual o Supremo Tribunal Federal (STF), ao apreciar o regime jurídico dos bondes do Distrito Federal, deixou assentado o entendimento de acordo com o qual "[...] se a reversão estabelecida significa, ou implica, na do serviço concedido, a inteligência a dar à cláusula respectiva, quanto à devolução dos bens da concessionária é de que tais bens são aqueles vinculados, próprios ou afetos à execução do serviço concedido, de forma a assegurar que ela volta ou reverta ao poder concedente devidamente aparelhado" (STF, RE nº 32.865/DF, Segunda Turma, relator: Min. Edgard Costa, julgado em 28.08.1956). O Superior Tribunal de Justiça (STJ), na mesma direção, ao apreciar o regime jurídico de imóvel que fora alienado pela Brasil Telecom, deixou assentado que "a tese de que o bem alienado continua como bem reversível, ainda que fora de uso, não se harmoniza com o conceito de bens reversíveis. O que está desativado e fora de uso não é essencial à prestação de qualquer serviço" (STJ, AgRg no REsp nº 971.851, Segunda Turma, relator: Min. Castro Meira, julgado em 08.09.2008).

financiamento que o Poder Concedente contrata com um particular. Nesse quadrante, o particular aporta os recursos para a aquisição, construção ou reforma dos bens, com investimentos próprios ou de terceiros (financiadores), sendo, posteriormente, remunerado pelas receitas da concessão (que equivalem ao "pagamento" do Poder Concedente).[242] Assim é que, caso o valor que foi investido pelo particular não possa ser integralmente ressarcido (amortizado) pelas receitas recebidas durante a vigência contratual, o poder público terá o dever de "quitar" o saldo ainda não pago (ou seja, as parcelas não amortizadas), nos termos do que dispõe o art. 36 da Lei nº 8.987/1995. Cuida-se de uma indenização, que terá de ser composta pelo valor de depreciação do bem, assim considerado como o valor atrelado ao desgaste natural do patrimônio e pelo valor de amortização dos investimentos, que será calculado com lastro no fluxo de receitas do projeto diferido no tempo.[243]

Não é por outro motivo que, em razão das projeções econômicas da exploração de determinado ativo (consubstanciado no EVTEA), algumas concessões não serão modeladas com a presença de bens reversíveis.

No âmbito da concessão de transporte aéreo de passageiros, por exemplo, de que trata a Lei nº 11.182/2005 (Lei de Criação da ANAC) e a Lei nº 7.656/1986 (Código Brasileiro de Aeronáutica – CBA), malgrado a importância das aeronaves, elas não integram o acervo de bens reversíveis. Do mesmo modo, no âmbito de uma concessão de transporte urbano de passageiros ou de uma concessão de ferrovias, os ônibus e o material rodante, respectivamente, poderão não integrar, necessariamente, o acervo de bens reversíveis, seja porque tais bens, ao final

---

[242] Nesse sentido, Marçal Justen Filho, para quem: "A reversão não se faz gratuitamente. Como regra, o valor dos bens reversíveis é amortização no curso do prazo da concessão. (...) as tarifas deverão ser calculadas de modo a amortizar o valor dos bens empregados pelo particular e que serão ou consumidos na prestação do serviço ou integrados no domínio público ao final do prazo" (JUSTEN FILHO, Marçal. *Teoria geral das concessões de serviço público*. São Paulo: Dialética, 2003. p. 570).

[243] Nada obstante, tenho que o mais importante é que as "regras do jogo" sejam devidamente previstas no instrumento contratual, pois que não há um regime uniforme para a disciplina dos bens reversíveis. Foi o que, em diversas oportunidades, determinou o Tribunal de Contas da União (TCU). Assim, por exemplo, cite-se o Acórdão nº 290/2015 – Plenário, no qual aquela Corte de Contas, ao acompanhar a concessão para exploração de rodovias federais integrantes da 3ª Etapa do Programa de Concessões Rodoviárias Federais (PROCROFE), recomendou à ANTT que, nas próximas concessões de rodovias federais, indicasse, nos editais de licitação, os bens reversíveis que compõem o sistema rodoviário objeto de concessão. No mesmo sentido, cite-se a Decisão nº 334/2001 – Plenário, na qual o TCU determinou à ANATEL: (i) indicação dos bens reversíveis, conforme determinação do art. 23, X, da Lei nº 8.987/1995; (ii) critérios para o cálculo e a forma de pagamento das indenizações devidas à concessionária, quando for o caso, conforme o art. 23, XI, do mesmo diploma legal.

dos contratos, terão uma depreciação tão elevada que a sua inclusão na estrutura econômica contratual não se justificaria, porque tal patrimônio poderá se tornar obsoleto em razão do advento de novas tecnologias. No setor de telecomunicações, que é severamente impactado pelo advento de novas tecnologias, o tema restou bem endereçado pelo art. 93, XI, da Lei nº 9.472/1997 (Lei Geral de Telecomunicações), consoante o qual o contrato de Contrato de Concessão para o Serviço Telefônico Fixo Comutado (STFC) indicará "os bens reversíveis, se houver".

Todo esse racional, como visto, restou bem endereçado pelo Acórdão nº 2.711/2020 – TCU, da relatoria do ministro Bruno Dantas, que teve por objeto a realização de auditoria operacional a propósito da assimetria regulatória entre os arrendamentos portuários e os Terminais Privados (TUPs), de acordo com os modelos aplicados a portos internacionais de referência (*benchmarking*). Nos termos do voto condutor, restou assentado que:

> A reversão de bens presente nos contratos de arrendamento mostra-se especialmente danosa ao erário. Primeiro, porque obriga a autoridade portuária, ao final do contrato, a incorporar bens obsoletos ou sem nenhuma utilidade. Segundo, porque mesmo que seja atribuído ao futuro arrendatário o ônus de desmobilizar e dar a correta destinação a tais equipamentos, o custo disso será repassado ao poder público, pois será incorporado no fluxo de caixa que embasará a licitação.

De fato, para efeito de sua inclusão no modelo econômico-financeiro da exploração de um ativo, deve-se identificar se:

(i) o bem, ao final de um contrato de longo prazo, ainda terá alguma utilidade para preservar a continuidade dos serviços públicos;

(ii) de acordo com a projeção de desenvolvimento tecnológico do setor regulado, a reversão militaria na apropriação de um bem obsoleto para o patrimônio público, quando da extinção da concessão;

(iii) o custo de desmobilização do ativo não iria de encontro ao dever de modicidade tarifária, inviabilizando, inclusive, a instauração de uma nova concorrência por determinado mercado; e

(iv) a previsão de uma cláusula de reversibilidade desequilibra, concretamente, a assimetria regulatória engendrada pela lei-quadro setorial, podendo ter impactos na competitividade do ativo.[244]

Cuida-se de sistemática que predica uma disciplina mais efetiva nos contratos de arrendamento, com vista a melhor equilibrar a assimetria regulatória setorial.[245]

Por fim, é de se destacar a relevante inclusão do inciso VI ao art. 3º da Lei nº 12.815/2013, o qual impõe que os arrendamentos portuários observem a "liberdade de preços nas operações portuárias, reprimidos [sic] qualquer prática prejudicial à competição e o abuso do poder econômico". Andou bem o novel diploma, pois que, como bem observado por Rafael Wallbach Schwind e Cesar Pereira,[246] é "clara a necessidade de os arrendatários disporem de mais e maior flexibilidade na exploração das instalações portuárias arrendadas – por exemplo, contando com ampla liberdade na instituição de boa parte dos preços que cobram dos usuários".

O novel diploma teve por desiderato pôr fim à controvérsia a propósito da obrigatoriedade da inclusão de um regime de *price cap* aos valores cobrados pelos arrendatários. Cuida-se de entendimento que restou consagrado no Acórdão nº 1.077/2015, do Tribunal de Contas da União, em sede de pedido de apreciação formulado pela extinta Secretaria Especial de Portos (SEP), no sentido de se "retirar a exigência

---

[244] Tal racional não vem sendo observado pelas novas modelagens de contratos de arrendamento, como se depreende da Cláusula 15 – Bens do Arrendamento, do *Leilão nº 06/2024-Antaq para o arrendamento de área e infraestrutura pública para a movimentação e armazenagem de granéis líquidos, especialmente óleos básicos, exceto produtos inflamáveis, localizadas dentro do Porto Organizado do Rio De Janeiro, denominada RDJ06*: 15.1 Sem prejuízo de outras disposições deste Contrato sobre o tema, integram o Arrendamento os bens a seguir indicados, cuja posse, guarda, manutenção e vigilância são de responsabilidade da Arrendatária: 15.1.1 Todos os bens vinculados à operação e manutenção das Atividades, cedidos à Arrendatária, conforme indicados nos Termos de Aceitação e Permissão de Uso de Ativos; e 15.1.2 Todas as instalações que vierem a ser construídas pela Arrendatária no decorrer do prazo de vigência do Contrato e aplicadas na prestação das Atividades.

[245] Daí a inadequada previsão trazida pela cláusula do 11.7 do Contrato de arrendamento privado celebrado pela Vports, segundo a qual: "Revertem à VPORTS, gratuita e automaticamente, quando da extinção deste Contrato de Exploração todas as instalações portuárias e demais itens construídos ou aplicados pela Exploradora na Instalação Portuária, incluindo obras civis, equipamentos de grande porte, sistemas de comunicação e de informática, instalações elétricas e de comunicação de dados, sistema de controle e de segurança". Ao fim e ao cabo, melhor seria se o tema fosse mais bem endereçado à luz do racional econômico da avença, e não por um critério patrimonial, máxime no âmbito de um contrato privado regulado.

[246] PEREIRA, Cesar; SCHWIND, Rafael Wallbach. O marco regulatório do setor portuário brasileiro. *In*: PEREIRA, Cesar; SCHWIND, Rafael Wallbach (coord.). *Direito Portuário Brasileiro*. Belo Horizonte: Fórum, 2019.

de utilização da regulação por tarifa-teto, porquanto esta se mostra como uma dentre as opções de metodologias de regulação tarifária aplicáveis à modelagem dos arrendamentos a serem leiloados, sendo da competência do poder concedente a escolha da metodologia a ser utilizada".

Nesse quadrante, serão livres os preços das atividades relacionadas às operações de movimentação e armazenagem de cargas no arrendamento, podendo a ANTAQ estabelecer seus valores de cobrança pela arrendatária junto aos usuários, de modo a coibir eventual abuso de poder econômico, mediante prévio procedimento administrativo instaurado especialmente para esse fim.[247]

Mais que isso, como já tivemos a oportunidade de asseverar, andou bem o novel diploma,[248] pois que a obrigatoriedade da fixação de tarifa-teto, em todos os arrendamentos portuários, desconsidera: (i) a assimetria de informações entre o regulador e o regulado, o que pode importar na fixação de tetos elevados; (ii) a discricionariedade do poder concedente em se valer do critério de julgamento de "maior valor de outorga", no âmbito do qual tal metodologia seria inaplicável ou de qualquer modelagem econômico financeira; (iii) a possibilidade de se cogitar da delegação de arrendamentos *brownfield*, sem investimentos, ativo sobre o qual essa metodologia se mostraria inaplicável. Trata-se de mais uma tentativa de equacionar o desequilíbrio regulatório existente entre os terminais privados e os arrendamentos portuários.

Nada obstante os avanços empreendidos pela Lei nº 14.017/2020, temos para nós que tais previsões não são bastantes a equilibrar a assimetria regulatória instalada no setor portuário. É que o regime jurídico de contrato privado regulatório só será utilizado no bojo da privatização integral da autoridade portuária, modelo de delegação que tende a não se expandir em razão das atuais diretrizes políticas de governo, diante do que a maior parte dos arrendamentos portuários já celebrados e a serem contratados pelo poder público ainda será regida por um regime

---

[247] Mas, note-se, os preços cobrados dos usuários não se confundem com a tarifa portuária, assim considerada enquanto os valores devidos à administração do porto pela arrendatária relativos à utilização das instalações portuárias ou da infraestrutura portuária ou à prestação de serviços de sua competência na área do porto organizado. Para além disso, é de se destacar que o arrendatário, a título de valor de outorga, arca com valor de arrendamento devido à administração do porto, em função da exploração do arrendamento.

[248] FREITAS, Rafael Véras de. A Nova Reforma Regulatória no Setor Portuário. *In*: FREITAS, Rafael Véras de. *Coluna Direito da Infraestrutura 2020-2021*. E-book: Fórum Conhecimento Jurídico, 2021, p. 57-63.

publicístico, o que seguirá produzindo os desequilíbrios decorrentes da assimetria regulatória apontados pelo TCU.

Nesse quadrante, temos para nós que, *de lege ferenda*, uma nova reforma do setor portuário deveria ser empreendida por intermédio da *despublicatio* dos arrendamentos portuários. É que, malgrado os avanços empreendidos pela Lei nº 14.133/2021, o procedimento licitatório prévio aos arrendamentos, por exemplo, segue sendo burocrático, moroso e permeado por custos de transação, máxime se comparado aos procedimentos de anúncio e chamamento público que precedem as autorizações portuárias. Claro que alteração desse jaez encontraria óbices no dever de licitar, previstos no art. 37, XXI, da CRFB e no art. 5º-B da Lei nº 12.815/2013, com a redação que lhe foi conferida pela Lei nº 14.047/2020.

Daí a necessidade de uma alteração legislativa que levasse a efeito uma *despublicatio* dos contratos de arrendamento, com vistas a instalar um regime de flexibilização regulatória de tais títulos habilitantes, a ser implementada pela migração do contrato de arrendamento para títulos habilitantes autorizativos. Não se trataria de investida novidadeira, assim já tendo se passado em outros setores de infraestrutura. Por exemplo, a Lei nº 13.879/2019 alterou a Lei nº 9.472, de 16 de julho de 1997, para permitir a adaptação da modalidade de outorga de serviço de telecomunicações de concessão para autorização.

De acordo com o art. 144-A, incluído à Lei nº 9.472/1997, a ANATEL poderá autorizar, mediante solicitação da concessionária, a adaptação do instrumento de concessão para autorização, condicionada à observância dos seguintes requisitos: manutenção da prestação do serviço adaptado e compromisso de cessão de capacidade que possibilite essa manutenção, nas áreas sem competição adequada, nos termos da regulamentação da agência; assunção, pela requerente, de compromissos de investimento; apresentação, pela requerente, de garantia que assegure o fiel cumprimento das obrigações contratuais; adaptação das outorgas para prestação de serviços de telecomunicações e respectivas autorizações de uso de radiofrequências detidas pelo grupo empresarial da concessionária em termo único de serviços.

A partir de alteração normativa dessa ordem, poder-se-ia cogitar da edição de uma regulação de entrada e endocontratual que reduzisse a assimetria regulatória entre os arrendamentos portuários e os terminais privados. Com isso, seria possível substituir o burocrático procedimento licitatório por um procedimento de chamamento público (congênere aos utilizados para regular a entrada dos autorizatários) que selecionasse, por meio de critérios técnicos e mais flexíveis, os exploradores de parcela territorial do porto organizado.

Nesse contexto, não se diga que o título habilitante de autorização não seria serviente à exploração de um bem público. Como se sabe, os terrenos de marinha e a disponibilidade de radiofrequência em telecomunicações são considerados bens públicos, o que não impede serem outorgados mediante autorização, razão pela qual a *despublicatio* cogitada não enfrentaria obstáculos no direito de propriedade da entidade pública. Cuidar-se-ia de temática que poderia ser endereçada no título habilitante autorizativo de transição, que estabeleceria eventual valor econômico a ser formado pela diferença entre o valor esperado da exploração do serviço adaptado em regime de autorização e o valor esperado da exploração desse serviço em regime de arrendamento (o qual poderia incluir a alienação do direito de propriedade ou domínio útil do terreno de marinha afetado à exploração da infraestrutura portuária).

Despublicatio dessa ordem já contou, inclusive, com o beneplácito do Tribunal de Contas da União. Assim, por exemplo, cite-se o Acórdão nº 1.315/2024,[249] relatado pelo ministro Jorge Oliveira, que deliberou sobre a solicitação de solução consensual formulada pela Agência Nacional de Telecomunicações (Anatel), com o objetivo de resolver controvérsias que envolviam a extinção antecipada dos contratos de concessão de Serviço Telefônico Fixo Comutado (STFC) firmados com a Oi S.A. – em recuperação judicial – e sua adaptação para autorizações, nos termos da Lei nº 13.879/2019 (Lei Geral de Telecomunicações – LGT). De acordo com o relatório técnico do TCU, ao término das negociações, os representantes da Anatel, do Ministério das Comunicações, da Oi e da SecexConsenso manifestaram-se favoravelmente à solução consensual, propondo a aprovação do termo de autocomposição. Nada obstante, a AudComunicações e o Ministério Público, junto ao TCU, divergiram dos termos do acordo e manifestaram-se pela sua rejeição com o consequente arquivamento do processo, com fundamento no art. 7º, inciso III e §5º, da IN nº 91/2022.

Para solucionar a divergência, o ministro relator observou que os contratos de concessão celebrados em 1998, dos quais faziam parte os contratos da Oi, venceriam em 20.12.2025. Nesse quadrante, diante do

---

[249] TCU. Acórdão nº 1.315/2024 – Plenário, Rel. Min. Jorge Oliveira. Data da sessão: 03.07.2024.

"novo cenário determinado pelo progressivo desuso do STFC, da desidratação de sua essencialidade e da mudança do cenário competitivo", a LGT foi alterada de modo a prever, em seus arts. 144-A, 144-B e 144-C, a possibilidade de adaptação dos contratos de concessão do STFC para autorizações. Como consequência das vantagens proporcionadas pela migração de regimes, a lei estabeleceu a necessidade de mensuração do valor econômico da exploração do serviço nas duas modalidades, revertendo o benefício econômico auferido pelas concessionárias em compromissos de investimento, priorizados conforme diretrizes do poder público. Inicialmente, os valores econômicos associados à adaptação dos contratos de concessão da Oi foram avaliados em R$20,35 bilhões (valores nominais).

De outro lado, o ministro relator ressaltou que o plano de recuperação judicial da Oi, aprovado pela Assembleia Geral de Credores, adotou como uma de suas premissas a assinatura da solução consensual levada ao TCU. É dizer, apenas com a extinção da concessão, os bens reversíveis passariam a ser de plena propriedade da Oi, possibilitando a alienação dos ativos.

De acordo com o relator, apesar de a saúde financeira de empresas comerciais não ser objeto de competência do Tribunal, a perspectiva de falência da Oi não deveria ser ignorada, uma vez que poderia refletir na continuidade dos serviços prestados. Um cenário hipotético, em que a prestação de serviços essenciais ou de emergência ficasse ameaçada pela falência da companhia, demandaria que o poder público interviesse para assegurar a sua continuidade. Daí por que, na visão do ministro, as dificuldades econômicas da Oi tornavam necessário que a análise de cenários contemplasse a possibilidade de não continuidade da empresa. Por esse motivo, a proposta de solução consensual debatida era "única e os resultados obtidos neste processo não poderão ser extrapolados ou estendidos para outras empresas da área de telecomunicação que optem pela adaptação de suas concessões".

Não é outro o exemplo oferecido pelo novo marco regulatório das ferrovias. Entabulado pela Lei nº 14.273/2021, o novo marco prevê a possibilidade de a concessionária ferroviária federal com contrato vigente na data de promulgação da lei requerer a adaptação de seu contrato, de concessão para o de autorização (art. 64).

Mas se, de um lado, caminha-se na firme trilha de flexibilizar a regulação dos contratos de arrendamento, por outro lado, isso não importa instalar maiores influxos regulatórios aos terminais privados, especialmente por intermédio do incremento do pagamento de suas tarifas portuárias, porquanto os terminais privados são obrigados a realizar vultosos investimentos prévios à exploração da infraestrutura portuária, dentre os quais, os de aquisição da área do terminal até a implantação de estruturas de cais, edificações, pátio, instalações de utilidades e de acesso terrestre ao terminal, os quais não são realizados pelos arrendatários como condição de exploração do ativo. De fato, a medida mais adequada a equilibrar a competitividade dos exploradores da infraestrutura portuária é flexibilizar o regime dos arrendamentos, e não onerar o regime regulatório dos terminais privados.[250]

É, portanto, desafiador o papel da regulação, que deve promover um arranjo de incentivos capaz de assegurar regras estáveis em ambos os modelos de exploração da infraestrutura portuária sem induzir a um processo *race to the bottom* (corrida para a base).[251] Cuida-se de fenômeno associado à busca pela diminuição de custos e aumento de competitividade, o qual, no mais das vezes, resulta na diminuição dos padrões de qualidade dos serviços oferecidos. Do contrário, a regulação deveria promover uma dinâmica de *race to the top* (corrida para o topo). É dizer, "em um ambiente dinâmico, as forças competitivas garantirão que apenas uma regulação eficiente permaneça em vigor e, com o tempo, esta corrida ao topo garantirá melhores padrões de regulação".[252]

Dito em outros termos, o papel dos entes competentes (Congresso Nacional, ANTAQ, CADE, TCU, entre outros) não é reduzir o atual

---

[250] Recentemente, o tema da assimetria regulatória do setor portuário foi abordado no âmbito da Comissão de Juristas para revisão legal da exploração de portos e instalações portuárias (CEPORTOS). A CEPORTOS foi instituída, na Câmara dos Deputados, com a finalidade de debater e apresentar proposta de revisão do arcabouço legal portuário, o que poderá ocasionar revisões legislativas que solucionem gargalos regulatórios e concorrenciais do setor. Confira-se, a título exemplificativo, a manifestação do auditor-chefe da AudPortoFerrovia, constante no relatório final da CEPORTOS: "Reforça o problema da assimetria entre portos públicos, especialmente os arrendamentos dos terminais, e os terminais de uso privado. Exemplifica que em seis anos, de 2014 a 2020, os terminais de uso privado investiram cerca de R$ 33 bilhões, enquanto nos portos públicos foram investidos só 10% disso, ou seja, R$ 3 bilhões. Além disso, foi encontrada uma ociosidade de 56% nas áreas dos portos públicos". O relatório está disponível em: https://www2.camara.leg.br/atividade-legislativa/comissoes/grupos-de-trabalho/57a-legislatura/revisao-legal-exploracao-portos-instalacoes-portuarias/outros-documentos/RelatrioFinalvotadoassinadoPresidenteeRelator23102024.pdf. Acesso em: 18 nov. 2024.

[251] KOÇOUSKI, Ângela Regina. *Qualidade regulatória brasileira*: a Análise de Impacto Regulatório como instrumento indutor de governança na Agência Nacional de Energia Elétrica. Brasília: IPEA, 2016.

[252] BRATTON, William; MCCAHERY, Joseph. *The New Economics of Jurisdictional Competition*: Devolutionary Federalism in a Second-Best World. Penn Car enn Carey Law: Legal Scholarship Reposit y Law: Legal Scholarship Repository, [s. l.], 1997.

padrão dos terminais privados para resolver um problema de assimetria (*race to the bottom*), mas introduzir padrões mais flexíveis e elevados, os quais possam equiparar os arrendamentos aos terminais privados (*race to the top*).

Nesse sentido, o TCU, no multicitado Acórdão nº 2.711/2020-Plenário, deixou assentado que "importa destacar que o objetivo deste trabalho não é, em absoluto, estender as amarras e dificuldades encontradas nos portos públicos aos terminais privados, prejudicando um setor que frequentemente é tido como gargalo ao desenvolvimento nacional", e conclui que, "com isso e com planejamento adequado, TUPs e terminais arrendados podem coexistir em um ambiente harmônico e competitivo. O propósito dessa auditoria é contribuir para o fortalecimento do porto público de modo a favorecer o comércio internacional brasileiro".

Mais que isso, investida dessa ordem não tem respaldo normativo e acarretaria um benefício desproporcional aos terminais arrendados de operadores históricos em face de novos entrantes, o que violaria o art. 19, §2º, da Resolução ANTAQ nº 61/2021, segundo o qual "a política comercial de segmentação de mercado não poderá *viabilizar condutas anticoncorrenciais ou que tenham por objetivo o abuso de posição e o domínio de mercado*". Para além disso, violaria a própria isonomia tarifária que tem lugar no setor portuário.

Sobre o referido princípio, é célebre o ensinamento de Celso Antônio Bandeira de Mello[253] segundo o qual a discriminação instituída pela Administração Pública só é legítima em face da: (i) existência de diferenças nas situações de fato a serem reguladas pelo direito; (ii) adequação (correspondência) entre o tratamento discriminatório e as diferenças entre as situações de fato; (iii) adequação (correspondência) entre os fins objetivados pelo discrímen e os valores consagrados pelo ordenamento jurídico.

Nesse quadrante, a estipulação de tarifas diferenciadas se compatibiliza com o atendimento do princípio da isonomia, isonomia essa que decorre da própria Constituição ao, em seu artigo 175, parágrafo único, III, prever, expressamente, que a remuneração dos serviços públicos será instrumento de uma política pública. Ou seja, foi a própria carta constitucional que determinou à lei o mister não só de dispor

---

[253] BANDEIRA DE MELLO, Celso Antônio. *Conteúdo jurídico do princípio da igualdade*. 3. ed. São Paulo: Malheiros, 1993. p. 10.

sobre o valor das tarifas, mas o dever de instituir uma política pública. Toda essa sistemática foi consagrada no artigo 13 da Lei nº 8.987/1997, de acordo com o qual "as tarifas poderão ser diferenciadas em função das características técnicas e dos custos específicos provenientes do atendimento aos distintos segmentos de usuários".

Como se pode extrair do referido dispositivo, dois são os quadrantes orientadores do estabelecimento de tarifas diferenciadas na prestação de serviços públicos: (i) as características técnicas dos serviços delegados; e (ii) os custos do atendimento aos distintos segmentos dos usuários. A primeira parte do dispositivo diz respeito às hipóteses em que são fixadas tarifas diferenciadas em razão das especificidades técnicas do serviço que foi concedido, a exemplo da construção de uma rede de fibra ótica para a prestação de serviços de telecomunicação para municípios mais afastados – dificuldade de acesso que importaria no incremento dos custos para a disponibilização dos serviços aos usuários. Já a segunda parte é vocacionada a atender às especificidades do usuário do serviço, as quais podem ser técnicas (decorrentes da sua localização, por exemplo) ou financeiras (atreladas à sua hipossuficiência).

Não é o caso entre arrendamentos e terminais privados. Como dito, os custos, as operações e os usuários são os mesmos, injustificando o discrímen. Tanto é verdade que o art. 33, §1º, da Resolução ANTAQ nº 61/2021 dispõe que, "salvo disposição contratual em contrário, a *estrutura tarifária a ser aplicada nesses casos é a mesma destinada aos demais usuários da área do porto organizado*". Daí se poder concluir que o estabelecimento de exação dessa ordem importaria na produção de externalidades negativas para todo o ambiente regulatório e concorrencial do setor portuário, fomentando o nivelamento competitivo por baixo e a ineficiência quando o que se quer é, justamente, fomentar o nivelamento competitivo por cima e a eficiência logística e econômica.

4 A questão do reequilíbrio econômico-financeiro dos contratos de arrendamento pela instituição de um terminal privado na mesma área de influência

Como visto, os arrendamentos portuários se qualificam como uma modalidade de concessão de parcela do serviço de exploração do porto organizado.[254] Nesse quadrante, tais títulos habilitantes, por mais que atuem em regime concorrencial assimétrico com os terminais privados, ainda ostentam algumas características de monopólio natural. De fato, como observado por Luiz Fernando Soggia Soares da Silva,[255] nesse setor: (i) há uma escassez de fatores necessários para o desenvolvimento de ativos portuários, e suprir a falta de algum dos fatores é muito dispendioso, o que significa que há uma grande barreira de entrada; (ii) a atividade portuária apresenta retornos positivos à escala, o que significa que é usualmente mais eficiente do ponto de vista econômico ampliar instalações existentes do que gerar novas instalações; (iii) uma localização privilegiada de um porto significa possuir extensão de frente de água; águas abrigadas; calado profundo ou facilmente dragável; proximidade de centros de produção/consumo de mercadorias; proximidade de eixos de acesso terrestre; (iv) a estrutura de custos de terminais portuários possui alta participação de custos fixos, que diluirão com crescente ocupação e terão retorno à escala para ampliações; (v) os ciclos operacionais usualmente incluem etapas cujos tempos aumentam menos do que proporcionalmente o aumento do lote; (vi) sistemas logísticos estão sujeitos a choques e imprevistos que criam variabilidade de taxas e tempos de atendimento em cada elo; (vii) o compartilhamento de ativos comuns – por exemplo, aquaviários

---

[254] Sobre o tema, v. MOREIRA, Egon Bockmann. Portos brasileiros e seus regimes jurídicos. *In*: MOREIRA, Egon Bockmann (coord.). *Portos e seus regimes jurídicos*: a Lei nº 12.815/2013 e seus desafios. Belo Horizonte: Fórum, 2014; GARCIA, Flávio Amaral; FREITAS, Rafael Véras de. Portos brasileiros e a nova assimetria regulatória – Os títulos habilitantes para a exploração da infraestrutura portuária. *Revista de Direito Público da Economia*, Belo Horizonte, a. 19, n. 47, p. 85-124, jul./set. 2014; SCHWIND, Rafael Wallbach. Modificações na regulamentação do setor portuário – As novidades introduzidas pelo Decreto nº 9.048. *In*: PEREIRA, Cesar; SCHWIND, Rafael Wallbach (coords.). *Direito portuário brasileiro*. Belo Horizonte: Fórum, 2019; BONFIM, Anderson Medeiros. Concorrência entre os terminais portuários de uso público e de uso privado. *Revista Trimestral de Direito Público*, São Paulo, a. 9, n. 59, out./dez. 2014; PEREIRA, Cesar Augusto Guimarães. A Medida Provisória nº 595 – Mudanças no marco regulatório do setor portuário no Brasil. *Interesse Público*, Belo Horizonte, a. 23, n. 77, nov./dez. 2012; SCHWIND, Rafael Wallbach. Modificações na regulamentação do setor portuário – As novidades introduzidas pelo Decreto nº 9.048. *In*: PEREIRA, Cesar; SCHWIND, Rafael Wallbach (coords.). *Direito portuário brasileiro*. Belo Horizonte: Fórum, 2019; MOREIRA, Egon Bockmann. A nova Lei dos Portos e os regimes de exploração dos portos brasileiros. *In*: RIBEIRO, Leonardo Coelho; FEIGELSON, Bruno; FREITAS, Rafael Véras de (coords.). *A nova regulação da infraestrutura e da mineração*: portos, aeroportos, ferrovias, rodovias. Belo Horizonte: Fórum, 2015.

[255] SILVA, Luiz Fernando Soggia Soares da. *Metodologia de reequilíbrio econômico-financeiro aplicada a contratos de arrendamento do setor portuário brasileiro*. 2015. Dissertação (Mestrado em Engenharia) – Escola Politécnica da Universidade de São Paulo, Universidade de São Paulo, São Paulo, 2015. p. 47.

e acessos logísticos – gera economias de escopo, sendo usualmente mais vantajoso realizar ampliações dentro de portos já existentes do que criar novos portos; (viii) o crescimento de escala também viabiliza a implantação de ativos complementares, que reforçam a atratividade da instalação portuária, gerando um ciclo virtuoso de economias de aglomeração; (ix) os custos de capital com equipamentos crescem em fatores proporcionalmente menores em relação a suas capacidades.[256]

Todas essas variáveis integram o equilíbrio econômico-financeiro dos contratos de arrendamento portuário, que é instrumentalizado a partir de sua matriz de riscos. De fato, no setor portuário, não há uma distribuição de riscos aleatória ou desvinculada do crivo de equilíbrio do contrato de arrendamento.

Daí se evidencia que só ensejarão o reequilíbrio econômico-financeiro, em favor dos arrendatários, situações que forem previamente alocadas em contrato como um risco do poder concedente. Dito em outras palavras, só terá direito a reequilíbrio o arrendatário que comprovar, por intermédio de relatório técnico ou laudo pericial, o impacto econômico-financeiro verificado ou projetado, bem como se tais impactos foram provocados por eventos alocados com um risco do Poder Concedente. É o que dispõe o art. 80 da Portaria MINFRA nº 530/2019, segundo o qual "o poder concedente promoverá a recomposição do equilíbrio econômico-financeiro dos contratos de arrendamento portuário sempre que vier a ocorrer evento que implique impacto no *fluxo de caixa do empreendimento e cujo risco tenha sido assumido pela Administração Pública*".

Os novos contratos de arrendamento consagram tal sistemática. Assim, por exemplo, cite-se a Cláusula 14.1.1 da minuta de arrendamento do Leilão nº 05/2018, cujo objeto foi o arrendamento de área e infraestrutura pública para a movimentação e armazenagem de granéis líquidos, especialmente combustíveis, localizada na área do Porto Organizado de

---

[256] No mesmo sentido, Marçal Justen Filho traz uma concepção jurídica sobre o tema, de acordo com a qual "um aspecto essencial no tocante à competição entre terminais públicos e privados reside na infraestrutura inerente à atividade portuária. Os terminais públicos encontram-se em áreas públicas, que são circundadas de uma pluralidade de investimentos públicos. O porto organizado é constituído a partir de recursos públicos (em vista do modelo atual), o que implica o investimento de quantias muito elevadas. Ainda que incumba aos arrendatários arcar com investimentos (vultosos) em determinados setores, há despesas essenciais e indispensáveis que correm por conta da União" (JUSTEN FILHO, Marçal. O regime jurídico das atividades portuárias e seus reflexos sobre a delimitação do porto organizado. In: PEREIRA, Cesar; SCHWIND, Rafael Wallbach (coords.). *Direito portuário brasileiro*. Belo Horizonte: Fórum, 2019. p. 296).

Cabedelo, no estado da Paraíba, segundo a qual "a Arrendatária poderá solicitar a recomposição do equilíbrio econômico-financeiro nos casos em que, após a celebração deste Contrato, vier a se materializar quaisquer dos riscos expressamente assumidos pelo Poder Concedente nos termos deste Contrato, com reflexos econômico-financeiros negativos para a Arrendatária".

Assim é que não há um regime único disciplinador da equação econômico-financeira de todos os contratos de arrendamento portuário. Caberá a cada contrato delinear seus aspectos econômicos, para o que deverão ser avaliados os escopos do ajuste, os riscos atribuídos às partes, as suas obrigações e o prazo do contrato. Isso porque, por se tratar de contratos de longa duração, sujeitos a uma série de influências, é impossível conhecer, *ex ante*, todos os eventos imprevisíveis e extraordinários que alterarão a sua economia.[257] Essa equação pressupõe que o arrendatário deva ser remunerado pelos investimentos realizados (com capital próprio ou de terceiros) para a operação de determinada infraestrutura portuária. Assim, enquanto, na empreitada tradicional, o contratado é remunerado concomitantemente com a execução dos serviços – de acordo com os custos unitários por ele apresentados –, no contrato de arrendamento, diversamente, o arrendatário terá de antecipar recursos para, depois de construída a infraestrutura, ser remunerado pelos utentes do serviço.

Nessa direção, advertem Floriano de Azevedo Marques Neto e Caio de Souza Loureiro[258] que, em contratos dessa natureza, a obrigação de despender recursos sem perceber a "remuneração equivalente de imediato transforma os custos e despesas do concessionário em investimentos, que pressupõem a necessidade de antecipar recursos cuja contrapartida não caracteriza propriamente uma remuneração, mas, sim, a amortização". Daí se pode afirmar que o equilíbrio econômico-financeiro

---

[257] É que, como assevera Licínio Lopes Martins, "não se pode comparar a simplicidade de uma mera prestação de serviços à dimensão econômica e jurídica de um contrato global, incluindo-se neste conceito os contratos através dos quais a Administração 'delega' no cocontratante a responsabilidade pela execução/realização de múltiplas tarefas públicas, em geral relacionadas com a construção e/ou gestão de infraestruturas, abrangendo a generalidade das prestações inerentes a tais atividades – concepção, construção, gestão/ exploração e financiamento". MARTINS, Licínio Lopes. O equilíbrio econômico-financeiro do contrato administrativo: algumas reflexões. *Revista de Contratos Públicos*, Belo Horizonte, a. 1, n. 1, p. 199-240, mar./ago. 2012.

[258] MARQUES NETO, Floriano de Azevedo; LOUREIRO, Caio de Souza. A (re)afirmação do equilíbrio econômico-financeiro das concessões. *Revista de Direito Público da Economia*, Belo Horizonte, a. 12, n. 47, p. 125-151, jul./set. 2014. p. 141.

dos contratos de arrendamento se lastreia na manutenção da sua base objetiva,[259] tendo em vista o disposto no art. 8º da Resolução ANTAQ nº 85/2022, segundo o qual "considera-se mantido o equilíbrio econômico-financeiro sempre que for comprovado o atendimento às condições estabelecidas no contrato e mantida a alocação de riscos nele estabelecida".[260]

Nesse sentido, a Nota Técnica nº 7/2014/GRP/SPO/ANTAQ/SEP prescreve que um contrato de arrendamento portuário predicará de recomposição do seu crivo de reequilíbrio caso: (i) se materialize um risco expressamente assumido pelo Poder Concedente; (ii) tenha lugar uma determinação ou autorização para a realização de novos investimentos pelo Poder Concedente; (iii) ocorra a alteração da área do arrendamento; e (iv) extensão do prazo contratual. A partir de tal qualificação, o *quantum* de desequilíbrio, de acordo com o Manual de Procedimentos de Análise de Estudo de Viabilidade Técnica, Econômica e Ambiental (EVTEA) de Arrendamentos Portuários, deverá ser estimado a partir do Fluxo de Caixa Contratual, do Fluxo de Caixa Marginal e do Fluxo de Caixa Total.

O primeiro tem lugar a partir da proposta comercial apresentada pelos licitantes, considerando os fluxos dos dispêndios e receitas do empreendimento, devendo conter informações a partir da data de assinatura do contrato até o encerramento do primeiro período de vigência contratual. O segundo deve ser projetado em razão do evento que ensejou a recomposição do equilíbrio econômico-financeiro do contrato de arrendamento, considerando os fluxos dos dispêndios e receitas marginais, por intermédio da apuração das informações do evento que gerou o desequilíbrio econômico-financeiro do contrato ou da data de referência da solicitação de reequilíbrio.[261] E o terceiro

---

[259] LARENZ, Karl. *Base del negocio jurídico y cumplimiento de los contratos*. Tradução: Carlos Fernández Rodríguez. Granada: Comares, 2002.

[260] Cuida-se de racional previsto nos atuais contratos de arrendamento portuário. Assim, por exemplo, cite-se a Cláusula 14.1.1 do contrato de *Leilão nº 04/2020-Antaq, para o arrendamento de área e infraestrutura pública para a movimentação e armazenagem de granéis minerais, especialmente fertilizantes e adubos, concentrado de cobre, minério de manganês e coque de petróleo, localizadas dentro do porto organizado de aratu, denominada Atu12*, cujo teor é o seguinte: "Qualquer uma das partes poderá solicitar a recomposição do equilíbrio econômico-financeiro somente nos casos em que, após a celebração deste Contrato, vierem a se materializar quaisquer dos riscos expressamente assumidos pela outra parte nos termos deste Contrato, com reflexos econômico-financeiros negativos para a solicitante".

[261] Sobre tema, o TCU já se manifestou no sentido de que: "O fluxo de caixa marginal é metodologia aprovada pela Resolução ANTT 3.651/2011 para recomposição do equilíbrio econômico-financeiro dos contratos de concessão de rodovias federais quando forem incluídos novas obras e serviços não previstos originalmente no PER. Decorreu de representação

se configurará por intermédio da consolidação dos Fluxos de Caixa Contratual e Marginal, diante do que deverá restar demonstrado que o evento superveniente importou na produção de um Valor Presente Líquido (VPL) negativo para o arrendamento portuário.

Pois bem, para o que aqui importa, é de se formular os seguintes questionamentos: o risco do advento de novo operador na área de influência da exploração do arrendamento deve ser atribuído ao Poder Concedente ou ao arrendatário? E, para além disso, o arrendatário terá sempre direito ao reequilíbrio econômico-financeiro de seu contrato na hipótese do advento de um novo entrante, caso se trate de um terminal privado?

No direito estrangeiro, o Código de Contratos Públicos Português, por exemplo, em seu art. 415, confere ao concessionário o direito de "explorar, em regime de exclusivo, a obra pública ou o serviço público concedidos". É um consectário da comutatividade dos pactos concessórios. Nesse sentido, Marcello Caetano[262] leciona que o direito de exclusivo "toma a forma de uma obrigação assumida pelo concedente de não consentir a mais ninguém [incluindo a ele próprio] o exercício da actividade que haja sido objecto da concessão". Isso, sobretudo, pela simples, mas decisiva razão de que "só a concessão por um prazo fixo e com exclusivo permite fazer cálculos razoáveis de retribuição do concessionário".

Pedro Gonçalves,[263] por seu turno, vai além ao afirmar que a "regra é a de que o exclusivo seja específico" e que o "primeiro factor importante a considerar será o do território abrangido pela concessão".

---

formulada no TCU, no âmbito do TC 026.335/2007-4, em que foram arguidos prejuízos aos usuários em razão das elevadas taxas de rentabilidade das concessionárias da 1ª Etapa do Programa de Concessões Rodoviárias e o impacto sobre as tarifas básicas de pedágio dos novos investimentos a serem incluídos no PER. O instrumento deve ser aplicado, por meio de aditivos contratuais, aos contratos da 1ª Etapa e da 1ª fase da 2ª Etapa do Programa de Concessões Rodoviárias. Desse fluxo de caixa farão parte os dispêndios e as receitas marginais, ou seja, que decorram do novo investimento no serviço. Para cálculo da receita, será considerado, de pronto, o volume de tráfego real verificado nos anos anteriores ao evento que der causa à formulação do fluxo de caixa marginal, estimando-se o crescimento até o final da concessão. Ano a ano, por ocasião da revisão tarifária ordinária, o tráfego estimado será substituído pelo real verificado. A taxa de desconto a ser utilizada no fluxo de caixa marginal será calculada de acordo com a fórmula do Custo Médio Ponderado de Capital (WACC, em inglês), descrita no art. 8º da Resolução ANTT nº 3.651/2011. O fluxo marginal fica vinculado à taxa de desconto calculada no momento em que for formulado, até o final da concessão" (Acórdão nº 2.759/2012).

[262] CAETANO, Marcello. *Princípios fundamentais do direito administrativo*. Coimbra: Almedina, 1995. p. 251.

[263] GONÇALVES, Pedro. *A concessão de serviços públicos*. Coimbra: Almedina, 1999. p. 56-58.

Lino Torgal e João de Oliveira,[264] por sua vez, entendem que tal direito poderá ser de duas ordens: (i) os direitos de exclusivo de grau amplo; e (ii) os direitos de exclusivo de grau reduzido. Os primeiros correspondem à total exclusão da concorrência em determinado período territorial, de modo que o concessionário seja detentor de um direito de exploração em regime de monopólio territorial e temporal. Os segundos têm o propósito de proteger o equilíbrio dos contratos de concessão em face do rompimento das suas bases objetivas decorrente da introdução da concorrência na sua exploração. Ou seja, na hipótese do ingresso de um novo agente no mercado, o concessionário terá, ao menos, o direito ao reequilíbrio econômico-financeiro do seu contrato.

O tema envolve a adequada repartição do risco de demanda entre o poder público e o arrendamento de uma infraestrutura portuária. O risco de demanda é caracterizado, de forma uníssona, pela doutrina internacional e nacional, como um dos principais riscos na modelagem de contratos de infraestrutura.[265] [266] Isso porque está diretamente associado à longa duração dos projetos, bem como à possibilidade de interferência de fatores exógenos à regulação contratual, ameaçando a segurança do fluxo de receita de projetos concessionados.[267]

Nesse sentido, o International Institute for Sustainable Development[268] se manifesta no sentido de que a alocação eficiente do risco de demanda é um dos principais aspectos a serem considerados para a geração de *Value for Money* nos projetos de infraestrutura. Não é por outra razão que tal risco deve ser suportado pela parte mais bem posicionada para gerenciá-lo, com os menores custos, inclusive diante de incertezas nos níveis de tráfego. O estudo concluiu ainda, que, por mais que a concessionária seja capaz de gerenciar determinados

---

[264] TORGAL, Lino; GERALDES, João de Oliveira. Concessões de actividades públicas e direito de exclusivo. *Revista de Direito Público da Economia – RDPE*, Belo Horizonte, v. 10, n. 37, p. 151-176, jan./mar. 2012.

[265] Disponíveis em: https://www.oecd.org/daf/fin/private-pensions/Selected-Good-Practices-for-Risk-allocation-and-Mitigation-in-Infrastructure-in-APEC-Economies.pdf e https://www.forumconhecimento.com.br/v2/revista/P140/E20878/33737/alocacao-de-riscos-em-concessoes-rodoviarias-federais-no-brasil--analise-do-caso-da-br-153-to-go. Acesso em: 2 abr. 2024.

[266] Ver, por todos: FRANK-JUNGBECKER, A.; ALFEN, H. W. *Analysing Traffic Demand Risk in Road Concessions*. Disponível em: https://www.irbnet.de/daten/iconda/CIB_DC24078.pdf. Acesso em: 2 abr. 2024.

[267] Disponível em: https://rmid-oecd.asean.org/project-risks-mitigation/risk-mitigation-instruments/commercial-risk-mitigation/demand-risk-mitigation/. Acesso em: 2 abr. 2024.

[268] Disponível em: https://www.iisd.org/system/files/*publications*/sharing-risk-revenues-from-ppp-discussion-paper.pdf. Acesso em: 2 abr. 2024.

riscos associados à demanda, tais quais riscos tecnológicos, não seria razoável exigir do parceiro privado a mesma capacidade de gestão de riscos que fogem do escopo negocial, como crescimento populacional ou uma pandemia. Nesse quadrante, a alocação apriorística e acrítica de todo e qualquer risco de demanda para a concessionária acabaria redundando em ineficiências contratuais.

O Global Infrastructure Hub[269] produziu, em 2016, um relatório dando conta das melhores práticas para a elaboração de uma matriz de riscos nos contratos de concessão. Como apontado pelo organismo internacional, tradicionalmente, o risco de demanda era alocado ao parceiro privado. Contudo, erros na estimação e previsão de receitas resultaram na insolvência de boa parte das concessionárias e na prestação de um serviço precário. Diante disso, as melhores práticas passaram a privilegiar o compartilhamento do risco de demanda entre concessionária e Poder Concedente, sobretudo no que diz respeito a eventos imprevisíveis, como aqueles decorrentes de força-maior e que impactam a demanda.

De acordo com o Global Infrastructure Hub, é necessário que tanto o Poder Concedente quanto a concessionária façam uma avaliação ostensiva do risco de demanda para garantir a sua alocação eficiente. Mas não apenas isso. Recomenda-se também a previsão de um mecanismo de gerenciamento de risco que determine ao Poder Concedente o dever de restabelecer o equilíbrio contratual, caso haja uma redução expressiva de demanda, a fim de garantir um valor mínimo de receita, como se depreende da seguinte passagem:[270]

> Alguns fatores que afetam a demanda não estão sob o controle do Parceiro Privado e o risco de tais fatores pode, em vez disso, ser mais bem alocado à Autoridade Contratante. Por exemplo, na maioria dos casos, é improvável que o risco de demanda seja aceito pelo Parceiro Privado na ausência de um regime que o proteja de "alterações adversas significativas" que afetariam os níveis de usuários, bem como de receitas e que estão fora de seu controle.

No direito brasileiro, é lugar-comum a afirmação de acordo com a qual, em contratos de longo prazo, o risco da demanda deverá ser

---

[269] Disponível em: http://www.g20.utoronto.ca/2016/allocating-risks-in-ppps.pdf. Acesso em: 2 abr. 2024.
[270] Disponível em: https://ppp-risk.gihub.org/risk-allocation-matrix/transport/road/#demand-risk. Acesso em: 2 abr. 2024. Tradução livre.

assumido pelo concessionário. Cuida-se, em primeiro lugar, da transposição, irrefletida, da vetusta teoria das áleas dos contratos administrativos tradicionais de empreitada. De acordo com essa teoria, o particular teria de suportar os riscos pela álea ordinária (empresarial), ao passo que o poder público teria de fazer frente ao custeio dos eventos atinentes à álea extraordinária (abarcada pelos quadrantes da teoria da imprevisão). E, em segundo lugar, da malversada interpretação do artigo 2º, II, da Lei nº 8.987/1995, que induziu a crença de acordo com a qual o plexo de riscos veiculados, por intermédio do pacto concessório, teria de ser suportado pelo concessionário.

Trata-se de entendimento divorciado do regime econômico-financeiro dos contratos de infraestrutura. É que cada empreendimento terá um plexo de riscos que lhe será inerente, a depender da estrutura econômica de cada projeto. Assim é que caberá ao contrato esquadrinhar os riscos à parte que tem mais capacidade (econômica, física e técnica) para absorvê-los. O instrumento contratual também deverá alocar os riscos à parte que tenha maior capacidade de diminuir as consequências produzidas pelo evento que os originou, seja pelos seus próprios meios, seja por meio da contratação de seguros para esse fim.[271]

Nada obstante, considera-se uma ilusão acreditar que a mera transferência integral dos riscos do poder público para o contratado privado produzirá maiores eficiências. Assim é que, na disciplina dos contratos, de maneira geral, o preço atribuído a uma prestação contratual leva consigo embutido o risco com o qual se terá de arcar; precifica-se a proposta, levando em consideração não só as certezas, mas, também, as

---

[271] Isso porque, como observado por Egon Bockmann Moreira: "A despeito de todas as decisões econômicas serem projetadas para o futuro, no caso das concessões de serviço público (sobretudo as que exigem execução de obra pública) o componente risco se incrementa não só porque o prazo é muito extenso e o aporte de capital é maciço num primeiro momento, mas também devido ao componente ético ínsito à prestação de serviços essenciais. Um projeto de concessão de serviços públicos não apenas convive com os riscos e as incertezas inerentes a empreendimentos com forte carga socioeconômica, mas igualmente produz outros tantos. A decisão de investimentos em projetos públicos de 15, 20 ou 30 anos exige mecanismos superlativos (de inibição e de reparação), que assegurem não só a estabilidade do serviço, mas também a dos rendimentos. Afinal de contas, 'é inevitável encarar-se uma relação contratual duradoura como uma fonte de incertezas e riscos, que atingem a onerosidade e até a bilateralidade dos nexos obrigacionais, reclamando das partes supervisão mútua, reajustamentos, reforço de garantias, revisão de expectativas ou índices de realização ou de satisfação, eventualmente até renegociação da base contratual'" (MOREIRA, Egon Bockmann. Riscos, incertezas e concessões de serviço público. *Revista de Direito Público da Economia*, Belo Horizonte, a. 18, n. 20, p. 35-50, out./dez. 2007).

incertezas que podem afetar a futura execução do contrato.[272] A dúvida quanto à titularidade de determinado risco faz com que o particular tenha de considerá-lo como seu, situação que, inevitavelmente, levará a um aumento do preço ofertado no procedimento licitatório.[273]

Cada risco, portanto, deverá ser distribuído à parte que tenha maior capacidade de evitá-lo ou, ainda, de absorvê-lo, no caso de sua ocorrência, da forma mais econômica possível. Em outras palavras, caso todos os riscos fossem alocados, aprioristicamente, ao contratado, tal repartição seria por ele "precificada", de modo que, na ponta, quem arcaria com tal custeio seria toda a sociedade. Mais especificamente, caso sejam repassados indistintamente todos os riscos para o particular (inclusive aqueles para cujo gerenciamento a um menor custo ele não detém *expertise*), este contratará um seguro, repassando o custeio da referida apólice para o poder público.

Além disso, se, porventura, não houver modalidade de seguro disponível para fazer frente a tais eventos, tal valor será embutido na sua proposta (ou, mais tecnicamente, provisionado em seu plano de negócios), o que, uma vez mais, importará em um contrato mais oneroso para o poder público. Por essa razão, as melhores práticas recomendam que os riscos que não sejam controláveis pelas partes sejam alocados

---

[272] Nesse sentido, Louis Anthony Cox Jr. assevera que: "The question of how risk matrices ideally should be constructed to improve risk management decisions has no simple answer, both because risk matrices are typically used as only one component in informing eventual risk management decisions and also because their performance depends on the joint distribution of the two attributes, Probability and Consequence, as illustrated in the above examples. Since risk matrices are commonly used when quantitative data are limited or unavailable, this joint distribution is typically unknown or very uncertain. This knowledge gap implies that the actual performance of a risk matrix and whether it is helpful, no better than random, or worse than useless may be unknown. It also prevents easy application of traditional decision-analytic, statistical, artificial intelligence, and engineering methods for similar problems (e.g., for optimal classification and for discretization of multivariate relations) that require the joint distribution of the attributes as an input" (COX JUNIOR, L. A. What's wrong with risk matrices? *Risk Analysis*, Herndon, v. 28, n. 2, p. 497-512, 2008. p. 500).

[273] De fato, como se asseveram Eduardo Engel, Ronald D. Fischer e Alexander Galetovic: "A alocação de risco é uma das principais funções do contrato de PPP. Seguindo Irwin (2007), podemos classificar os riscos em oito categorias: (a) risco de construção, incluindo falhas de projeto, estouros de custo e atrasos; (b) operação e manutenção; (c) disponibilidade nos termos acordados no contrato; (d) valor residual no final do contrato de PPP; (e) política, variando de incerteza macroeconômica a ações governamentais que afetam o projeto; (f) demanda; (g) financeiros (por exemplo, taxas de juros e flutuações nas taxas de câmbio); e (h) político (por exemplo, tomadas regulatórias ou expropriação)" (ENGEL, E.; FISCHER, R. D.; GALETOVIC, A. When and how to use public-private partnerships in infrastructure: lessons from the International experience. *National Bureau of Economic Research*: Working Paper 26766, fev. 2020. Disponível em: nber.org/papers/w26766. Acesso em: 11 jul. 2024).

ao poder público, de modo que, caso tal evento venha a ocorrer, a entidade estatal arque com os impactos econômicos dele decorrentes. Isso porque, caso ele não se materialize, nem o poder público, nem a população serão onerados.

Assim é que o princípio elementar da alocação de riscos é a sua distribuição para a parte que possui melhores condições de suportá-los, o que perpassa por identificar: (i) os riscos e a probabilidade de sua ocorrência; e (ii) a parte mais capaz de gerenciar os riscos e seus impactos.[274] Mas não só: o instrumento contratual também deverá alocar os riscos à parte que tenha maior capacidade de diminuir as consequências produzidas pelo evento que os originou, seja pelos seus próprios meios, seja por meio da contratação de seguros para esse fim.

Nesse quadrante, à medida que o risco de demanda acaba por ser afetado por uma miríade de fatores exógenos à cognoscibilidade das partes (*v.g.*, crises econômicas, pandemias, alterações demográficas, surgimento de novos entrantes), como visto, as melhores práticas internacionais recomendam o compartilhamento de tal risco entre o poder público e o explorador privado da infraestrutura. Não é por outra razão que, como leciona Fernando Vernalha,[275] é bastante comum que o risco de demanda, ao menos em alguma medida, seja assumido pelo Poder Concedente. Isso porque, nos casos em que o risco não está relacionado ao desempenho do concessionário, mas a fatores externos que exercem influência na variação de demanda, a opção pelo compartilhamento se torna mais eficiente, a fim de minimizar a insegurança do concessionário e do agente financiador, trazendo benefícios econômicos ao contrato. Em sentido similar, Heloisa Conrado Caggiano[276] reafirma a vantajosidade dos modelos que preveem arranjos de suporte governamental para os casos em que a demanda reduza abaixo de determinado limite. Operou-se, pois, uma alteração do racional segundo o qual todo

---

[274] Sobre essa questão, escrevem Rodrigo Castro e Fernando Menegat que os riscos não devem ser objeto de uma alocação aleatória, mas, sim, "[...] alocados de forma racional e eficiente, de acordo com a maior ou menor capacidade de cada um dos parceiros de mitigá-los" (CASTRO, Rodrigo Pironti Aguirre de; MENEGAT, Fernando. Matriz de risco nas contratações estatais e o rompimento da "teoria das áleas" no direito administrativo. *In*: REIS, Luciano Elias; CHIESORIN JUNIOR, Laerzio (orgs.). *Lei das empresas estatais*: responsabilidade empresarial e o impacto para o desenvolvimento econômico nacional. Curitiba: OAB, 2017).

[275] GUIMARÃES, Fernando Vernalha. Alocação de riscos na PPP. *In*: *Parcerias público-privadas*: reflexões sobre os 10 anos da Lei 11.079/2004, p. 247.

[276] CAGGIANO, H. C. Alocação de riscos em concessões rodoviárias federais no Brasil: análise do caso da BR 153/TO/GO. *Revista de Direito Público da Economia*, v. 15, p. 25-50, 2017.

risco de demanda deveria estar alocado à concessionária para o fim de consagrar uma sistemática que concede primazia à eficiência do compartilhamento de tais riscos entre as partes.

Tanto é verdade que diversos contratos de concessão estabelecem bandas de demandas, compartilhando tal risco entre concessionárias e Poder Concedente. Nesse sentido, cite-se, por exemplo, o Contrato de Concessão nº 003/2018 (Contrato das Linhas 5 e 17), firmado entre o Estado de São Paulo e a Concessionária das Linhas 5 e 17 do Metrô de São Paulo S/A. De acordo com a Cláusula 48.11 desse instrumento concessório, "o risco de não-realização da demanda projetada, constante da Cláusula 48.10 ou Cláusula 48.11, será compartilhado entre o Poder Concedente e a Concessionária".[277] No âmbito federal, o recém-licitado Contrato de Concessão nº 02/2023, relativo ao Lote 02 das Rodovias do Paraná, contém um anexo específico para disciplinar o mecanismo de mitigação do risco de receita. De acordo com o Anexo 14, a mitigação do risco de receita é aplicável na hipótese de a receita acumulada em determinado ano da concessão "ser inferior às bandas de Receita Mínima ou superior às bandas de Receita Máxima previstas neste Anexo, sendo que a compensação será realizada no ano subsequente ao da apuração".

Nada obstante tal tendência, um argumento mais açodado e, como tal, equivocado vem se construindo no sentido de que todas essas interferências concorrenciais na demanda dos terminais arrendados estariam albergadas pelo "risco da demanda", o qual teria sido alocado como um risco ordinário alocado ao arrendatário. Assim, por exemplo, citem-se a Subcláusula 5.5.3, da Minuta de Contrato de Concessão para Ampliação, Manutenção e Exploração dos Aeroportos Integrantes dos Blocos Sul, Central e Norte (6ª rodada de concessões de aeroportos), e a Subcláusula 13.1.19, da Minuta do Contrato para o Arrendamento de Área e Infraestrutura Pública para a movimentação e armazenagem de carga geral, de projeto ou conteinerizada, localizada dentro do Porto de Salvador (SSD09), formulada nos seguintes termos:

---

[277] As Cláusulas 48.10 e 48.11 do Contrato das Linhas 5 e 17 estipulam, de forma clara, a demanda projetada para o período de execução contratual. Todos os casos de compartilhamento previstos no contrato preveem fórmula paramétrica específica para o cálculo de ajuste da tarifa de remuneração.

Aeroportos
Seção II – Dos Riscos da Concessionária
5.5. Observado o disposto no item 5.4, constituem riscos *suportados exclusivamente pela Concessionária:* ...
5.5.3. não efetivação da demanda projetada ou sua redução por qualquer motivo, *inclusive se decorrer da implantação de novas infraestruturas aeroportuárias dentro ou fora da área de influência do Aeroporto, com exceção apenas do disposto no item 5.2.3.* (Grifos postos)
Portos
13. Alocação de Riscos
13.1. Com exceção das hipóteses previstas neste Contrato, *a Arrendatária é integral e exclusivamente responsável por todos os riscos relacionados ao Arrendamento, inclusive, mas sem limitação, pelos seguintes riscos:* (...)
13.1.19. *Não efetivação da demanda projetada por qualquer motivo, inclusive se decorrer da implantação de novos portos organizados ou novas instalações portuárias privadas, dentro ou fora da Área de Influência do Porto Organizado.*
(Grifos postos)

Para os fins da presente investida, o tema merece uma reflexão no setor portuário. É que, no setor portuário, como bem leciona Joel de Menezes Niebuhr,[278] "a concorrência passou a ser direta e frontal, desenhando fato do príncipe, bastante, em tese, para fundamentar pedido de revisão contratual. Advirta-se, mais uma vez, que nem todo arrendatário goza do direito à revisão do contrato em razão da concorrência direta e frontal com os terminais de uso privado". E conclui: "Em tese, é cabível a revisão. No entanto, cada arrendatário terá que demonstrar em que medida é ou foi afetado, isto é, os reflexos econômico-financeiros concretos desse novo regime, que é dissonante da premissa da Lei nº 8.630/1993".

De fato, temos, para nós, que tal cláusula não se compatibiliza com ordenamento jurídico e com a lógica econômica que deve orientar a distribuição de riscos em contratos de infraestrutura. Não é por outra razão que, ao examinar o tema, já tivemos a oportunidade de asseverar que:[279]

---

[278] NIEBUHR, Joel de Menezes. O Direito dos arrendatários ao reequilíbrio econômico-financeiro provocado pela assimetria concorrencial e pelo novo Marco Regulatório do Setor Portuário. *In*: PEREIRA, Cesar; SCHWIND, Rafael Wallbach (coord.). *Direito Portuário Brasileiro*. Belo Horizonte: Fórum, 2019.

[279] FREITAS, Rafael Véras de. O Programa de Parcerias de Investimentos (PPI) e o seu regime jurídico. *Revista de Contratos Públicos – RCP*, Belo Horizonte, ano 6, n. 11, p. 137-174, mar./ago. 2017.

Se for da competência do poder concedente outorgar o título habilitante (seja ele delegatório, seja autorizatório), que franqueia a exploração do serviço entrante, não há dúvida de que tal risco lhe deverá ser atribuído. Nessa hipótese, se cabe ao poder concedente franquear o acesso a tal mercado, ele será o único agente capaz de impedir que tal evento se consume ou diminuir os seus efeitos econômicos (por meio de procedimento de reequilíbrio). Caso se trate, porém, de entrante que não precisou obter o consentimento do mesmo poder concedente, tenho para mim que o risco deve ser repartido entre o concessionário e o poder público.

Isso porque casos há em que as interferências decorrem de alterações unilaterais dos contratos de longo prazo (de que é exemplo o arrendamento portuário) provocadas pelo próprio poder público. Dito em outras palavras, quando o poder público pratica, por exemplo, uma conduta comissiva, por intermédio da qual um novo entrante estabelece uma concorrência (em regime de simetria ou assimetria regulatória) com ativo concessionado, ele atrai para si os efeitos econômicos de tal conduta.

Num juízo mais açodado, poder-se-ia questionar: o que tem a ver tal conduta do poder público com os riscos dos contratos? Tudo. É que a infraestrutura portuária não é instalada nas nuvens; não existe a partir "do nada". Toda a sua demanda decorre das condições de operações de outras infraestruturas portuárias e de outros modais que integram a cadeia logística, razão pela qual a implantação de um novo modal se constitui como espécie de alteração das suas próprias condições de operação. Claro que isso não interdita que o poder público altere as condições da exploração dos portos na qualidade de um serviço de relevante interesse público, mas, se o fizer, terá de fazer frente aos impactos por ela produzidos no arrendamento explorado pela iniciativa privada.

E isso por, ao menos, quatro ordens de razões: a uma, na medida em que a alteração unilateral do contrato, pelo poder público, enseja o dever de recompor o equilíbrio econômico-financeiro da avença (nos termos do artigo 9º, §4º, da Lei nº 8.987/1995; a duas, porquanto, de acordo com o artigo 10 da Lei nº 8.987/1995, "sempre que forem atendidas as condições do contrato, considera-se mantido seu equilíbrio econômico-financeiro", daí que, alteradas tais condições pelo Poder Concedente, o equilíbrio econômico-financeiro terá de ser estabelecido em favor do concessionário; a três, pois que, ainda que o contrato de arrendamento não predique de uma exploração em regime exclusividade (nos termos do artigo 16 da Lei nº 8.987/1995), fato é que o arrendatário não é obrigado a suportar uma concorrência predatória forjada pelo próprio poder concedente; a quatro, porque, caso o arrendatário fosse obrigado a suportar todas as alterações unilaterais do Poder Concedente (ainda que em outros modais), haveria, no instrumento contratual, uma cláusula puramente potestativa, o que é interditado pelo artigo 122 do Código Civil.

Ademais disso, não se pode desconsiderar que a alteração de um marco regulatório se configura como um exemplo de manual de fato do príncipe. Isso porque a promulgação de um novo marco regulatório, enquanto ato estatal que atinge, indiretamente, a relação contratual,[280] é uma "medida geral adotada pelo Poder Público que influencia reflexamente o equilíbrio econômico-financeiro dos contratos de que a Administração participa".[281]

Um exemplo recente de outro setor ilustra o ponto. A Lei nº 14.026/2020 (Novo Marco Regulatório do Saneamento) trouxe robustas metas de universalização para os contratos de concessão de tratamento de água e de esgotamento de água em vigor. Ao comentar o novo marco regulatório, Gustavo Kaercher Loureiro leciona que, "dado o arranjo de competências no setor de saneamento, esta medida configura álea extraordinária, na modalidade de Fato do Príncipe".[282]

O mesmo exemplo pode ser extraído da recente promulgação da Lei nº 14.273/2021 (Novo Marco Regulatório das Ferrovias). Como se sabe, o serviço de transporte ferroviário vem sendo historicamente explorado por empresas estatais ou por agentes privados atuando em regime de concessão. O Novo Marco Regulatório das Ferrovias busca alterar tal cenário, a partir da previsão de dois regimes de execução distintos (art. 6º, inciso III, da Lei nº 14.273/2021): a exploração ferroviária em regime público (arts. 10 a 18) e o regime privado de exploração ferroviária (arts. 19 a 36). Nesse quadrante, a exploração do serviço de

---

[280] SUNDFELD, Carlos Ari. *Licitação e contrato administrativo de acordo com as leis 8.666/93 e 8.883/94*. São Paulo: Malheiros, 1995. p. 236.

[281] GRAU, Eros Roberto Grau; FORGIONI, Paula. *O estado, a empresa e o contrato*. São Paulo: Malheiros, 2005. p. 116.

[282] Completa o autor: "Cuida-se de ato da União, não titular dos serviços, no exercício de sua competência de estabelecer diretrizes para o setor de saneamento, *ex vi* art. 21, XX da Constituição. Ela não altera de per se os contratos de concessão, mas determina que assim o faça o titular-concedente" (LOUREIRO, Gustavo Kaercher. *Observações sobre a prorrogação de contratos de programa sob o Marco do Saneamento*: Texto para discussão. FGV: Centro de Estudos em Regulação e Infraestrutura, p. 8).

transporte ferroviário em regime privado, mediante outorga por autorização, atribui ao particular-autorizatário a competência por definir os investimentos necessários para criação, expansão e modernização das instalações ferroviárias, assumindo todos os riscos correlatos, sem que o instrumento contratual preveja direitos ao equilíbrio econômico-financeiro ou legitime a imposição unilateral de vontades (art. 29, §§1º, 2º e 6º).

Veja-se, portanto, que o novo regime aproxima a exploração da atividade do ambiente de livre-iniciativa. De outro lado, as ferrovias exploradas em regime público continuam sujeitas ao regime jurídico aplicável às concessões: definição de tarifas para execução dos serviços, obrigações determinadas de realização de investimentos e critérios de avaliação de desempenho bem definidos (art. 10 da Lei nº 14.273/2021). Daí ser possível concluir que: (i) o estabelecimento de um regime regulatório dúplice, possivelmente, provocará impactos nas malhas ferroviárias que atualmente são desenvolvidas e operadas sob concessão;[283] (ii) os contratos de concessão ferroviária, firmados antes da promulgação do Novo Marco Regulatório, foram idealizados tendo em vista a exploração do setor em regime monopolístico, e não sob a lógica competitiva; e (iii) por via de consequência, eventuais impactos na demanda dos serviços prestados pelas concessionárias, provocados pela outorga das novas autorizações, podem ser objeto de pleitos de recomposição do equilíbrio contratual, como, inclusive, pode ser extraído da norma geral que assegura o equilíbrio econômico-financeiro das concessões (art. 64, §11 c/c art. 10, inciso III, do Novo Marco Regulatório das Ferrovias).[284]

É, justamente, o que aqui se passa com a Lei nº 12.815/2013, que, ao permitir o transporte irrestrito de "cargas de terceiros" pelos terminais privados, se configura como uma medida, geral e abstrata,

---

[283] Tanto é assim que o Marco Regulatório das Ferrovias expressamente prevê a possibilidade de as concessionárias com contrato vigente na data de promulgação da lei requererem a adaptação de seu contrato, de concessão para autorização (art. 64).

[284] Segundo a inteligência do art. 64, §11, que teve veto presidencial derrubado pelo Congresso Nacional: "Caso não ocorra a adaptação do contrato de concessão para autorização, as concessionárias ferroviárias terão direito à recomposição do equilíbrio econômico-financeiro quando provado desequilíbrio decorrente de outorga de autorizações para a prestação de serviços de transporte dentro da sua área de influência". No mesmo sentido, fica claro da leitura do art. 10, inciso III, da Lei nº 14.273/2021 ("Art. 10. Além do disposto nos arts. 19 e 23 da Lei nº 8.987, de 13 de fevereiro de 1995, o edital e o contrato devem indicar, obrigatoriamente: (...) III – a obrigação de realizar investimentos para aumento de capacidade quando atingido o nível de saturação da ferrovia ou de trechos ferroviários específicos, assegurado o equilíbrio econômico-financeiro do contrato") que a manutenção do equilíbrio econômico-financeiro constitui um princípio basilar das concessões.

que produziu impactos diretos no equilíbrio econômico-financeiro dos contratos de arrendamento. Por fato do príncipe, entende-se "um ato de autoridade, não diretamente relacionado com o contrato, mas que repercute indiretamente sobre ele".[285]

Cuida-se de álea administrativa, extraordinária, assim como os fatos da administração, atrelada à superveniência de fatos que prejudicam a relação contratual, a denominada teoria da imprevisão. Nesse sentido, Maria Sylvia Zanella Di Pietro salienta que, "em consequência, a solução tem sido a mesma em qualquer das teorias (fato do príncipe, fato da Administração e imprevisão); inclusive, é a solução adotada também para as hipóteses de caso fortuito e força maior (art. 78, XVII, combinado com art. 79, I, da Lei nº 8.666/93). Em todos os casos, a Administração Pública responde sozinha pela recomposição do equilíbrio econômico-financeiro". Na mesma direção, Rafael Wallbach Schwind e Karlin Olbertz Niebuhr[286] asseveram que:

> Nem se diga que essa ruptura da estrutura de mercado ocasionada pela edição da Lei nº 12.815 estaria dentro do risco do negócio assumido pelo arrendatário (álea empresarial). Ainda que não haja uma garantia contra alterações legislativas (o que é evidente), o fato é que, se uma alteração normativa atinge de modo direto a própria viabilidade de atingimento de uma movimentação mínima, caberá o reequilíbrio do contrato porque um ato do Poder Público comprometeu a própria inviabilidade da MMC.

No direito positivo, tal instituto funda-se, essencialmente, nos arts. 9º, §3º, e 10 da Lei nº 8.987/95, que autorizam o reequilíbrio econômico-financeiro ante a superveniência de fatos imprevisíveis, após a apresentação das propostas apresentadas na licitação, incluindo aqueles de autoria do próprio Estado; e no disposto no art. 134 da Lei nº 14.133/2021 (Nova Lei de Licitações), segundo o qual "os preços contratados serão alterados, para mais ou para menos, conforme o caso, se houver, após a data da apresentação da proposta, criação, alteração ou extinção de quaisquer tributos ou encargos legais ou a superveniência de disposições legais, com comprovada repercussão sobre os preços contratados".

---

[285] DI PIETRO, Maria Sylvia. *Direito Administrativo*. 30. ed. rev., at. e ampl. Rio de Janeiro: Forense, 2017. p. 360-362.

[286] SCHWIND, Rafael Wallbach; NIEBUHR, Karlin Olbertz. Considerações críticas sobre a movimentação mínima contratual (MMC) em arrendamentos portuários: um conceito que demanda revisão. In: PEREIRA, Cesar; SCHWIND, Rafael Wallbach (coord.). *Direito Portuário Brasileiro*. Belo Horizonte: Fórum, 2019.

Tal entendimento se encontra plasmado, inclusive, no livro produzido pela Corte de Contas que contempla as boas práticas de gestão e orientações sobre licitações e contratos administrativos,[287] do qual se extrai que o "reequilíbrio econômico-financeiro do contrato se justifica nas seguintes ocorrências (...) caso de força maior, caso fortuito ou fato do príncipe, que configure álea econômica (probabilidade de perda concomitante à probabilidade de lucro) extraordinária e extracontratual".

Mas, note-se bem: a possibilidade de, a depender da matriz de riscos dos contratos de arrendamento, se lançar mão do reequilíbrio econômico-financeiro de tais ajustes não tem o condão de conferir um direito à exploração exclusiva de um operador histórico, nem muito menos fomentar exploração monopólica da infraestrutura portuária. Dito em outras palavras, renegociações contratuais não podem autorizar a proscrição da instalação de um ambiente concorrencial equilibrado.

Isso porque, em mercados que se aproximam do modelo de monopólio, os preços são ditados, unilateralmente, pelo produtor, o qual, dentro de uma perspectiva racional maximizadora, termina por fixá-los em níveis superiores aos que se vislumbrariam em uma realidade competitiva, restringindo a sua oferta. Nessa situação, tem lugar uma perda de bem-estar total para a sociedade (o *"dead weight loss"*). Nesse sentido, Stiglitz e Walsh[288] aludem a quatro "grandes fontes de ineficiência" dos monopólios e demais situações de concorrência imperfeita, quais sejam: (i) a restrição no volume produzido; (ii) a acomodação gerencial; (iii) a redução dos níveis ou negligência nos investimentos em pesquisa; e (iv) a busca de renda supracompetitiva.

Mais que isso, a ineficiência alocativa resulta da capacidade dos produtores em estabelecer preços superiores ao custo marginal de produção do bem. Nessas hipóteses, os produtores logram participar da distribuição da renda econômica, obtendo uma parcela maior do que sua contribuição efetiva à custa dos consumidores. De fato, em um mercado em ambiente de monopólio não regulado, o produtor único tem a prerrogativa de definir o preço que será praticado. Dito em outras palavras, a ausência de competição é um incentivo para que este não seja eficiente na sua operação, refletindo em uma oferta que estará abaixo

---

[287] BRASIL. Tribunal de Contas da União. *Licitações e contratos*: orientações e jurisprudência do TCU. Brasília: TCU, Secretaria-Geral da Presidência: Senado Federal, Secretaria Especial de Editoração e Publicações, 2010. p. 811-812.

[288] STIGLITZ, Joseph; WALSH, Carl. *Introdução à microeconomia*. Rio de Janeiro: Campus, 2003. p. 223.

do ponto de equilíbrio se comparada com uma situação de competição perfeita. Consequentemente, o preço se torna excessivamente elevado para cumprir o objetivo de maximizar o lucro do produtor, causando redução dos excedentes dos consumidores e produzindo efeitos líquidos negativos.[289]

Segue daí a necessidade de o poder público, por ocasião de cada pleito de reequilíbrio econômico-financeiro, realizar uma análise dos custos de transação entre as opções regulatórias de reequilibrar um contrato de arrendamento em razão do advento de um novo entrante ou mesmo relicitar o ativo.

De fato, não se pode desconsiderar que, como destacado por Harold Demsetz,[290] na medida em que é irreal se estabelecer uma exploração concorrencial, no âmbito de um mercado caracterizado como monopólio, por intermédio de uma regulação contratual (antecedida por um leilão), seria incentivada a produção de eficiências que teriam lugar num ambiente competitivo. De acordo com o autor, as revelações das informações seriam obtidas por meio de lances sucessivos do leilão – até que seja escolhido um prestador de serviço mais eficiente.

O tema deve ser endereçado à luz do racional econômico que deve lastrear as alterações empreendidas em contratos de concessão, no âmbito do regime de renegociações contratuais. De fato, não se pode desconsiderar que as concessionárias, no âmbito de uma lógica econômica de maximização de seus próprios interesses, tenderão a executar o objeto do contrato despendendo os menores custos possíveis, com o desiderato de incrementar a sua rentabilidade. Nesse quadrante, os regimes de renegociação, *ex post*, podem importar em uma captura de renda

---

[289] É que, como asseveraram Robert Baldwin, Martin Cave e Martin Lodge: "Onde ocorre monopólio, o mercado 'falha' porque a concorrência é deficiente. Do ponto de vista do interesse público, o problema com uma empresa que ocupa uma posição monopolista é que, ao maximizar os lucros, restringirá a sua produção e fixar o preço acima do custo marginal. Fá-lo-á porque se cobrar um único preço do seu produto, as vendas adicionais só serão conseguidas através da redução do preço em toda a produção. O monopolista renunciará às vendas na medida em que as receitas perdidas com menos vendas serão compensadas por receitas mais elevadas derivado do aumento do preço das unidades ainda vendidas. Os efeitos do monopólio, em comparação com a concorrência perfeita, são produção reduzida, preços mais altos, e transferência de rendimentos dos consumidores para os produtores" (BALDWIN, R.; CAVE, M.; LODGE, M. *Understanding Regulation*: Theory, Strategy, and Practice. New York: Oxford University Press, 2013. p. 16).

[290] DEMSETZ, H. Why regulate utilities? *Journal of Law and Economics*, Chicago, v. 11, n. 1, p. 55-65, abr. 1968.

de uma parte em relação à outra,[291] razão pela qual, segundo Marcos Nóbrega e Bradson Camelo,[292] é necessário realizar uma mudança de perspectiva, no sentido de que a busca pela eficiência não deve se dar apenas pela melhor alocação dos recursos, mas também considerar os incentivos envolvidos. É claro que a legislação brasileira que rege a licitação estabelece, por assim dizer, um "pacote" de incentivos, porém, não é o melhor. Por exemplo, há sistemas licitatórios que possibilitam o estabelecimento de regras de lances abertos ou fechados, deixando para os órgãos a flexibilidade de desenhar seus mecanismos de acordo com as contratualizações desejadas.

De um lado, é de se considerar que a assimetria de informações, durante o processo licitatório, pode gerar, também, ao final da licitação: (i) o "arrependimento dos perdedores" (*losers' regret*), se um licitante perdedor poderia ter ganhado com um lance mais alto; e (ii) o "arrependimento do vencedor" (*winner's regret*), se um licitante vencedor poderia ter ganhado dando menos pelo lance. Embora isso possa não ser surpreendente do ponto de vista comportamental, é relevante do ponto de vista do projeto do mecanismo, que exige o emprego do mecanismo mais eficiente possível.[293]

De outro lado, não se pode desconsiderar que a renegociação se dá em um ambiente não competitivo, o que poderá gerar uma seleção adversa de licitantes, os quais podem já ter conhecimento que suas propostas são inexequíveis, mas confiam (pela detença de informações privadas) que seus contratos serão renegociados. Cuida-se de ineficiências que, segundo estudos empíricos, observam o seguinte racional: (i)

---

[291] Nesse sentido, Christopher Decker, para quem: "A capacidade de confiar em contratos como dispositivo de compromisso tem sido limitada nos países em desenvolvimento, principalmente devido à prevalência da renegociação de contratos, que atua como um sério impedimento ao envolvimento do setor privado. Então, o uso de contratos (incompletos) tende a fornecer um complemento e não uma alternativa às instituições reguladoras. [...] Essa assimetria de informação pode criar incentivos para uma empresa agir estrategicamente, por exemplo, deturpando informações, como exagerar na indicação de custos reais, o que resultará em ineficiência. A presença de informações assimétricas exige que o regulador se envolva em métodos para verificar o verdadeiro nível de custos da empresa. Visto dessa maneira, a tarefa regulatória pode ser encarnada como uma forma de problema principal-agente, em que o regulador (principal) tenta controlar a empresa (agente) que possui informações superiores" (DECKER, C. *Modern Economic Regulation*: An Introduction to Theory and Practice. Cambridge: Cambridge University Press, 2015. p. 115).

[292] NÓBREGA, Marcos; CAMELO, Bradson. O que o prêmio Nobel de Economia de 2020 tem a ensinar a Hely Lopes Meirelles? O modelo de licitações que temos no Brasil é eficiente? *Jota.info*, seção Análise, 15 out. 2020.

[293] MILGROM, P. R.; WEBER, R. J. A theory of auctions and competitive bidding. *Econometrica*, v. 50, n. 5, p. 1.089-1.122, sep. 1982.

quanto maior capturado o regulador, maior a possibilidade de renegociação; (ii) quanto mais elevados forem os investimentos comprometidos, maior é a probabilidade de renegociação; (iii) a existência de um organismo regulador no momento da adjudicação de uma concessão diminui a probabilidade de renegociação; e (iv) o estabelecimento de indicadores de desempenho contratuais sugere a redução da possibilidade de renegociação.[294]

Para além dos achados do *benchmark* internacional sobre o ponto, o tema não passou despercebido pelo Tribunal de Contas da União (TCU). Ao proferir o Acórdão nº 1.096/2019 – TCU – Plenário, que teve por objeto o acompanhamento do primeiro estágio de desestatização, relativo à concessão do lote rodoviário que compreende os segmentos das rodovias BR-364/365/GO/MG entre as cidades de Jataí/GO e Uberlândia/MG, deixou assentado que os procedimentos de renegociação dos contratos de concessão deveriam prever: (i) o estabelecimento de regras para analisar e rejeitar ofertas agressivas e imprudentes (mecanismo de capital social adicional proporcional aos deságios oferecidos no leilão); (ii) exigência de um processo de licitação obrigatória no caso de inclusão de novos investimentos (normativo em fase de elaboração em atendimento ao subitem 9.3.1.1 do Acórdão nº 1.174/2018 – TCU – Plenário, em que a ANTT indica que avalia a possibilidade de utilização do modelo chileno ou adoção dos custos médios de contratação do DNIT); (iii) a fixação de períodos em que os contratos não serão negociados (nos cinco primeiros e nos cinco últimos anos do contrato); e (iv) aumento do custo político do processo de renegociação (limitação do processo de inclusão de obras e investimentos às revisões quinquenais, as quais preveem mecanismo de participação social).

Essas ponderações devem ser levadas em consideração no cenário prático de análise de eventual pleito de reequilíbrio econômico-financeiro formulado por arrendatário ao argumento de que um novo entrante na área de influência do porto organizado teria desequilibrado o contrato de arrendamento.

Nesse caso, à luz dos aportes anteriormente lançados, podemos concluir que, ao analisar o requerimento de reequilíbrio econômico-financeiro formulado pelos arrendatários, exploradores históricos da infraestrutura do porto organizado, a entidade competente deverá

---

[294] GUASCH, J. L. *Granting and Renegotiating Infrastructure Concessions*: Doing It Right. The World Bank: Washington, 2004. p. 76.

avaliar: (i) a matriz de risco do contrato de arrendamento, bem como a forma por intermédio da qual o contrato alocou o risco pelo advento de um novo entrante; (ii) os efeitos do provisionamento do fluxo de caixa do projeto *vis-à-vis* os impactos concretos que foram experimentados pelo terminal arrendado em razão da conflagração de um evento, em tese, qualificado como um fato do príncipe, na forma do art. 9º, §3º, da Lei nº 8.987/1995; e (iii) a realização de uma análise dos custos de transação entre reequilibrar o contrato, no âmbito de um procedimento de renegociação alijado do ambiente concorrencial, ou realizar uma nova licitação, no âmbito da qual poderão ser obtidas maiores eficiências em uma *competição pelo mercado* da exploração da infraestrutura portuária.

Conclusões

Diante do exposto, é possível sumariar, em proposições objetivas, as conclusões do presente capítulo:

(i) a assimetria regulatória entre os exploradores da infraestrutura portuária é predicadora da instituição de uma assimetria regulatória ótima entre esses agentes, que considere a regulação da variável regulatória estritamente necessária para evitar distorções competitivas, de modo que qualquer outra interferência estatal no desenvolvimento econômico de relevante interesse público, à luz do princípio da liberdade de iniciativa, restará maculada pela pecha da inconstitucionalidade;

(ii) acontece que os arrendamentos portuários ainda sofrem uma intensa regulação (decorrente da vetusta *publicatio*, que rege os serviços públicos), ao passo que os terminais privados se submetem a uma regulação menos intrusiva. Mas isso não significa dizer que os terminais arrendados tenham um direito subjetivo à ausência de concorrência, máxime em razão da produção das externalidades positivas que lhe são subjacentes;

(iii) o Tribunal de Contas da União (TCU), por intermédio do Acórdão nº 2.711/2020, da relatoria do ministro Bruno Dantas, cuidou de auditoria operacional, desenvolvida pela Secretaria de Fiscalização de Infraestrutura Portuária e Ferroviária (SeinfraPortoFerrovia), que teve por objeto analisar o modelo de exploração da atividade portuária, nos portos públicos brasileiros, em comparação ao modelo de exploração de terminais privados e aos modelos aplicados a portos internacionais de referência;

(iv) ao apreciar a referida auditoria operacional, o ministro Bruno Dantas deixou assentado que: (a) além da simplicidade e celeridade do processo de autorização dos terminais privados, a maioria das alterações contratuais, a exemplo da ampliação da área ou do montante de investimentos, depende apenas da aprovação do Poder Concedente, ficando dispensada a celebração de novo contrato de adesão ou a realização de novo anúncio público; (b) a liberdade de movimentação de cargas próprias e de terceiros, bem como a liberdade de contratação de mão de obra, ofereceu estímulo ao setor privado para realização de investimentos na operação portuária, o que deveria proporcionar ao setor um ambiente de maior competitividade; (c) dados de maio de 2020 dão conta de que foram investidos R$34,28 bilhões em 112 novos terminais privados e mais R$4,6 bilhões em 18 ampliações e alterações de perfil, totalizando R$38,9 bilhões, enquanto, das 159 áreas projetadas pelo Governo Federal para arrendamento, apenas 21 foram licitadas e adjudicadas, somando um total de R$3,6 bilhões; (d) embora TUPs e os arrendamentos portuários tenham interesses econômicos semelhantes, a equipe de auditoria observou alto nível de ociosidade dos portos públicos brasileiros, na ordem de 56%, evidenciando os efeitos negativos das diferentes exigências para autorizações e arrendamentos estabelecidas pela Lei nº 12.815/2013; e (e) quando comparado com os TUPs, os arrendamentos portuários se mostram muito mais burocráticos, em razão da morosidade do processo licitatório, da rigidez contratual, da excessiva centralização e dos desincentivos à eficiência, o que prejudica sobremaneira a competitividade logística brasileira;

(v) a partir da edição da edição da Lei nº 14.047/2020, buscou-se instalar um regime de desregulação dos arrendamentos, de modo a equilibrar a assimetria regulatória existente no setor portuário. De acordo com o art. 5º-A, introduzido à

Lei nº 12.815/2013 (Marco Regulatório do Setor Portuário), por exemplo, se prescreve que os "contratos celebrados entre a concessionária e terceiros, inclusive os que tenham por objeto a exploração das instalações portuárias, serão regidos pelas normas de direito privado, não se estabelecendo qualquer relação jurídica entre os terceiros e o poder concedente, sem prejuízo das atividades regulatória e fiscalizatória da Antaq";

(vi) bem vistas as coisas, é possível se afirmar que, de acordo com novel diploma, os referidos contratos não se submeterão mais ao regime jurídico-administrativo (usualmente atribuído aos contratos administrativos). Cuida-se de uma flexibilização da intensidade regulatória, que visa dar conta, justamente, desse desequilíbrio concorrencial entre os terminais privados e os arrendamentos portuários. O dispositivo pretendeu, na linha do art. 25, §2º, da Lei nº 8.987/1995, instituir a figura dos contratos privados regulados para os concessionários de toda a infraestrutura do porto organizado. De fato, não trata de um contrato regido, integralmente, pelo direito privado, tampouco de um contrato administrativo (com as exorbitâncias que lhe são inerentes);

(vii) por se tratar de contratos de direito privado coligados a contratos administrativos que veiculam a prestação de serviços públicos (o contrato de concessão de exploração do porto organizado), tal ajuste será regido, ainda que parcialmente, por normas regulatórias que compatibilizem o princípio da autonomia da vontade com o dever de prestação de um adequado serviço público;

(viii) para além disso, não se pode desconsiderar que esses contratos são celebrados no bojo de um sistema, porquanto sobre eles incide um plexo de direitos e de obrigações que alcançam não apenas as partes que o celebram, mas, também, o conjunto dos usuários. Daí por que temos para nós que esses contratos possuem natureza jurídica de contratos privados coligados;

(ix) na realidade no setor portuário, considerando a alteração de diretriz político no governo eleito de não conceder/privatizar a autoridade portuária, o exemplo mais saliente desse tipo de ajuste é o contrato de exploração de instalação portuária em regime de direito privado celebrado entre a Vports Autoridade Portuária (Vports) e os exploradores em regime privado. Tal modelo de contrato restou celebrado no contexto de desestatização da CODESA (atualmente Vports), que foi desestatizada e passou a atuar no regime de direito privado, na qualidade de concessionária que administra as áreas dos Portos Organizados de Vitória e de Barra do Riacho, nos termos do Contrato de Concessão nº 01/2022, celebrado, em 20.09.2022, entre a União Federal e a Vports (Contrato de Concessão);

(x) para além disso, como uma de reduzir os impactos da assimetria regulatória entre os terminais privados e os arrendamentos portuários, incluiu-se o art. 5º-C à Lei nº 12.815/2013, o qual estabelece um rol de cláusulas obrigatórias aos contratos de arrendamento portuário. Mais do que reproduzir o art. 23 da Lei nº 8.987/1995, o referido artigo traz um sistema de regulação contratual para os contratos de arrendamento portuário (*regulation by contract*), por meio do qual, para além de impor o estabelecimento de uma adequada matriz de riscos contratuais, se retira a obrigatoriedade publicística de os arrendamentos serem modelados com bens reversíveis. Cuida-se de mais uma investida de reduzir a intensidade regulatória que incide sobre os contratos de arrendamentos, já que a sistemática dos bens reversíveis, como constatado pelo TCU, onera o contrato de arrendamento, o próprio poder público e os próprios usuários;

(xi) de fato, a interpretação conjugada dos arts. 18, incisos X e XI, 31, II, 23, X, e 35, §1º, da Lei nº 8.987/1995 vem lastreando o entendimento segundo o qual todas as concessões deveriam ser modeladas, com a previsão do trespasse de bens reversíveis. Tal entendimento, contudo, não se coaduna com o racional econômico-financeiro dos contratos de longo prazo;

(xii) não é por outra razão que, em razão das projeções econômicas da exploração de determinado ativo (consubstanciado no EVTEA), algumas concessões não serão modeladas com a presença de bens reversíveis. No âmbito da concessão de transporte aéreo de passageiros, por exemplo, de que trata a Lei nº 11.182/2005 (Lei de Criação da ANAC) e a Lei nº 7.656/1986 (Código Brasileiro de Aeronáutica – CBA), malgrado a importância das aeronaves, elas não integram o acervo de bens reversíveis. Do mesmo modo, no âmbito de uma concessão de transporte urbano de passageiros ou de uma concessão de ferrovias, os ônibus e o material rodante, respectivamente, poderão não integrar, necessariamente, o acervo de bens reversíveis, seja porque tais bens, ao final dos contratos, terão uma depreciação tão elevada que a sua inclusão na estrutura econômica contratual não se justificaria, seja porque tal patrimônio poderá se tornar obsoleto em razão do advento de novas tecnologias. No setor de telecomunicações, que é severamente impactado pelo advento de novas tecnologias, o tema restou bem endereçado pelo art. 93, XI, da Lei nº 9.472/1997 (Lei Geral de Telecomunicações), consoante o qual o contrato de Contrato de Concessão para o Serviço Telefônico Fixo Comutado (STFC) indicará "os bens reversíveis, se houver";

(xiii) de fato, para efeito de sua inclusão no modelo econômico-financeiro da exploração de um ativo, deve-se identificar se: o bem, ao final de um contrato de longo prazo, ainda terá alguma utilidade para preservar a continuidade dos serviços públicos; de acordo com a projeção de desenvolvimento tecnológico do setor regulado, a reversão militaria na apropriação de um bem obsoleto para o patrimônio público, quando da extinção da concessão; o custo de desmobilização do ativo não iria de encontro ao dever de modicidade tarifária, inviabilizando, inclusive, que seja instaurada uma nova concorrência por determinado mercado; e a previsão de uma cláusula de reversibilidade desequilibra, concretamente, a assimetria regulatória engendrada pela lei-quadro setorial, importando em vicissitudes concorrenciais;

(xiv) por fim, é de destacar a relevante inclusão do inciso VI ao art. 3º da Lei nº 12.815/2013, o qual impõe que os arrendamentos portuários observem a "liberdade de preços nas operações portuárias, reprimidos qualquer prática prejudicial à competição e o abuso do poder econômico". O novel diploma teve por desiderato pôr fim à controvérsia a propósito da obrigatoriedade da inclusão de um regime de *price cap* aos valores cobrados pelos arrendatários;

(xv) nada obstante os avanços empreendidos pela Lei nº 14.017/2020, temos para nós que tais previsões não são bastantes a equilibrar a assimetria regulatória instalada no setor portuário. É que o regime jurídico de privado regulatório só será utilizado no bojo da privatização integral da autoridade portuária, modelo de delegação que tende a não se expandir em razão das novas diretrizes do governo eleito, diante do que a maior parte dos arrendamentos portuários já celebrados e a serem contratados pelo poder público ainda será regida por um regime publicístico, o que seguirá produzindo os desequilíbrios decorrentes da assimetria regulatória, apontados pelo Tribunal de Contas da União (TCU);

(xvi) nesse quadrante, temos para nós que, *de lege ferenda*, uma nova reforma do setor portuário deveria ser empreendida no setor portuário por intermédio da *despublicatio* dos arrendamentos portuários. É que, malgrado os avanços empreendidos pela Lei nº 14.133/2021, fato é que o procedimento licitatório prévio aos arrendamentos, por exemplo, segue sendo burocrático, moroso e permeado por custos de transação, máxime se comparado com os procedimentos de anúncio e chamamento público que precedem as autorizações portuárias;

(xvii) daí a necessidade de uma alteração legislativa que levasse a efeito uma *despublicatio* dos contratos de arrendamento, com vista a instalar um regime de flexibilização regulatória de tais títulos habilitantes, a ser implementada pela migração do contrato de arrendamento para títulos habilitantes autorizativos. Não se trata de investida novidadeira em outros setores de infraestrutura. Assim, por exemplo, cite-se a Lei nº 13.879/2019, que alterou a Lei nº 9.472, de 16 de julho de 1997, para permitir a adaptação da modalidade de outorga de serviço de telecomunicações de concessão para autorização;

(xviii) a partir de alteração normativa dessa ordem, poder-se-ia cogitar da edição de uma regulação de entrada e endocontratual que reduzisse a assimetria regulatória entre os arrendamentos portuários e os terminais privados. Com isso, seria possível substituir o burocrático procedimento licitatório por um procedimento de chamamento público (congênere aos utilizados para regular a entrada dos autorizatários) que selecionasse, por meio de critérios técnicos e mais flexíveis, os exploradores de parcela territorial do porto organizado;

(xix) mas se, de um lado, caminha-se na firme trilha de flexibilizar a regulação dos contratos de arrendamento, por outro lado, isso não importa instalar maiores influxos regulatórios aos terminais privados, especialmente por intermédio do incremento do pagamento de suas tarifas portuárias, porquanto os terminais privados são obrigados a realizar vultosos investimentos prévios à exploração da infraestrutura portuária, dentre os quais, os de aquisição da área do terminal até a implantação de estruturas de cais, edificações, pátio, instalações de utilidades e de acesso terrestre ao terminal, os quais não são realizados pelos arrendatários como condição de exploração do ativo. De fato, a medida mais adequada a equilibrar a concorrência entre os exploradores da infraestrutura portuária é flexibilizar o regime dos arrendamentos, e não onerar o regime regulatório dos terminais privados;

(xx) mais que isso, investida dessa ordem não tem respaldo normativo e acarretaria um benefício desproporcional aos terminais arrendados de operadores históricos em face de novos entrantes, o que violaria o art. 19, §2º, da Resolução ANTAQ nº 61/2021, segundo o qual "a política comercial de segmentação de mercado não poderá viabilizar condutas anticoncorrenciais ou que tenham por objetivo o abuso de posição e o domínio de mercado";

(xxi) o art. 13 da Lei nº 8.987/1997 prescreve que "as tarifas poderão ser diferenciadas em função das características técnicas e dos custos específicos provenientes do atendimento aos distintos segmentos de usuários";

(xxii) como se pode extrair do referido dispositivo, dois são os quadrantes orientadores do estabelecimento de tarifas diferenciadas na prestação de serviços públicos: as características técnicas dos serviços delegados; e os custos do atendimento aos distintos segmentos dos usuários. A primeira parte do dispositivo diz respeito às hipóteses em que são fixadas tarifas diferenciadas em razão das especificidades técnicas do serviço que foi concedido, a exemplo da construção de uma rede de fibra ótica para a prestação de serviços de telecomunicação para municípios mais afastados – dificuldade de acesso que importaria no incremento dos custos para a disponibilização dos serviços aos usuários. Já a sua segunda parte é vocacionada a atender às especificidades do usuário do serviço, as quais podem ser técnicas (decorrentes da sua localização, por exemplo) ou financeiras (atreladas à sua hipossuficiência);

(xxiii) não é o caso entre arrendatários e terminais privados. Como dito, os custos, as operações e os usuários (linhas de navegação) são os mesmos entre tais operadores, o que não justifica o discrímen. Tanto é verdade que o art. 33, §1º, da Resolução nº 61/2021 da ANTAQ dispõe que, "salvo disposição contratual em contrário, a estrutura tarifária a ser aplicada nesses casos é a mesma destinada aos demais usuários da área do porto organizado". Daí se poder concluir que o estabelecimento de exação dessa ordem importaria na produção de externalidades negativas para todo o ambiente regulatório e concorrencial do setor portuário;

(xxiv) o equilíbrio econômico-financeiro dos contratos de arrendamento é instrumentalizado a partir de sua matriz de riscos. De fato, no setor portuário, não há uma distribuição de riscos aleatória ou desvinculada do crivo de equilíbrio do contrato de arrendamento;

(xxv) daí se evidencia que só ensejarão o reequilíbrio econômico-financeiro, em favor dos arrendatários, situações que forem previamente alocadas em contrato como um risco do Poder Concedente. Dito em outras palavras, só terá direito a reequilíbrio o arrendatário que comprovar, por intermédio de relatório técnico ou laudo pericial, o impacto econômico-financeiro verificado ou projetado, bem como se tais impactos foram provocados por eventos alocados com um risco do Poder Concedente – é o que dispõe o art. 80 da Portaria MINFRA nº 530/2019;

(xxvi) no direito brasileiro, é lugar-comum a afirmação de acordo com a qual, em contratos de longo prazo, o risco da demanda deverá ser assumido pelo concessionário. Cuida-se, em primeiro lugar, da transposição, irrefletida, da vetusta teoria das áleas dos contratos administrativos tradicionais de empreitada. De acordo com essa teoria, o particular teria de suportar os riscos pela álea ordinária (empresarial), ao passo que o poder público teria de fazer frente ao custeio dos eventos atinentes à álea extraordinária (abarcada pelos quadrantes da teoria da imprevisão). E, em segundo lugar, da malversada interpretação do artigo 2º, II, da Lei nº 8.987/1995, que induziu a crença de acordo com a qual o plexo de riscos veiculados, por intermédio do pacto concessório, teria de ser suportado pelo concessionário;

(xxvii) cuida-se de entendimento divorciado do regime econômico-financeiro dos contratos de infraestrutura. É que cada empreendimento terá um plexo de riscos que lhe será inerente, a depender da estrutura econômica de cada projeto. Assim é que caberá ao contrato esquadrinhar os riscos à parte que tem mais capacidade (econômica, física e técnica) para absorvê-los. O instrumento contratual também deverá alocar os riscos à parte que tenha maior capacidade de diminuir as consequências produzidas pelo evento que os originou, seja pelos seus próprios meios, seja por meio da contratação de seguros para esse fim;

(xxviii) mais que isso, à medida que o risco de demanda acaba por ser afetado por uma miríade de fatores exógenos à cognoscibilidade das partes (*v.g.*, crises econômicas, pandemias, alterações demográficas, surgimento de novos entrantes), como visto, as melhores práticas internacionais recomendam o compartilhamento de tal risco entre o poder público e o explorador privado da infraestrutura;

(xxix) nada obstante tal tendência, um argumento mais açodado e, como tal, equivocado vem se construindo no sentido de que todas essas interferências concorrenciais na demanda dos terminais arrendados estariam albergadas pelo "risco da demanda", o qual teria sido alocado como um risco ordinário alocado ao arrendatário. Assim, por exemplo, citem-se a Subcláusula 5.5.3, da Minuta de Contrato de Concessão para Ampliação, Manutenção e Exploração dos Aeroportos Integrantes dos Blocos Sul, Central e Norte (6ª rodada de concessões de aeroportos), e a Subcláusula 13.1.19, da Minuta do Contrato para o Arrendamento de Área e Infraestrutura Pública para a movimentação e armazenagem de carga geral, de projeto ou conteinerizada, localizada dentro do Porto de Salvador (SSD09);

(xxx) de fato, temos, para nós, que tal cláusula não se compatibiliza com o ordenamento jurídico e com a lógica econômica que deve orientar a distribuição de riscos em contratos de infraestrutura;

(xxxi) assim é que, se for da competência do Poder Concedente outorgar o título habilitante (seja ele delegatório, seja autorizatório) que franqueia a exploração do serviço entrante, não há dúvida de que tal risco lhe deverá ser atribuído. Nessa hipótese, se cabe ao Poder Concedente franquear o acesso a tal mercado, ele será o único agente capaz de impedir que tal evento se consume ou de diminuir os seus efeitos econômicos (por meio de procedimento de reequilíbrio). Caso se trate, porém, de entrante que não precisou obter o consentimento do mesmo Poder Concedente, temos para nós que o risco deve ser repartido entre o concessionário e o poder público;

(xxxii) mas, note-se bem: a possibilidade de, a depender da matriz de riscos dos contratos de arrendamento, se lançar mão do reequilíbrio econômico-financeiro de tais ajustes não tem o condão de conferir um direito à exploração exclusiva de um operador histórico, nem muito menos fomentar exploração monopólica da infraestrutura portuária. Dito em outras palavras, renegociações contratuais não podem autorizar a proscrição da instalação de um ambiente concorrencial equilibrado;

(xxxiii) segue daí a necessidade de o poder público, por ocasião de cada pleito de reequilíbrio econômico-financeiro, realizar uma análise dos custos de transação entre as opções regulatórias de reequilibrar um contrato de arrendamento em razão do advento de um novo entrante ou mesmo relicitar o ativo;

(xxxiv) o tema deve ser endereçado à luz do racional econômico que deve lastrear as alterações empreendidas em contratos de concessão, no âmbito do regime de renegociações contratuais. De fato, não se pode desconsiderar que as concessionárias, no âmbito de uma lógica econômica de maximização de seus próprios interesses, tenderão a executar o objeto do contrato despendendo os menores custos possíveis, com o desiderato de incrementar a sua rentabilidade;

(xxxv) daí podermos concluir que, na hipótese do ingresso de um novo entrante (um terminal privado na área de influência do porto organizado), ao analisar o requerimento de reequilíbrio econômico-financeiro formulado pelos arrendatários que sejam exploradores históricos da infraestrutura do porto organizado, a entidade competente deverá avaliar: a matriz de risco do contrato de arrendamento, bem como a forma por intermédio da qual o contrato alocou o risco pelo advento de um novo entrante; os efeitos do provisionamento do fluxo de caixa do projeto *vis-à-vis* os impactos concretos que foram experimentados pelo terminal arrendado em razão da conflagração de um evento, em tese, qualificado como um fato do príncipe, na forma do art. 9º, §3º, da Lei nº 8.987/1995; a realização de uma análise dos custos de transação entre reequilibrar o contrato, no âmbito de um procedimento de renegociação alijado do ambiente concorrencial, ou realizar uma nova licitação, no âmbito da qual poderão ser obtidas maiores eficiências em uma competição pelo mercado da exploração da infraestrutura portuária.

CAPÍTULO 3

SERVIÇO DE SEGREGAÇÃO E ENTREGA DE CONTÊINERES (SSE), REGULAÇÃO E CONCORRÊNCIA

Introdução

Um dos temas centrais envolvendo regulação e concorrência no setor portuário diz respeito à prestação do serviço de segregação e entrega de contêineres (SSE) por terminais portuários. Em debate há pelo menos 20 anos, o tema é examinado: i) sob a ótica regulatória, a partir da qual seu regime jurídico foi paulatinamente ganhando forma, primeiro nos contratos de arrendamento e, depois, em resoluções normativas da ANTAQ; e ii) sob a ótica concorrencial, segundo a qual é avaliada a competição pela armazenagem de cargas entre terminais portuários primários e terminais retroportuários ou recintos alfandegários situados em zonas secundárias.[295]

De parte ao longo tempo que já se vai e às múltiplas decisões proferidas a respeito pela ANTAQ, CADE, TCU e Poder Judiciário, uma série de eventos recentes reavivaram os embates envolvendo a cobrança pelo SSE, evidenciando a ainda atual necessidade de pacificação:

---

[295] Também conhecidos como portos secos ou estações aduaneiras do interior (EADI), assim definidos pela Instrução Normativa RFB nº 2.111, de 20 de outubro de 2022: "Art. 2º Para fins do disposto nesta Instrução Normativa, considera-se: I - porto seco, o recinto alfandegado de uso público, instalado em zona secundária ou ponto de fronteira alfandegado, onde poderão ser executadas operações de movimentação, armazenagem, industrialização, manutenção ou despacho aduaneiro de bens, inclusive de viajantes, e mercadorias, sob controle aduaneiro;".

(i) a ANTAQ editou a Resolução nº 72/2022, atualizando sua normativa permitindo a cobrança do SSE;[296]
(ii) no plano da Tomada de Contas nº 021.408/2019-0, iniciada por denúncia, o TCU proferiu o Acórdão nº 1.448/2022 – Plenário, sob relatoria do ministro Vital do Rêgo, por meio do qual determinou, cautelarmente, a anulação de todos os dispositivos da Resolução ANTAQ nº 72/2022[297] concernentes à possibilidade de cobrança do SSE, contrariando orientação que vigia desde o Acórdão nº 1.704/2018 – Plenário, reconhecendo a legalidade da cobrança;
(iii) paralelamente, em auditoria operacional sobre a prestação do serviço portuário, procedida no âmbito da TC nº 020.789/2023-8, sob relatoria do ministro Jorge Oliveira, a AudPortoFerrovia produziu Relatório de Auditoria Operacional, publicado em 13.08.2024, no qual aprofundou o exame do tema e a coleta de evidências e concluiu "pela existência do serviço, considerando o contexto da operação portuária e dos regimes aduaneiros, e pela existência de custos incrementais da cesta SSE relacionados à forma prioritária de prestação dos serviços quando comparado aos serviços prestados às cargas armazenadas no próprio terminal";
(iv) em 28.08.2024, a maioria da 1ª Turma do STJ, guiada pelo voto da ministra Regina Helena Costa, decidiu pela ilegalidade da cobrança pelo SSE, aos argumentos de imprevisão legal e por ser considerada uma infração concorrencial (REsp nº 1.899.040 e REsp nº 1.906.785);[298] e, por fim

---

[296] O que já vinha sendo feito desde a Resolução ANTAQ nº 2.389/2012, sucedida pela Resolução ANTAQ Normativa nº 34/2019.

[297] Diante disso, foi editada a Resolução ANTAQ nº 84/2022 para suspender cautelarmente dispositivos da Resolução ANTAQ nº 72, de 30 de março de 2022, em decorrência da edição do Acórdão nº 1.448/2022 – TCU – Plenário, de 22 de junho de 2022. Depois, editou-se a Resolução ANTAQ nº 101, de 23 de junho de 2023, estabelecendo instrumentos de aprimoramento de análise e fiscalização da cobrança da Taxa de Movimentação no Terminal e alterando as Resoluções ANTAQ nº 62/2021 e nº 72/2022. Por fim, foi publicada a Deliberação nº 64/2023, suspendendo por 60 (sessenta) dias, a contar de 01.08.2023, a vigência da Resolução ANTAQ nº 100/2023 e da Resolução ANTAQ nº 101/2023, com vistas ao aperfeiçoamento das medidas para a efetiva aplicabilidade das disposições estabelecidas nos normativos.

[298] Cuida-se de recurso especial interposto pela Empresa Brasileira de Terminais Portuários S.A. ("Embraport") contra acórdão prolatado pela 30ª Câmara de Direito Privado do Tribunal de Justiça do Estado de São Paulo ("TJSP"), o qual entendeu pela ilegalidade da cobrança de SSE. 2. Na origem, porém, a demanda fora ajuizada pela Marimex Despachos, Transportes e Serviços Ltda. ("Marimex") em face da Embraport, buscando a declaração de

(v) em 04.09.2024, o TCU exarou o Acórdão nº 1.825/2024 – Plenário, sob relatoria do ministro João Augusto Ribeiro Nardes, de modo a não acolher o pedido de reexame formulado pela ANTAQ contra o supracitado Acórdão nº 1.448/2022 – Plenário.

A sucessão de eventos mantém a possibilidade de cobrança do SSE no centro das disputas regulatórias e concorrenciais do setor portuário. Nesse contexto, uma série de perguntas permanecem demandando respostas:

(i) O SSE é um serviço prestado de forma autônoma à movimentação de cargas compreendida na *Terminal Handling Charge* (THC)?

(ii) Os arrendatários de terminais portuários podem cobrar pelo SSE? Em quais bases?

(iii) Quem é o agente institucionalmente mais adequado para disciplinar o tema do SSE?

(iv) Pode o Tribunal de Contas da União, de maneira *ex ante*, genérica e abstrata, suspender norma da ANTAQ e proibir a cobrança pelo SSE?

Para endereçar esses questionamentos, na sequência trataremos: (i) da análise da evolução regulatória da THC e da cobrança pelo SSE sob os influxos da ANTAQ, do TCU e do CADE; (ii) dos fluxos de

---

ilegalidade do envio a protesto de duplicatas sem a correlata demonstração da prestação de serviços ensejadores da cobrança de SSE. A 1ª Turma do STJ, por maioria, entendeu pela ilegalidade da exigência de cobrança pelo SSE, uma vez que configuraria abuso de posição dominante, na modalidade compressão de preços (*price squeeze*), uma vez que a um só tempo, "(i) autoriza detentor de facilidade essencial verticalmente integrado a impor custos a serem suportados unicamente por seus concorrentes diretos no mercado subsequente, (ii) viabiliza a restrição das margens de fixação de preços pelos competidores no contexto da armazenagem de cargas provenientes do exterior e, ainda, (iii) importa ofensa ao dever legal de garantir acesso isonômico às instalações portuárias, restringindo a competitividade no setor, em contrariedade às normas estampadas nos arts. 27, IV, da Lei n. 10.233/2001, 36 da Lei n. 12.529/2011, e 3º, V e VI, da Lei n. 12.815/2013".

É, porém, digno de nota que houve divergência com relação à delimitação da controvérsia. Para a ministra relatora, a discussão cingia-se à suposta existência de isenção antitruste em decorrência da instituição de tarifa em exame em atos infralegais editados pela ANTAQ. Ou seja, não estaria em discussão debate se a cobrança do SSE constituiria ou não infração à ordem econômica. Prevaleceu, porém, a tese do ministro Gurgel de Faria, segundo a qual a controvérsia dizia respeito à legalidade da cobrança da tarifa.

Por fim, ressalta-se que o ministro Sérgio Kukina, em voto vencido, reconheceu a legalidade da cobrança pelo SSE. Não se vislumbrou vício anticoncorrencial na cobrança pelo serviço, entendendo, ainda, que "verificar se existe o serviço adicional, ou não, capaz de legitimar a cobrança da tarifa THC2" é tarefa privativa da ANTAQ.

movimentação de contêineres, das características do SSE, seu regime jurídico e da concorrência entre terminais portuários (portos molhados) e terminais de recintos alfandegados (portos secos); (iii) do regime da liberdade tarifária nos arrendamentos portuários e da vedação ao enriquecimento sem causa; (iv) da impossibilidade de presunção *ex ante* de infração à ordem econômica baseada em conduta; e (v) do dever de deferência do TCU à regulação da ANTAQ, balizado pelas fronteiras do abuso do poder regulatório e da expropriação regulatória.

1 A evolução regulatória da THC e da cobrança pelo SSE sob os influxos da regulação (ANTAQ), do controle externo (TCU) e da defesa da concorrência (CADE)[299]

Para analisarmos a juridicidade da cobrança pelo SSE nos quadrantes atuais, será antes preciso situá-la frente à evolução do tratamento regulatório conferido pela ANTAQ ao tema, sob os influxos do TCU e do CADE. A bem da didática, faremos isso empregando as resoluções da ANTAQ como delimitadoras temporais, de modo que haverá quatro grandes fases no curso das quais os debates sobre o tema se situam:

- *Fase 1* (anterior a 2012) – ausência de resolução normativa regulatória;
- *Fase 2* (2012-2019) – Resolução ANTAQ nº 2.389/2012;
- *Fase 3* (2019-2022) – Resolução ANTAQ nº 34/2019;
- *Fase 4* (2022-atual) – Resolução ANTAQ nº 72/2022.

Passemos a elas.

---

[299] Não se desconhece a existência de dezenas de decisões judiciais envolvendo o tema do SSE, ora para afastar sua cobrança, ora para, exatamente ao contrário, fazer incidir sua cobrança ante uma determinação administrativa do CADE que a havia afastado. Há, inclusive, decisões na justiça federal entendendo pela nulidade de acórdão do TCU que suspendeu resolução da ANTAQ sobre o tema. Como esses processos, no geral, se dedicam a casos concretos interpartes, e não raramente a aspectos específicos quanto aos preços praticados, por um recorte metodológico, entendemos por não os analisar aqui, tendo em vista que nosso objetivo é tratar do tema de forma sistêmica, justamente para que, desse modo, seja possível oferecer balizas úteis à orientação de sua aplicabilidade, inclusive em casos concretos como os mencionados.

1.1 Fase 1 (anterior a 2012): ausência de resolução normativa regulatória

Com o advento da Lei nº 8.630/1993, foi implantado no Brasil o modelo de *Landlord Port*. Nele, a autoridade portuária é proprietária da área do porto e de sua infraestrutura comum, arrendando parcela da área do porto a agentes privados para implantarem e operarem terminais portuários propriamente ditos.

Esses operadores portuários[300] movimentam cargas compreendidas nos fluxos de importação e exportação que operam do seguinte modo, de acordo com a boa síntese de Victor Oliveira Fernandes:[301]

> Nesse regime, os fluxos de importação e exportação de mercadorias são desempenhados da seguinte maneira: os armadores contratam com os Operadores Portuários os serviços de atracação, estiva e movimentação horizontal de cargas no porto. Esses operadores tomam a carga e transportam-na até os terminais de armazenagem, onde elas aguardam até serem entregues aos importadores.
>
> Essa armazenagem para posterior entrega ocorre historicamente em armazéns mantidos pelos próprios Operadores Portuários no interior do Porto Organizado. Assim, esses operadores em verdade são responsáveis, não só pela movimentação de carga, mas também pela sua respectiva armazenagem.

Esses serviços são remunerados por tarifas, assim como ocorre nas concessões de serviços públicos em geral. No setor portuário, as tarifas de movimentação de cargas recebem tradicionalmente o nome de *box rate*. Por sua vez, quando somada ao frete cobrado pelos armadores, essa tarifa passa a se chamar *Terminal Handling Charge* (THC) ou preço de capatazia.[302] A definição dos serviços remunerados por esses preços é feita nos contratos de arrendamento celebrados com o Poder Público.

---

[300] Mantendo o que constava do art. 1º, §1º, III, da Lei nº 8.630/93, a Lei nº 12.815/2013, art. 2º, XIII, conceitua operador portuário como a "pessoa jurídica pré-qualificada para exercer as atividades de movimentação de passageiros ou movimentação e armazenagem de mercadorias, destinadas ou provenientes de transporte aquaviário, dentro da área do Porto Organizado".

[301] FERNANDES, Victor Oliveira. Os desafios do Antitruste no Setor Portuário Brasileiro: as inovações da Lei nº 12.815/13 e seus reflexos concorrenciais. *Revista de Direito Setorial e Regulatório*, Brasília, v. 2, n. 1, maio 2016, p. 178-179.

[302] A Lei nº 12.815/2013 define capatazia no art. 40, §1º, I, como "atividade de movimentação de mercadorias nas instalações dentro do porto, compreendendo o recebimento, conferência, transporte interno, abertura de volumes para a conferência aduaneira, manipulação, arrumação e entrega, bem como o carregamento e descarga de embarcações, quando efetuados por aparelhamento portuário. Correspondente ao art. 57, § 3º, I, da Lei nº 8.630/93". Não se confunde, portanto, com a estiva, conceituada no art. 40, §1º, II, como a "atividade de

A THC, portanto, equivale à soma da *box rate* e do frete, voltando-se a remunerar as atividades então compreendidas. A delimitação conceitual é importante para divisar os serviços prestados daqueles situados sob a rubrica do SSE.

Antes da primeira normatização do tema pela ANTAQ, em 2012, a THC era conceituada nos próprios contratos de arrendamento, muitas vezes em termos bastante abertos. Havia, aqui, uma compreensão limitada do tema.

Nesse período, ora denominado por nós de "fase precedente às resoluções normativas regulatórias", a ANTAQ analisou dois casos relevantes envolvendo o tema, nos Portos de Salvador e Santos.

1.1.1 Disciplina regulatória (ANTAQ)

1.1.1.1 Processo nº 50300.000022/2002 – Porto de Salvador

Em 2003, a ANTAQ manifestou entendimento contrário à legalidade de cobrança de serviços adicionais de segregação e entrega de cargas aos recintos alfandegados no Porto de Salvador.

No voto do diretor relator, José Guimarães Barreiros, ficou consignado que o serviço de segregação existe e não está coberto pela THC, sendo, assim, um serviço adicional. Além disso, não haveria nenhum abuso de poder econômico que ensejasse envio ao CADE por infração à ordem econômica.

O diretor Jorge Caldas Pereira divergiu do relator, entendendo que o serviço de segregação e entrega de contêineres aos recintos alfandegados não constituiria serviço adicional, estando compreendido dentro da THC, pugnando pelo envio da matéria ao CADE, por conta da exploração abusiva da posição dominante. Esse entendimento prevaleceu no colegiado, resultando em decisão segundo a qual o serviço de movimentação de contêineres não configuraria "serviço adicional" no âmbito do contrato firmado entre as empresas e, ainda, determinando a remessa dos autos ao CADE para investigação de possível exploração abusiva de posição dominante entre operadoras portuárias.[303]

---

movimentação de mercadorias nos conveses ou nos porões das embarcações principais ou auxiliares, incluindo o transbordo, arrumação, peação e despeação, bem como o carregamento e a descarga, quando realizados com equipamentos de bordo. Correspondente ao art. 57, § 3º, II, da Lei nº 8.630/93".

[303] Processo Administrativo nº 08012.003824.2002-84.

1.1.1.2 Processo nº 50300.000159/2002 – Porto de Santos (Acórdão nº 13/2010)

O processo em questão tramitou por sete anos e culminou no Acórdão nº 13/2010, dedicado a analisar recurso administrativo interposto pela Marimex contra acórdão prolatado nos mesmos autos em 17 de fevereiro de 2005.

Para fins de contextualização, o acórdão de 2005 exarou entendimento no sentido de justificar a cobrança dos serviços de segregação e entrega, que não estão cobertos pela THC e que não oferecem perigo à ordem econômica, nos seguintes termos:

> Vistos, relatados e discutidos os presentes autos, na conformidade dos votos e das notas eletrônicas, acordam os Diretores da Agência Nacional de Transportes Aquaviários – ANTAQ, por maioria, vencido o Diretor-Geral, *a) considerar que os serviços de segregação e entrega de contêineres pelos operadores portuários aos recintos alfandegados existem, geram custos adicionais não cobertos pela THC do armador e, em consequência, sua cobrança afigura-se justificada, b) não há na conduta descrita nos autos indícios de infração à ordem econômica, nos termos das Leis nº 8.884/1994 e 10.233/2001*, e c) determinar o arquivamento do processo administrativo, dando-se ciência ao Conselho Administrativo de Defesa Econômica – CADE.

O diretor Fernando Antonio Brito Fialho proferiu voto-vista no sentido de manter a decisão do acórdão de 2005. O voto tratou da competência das entidades relacionadas ao setor portuário e apresentou um procedimento base para cada tipo de operação portuária, qual seja: aquele no qual os contêineres ficam armazenados no pátio do arrendatário e aquele no qual os contêineres são segregados para envio aos recintos alfandegados.

Com isso, concluiu que a atividade de segregação tem ligação direta com o cumprimento dos deveres impostos contratualmente, que se referem à eficiência e atualidade dos serviços prestados, razão por que seria admissível a possibilidade de remuneração proporcional do operador portuário em relação aos encargos com a movimentação extraordinária das cargas.

Por fim, consignou que a discussão não se limitaria à existência do serviço, já que comprovada, adentrando também na temática da limitação do estabelecimento do preço da remuneração pelo serviço:

Na linha do exposto acima e registrado nos autos, tanto o CADE, quanto a ANTAQ reconhecem a existência do serviço e que a sua cobrança, embora livre, deve ser limitada, sob pena de haver risco de infração à ordem econômica. Portanto na matéria ora tratada, não se discute a existência do serviço, ou se a existência é fática. Não vislumbramos óbice de ordem legal, para a remuneração do serviço prestado, face a existência de custos adicionais. No ambiente de preços acompanhados e tarifas controladas do porto público, o que se extrai da análise das peças do processo é que, a liberdade no estabelecimento do valor do preço da remuneração do serviço de segregação surge, efetivamente, como potencial risco de infração à livre concorrência. Daí, a necessidade de haver uma limitação à tal liberdade de preços praticados na atividade portuária.

Veja-se a conclusão do voto-vista do diretor:

Em face de todo o exposto sobre a segregação de contêineres, proponho o recebimento do recurso, dado a sua tempestividade, para no mérito negar-lhe provimento. De forma que: não infiro haver nulidade da decisão, ora objurgada; de todo o instruído nos autos e considerado neste voto, a questão não restringe-se [sic] ao argumento de ilegitimidade da cobrança, a qual demonstrou-se lícita, todavia, restando delimitar-se a liberdade do exercício dessa cobrança.
(...)
Ademais, destaco que a questão aqui discutida detêm-se [sic] sob o contexto havido no Porto de Santos, portanto, casuístico, não significando que a decisão tomada pelo Colegiado tenha caráter amplo e irrestrito aplicável à [sic] todas as operações existentes entre armadores, operadores portuários e recintos alfandegados. Como se vê da instrução dos autos, não existe um posicionamento definitivo quanto ao tratamento da cobrança sobre a segregação e movimentação de contêineres, contudo, inegável se constata a necessidade de estabelecer-se os limites dessa cobrança.

O diretor Thiago Lima também proferiu voto-vista no sentido de confirmar a possibilidade de cobrança do SSE/THC2, iniciando pela revisita do contexto do setor portuário antes do surgimento do operador portuário, com a Lei nº 8.630/1993:

Há a substituição de diversos agentes públicos por agentes privados, na tentativa de dotar os portos brasileiros de padrões que permitam viabilizar a movimentação de mercadorias de modo eficiente, garantindo o uso dessa infraestrutura como diferencial importante de integração, como corredor para recebimento/despacho de mercadorias diante de sua repercussão no comércio brasileiro.

Passa o operador portuário paulatinamente a desempenhar papéis antes exercidos pela CODESP no que se refere a operação de carga e descarga de navios. No que se refere a movimentação de contêineres, antes da privatização parte do serviço era executada pelas Entidades Estivadoras que cobravam pelo serviço aos armadores. A CODESP, também partícipe dessa relação, era remunerada pela infraestrutura por intermédio da taxa de capatazia que era cobrada diretamente dos proprietários ou signatários da carga.

Ressaltando que a entrega de contêineres aos terminais retroportuários alfandegados implicaria na realização de movimentos adicionais, antes cobertos pela Tabela 13 da TabelaM,[304] o diretor concluiu não haver inovação nas taxas praticadas antes ou depois da privatização e que as decisões da ANTAQ são uniformes em afirmar a existência desses custos adicionais, que repercutem inclusive na sua eficiência.

Nesses termos, votou pela manutenção do acórdão proferido em 2005 para considerar legítima a cobrança dos custos derivados de serviços executados pelos operadores portuários, especificamente em Santos, que impliquem em segregação, separação e entrega de cargas aos recintos alfandegados.

O Acórdão nº 13/2010 foi publicado em 8 de abril de 2010 e fez prevalecer o entendimento dos dois diretores antes relatados:

> Ementa: Trata o presente acórdão do exame do pedido de reconsideração requerido pela empresa MARIMEX-DESPACHOS, TRANSPORTES E SERVIÇOS LTDA., CNPJ nº 45.050.663/0001-59, com sede na rua Xavier Pinheiro, nº 23, Macuco – Santos-SP, contra a decisão da Diretoria Colegiada que em Sessão Pública, realizada em 17 de fevereiro de 2005, deliberou, por meio de Acórdão datado de 17/2/2005, publicado no DOU em 1º/3/2005:
> a) considerar que os serviços de segregação e entrega de contêineres pelos operadores portuários aos recintos alfandegados existem, geram custos adicionais não cobertos pela THC – Terminal Handling Charge do armador e, em consequência, sua cobrança afigura-se justificada, b) não há na conduta descrita nos autos indícios de infração à ordem econômica, nos termos das Leis nºs 8.884/1994 e 10.233/2001, e c) determinar o

---

[304] "Os operadores portuários, por sua vez, passaram a cobrar uma tarifa para a entrega de contêineres aos TRA's, em substituição a antiga 'Tabela 13 da TabelaM', referente a segregação e entrega de contêineres."

arquivamento do processo administrativo, dando-se ciência ao Conselho Administrativo de Defesa Econômica – CADE.

Acórdão:
Vistos, relatados e discutidos os presentes autos, na conformidade do voto objeto da Ata da 260ª Reunião Ordinária da Diretoria, realizada em 11 de fevereiro de 2010, o Diretor-Relator Murillo de Moraes Rego Corrêa Barbosa votou: Pelo conhecimento do pedido de reconsideração, dado a sua regularidade e tempestividade, e, no mérito, dar-lhe provimento, modificando a decisão proferida pela Diretoria da ANTAQ emanada no Acórdão datado de 17/2/2005, publicado no DOU em 1º/3/2005 e declarando que a cobrança pelos operadores portuários de taxa ou tarifa para separar, segregar ou entregar cargas aos recintos alfandegados independentes é indevida e constitui prática anticompetitiva, com potencialidade de causar prejuízos à concorrência no mercado de armazenagem alfandegada.

O Diretor-Geral, Fernando Antonio Brito Fialho, após pedido de vistas, durante a 261ª Reunião Ordinária da Diretoria Colegiada, realizada em 25 de fevereiro de 2010, votou: Proponho o recebimento do recurso, dado a sua tempestividade, para no mérito negar-lhe provimento. De forma que: não infiro haver nulidade da decisão, ora objurgada; de todo o instruído nos autos e considerado neste voto, a questão não restringe-se [sic] ao argumento de ilegitimidade da cobrança, a qual demonstrou-se lícita, todavia, restando delimitar-se a liberdade do exercício dessa cobrança. Tal conclusão, corrobora-se pelos argumentos infra. À argumentação de nulidade da decisão recorrida, não merece guarida, pois os pareceres ofertados pelas competentes áreas desta Agência não possuem caráter vinculatório. Assim, o poder fiscalizador desta Agência tem sua força última, expressa por decisão colegiada da sua Diretoria, em consideração do arcabouço fático apresentado à questão, na construção dos entendimentos técnicos amplamente considerados, e não apenas em consideração dos despachos das Superintendências que fazem parte da sua composição. Ademais, destaco que a questão aqui discutida detêm-se [sic] sob o contexto havido no Porto de Santos, portanto, casuístico, não significando que a decisão tomada pelo Colegiado tenha caráter amplo e irrestrito aplicável à todas as operações existentes entre armadores, operadores portuários e recintos alfandegados. Como se vê da instrução dos autos, não existe um posicionamento definitivo quanto ao tratamento da cobrança sobre a segregação e movimentação de contêineres, contudo, inegável se constata a necessidade de estabelecer-se os limites dessa cobrança. Nesse sentido determino que a CODESP estabeleça o valor a ser cobrado pelos arrendatários aos TRAs ("Portos Secos") pela prestação do serviço – como já registrado –, reconhecidamente existente, tanto no âmbito da ANTAQ quanto do CADE. Dessa forma, estando este preço fixo, determinado e limitado, não poderá ser utilizado como ferramenta anticoncorrencial, e assim, não oferecendo potencialidade ou risco de prática abusiva, prejudicial à livre concorrência. Por fim, seja oficiado ao CADE, à SDE/MJ, ao TCU, à CODESP e aos interessados acerca da presente deliberação.

O Diretor Tiago Pereira Lima, após pedido de vistas, durante a 265ª Reunião Ordinária da Diretoria Colegiada, realizada em 8 de abril de 2010, votou: Pelo conhecimento do recurso apresentado por Libra Terminais S.A e Marimex – Despachos, Transportes e Serviços Ltda por serem tempestivos. No que tange ao mérito, voto pela manutenção da decisão recorrida que considera legítima a cobrança por custos derivados de serviços executados pelos Operadores Portuários em Santos que impliquem em segregar, separar ou entregar cargas aos recintos alfandegados.

Assim, acordam os Diretores da Agência Nacional de Transportes Aquaviários – ANTAQ, com base no art. 67, da Lei nº 10.233/2001, em fazer prevalecer a decisão constante do voto proferido pelo Diretor-Geral, Fernando Antonio Brito Fialho e do Diretor Tiago Pereira Lima, mantendo a decisão da Diretoria Colegiada da ANTAQ, à época, que aprovou o Acórdão datado de 17/2/2005, publicado no DOU em 1º/3/2005. Destarte, decide-se, por maioria de votos, em dissonância com o voto do relator, em conhecer o recurso administrativo interposto por MARIMEX – DESPACHOS, TRANSPORTES E SERVIÇOS LTDA. e LIBRA TERMINAIS S.A. – T35 E T37, bem como negar-lhes provimento no mérito, mantendo a decisão recorrida que considera legítima a cobrança por custos derivados de serviços executados pelos Operadores Portuárias em Santos que impliquem em segregar, separar ou entregar cargas aos recintos alfandegados. Em decorrência, considera-se legítima a cobrança estabelecida pela CODESP na Decisão DIREXE nº 371/2005. Uma vez fixado o preço não haverá incentivo à adoção de comportamento competitivo decorrente do vácuo regulatório suscitado pelo CADE. Por fim, seja oficiado ao CADE, à SDE/MJ, ao TCU, à CODESP e aos interessados acerca da presente deliberação.

Participaram das reuniões o Diretor-Geral, Fernando Antonio Brito Fialho, o Diretor-Relator Murillo de Moraes Rego Corrêa Barbosa (apenas da 260ª RO), o Diretor Tiago Pereira Lima, o Procurador-Geral, Dr. Glauco Alves Cardoso Moreira e a Secretária-Geral Substituta, Maria Dinalva Fonseca Coelho Reis.

Desse modo, decidiu a ANTAQ, no caso concreto, pelo reconhecimento da existência dos serviços compreendidos no SSE e, por consequência, pela regularidade da cobrança em contrapartida à sua prestação, observando, apenas, a necessidade de estabelecimento de limites dessa cobrança.

1.1.2 Defesa da concorrência (CADE)

1.1.2.1 Processo nº 08012.007443/1999-17 – julgado em 27.04.2005

Em 2005, ao enfrentar o tema da validade da cobrança da THC2/SSE frente às disposições da Lei nº 8.884/94, o ex-conselheiro Ricardo Cueva, em seu voto-vista, proferiu o seguinte entendimento:

> *VII. Incentivos para a prática abusiva*
> (...) Em primeiro lugar, há o fato de que a atividade privativa dos terminais portuários (movimentação de cargas em contêineres) é bastante limitada em termos de fontes de faturamento, dado que os serviços prestados são limitados pela própria natureza da atividade, pela lei portuária e pela regulação da ANTAQ. Além disso, os operadores portuários detêm pouco poder de barganha junto aos armadores, o que tende a estreitar ainda mais a rentabilidade da atividade privativa da operação portuária. Já a armazenagem alfandegada permite maior agregação de serviços (desova de contêineres, paletização, embalagens, despacho aduaneiro, ship to door, entrega just in time, etc), mostrando-se mais rentável que a atividade de movimentação de contêineres. Dessa forma, a cobrança da THC2 pelos terminais portuários poderia buscar atingir, alternativa ou cumulativamente, os seguintes objetivos: (i) exclusão dos recintos alfandegados do mercado de armazenagem; (ii) tomar o suposto serviço de liberação de cargas uma fonte extra de recursos para a atividade de movimentação de contêineres; ou (iii) aumentar os custos dos rivais, reduzindo sua competitividade e, assim, aumentar a própria participação nesse mercado mais rentável.
> (...) Já se viu que o mercado de armazenagem é mais competitivo que o de movimentação de contêineres. Disso decorre que os recintos alfandegados não são capazes de elevar seus preços unilateralmente. Assim, a cobrança da THC2, ao elevar os custos dos rivais, ou seja, os recintos alfandegados não integrados, permite disciplinar o mercado de armazenagem, de forma a "calibrar" o lucro pretendido pelos terminais de contêineres. Além disso, a integração vertical reduz o poder de barganha dos recintos alfandegados. A relação de dependência destes com os terminais portuários poderia levar a situações como a recusa dos primeiros em pagar a THC2. Com isso, não seriam retirados os contêineres, o que dificultaria ou impediria a atividade operacional dos terminais portuários. Tal possibilidade não subsiste quando os terminais se verticalizam. Por fim, a integração vertical permite que os terminais portuários obtenham informações sobre os custos de armazenagem, que lhes permitem ajustar o valor da THC2 sem excluir os recintos

alfandegados e, ao mesmo tempo, maximizando a apropriação do excedente do consumidor.

(...) Dentre os indícios da prática abusiva encontra-se, ainda, a tentativa de transferir custos injustificados aos recintos alfandegados independentes, a exemplo do que se viu com a "taxa" de pesagem de contêineres, que deixou de ser cobrada quando a Receita Federal afastou a compulsoriedade da pesagem.

Como se vê, o ex-conselheiro considerou que a cobrança seria ilegal, em resumo, em razão: (i) do poder de mercado dos terminais portuários e sua capacidade de aumentar unilateralmente os custos dos rivais; (ii) da possibilidade de tornar o suposto serviço de liberação de cargas uma fonte extra de recursos para a atividade de movimentação de contêineres; e (iii) da possibilidade de transferência de custos injustificados aos recintos alfandegados independentes.

O entendimento traçado pelo conselheiro foi acolhido, e o acórdão foi ementado da seguinte forma:

> EMENTA; Processo administrativo. Infração à ordem econômica. Abuso de posição dominante por parte dos terminais portuários de contêineres localizados na área de influência do porto de Santos, ao estabelecerem cobrança para liberação de contêineres (THC2 ou taxa para liberação de contêineres), em prejuízo dos recintos alfandegados independentes e dos consumidores. Ilicitude da cobrança frente às disposições da Lei n 8.884/94 - condutas tipificadas. Inexistência de conflito entre a agência reguladora setorial (Agência Nacional de Transportes Aquaviários - ANTAQ) e o CADE. Inexistência de conflito entre regulação e aplicação da legislação antitruste. Determinação para a cessação das práticas, aplicação de multa e penalidades acessórias.

Diante desse cenário, no contexto da Fase 1, antecedente à existência de resoluções normativas regulatórias, havia tão somente entendimentos casuísticos e vacilantes em torno do tema da THC2, de parte da ANTAQ e do CADE. O TCU, inclusive, ainda não havia se manifestado sobre o tema.

1.2 Fase 2 (2012-2019): Resolução ANTAQ nº 2.389/2012

1.2.1 Disciplina regulatória (ANTAQ)

Ao entendimento de que os serviços abrangidos pela THC2 já estariam sendo remunerados pela *box rate*, paga pelos importadores e exportadores por meio dos armadores, o CADE havia suscitado à ANTAQ que proibisse a cobrança da THC2 (nomenclatura adiante substituída pela de SSE).

A Fase 2 é inaugurada nesse contexto, pela Audiência Pública ANTAQ nº 1/2011, cujo objeto era submeter ao crivo participativo a minuta de resolução que viria a resultar na publicação da Resolução ANTAQ nº 2.389/2012.

Como contribuição à audiência pública, a Secretaria de Acompanhamento Econômico (SEAE) enviou o Parecer Analítico nº 15/2011, no qual valorizava a iniciativa de disciplina normativa regulatória do tema, a fim de lhe atribuir maior segurança jurídica:

> Não obstante, em face de recentes conflitos acerca da cobrança do THC, é razoável supor que a proposta visa normatizar os serviços remunerados pelo BR [box rate] e pelo THC e, dessa forma, conferir segurança jurídica às relações contratuais que se estabelecem em torno dos serviços de movimentação e armazenagem de contêineres e volumes, em instalações de uso público, nos portos organizados. Ou seja, esta Secretaria infere que a proposta de norma em apreço: é fruto da conclusão de que há incertezas regulatórias que acabam por produzir conflitos, aumentando os custos de transação no setor; busca mitigar tais custos, de modo a conferir a clareza necessária aos agentes quanto ao que pode e o que não pode ser cobrado pelo prestador de serviço portuário.

Com a edição da Resolução ANTAQ nº 2.389/2012, estabelecendo os primeiros parâmetros normativos regulatórios a serem observados na prestação dos serviços de movimentação e armazenagem de contêineres nos portos organizados, passou-se a contar com a seguinte definição regulatória da THC, nominada de "Taxa de Movimentação no Terminal":

> Art. 2º. Para os efeitos desta Norma considera-se: VII - Taxa de Movimentação no Terminal (Terminal Handling Charge - THC): preço cobrado pelo serviço de movimentação de cargas entre o portão do terminal portuário e o costado da embarcação, incluída a guarda transitória das cargas até o momento do embarque, no caso da exportação, ou entre o costado da embarcação e sua colocação na pilha do terminal portuário, no caso da importação, considerando-se, neste último caso, a inexistência de cláusula contratual que determine a entrega no portão do terminal;

A operacionalização da cobrança era complementada pela disposição do art. 3º, ao afirmar a possibilidade de cobrança da taxa pela empresa de navegação diretamente do exportador, importador ou consignatário, para ressarcimento das despesas do operador portuário:

> Art. 3º A Taxa de Movimentação no Terminal (Terminal Handling Charge - THC) poderá ser cobrada pela empresa de navegação, diretamente do exportador, importador ou consignatário, conforme o caso, a título de ressarcimento das despesas assumidas com a movimentação das cargas pagas ao operador portuário, ou seja, a Cesta de Serviços (Box Rate).
> Parágrafo único. A comprovação de pagamento da Taxa de Movimentação no Terminal (THC) é condição necessária para a liberação de cargas de importação por parte dos Recintos Alfandegados.

A resolução ainda dispunha sobre as condições de prestação de serviços e remuneração não contemplados pela *box rate*, que poderiam ser livremente negociadas pelas partes, observados os tetos fixados pela autoridade portuária:

> Art. 5º Os serviços não contemplados no Box Rate, quando demandados ou requisitados pelos clientes ou usuários do terminal sob a responsabilidade de operadores portuários, obedecerão a condições de prestação e de remuneração livremente negociadas com o operador portuário ou divulgadas em tabelas de preços de serviços, observados os tetos de preços fixados pela Autoridade Portuária e as condições comerciais estipuladas no contrato de arrendamento.
> § 1º - A autoridade portuária, em caso de conflito, arbitrará o preço dos serviços que não estiverem contemplados em tabela, nem previstos em contrato.
> § 2º - A tabela de preços de serviços disporá, necessariamente, sobre os valores máximos dos serviços não contemplados pelo Box Rate entre o porão da embarcação e o portão do terminal ou vice-versa.

Como vimos, a THC2/SSE se situa nesse segundo quadrante, de serviço não contemplado na *box rate*, tendo lugar no fluxo de importação. Sua cobrança sempre obedeceu à máxima da liberdade de preços, observados eventuais preços-teto, sendo passível de arbitramento regulatório em caso de conflito, e de controle de conduta concorrencialmente abusiva, pela tutela repressiva típica do Sistema Brasileiro de Defesa da Concorrência (SBDC).

1.2.2 Defesa da concorrência (CADE)

1.2.2.1 Processo nº 08012.001518/2006-37 – julgado em 28.06.2016

Na vigência da Resolução ANTAQ nº 2.389/2012, a principal manifestação do CADE se deu no Processo nº 08012.001518/2006-37. Em nova oportunidade de se debruçar sobre o tema, quase dez anos depois, e, dessa vez, sob a vigência da Nova Lei de Portos (Lei nº 12.815/2013), da Nova Lei Antitruste (Lei nº 12.529/2011) e da Resolução ANTAQ nº 2.389/2012, o CADE manteve o entendimento de que a cobrança da THC2 seria ilícita à luz do direito concorrencial. Nada foi inovado em termos argumentativos para defender a ilicitude da cobrança, tendo sido acrescentadas apenas considerações sobre a Resolução ANTAQ nº 2.389/2012. Veja-se trecho do sintético voto do conselheiro Alexandre Cordeiro Macedo:

> Esta noção não nega que existam custos de empilhamento e organização de entrega de contêineres, apenas registra que tais custos já são suportados de modo imediato pelo armador que é, ao fim e ao cabo, o responsável pelo transporte da mercadoria até a sua entrega ao importador (que obviamente enfrenta tal custo mediante seu reflexo no preço). O arranjo feito desta forma, além de juridicamente adequado, equaliza a situação de competição entre os recintos alfandegados por operadores portuários e os recintos alfandegados independentes. A cobrança de taxa a estes últimos pelos primeiros sem dúvidas incentiva comportamento exclusionário, pois cada contêiner que apenas transita a zona portuária sem armazenamento representa perda de receita que pode ser limitada de modo substancial mediante a cobrança de remuneração neste formato. Quanto relação entre a regulação setorial e à defesa da concorrência, concordo integralmente com os marcos e encaminhamentos propostos pelo Conselheiro-Relator Paulo Burnier da Silveira, no sentido de que não existe na atualidade instituição de isenção antitruste que permita a cobrança de taxas pela liberação de contêineres para recintos alfandegados (THC2), mesmo após a edição da Resolução ANTAQ nº 2.389/2012.

Na mesma linha, para o conselheiro Márcio de Oliveira Júnior:

> Entender o THC2 como serviço adicional que não está inserido na "taxa de segregação e entrega de contêineres" (THC) – veja bem, entrega de contêineres, repito – é tentar legitimar uma tentativa ilícita de obtenção de renda extra de recintos alfandegados. Cobrar duas vezes pelo mesmo

bem pode ser incluído no conceito jurídico de bis in idem e no conceito econômico de imposição de custos a rival, entre outros inerentes à microeconomia e à Lei 12.529/11, o que também é corroborado pela ANTAQ no Parecer Técnico ANTAQ 6/2016/GRP/SRG.

Como se vê, a ilicitude foi amparada pelas mesmas bases argumentativas, quais sejam: (i) poder de mercado dos terminais portuários e sua capacidade de impor custos a rival; e (ii) possibilidade de cobranças injustificadas ou duplicadas por parte dos terminais portuários.

O entendimento final foi de que a resolução não trazia fundamento suficiente para conferir uma isenção antitruste. Além disso, antes da resolução a conduta já havia sido identificada pelo CADE como potencialmente anticompetitiva em razão da alta chance de abuso de poder de mercado dos operadores portuários, bem como pela ineficiência econômica da conduta.

À época, embora tenha restado vencido, o ex-conselheiro João Paulo Resende discordou, por entender que a conduta não deveria ser um ilícito *per se*, suscitando a necessidade de uma análise mais apurada das condutas *in concreto*:

> Para caracterizar a geração potencial de efeitos, seria preciso demonstrar ou que os preços cobrados superam os custos efetivos, ou que houve discriminação em função de quem retirava a carga. Entendendo que nem a Superintendência Geral, nem os pareceres ou os votos que a seguiram, lograram demonstrar esses fatos.

Como será possível notar, esse entendimento viria a ser adotado posteriormente.

1.2.3 Controle externo (TCU)

1.2.3.1 Acórdão nº 1.704/2018 – Plenário

O Acórdão nº 1.704/2018, prolatado pelo Plenário do TCU, resultou de auditoria operacional encarregada de analisar os principais gargalos para liberação de carga conteinerizada na importação nos portos marítimos da região Sudeste, sobretudo quanto à legalidade da cobrança da THC2.

A ministra relatora Ana Arraes, relatora responsável pelo voto que conduziu ao acórdão, dedicou o início da decisão a ressaltar o papel do TCU quanto à defesa da estabilidade de regras, na observância do cumprimento de contratos e na eficiência do jogo regulatório, como teria sido assentado nos Acórdãos nº 1.756/2004, 1.369/2006, 620/2008 e 2.010/2013, todos do Plenário.

A partir da caracterização do contexto concorrencial do mercado de armazenagem alfandegada, entre terminais portuários de contêineres e recintos alfandegados independentes, a Auditoria do TCU constatou, com base nas tabelas públicas de preços praticados pelos terminais portuários, então vigentes, que:

> (i) a THC 2 é cobrada em todos os terminais portuários de contêineres que operam nos portos de Santos, Rio de Janeiro e Vitória;
> (ii) os preços cobrados pelos terminais molhados não vêm com o nome de THC 2 nas tabelas publicadas. De modo geral, são denominadas taxas ou tarifas de liberação ou entrega de contêineres para trânsito aduaneiro. Quando destinados à zona secundária, referem-se à liberação para DTA ou DTA-pátio. Quando são destinados a recintos alfandegados independentes de zona primária, são cobradas como liberação de cargas para Despacho de Trânsito de Contêiner (DTC), nos casos dos portos de Vitória e Rio de Janeiro. Já em Santos, a cobrança é imputada a título de liberação de contêiner para Declaração de Transferência Eletrônica (DTE);
> (iii) em Santos, para liberar um contêiner por DTE, os terminais cobram do usuário em torno de R$ 130,00. Já para liberar um contêiner por DTA, quando o contêiner vai para fora da área do porto, as tabelas variam entre R$ 448,00 e R$ 1.777,54;
> (iv) no porto de Santos, os valores cobrados pela liberação de carga para recintos alfandegados de zona secundária (DTA e DTA-pátio) chegam a representar quase dez vezes os valores cobrados para liberação, via DTE, para os recintos situados dentro da jurisdição da alfândega de Santos. Esses valores impactam diretamente os custos de importação dos usuários que decidem enviar seus contêineres para nacionalização em qualquer outro terminal.

Avaliando o cenário em questão, a ministra relatora observou que a Resolução nº 2.389/2012 da ANTAQ teve por objetivo conformar as relações do setor e trazer segurança jurídica e eficiência operacional. No entanto, em sua avaliação, a previsão da THC2, a depender de negociação entre os agentes envolvidos e de interpretações dos contratos de arrendamento vigentes, acabou por ocasionar um novo ângulo para disputas.

Partindo da compreensão de que os serviços de segregação e entrega de contêineres comporiam o serviço público prestado pelas arrendatárias dos terminais molhados, entendeu a ministra não fazer sentido que a atuação dos terminais portuários se esgotasse no empilhamento dos contêineres em seu pátio. O serviço público concedido contemplaria a entrega da carga aos usuários, sejam eles diretamente os importadores ou os terminais alfandegados independentes. Assim, a THC2 teria a natureza de tarifa, que deve ser regulada, e não de preço, sujeito à negociação privada.

Em análise inicial, a unidade técnica se manifestou pela ilegalidade da Resolução nº 2.389/2012. O MPTCU, porém, considerou que o normativo não seria ilegal, por não afrontar regras do ordenamento jurídico nacional. De todo modo, a resolução não teria a capacidade de regular o conflito instaurado. A ministra relatora adotou o posicionamento do MPTCU.

Nesse sentido, entendeu-se que as "modificações introduzidas na versão final da Resolução 2.389/2012, após trâmites regulamentares, contrariaram entendimentos já expressos pelo Cade, pela Seae do Ministério da Fazenda, bem como pela própria área técnica da Agência acerca da conceituação de THC e da possibilidade de cobrança do THC2 pelos operadores portuários".

No entanto, pontuou-se que "este Tribunal [TCU] não discute quais são as atividades e serviços de movimentação, segregação e armazenagem de contêineres ou a pertinência de conceitos definidos pela agência reguladora sobre THC e *box rate*, por entender que faz parte do papel da agência defini-los ao fixar regras que devem ser observadas pelos agentes do mercado". Além disso, caso houvesse transparência e divulgação aos usuários da composição dos custos da THC e dos itens da cesta de serviços, a própria agência reguladora teria subsídio consistente para decidir quanto à ocorrência ou não de custos adicionais decorrentes de segregação e liberação de contêineres, bem como quanto a possíveis valores máximos admissíveis para a respectiva taxa de remuneração.

Daí, portanto, restou determinada a elaboração de composições de custo dos serviços prestados pelos terminais portuários relativos à movimentação, segregação, armazenagem, liberação e demais atividades envolvidas nas operações de importação e exportação de carga conteinerizada.

Com o tempo, portanto, o conceito regulatório foi amadurecendo. Em análise inicial procedida em 2018, a unidade técnica do TCU se manifestou pela ilegalidade da Resolução nº 2.389/2012. O MPTCU, porém, considerou que o normativo não seria ilegal, por não afrontar regras do ordenamento jurídico nacional. Por outro lado, pontuou que a resolução não teria a capacidade de regular o conflito instaurado. A ministra relatora Ana Arraes adotou o posicionamento do MPTCU, reconhecendo a legalidade da cobrança pelo SSE, mas indicando que a resolução precisaria ser revista para ser adequada à Lei nº 12.815/2013, novo marco legal do setor portuário.

A referida resolução foi revogada pela Resolução Normativa ANTAQ nº 34/2019, fruto do processo revisional instaurado pela própria ANTAQ para atender à determinação do TCU.

1.3 Fase 3 (2019-2022): Resolução ANTAQ nº 34/2019

1.3.1 Disciplina regulatória (ANTAQ)

A Resolução ANTAQ nº 34/2019 apresentou importante inovação conceitual para a cobrança por serviços de movimentação e armazenagem: a THC2 foi renomeada como serviço de segregação e entrega (SSE), explicitamente excluído da *box rate* e diferenciado da THC,[305] na forma das seguintes definições:

> Art. 2º Para os efeitos desta norma, considera-se:
> III - Cesta de Serviços (Box Rate): preço cobrado pelo serviço de movimentação das cargas entre o portão do terminal portuário e o porão da embarcação, incluída a guarda transitória das cargas pelo prazo contratado entre o transportador marítimo, ou seu representante, e a instalação portuária ou o operador portuário, no caso da exportação; ou entre o porão da embarcação e sua colocação na pilha do terminal portuário, no caso da importação;
> IX - Serviço de Segregação e Entrega de contêineres - SSE: preço cobrado, na importação, pelo serviço de movimentação das cargas entre a pilha no pátio e o portão do terminal portuário, pelo gerenciamento de riscos de cargas perigosas, pelo cadastramento de empresas ou pessoas, pela permanência de veículos para retirada, pela liberação de documentos ou circulação de prepostos, pela remoção da carga da pilha na ordem ou na disposição em que se encontra e pelo posicionamento da carga no veículo do importador ou do seu representante;
> X - Taxa de Movimentação no Terminal (Terminal Handling Charge - THC): preço cobrado pelos serviços de movimentação de cargas entre o portão do terminal portuário e o costado da embarcação, incluída a

---

[305] Entendimento manifestado no PARECER-PRG-ANTAQ nº 173/2010, no âmbito do Processo nº 50300.00038112008-86.

guarda transitória das cargas pelo prazo contratado entre o transportador marítimo, ou seu representante, e instalação portuária ou operador portuário, no caso da exportação, ou entre o costado da embarcação e sua colocação na pilha do terminal portuário no caso da importação.

Por força do art. 6º, a cobrança do SSE se daria perante importador ou representante, pela colocação do contêiner na pilha em pátio segregado, por exemplo, bem como por uma série de outros possíveis serviços específicos de segregação e entrega:

Art. 6º. A instalação portuária ou o operador portuário, na qualidade de titulares da exploração de recinto alfandegado em zona primária, poderão prestar serviços de armazenagem, guarda, pesagem, transporte interno e manuseio para realização de vistoria, consolidação e desconsolidação de contêineres e outros serviços vinculados ou decorrentes da permanência das cargas em suas instalações, *mediante condições e remuneração livremente negociadas com seus clientes, usuários ou divulgadas em tabelas de preços.*

§ 1º Na entrega de cargas pátio em regime de trânsito aduaneiro, na importação ou no desembarque de cargas não nacionalizadas, *é permitida a cobrança do Serviço de Segregação e Entrega de contêineres - SSE, perante o importador ou seu representante, pela colocação na pilha em pátio segregado,* pelo gerenciamento de riscos de cargas perigosas, pelo cadastramento de empresas ou pessoas, pela permanência de veículos para retirada, pela liberação de documentos ou circulação de prepostos, pela remoção da carga da pilha na ordem ou na disposição em que se encontra e pelo posicionamento da carga no veículo do importador ou do seu representante.

§ 2º O cumprimento do previsto no parágrafo primeiro requer, perante a respectiva instalação portuária ou operador portuário, prévio agendamento eletrônico de janelas operacionais, a serem disponibilizadas nas seguintes condições:

I - continuamente e regularmente espaçadas, de maneira a atender a totalidade dos respectivos clientes ou usuários; e

II - permitida a reprogramação ou o reagendamento gratuito, com a adequada antecedência ao evento marcado, por qualquer uma das partes.

§ 3º Nas hipóteses previstas no parágrafo segundo, é facultada a cobrança relativa a custos operacionais imputados pelo não comparecimento ou pela desistência, no caso de desatendimento voluntário ao agendamento, sem qualquer reprogramação prévia, com a adequada antecedência ao evento marcado, por parte do importador, ou pelo seu representante.

Ainda, a resolução trouxe definições relativas a práticas abusivas ou lesivas à concorrência, na tentativa de atender às determinações do TCU e, principalmente, do CADE:

> Art. 8º. São consideradas práticas abusivas ou lesivas à concorrência, no âmbito desta norma e da norma que dispõe sobre a fiscalização da prestação dos serviços portuários, as que tem por objeto ou possam produzir os seguintes efeitos, ainda que não sejam alcançados:
> I - criar dificuldades à constituição, ao funcionamento ou ao desenvolvimento de empresa concorrente, visando eliminá-la;
> II - aumentar artificialmente os custos operacionais dos rivais à jusante ou do mesmo mercado relevante;
> III - elevar sem justa causa os preços ou valer-se de meios artificiosos, exercendo posição dominante sobre a carga com a finalidade de aumentar arbitrariamente os lucros;
> IV - fraudar preços por meio da:
> a) sua alteração, sem a correspondente modificação da essência ou da qualidade do bem ou do serviço;
> b) divisão em partes de bem ou serviço, habitualmente oferecido à venda em conjunto;
> c) junção de bens ou serviços, comumente oferecidos à venda em separado;
> d) inclusão de insumo não efetivamente empregado na produção do bem ou na prestação dos serviços;
> V - sonegar bens e serviços, recusando-se a vendê-los a quem pretenda comprá-los nas condições publicamente ofertadas;
> VI - reter insumos, cargas ou mercadorias com o fim de inviabilização da concorrência; ou
> VII - ampliar voluntariamente e sem justa causa o tempo de permanência de cargas na instalação portuária em prejuízo da nova destinação.

Por fim, a resolução explicitou, com clareza, que o SSE não faz parte do rol de serviços remunerados pela *box rate* e fixou a competência da ANTAQ para estabelecer preço máximo no caso de comprovação de abuso:

> Art. 9º. O SSE na importação não faz parte dos serviços remunerados pela Box Rate, nem daqueles cujas despesas são ressarcidas por meio do THC, salvo previsão contratual em sentido diverso.
> Parágrafo único - No caso em que restar demonstrada a verossimilhança de que exista abuso ilegal na cobrança do SSE, a ANTAQ poderá estabelecer o preço máximo a ser cobrado a esse título, mediante prévio

estabelecimento e publicidade dos critérios a serem utilizados para sua definição.

Ainda sob a égide da Resolução Normativa ANTAQ nº 34/2019, em junho de 2021, ANTAQ e CADE celebraram o Memorando de Entendimentos nº 01/2021, estabelecendo parâmetros gerais para a adoção do SSE. Na conclusão, sinalizaram que a cobrança não possuía efeitos anticompetitivos por si só, carecendo de análise casuística. Além disso, na hipótese de identificação de irregularidades, o CADE precisaria formular consulta prévia à ANTAQ a respeito.

Nesse contexto, como veremos adiante, em março de 2022, a ANTAQ publicou a Resolução nº 72/2022 reproduzindo, quase pelas mesmas letras, os artigos da Resolução nº 34/2019, no intuito de reafirmar a legalidade da cobrança do SSE, conforme o memorando de entendimentos. Na Nota Técnica para Proposição de Ato Normativo nº 1/2022/GRP/SRG,[306] foi explicitado que "a proposta elaborada não altera o conteúdo material e o mérito da RN 34/2019, nem amplia escopo ou cria novas obrigações".

1.3.2 Defesa da concorrência (CADE)

1.3.2.1 Processo nº 08700.005499/2015-51 – julgado definitivamente em 10.02.2021

Em processo no qual se apurava, em concreto, a regularidade de cobrança em função do SSE, o Plenário, por maioria, determinou a condenação da representada pela cobrança, nos termos do voto do relator, conselheiro Luiz Augusto Azevedo de Almeida Hoffmann, por entender que os serviços referidos estariam compreendidos na THC:

> Isto posto, entende-se que a cobrança do SSE encontra respaldo normativo caso envolva os serviços de (i) movimentação de cargas entre a pilha no pátio e o portão do terminal portuário; (ii) gerenciamento de riscos de cargas perigosas; (iii) cadastramento de empresas ou pessoas; (iv) permanência de veículos para retirada; (v) liberação de documentos ou circulação de prepostos; (vi) remoção da carga da pilha na ordem ou na disposição em que se encontra; e/ou (vii) posicionamento da carga no veículo do importador ou do seu representante. Todavia, nota-se que, no caso concreto, a Tecon cobrou a título de SSE única

---

[306] Processo Administrativo nº 50300.014969/2020-11 – ANTAQ.

e exclusivamente por serviços abrangidos pelo THC, cujos custos já estariam sendo remunerados pelo *box rate* (pago pelo armador), tais como (i) a movimentação dos contêineres do cais para a pilha; (ii) disponibilização de espaço no pátio para guarda transitória de cargas não perigosas ("gate"); (iii) agendamento eletrônico para retirada da carga; (iv) disponibilização de infraestruturas de telecomunicação e administrativas; bem como cobrou pelo risco da carga estar presente no terminal nas primeiras 48 horas após o desembarque que é do terminal molhado, em decorrência da guarda transitória, risco este que já estaria sendo remunerado pelo *box rate*. Desse modo, tem-se que a Representada não comprovou que os serviços cobrados a título de SSE no caso em questão de fato se limitam aos serviços previstos na regulação da ANTAQ como relacionados ao SSE.

Como visto, para o relator, não foram trazidas provas de que houve efetiva prestação de movimentação de cargas entre a pilha no pátio ao portão do terminal. Além disso, considerou que serviços como (i) a movimentação dos contêineres do cais para a pilha; (ii) a disponibilização de espaço no pátio para guarda transitória de cargas não perigosas; (iii) o agendamento eletrônico para retirada da carga; e (iv) a disponibilização de infraestruturas de telecomunicação e administrativa são abrangidos pela THC.

Foi aberta divergência pela conselheira Lenisa Prado, que, embora vencida, analisou a legalidade da cobrança:

> Como dito acima, não me parece razoável impor penalidades a alguém apenas porque em processos diferentes se impôs sanções a outrem. Não pode o Estado Sancionador olvidar-se em instruir devidamente o processo e deixar de conhecer as peculiaridades de cada caso concreto, sob pena de fazer letra morta os primados da Ampla Defesa e Contraditório e da Primazia pela Verdade Material.
> *V.1. Modicidade e Proporcionalidade dos Preços Cobrados pelo Representado. Ausência de Comprovação se Tratar de Duplicidade de Cobrança.*
> (...) Compulsando os autos verifica-se que a Superintendência-Geral não se desincumbiu de comprovar abusividade nos preços cobrados pelo Tecon a título de SSE/THC2.
> Há, entretanto, manifestação da ANTAQ reconhecendo a modicidade nos preços praticados pela Tecon, que são significativamente menores que os preços praticados por outros operadores portuários, que se encontram em situação similar à do Representado. Na verdade, os valores cobrados pela Tecon são os menores oferecidos por todos os operadores portuários investigados pela Agência Reguladora.

(...) *Como afirmei capítulos acima, não se trata de uma cobrança em duplicidade. Conforme se estuda os diferentes regimes de importação, constata-se serem necessários diferentes serviços, de modo cumprir com os prazos previstos pela Administração Aduaneira Brasileira. Obviamente, diferentes serviços deverão ser remunerados de acordo, inexistindo razoabilidade em demandar um préstimo pelo qual não será devida contraprestação financeira. Tal premissa equivale anuir com o enriquecimento sem justa causa de uma parte em detrimento de outro (...)*
V.3. Ausência de Comprovação de Efeitos Negativos a Concorrência.
(...) *Não há nos autos qualquer indício que as práticas imputadas ao Representado tenham, de fato, causado prejuízos danos reais e concretos à concorrência ou mesmo contra às próprias Denunciantes. Ao contrário, de acordo com informações prestadas pela Tecon – e que não foram refutadas pelas Representantes – durante o período sob investigação, houve entrada de novos concorrentes no mercado, como, por exemplo, o surgimento da empresa Wilson Sons em 2014.*

A legalidade foi defendida pela conselheira, em síntese, em razão de: (i) o valor da cobrança ter sido proporcional aos serviços e compatível com os preços cobrados por outros operadores portuários; (ii) não haver comprovação de duplicidade de cobrança; e (iii) inexistir comprovação de efeitos negativos à concorrência. Em conclusão, a conselheira destacou, ainda, que: (iv) a Resolução nº 34/2019 permite a cobrança da SSE; (v) os serviços referentes à SSE não são indispensáveis para o recebimento da carga importada em território nacional e, portanto, não estão inclusos na cesta de serviços ou na cobrança identificada como THC:

A Resolução nº 34/2019 permite a cobrança da SSE e tal normatização ainda está pendente de estabilização. No entanto, a Diretoria da ANTAQ registrou que está no processo de elaboração de parâmetros mínimos para identificar os preços máximos permitidos para tal cobrança. Tal ação é perfeitamente legítima, eis que é da ANTAQ o dever de fiscalizar e apurar, de "ofício ou mediante provocação, práticas abusivas ou tratamentos discriminatórios, ressalvadas as competências previstas na Lei nº 12.529/2011".
Os serviços referentes à SSE não são indispensáveis para o recebimento da carga importada em território nacional e, portanto, não estão inclusos na Cesta de Serviços ou na cobrança identificada como THC. Sendo serviços discricionários, livremente escolhidos pelo Contratante, devem ser remunerados, sob pena de acarretar duas graves consequências: (i) ou tal cobrança seja exigida de todos, inclusive aqueles não beneficiados

pelos serviços, ou (ii) exigir que o Operador Portuário execute um serviço para o qual não fora – e nem será – remunerado.

(...) Da mesma forma que não compete a este Conselho esvaziar a legitimidade da Agência Reguladora responsável pelo mercado analisado, também não nos compete declarar a ilegalidade de norma em abstrato, sem que os supostos efeitos concorrencialmente danosos sejam comprovados. Caso assim fosse permitido, esse Conselho deveria proibir a norma de forma ampla e irrestrita, não coibindo apenas uma concorrente de dela se valer.

(...) Assim, peço licença ao Conselheiro Relator e aos demais colegas para votar pela legalidade da cobrança da SSE (equivocadamente identificada como THC2), pois não é concedido a este Conselho o poder de ingerir sobre a esfera de atuação da Agência Reguladora, de modo a tornar sem efeito suas normas, sem que para tanto haja efetiva comprovação dos danos concorrenciais causados pelas indigitadas regulações.

Após a divergência, o conselheiro Sérgio Costa Ravagnani apresentou voto pelo arquivamento do processo por ausência de indícios de que a cobrança do SSE pela Tecon Suape S.A. causaria "limitação, falseamento, ou qualquer outra forma de prejuízo à livre concorrência", ou mesmo que denotaria uma eminente lesão grave e de improvável reparação ao mercado atingido, mas o voto não foi acolhido.

1.3.2.2 Memorando de Entendimentos ANTAQ-CADE nº 01/2021

Em junho de 2021, a ANTAQ e o CADE, com a interveniência do Ministério da Infraestrutura (MInfra), celebraram o Memorando de Entendimentos nº 01/2021, relativo aos procedimentos de cooperação na análise de cobranças sobre o serviço de segregação e entrega imediata em cargas de regime de trânsito aduaneiro.

Por meio do documento, as autarquias se comprometeram a envidar esforços de cooperação e a atuar de maneira integrada para estabelecer os procedimentos para a análise de indícios de abusividade e infrações à ordem econômica na cobrança do SSE.

Dentre os entendimentos conjuntos e compromissos firmados, restou enunciado o seguinte postulado: "Nos termos da Resolução Normativa ANTAQ 34, de 2019 e à luz da jurisprudência consolidada do CADE, a cobrança pelo SSE não configura, por si só, um ato ilícito". Portanto, a partir do memorando de entendimentos celebrado entre o regulador setorial e a entidade judicante do Sistema Brasileiro de

Defesa da Concorrência, ficou assentada a inexistência de ilícito *per se*, na cobrança pelo SSE.

As partes, de comum acordo, também reconheceram a possibilidade de abusividade em concreto, nos parâmetros da cobrança do SSE, procedimentalizando sua atuação concertada na hipótese:

2.1.2. Conforme entendimento consolidado na jurisprudência do CADE e, também, consignado na Resolução Normativa ANTAQ 34, de 2019, ainda que se reconheça que a cobrança do SSE não seja considerada, por si só, um ato ilícito, em determinadas circunstâncias pode se revelar abusiva, quando verificada, por exemplo: (i) a abusividade dos valores, (ii) o caráter discriminatório e não isonômico, (iii) a falta de racionalidade econômica para a cobrança, (iv) a cobrança em duplicidade por rubricas já abrangidas pela box rate, pelo SSE e/ou remuneradas pela Terminal Handling Charge (THC), (v) a cobrança por serviço sem a efetiva contraprestação, dentre outras.

2.1.3. Caso a cobrança do SSE no caso concreto se mostre abusiva e com potencial de gerar os efeitos previstos nos incisos I a IV, do art. 36, da Lei nº. 12.529, de 2011, seja pelo preço ou pelas condições sob as quais é cobrada, configurando infração à ordem econômica, o CADE deverá atuar, sem prejuízo das competências da ANTAQ no caso.

2.1.4. O CADE, ao identificar irregularidades na cobrança de SSE, formulará consulta prévia à ANTAQ sobre a existência de abusividade, que deverá encaminhar resposta em até 90 (noventa) dias.

2.1.5. Caso a ANTAQ não responda no prazo previsto na cláusula anterior, o CADE dará sequência à apuração objeto da consulta.

2.2. ANTAQ e CADE também se comprometem a:

2.2.1. comunicar imediatamente a instauração de processos referentes à cobrança do SSE e suas correspondentes decisões;

2.2.2. promover estudos sobre o mercado regulado, privilegiando a troca de experiências, bem como o aperfeiçoamento dos bancos de dados do setor e das análises técnicas a respeito de diversos temas, inclusive sobre a cobrança do SSE;

2.2.3. promover intercâmbio entre as setoriais técnicas envolvidas na análise dos processos e na normatização da cobrança do SSE, visando integração e uniformização, sempre que possível, de entendimentos.

A ANTAQ, por fim, se comprometeu a, em conjunto com o CADE, editar a metodologia para identificação de abusividade na cobrança do SSE para apuração de denúncias do âmbito da agência reguladora.

1.3.2.3 Manifestações da SEAE sobre a cobrança do SSE

A SEAE também se manifestou sobre a cobrança do SSE em duas oportunidades: (i) Parecer nº 5.472/2021, elaborado no contexto da Audiência Pública ANTAQ nº 8/2021; e (ii) manifestação técnica produzida no plano do Programa Frente Intensiva de Análise Regulatória e Concorrencial (FIARC).

O Parecer nº 5.472/2021, elaborado em abril de 2021, apresentou as considerações da SEAE sobre a matéria objeto da Audiência Pública nº 8/2021, deflagrada para obter contribuições sobre a regulação do art. 9º, parágrafo único, da Resolução ANTAQ nº 34/2019, de acordo com o qual: "No caso em que restar demonstrada a verossimilhança de que exista abuso ilegal na cobrança do SSE, a ANTAQ poderá estabelecer o preço máximo a ser cobrado a esse título, mediante prévio estabelecimento e publicidade dos critérios a serem utilizados para sua definição".

De acordo com o parecer, a SEAE manifestou posicionamentos contrários à cobrança do SSE em 2002, 2011, 2018 e 2019. Isso porque, no entendimento histórico da Secretaria, a definição da THC não pode estar vinculada a pontos espaciais específicos (portão do terminal, pilha de armazenagem etc.), porquanto a sua cobrança deve corresponder a todo o serviço prestado pelo terminal portuário para a movimentação interna de contêineres até sua entrega ao destinatário.[307]

Para fundamentar a sua posição, a SEAE fez uso do chamado *"checklist* da OCDE". Cuida-se de metodologia desenvolvida pela Organização para a Cooperação e Desenvolvimento Econômico para aferir o impacto concorrencial de determinada política pública. O *checklist* aponta que uma política pública ou ato normativo pode impactar a concorrência por meio de quatro efeitos: (i) limitação ao número ou variedade de fornecedores; (ii) limitação da concorrência entre empresas; (iii) diminuição do incentivo para empresas competirem; e (iv) limitação das opções dos clientes e da informação disponível.

Diante disso, a SEAE apontou que a regulação que permitia a cobrança do SSE acarretaria acréscimo aos serviços já cobrados dentro da *box rate* e da THC, gerando impactos concorrenciais e desequilíbrio entre operadores portuários e recintos alfandegados. Na visão da

---

[307] Segundo o Parecer nº 5.472/2021, a finalidade dos serviços prestados pelo terminal é, justamente, a movimentação da carga até entrega aos destinatários, em linha com a prática internacional.

Secretaria, a cobrança do SSE importaria em uma duplicidade, o que facilitaria a existência de uma sobreposição de mercado.

O Parecer nº 5.472/2021 argumenta não haver dúvidas de que os operadores portuários e os recintos alfandegados independentes competem pelo mercado de armazenagem alfandegada. Nesse sentido, como os recintos alfandegados "independentes" dependem dos terminais portuários para terem acesso à carga e prestar o serviço de armazenagem, há a possibilidade de se criarem dificuldades à entrega de contêineres a eles, por exemplo, por meio da elevação artificial do custo de prestação dos serviços ofertados por terminais portuários. Daí por que a SEAE alega que, em razão da competitividade pelo mesmo mercado, é possível que exista a criação de "custo para rival", por intermédio da cobrança do SSE.

Em síntese, o Parecer nº 5.472/2021 defende que a Resolução ANTAQ nº 34/2019, ao apartar a cobrança do SSE da THC e prever um tratamento regulatório *ex post* da cobrança pelo serviço de segregação e entrega, favorece: (i) a limitação ao número ou variedade de fornecedores e à elevação significativa dos custos de entrada no mercado, pois, no limite, os custos dos recintos alfandegados podem ser elevados pelas possíveis cobranças feitas pelos terminais portuários, na etapa entre a pilha e o portão do terminal, inviabilizando a existência de recintos alfandegados secundários; (ii) a limitação da concorrência entre empresas, pois a resolução pode acarretar o aumento nos custos de operação dos recintos alfandegados, pelo mesmo motivo apontado no item anterior; e (iii) a diminuição do incentivo para as empresas competirem, visto que os terminais portuários podem apresentar melhores preços para o serviço de armazenagem alfandegada, não por serem mais eficientes, mas por terem oportunidades para aumentar os custos do concorrente.[308]

Além disso, a Secretaria apontou que a cobrança de SSE estava resultando no abuso de posição dominante por parte dos terminais molhados, aumentando artificialmente os custos e, por consequência, dificultando a atuação dos recintos alfandegados independentes. Disso decorre que, ao ver da SEAE, o SSE se constitui como ferramenta

---

[308] Na manifestação, a SEAE reconhece a validade de se cobrar por custos incorridos em razão das atividades do terminal portuário. Contudo, esses custos devem ser alocados nas rubricas específicas estabelecidas para tal finalidade, ou seja, a THC. Segundo a Secretaria, a THC foi conceitualmente estabelecida para remunerar os custos envolvidos na movimentação da carga até a efetiva entrega ao usuário.

discriminatória, tendo em vista que não é cobrada dos usuários que utilizam os serviços de armazenagem no próprio terminal portuário.

Por fim, o Parecer nº 5.472/2021 indicou que a cobrança do SSE incide, em última instância, sobre o usuário, a quem cabe arcar com todos os custos associados ao transporte, e que não tem nenhuma gestão sobre o processo de escolha do terminal portuário, estando sujeito a abusos de cobrança, por parte do terminal, sem deter nenhum poder de negociação.

Em outra oportunidade, a SEAE elaborou manifestação técnica no âmbito do FIARC.[309] O FIARC foi instituído com o objetivo de propor revisões regulatórias, por meio de procedimentos de investigação instaurados de ofício pela SEAE, ou a partir de provocação de terceiros interessados. Como resultado dos procedimentos de investigação, a SEAE emite pareceres técnicos, não vinculantes,[310] fundamentados em processos de participação social e em melhores práticas internacionais. Os pareceres técnicos se propõem a sinalizar o nível de anticompetitividade do ato regulatório,[311] inclusive com sugestões de alterações.

Nesse sentido, é de se destacar a manifestação técnica elaborada, no âmbito do FIARC, com o objetivo de avaliar o caráter anticompetitivo da Resolução ANTAQ nº 34/2019. A SEAE justificou a sua análise com base no histórico de litígios que envolviam a cobrança do SSE, apontando-se, como exemplo, o Processo Administrativo

---

[309] Em específico, são objetivos do FIARC: (i) aprimoramento do conjunto de normas infralegais que disciplinam questões de natureza regulatória e concorrencial no Brasil, a partir da identificação e avaliação pela SEAE dos atos normativos elaborados por agências, autarquias e órgãos públicos que possam causar distorção concorrencial ou que tenham caráter anticompetitivo; e (ii) desenvolvimento do arcabouço regulatório brasileiro, aproximando-o das melhores práticas internacionais, com criação de incentivos para a adoção de um novo modelo de formulação, implementação e avaliação da regulação no Brasil. De acordo com a SEAE, o FIARC tem fundamento legal no art. 19, VIII, da Lei nº 12.529/2011.

[310] Na visão da Secretaria, sua atuação é não coercitiva (*soft power*), buscando dissuadir a autoridade governamental a não implementar, ou rever normas regulatórias que afetem negativamente o interesse público. Dessa forma, embora não atue como instância deliberativa, as análises da SEAE teriam caráter opinativo, podendo provocar alterações normativas ou regulatórias a favor de um ambiente mais competitivo e eficiente, aumentando a produtividade e beneficiando consumidores.

[311] Para tanto, a SEAE criou um sistema gradativo de bandeiras regulatórias, nos seguintes termos: (i) bandeira vermelha: representa que o ato normativo é anticompetitivo, pois apresentou fortes indícios de presença de abuso regulatório que acarretem distorção concorrencial. Nesse caso, a SEAE encaminhará ao órgão competente representação formal, com proposição de alteração; (ii) bandeira amarela: ato normativo com pontos suscetíveis a aperfeiçoamentos. Nesse caso, a SEAE proporá, aos órgãos e entidades competentes, medidas para a melhoria regulatória e do ambiente de negócios; e (iii) bandeira verde: ato normativo sem pontos de melhoramento. Nesse caso, a SEAE encerrará a análise investigativa.

nº 08700.005499/2015-51, no qual o CADE condenou o Terminal de Contêineres do Porto de Suape em Pernambuco (Tecon Suape S.A.) a pagar multa de R$9 milhões pela cobrança do SSE, bem como determinou a abstenção da cobrança.

De acordo com a SEAE, a questão jurídica acerca do SSE consistia em saber se a cobrança seria ilegal *per se* ou, na verdade, se ela seria lícita, mas sujeita a abusos em casos concretos.

Para resolver a questão, a Secretaria argumenta que, quando uma prática é inerentemente anticoncorrencial, não é necessário analisar seus efeitos no caso concreto para averiguar a licitude da conduta.[312] No caso do SSE, de acordo com a SEAE, existe uma conduta unilateral, que obteve condenações no passado como um ilícito *per se*, sendo desnecessária a comprovação de dano potencial ou efetivo à concorrência para a condenação, de forma semelhante ao que ocorre com condutas colusivas.

Segundo a Secretaria, a edição da Resolução ANTAQ nº 34/2019 importava em escolha regulatória que dificultava o tratamento da cobrança do SSE como uma ilegalidade *per se*. Nesse sentido, a SEAE apontou que a Resolução ANTAQ nº 34/2019 não pode ser justificada com base nos julgamentos do CADE que reconheceram a licitude da cobrança do SSE, tampouco no Memorando de Entendimentos nº 01/2021, firmado entre CADE, ANTAQ e Ministério da Infraestrutura.

Na visão da SEAE, a ilicitude *per se* do SSE não foi totalmente pacificada pelo CADE, porquanto a conselheira Lenisa Rodrigues Prado,[313] em despacho ordinatório, apontou que existiria controvérsia

---

[312] Na visão da SEAE, uma condenação antitruste por conduta unilateral tende a ser complexa e demorada, exigindo elevada *expertise*, para utilizar a regra da razão.

[313] É de se ressaltar que o posicionamento da conselheira Lenisa Rodrigues Prado, mencionada pelo relatório do FIARC, tem relação com o funcionamento institucional do CADE, e não com a posição adotada pela conselheira no que tange à licitude da cobrança do SSE. Como visto no tópico 1.3.2.1 deste capítulo, a conselheira Lenisa Rodrigues Prado, no âmbito do Processo nº 08700.005459/2015-51, proferiu voto divergente, no dia 06.11.2020, para declarar, no mérito, a licitude da cobrança do SSE, inclusive com base na ideia de que "na hipótese do caso concreto sob exame não é possível admitir que a conduta investigada seja um ilícito por sua própria essência". Por sua vez, no despacho ordinatório mencionado pelo relatório do FIARC, o qual foi proferido no dia 1º.09.2021, conforme Processo nº 08700.004781/2021-69, a conselheira questionou a competência do presidente do CADE para firmar o Memorando de Entendimentos nº 01/2021 sem submissão prévia ao Plenário. O ponto contestado no despacho ordinatório, portanto, tem relação com a atribuição do CADE para firmar memorandos de entendimento. Para fundamentar a importância de submissão ao plenário, a conselheira afirmou que a jurisprudência do CADE não é pacífica sobre a legalidade da cobrança do SSE, mas, em todo caso, deixou consignado, no próprio despacho ordinatório, que "é possível, senão muito provável, que as manifestações dos

acerca da matéria, mesmo após o Memorando de Entendimentos nº 01/2021, nos seguintes termos:

> As manifestações narradas pelo Jota evidenciam que os demais integrantes desse Tribunal administrativo não participaram da elaboração do texto do acordo. Paradoxalmente, todos deverão observar as estipulações de tal ajuste em seus votos, de maneira a respeitá-lo para supostamente garantir a tão desejada segurança jurídica. Dadas as circunstâncias, pronunciamentos e narrativas, eis as conclusões logicamente extraídas da notícia jornalística referenciada: ou o Memorando de Entendimentos corresponde ao posicionamento majoritário do Tribunal do CADE para que dele possam advir os resultados esperados, ou trata-se de uma tentativa velada de coagir os julgadores a adotarem um determinado posicionamento. Reconhecidamente, os integrantes deste Tribunal não participaram da elaboração do texto e, portanto, o teor do Memorando de Entendimentos nº 01/2021 não representa o posicionamento prevalente da Corte (...) Da leitura do excerto, constata-se que tal ajuste está calcado em premissa equivocada, descrita no item 2.1.1, vez que a jurisprudência do CADE a respeito da legalidade da cobrança do THC2/SSE não é pacífica, muito menos está consolidada no âmbito deste Tribunal (...) O assunto a respeito da legalidade (ou ilegalidade) na cobrança de taxa portuária é extremamente controverso, o que pode ser comprovado pelos julgamentos recentes proferidos nos seguintes processos: 1. Recurso Voluntário nº 08700.004935/2020-31; 2. Recurso Voluntário nº 08700.004943/2020-88; 3. Processo Administrativo nº 08700.007236/2015-86; 4. Recurso Voluntário nº 008700.002136/2019-97.

Para além disso, a SEAE defendeu que, mesmo que se entendesse que a possibilidade de cobrança do SSE tenha sido pacificada, isso não significa que tal opção seja uma boa escolha regulatória. Pelo contrário, afastada a possibilidade de condenação por ilegalidade *per se*, eventuais práticas anticompetitivas teriam que ser comprovadas por meio de processos muito complexos, utilizando a regra da razão, o que tornaria o combate aos abusos mais custoso e difícil.

Dito em outros termos, na visão da SEAE, mesmo que a cobrança do SSE seja pacificada, no âmbito legal, isso não resolveria os problemas regulatórios existentes. Isso porque, ao menos no formato atual da cobrança, o SSE poderia facilitar a prática de conduta anticoncorrencial,

---

Conselheiros do CADE, exaradas a partir da análise do caso concreto e ancoradas no juízo de convencimento, possam ir de encontro aos termos estabelecidos no Memorando de Entendimentos nº 01/2021". Em síntese, a posição externada no despacho ordinatório diz respeito mais às atribuições do plenário do CADE do que sobre a licitude da cobrança do SSE.

sendo que a eventual punição por tal conduta seria improvável, na medida em que a regra da razão é complexa de ser aplicada. Por consequência, a opção regulatória tem o potencial de encarecer toda a cadeia logística em prejuízo ao consumidor.

Para a Secretaria, a Resolução ANTAQ nº 34/2019 eleva a probabilidade de que ocorram condutas anticompetitivas, uma vez que um grupo de participantes que opera no mercado *upstream*, altamente concentrado com elevadas barreiras à entrada, fornece um insumo essencial, que é infungível, a outros competidores que competem com ele em um mercado muito menos concentrado, no *downstream*. Dessa forma, no entendimento da SEAE, no fluxo da importação, a exigência de pagamento do SSE, por um serviço supostamente prestado, imporia uma lógica do tipo "pegar ou largar", pois o terminal seco só poderá resgatar a carga para o serviço de armazenagem se o contêiner fosse liberado pelo terminal molhado, o qual detém compulsoriamente o controle da carga.

Nesse sentido, a manifestação técnica da SEAE aponta que o terminal molhado de contêineres é uma *essential facility* para o mercado *downstream* de armazenagem alfandegada e tem ampla condição de praticar fechamento vertical de mercado (*vertical foreclosure*), dada a sua condição de virtual monopolista. A renda decorrente da cobrança abusiva do SSE seria, na visão da Secretaria, transferida aos armadores. Isso porque a crescente preponderância dos armadores, os quais operam em nível internacional em larga escala, por meio de alianças, com crescente poder de barganha, faria com que se tornassem mais aptos a capturar eventuais lucros extraordinários.

Então, na medida em que os armadores, altamente concentrados em três alianças globais, têm sucesso em promover um processo de contínua redução de preços cobrados pelos terminais molhados, a estratégia destes, para se manterem no mercado, envolve buscar ganhos de eficiência econômica ou praticar preços acima do nível competitivo nos casos em que possuem poder de mercado, tal como no caso do SSE.

De acordo com a manifestação técnica, independentemente de ilegalidade *per se* do SSE, a dinâmica concorrencial subjacente permanece a mesma e se relaciona com a estrutura dos mercados envolvidos. Assim, mesmo sem qualquer duplicidade de cobrança, o contexto estrutural do mercado faz com que o terminal molhado tenha poder de mercado sobre o terminal seco e incentivos para explorá-lo. Daí por que, na visão da SEAE, qualquer opção regulatória que desconsidere essa estrutura de mercado tende a cercear a concorrência entre agentes econômicos.[314]

Em síntese, a manifestação da SEAE, no âmbito do FIARC, considerou que a Resolução ANTAQ nº 34/2019, ao permitir a cobrança do SSE, criaria os seguintes efeitos anticoncorrenciais: (i) prejuízo ao bem-estar do consumidor por meio da cobrança compulsória do SSE; (ii) prejuízo ao bem-estar do consumidor por meio de cobrança em duplicidade do SSE, pelos terminais portuários molhados junto aos terminais secos concorrentes no mercado *downstream* de armazenagem; e (iii) permissão de cobrança por um serviço sem regulação de preço em condições de poder de mercado.

Com base nisso, a SEAE concluiu que a Resolução ANTAQ nº 34/2019 se classificaria como sendo de bandeira vermelha, na medida em que teriam sido verificados indícios significativos de distorção concorrencial, nos termos do art. 18 da Instrução Normativa SEAE nº 97/2020, com efeitos potencialmente negativos sobre o bem-estar do consumidor. Isso levou a Secretaria a recomendar: (i) a alteração da resolução, de forma a determinar que todos os custos relativos à movimentação de contêineres vertical e horizontal estejam incluídos nos preços praticados junto aos armadores (*box rate* e THC); ou (ii) a alteração da resolução de forma que seja aplicado um regime de regulação *ex ante*, do tipo tarifa-teto ou semelhante, a todas as cobranças obrigatórias aplicadas junto aos donos da carga ou seus prepostos, tais como os terminais secos.

1.3.3 Controle externo (TCU)

O TCU só tornou a se manifestar sobre o tema em 2022, na vigência da Resolução ANTAQ nº 72/2022, tratada na Fase 4 a seguir.

---

[314] Além disso, a SEAE entende que, se a regulação determinasse que todos os custos relativos à movimentação vertical e horizontal estivessem incluídos nos preços praticados junto aos armadores (*box rate* e THC), a livre relação comercial entre armadores e terminais portuários definiria a remuneração desses custos, tornando desnecessária qualquer regulação de preços na maior parte dos casos. Isso porque esses preços seriam definidos a partir de negociação de mercado entre as partes envolvidas (armadores e terminais portuários).

1.4 Fase 4 (2022-atual): Resolução ANTAQ nº 72/2022

1.4.1 Disciplina regulatória (ANTAQ)

A Resolução ANTAQ nº 72/2022 é uma reedição da Resolução Normativa nº 34/2019. Seu emprego, aqui, serve exclusivamente à função de marco temporal balizador do início da Fase 4.

Com efeito, o Decreto nº 10.139/2019, atualmente revogado pelo Decreto nº 12.002/2024, dispunha em seu art. 13 da necessidade de verificação da forma dos atos normativos então vigentes a fim de avaliar se atendiam à técnica de elaboração, redação e alteração de atos normativos.

A publicação da Resolução ANTAQ nº 72/2022 se insere nesse contexto, de revisão e consolidação dos atos classificados na pertinência normativa "movimentação e armazenagem de contêineres", em atendimento ao Decreto nº 10.139/2019.

De acordo com o art. 2º do Decreto nº 10.139/2019, os atos normativos inferiores a decreto devem ser editados sob a forma de:

(i) portarias – atos normativos editados por uma ou mais autoridades singulares;
(ii) resoluções – atos normativos editados por colegiados; ou
(iii) instruções normativas – atos normativos que, sem inovar, orientem a execução das normas vigentes pelos agentes públicos.

Diante desse contexto, a ANTAQ entendeu por bem reeditar a Resolução Normativa nº 34/2019, classificando-a como resolução.

Por se tratar de norma recente, a agência reguladora entendeu não ter havido "modificações relevantes que demandassem estudos específicos. Dessa forma, a consolidação foi direcionada para melhoria da técnica legislativa".

Nesse sentido, a própria Nota Técnica para Proposição de Ato Normativo nº 1/2022/GRP/SRG,[315] que antecedeu a Resolução ANTAQ nº 72/2022, reconheceu que "a proposta elaborada não altera o conteúdo material e o mérito da RN 34/2019, nem amplia escopo ou cria novas obrigações".

---

[315] Disponível em: https://sei.antaq.gov.br/sei/modulos/pesquisa/md_pesq_documento_consulta_externa.php?9LibXMqGnN7gSpLFOOgUQFziRouBJ5VnVL5b7-UrE5QAEByrZ Ud7CxKe4q59XsenKGIjg8wFB3NtCvbkZUfxxSEzMLCls2ze7b1D6IPMxHCSYrCd8iiFIth nDYehlEYX. Acesso em: 17 out. 2024.

De igual modo, a Diretoria Colegiada, nos termos do Acórdão nº 187/2022, consignou que "a consolidação ora em análise se resumiu basicamente à revisão da Resolução Normativa nº 34/2019 com ajustes de forma para melhoria da técnica legislativa, sem alteração de mérito; motivo pelo qual não foram necessárias a realização de Consulta e Audiência Públicas ou Análise de Impacto Regulatório".[316]

Assim é que, pragmaticamente, têm-se apenas a transposição da denominação "resolução normativa" para "resolução" e um ajuste ou outro de reposicionamento geográfico de parágrafos e artigos.

Por essas razões, deixamos de repetir a norma, valendo-nos de sua referência como marco de recorte temporal.

Em que pese a alteração meramente formal no plano normativo regulatório, no âmbito da ANTAQ foram produzidas três manifestações de relevo sobre o tema do SSE: i) abertura da Audiência Pública nº 07/2022, em 23.06.2022, em atendimento ao art. 9º da Resolução ANTAQ nº 72/2022, para "obter contribuições, subsídios e sugestões para o aprimoramento de proposta de Instrução Normativa, com o objetivo de estabelecer os procedimentos e critérios da análise de condutas abusivas associadas ao Serviço de Segregação e Entrega (SSE) nas instalações portuárias"; ii) Acórdão nº 409/2022, prolatado pela Diretoria Colegiada em 25.07.2022, em atendimento ao Acórdão TCU nº 1.448/2022, que decidiu pela suspensão cautelar dos dispositivos da Resolução nº 72/2022, bem como pela suspensão das cobranças relativas ao SSE, por parte das instalações portuárias reguladas; e iii) Parecer Técnico nº 68/2022/GRP/SRG, em julho de 2022, em subsídio à resposta da ANTAQ ao Acórdão TCU nº 1.448/2022.

Como essas manifestações se entremeiam com o Acórdão TCU nº 1.448/2022, diferentemente dos itens anteriores, a bem da didática, trataremos delas no item dedicado ao TCU nesta Fase 4, observando a ordem cronológica em que se deram.

Antes disso, no entanto, é preciso analisar a Nota Técnica nº 29/2022/DEE/CADE, uma robusta contribuição do CADE para a estabilização do tema do SSE no plano concorrencial e regulatório.

---

[316] Disponível em: https://sei.antaq.gov.br/sei/modulos/pesquisa/md_pesq_documento_consulta_externa.php?9LibXMqGnN7gSpLFOOgUQFziRouBJ5VnVL5b7-UrE5TwkveXlk FgsnwsJYViPTCipa2Cflnz4yUlwmNwlL6CrHtDA4aq-5SdBKzAHEUV8PGCju6prmGiN MdSI2UIyu6G. Acesso em: 17 out. 2024.

1.4.2 Defesa da concorrência (CADE)

1.4.2.1 Nota Técnica nº 29/2022/DEE/CADE

A Nota Técnica nº 29/2022/CADE foi elaborada pelo Departamento de Estudos Econômicos a pedido da Secretaria-Geral do CADE, que requereu a realização de estudos sobre a cobrança de taxas conhecidas como "THC2" e congêneres por terminais portuários no mercado de armazenagem alfandegada, zelando pelo rigor e atualização técnica e científica do tema.

A solicitação data de 05.08.2019, mesmo período em que estavam sendo realizados pela ANTAQ os estudos necessários ao processo de revisão da Resolução nº 2.389/2012, dos quais resultou a Resolução ANTAQ nº 34/2019. Os estudos, como dito anteriormente, foram iniciados após o TCU concluir pela necessidade da revisão da resolução para adequá-la à Nova Lei dos Portos (Lei nº 12.815, de 5 de junho de 2013).

Além disso, em junho de 2021, ou seja, durante o processo de elaboração da nota técnica, também ocorreu a assinatura do Memorando de Entendimentos nº 01/2021, celebrado entre o CADE e a ANTAQ, estabelecendo parâmetros gerais para a cobrança do SSE/TCH2. No memorando, foi destacada a necessidade de um entendimento jurisprudencial uniforme sobre a matéria, de modo a conferir mais segurança jurídica e estabilidade regulatória para o setor em razão das diversas ações que tramitavam/tramitam no Poder Judiciário sobre a cobrança do SSE.

A partir das datas e da análise fático-contextual, é possível inferir que, após a decisão do TCU e com o ajuizamento de diversas demandas judiciais sobre o tema, mais especificamente a partir de 2019, vem sendo empreendida uma atuação concertada, entre o CADE e a ANTAQ, na tentativa de conferir maior segurança jurídica sobre o tema. E isso deve ser enaltecido, não desafiado, como desenvolveremos adiante, ao tratarmos das decisões do TCU em 2022 e 2024.

Foi nesse contexto que, em 2022, o Departamento de Estudos Econômicos (DEE) do CADE realizou um estudo temático sobre a cobrança do SSE e entendeu não haver motivos para considerá-la como ilícita, independentemente de seu nível.

O estudo apresentou uma visão distinta daquela observada nas fases anteriormente abordadas por nós. Rompeu-se com os julgados que, casuisticamente, assumiam a ilicitude da cobrança pelo SSE para afirmar haver justificativa lícita de sua cobrança.

Desse modo, a cobrança pelo SSE não seria anticompetitiva, e o CADE, ao decidir por aplicar punição relacionada a seu emprego, encerraria por desincentivar importantes investimentos no setor.

Em ponto de grande relevância, o DEE argumentou que o *standard* de decisão correto para a análise da cobrança seria o uso da regra da razão, de modo que fosse avaliado ou o resultado líquido do bem-estar do consumidor (se negativo ou não) concreto da conduta, ou, pormenorizadamente, seus efeitos anticompetitivos potenciais críveis.

Para nivelar o debate, o Departamento indicou que muitos conselheiros pacificamente vinham entendendo que a cobrança pelo serviço de segregação e entrega de contêineres não poderia ser punível *per se* (conforme reconhecido no Memorando de Entendimentos nº 01/2021, assinado entre a ANTAQ e o CADE), antes abordado, e que esse não seria o problema objeto de crítica. O problema estaria no fato de que, na prática, não há uma análise sobre o efeito, em termos de preços, das condutas analisadas, o que acaba resultando em condenações.

O racional argumentativo que levou o DEE a formar sua convicção estruturada segue o itinerário lógico abaixo.

Superando os argumentos desfavoráveis à cobrança, o estudo desafia a lógica então prevalecente de que não haveria "provas" de que foram prestados serviços de movimentação de cargas entre a pilha no pátio e o portão do terminal portuário. Para o DEE, de igual sorte não há provas de que tais serviços não foram prestados.

Em sequência, rechaçou-se a hipótese de que o CADE, ao avaliar a cobrança pelo SSE, determine de maneira dogmática que operadores portuários não cobrem dos terminais retroportuários um centavo para segregar e entregar contêineres por considerar que quem teria responsabilidade pelo pagamento seriam os armadores. Esse tipo de consideração seria frágil, por não ser dado ao direito antitruste meramente atribuir responsabilidades. É preciso justificar sua operacionalização em termos econômicos e consequencialistas. Para ilustrar e compreender a avaliação sob o viés consequencialista, é preciso questionar: "O valor da THC2/SSE não importa? Se se cobrasse um centavo por tal cobrança, independentemente de preço teto, permitindo-se grandes lucros no mercado de armazenagem de contêineres por agentes não-verticalmente integrados e garantido, assim, sua sobrevivência no mercado, ainda assim, tal cobrança seria anticompetitiva?".

Para o DEE, a possibilidade de haver lucros de agentes não integrados evidencia a possibilidade de existência de agentes não integrados no mercado, razão por que a cobrança da THC2/SSE não seria suficiente para excluí-los do mercado, mormente quando há custos envolvidos na segregação de contêineres.

Do ponto de vista analítico, o DEE entendeu que seria importante, no mínimo, analisar: (i) o valor da THC2/SSE (valor 1); e (ii) o valor cobrado pela armazenagem de contêineres no mercado *downstream* (valor 2). Esse seria o objeto de crítica e necessidade de mudança de posicionamento do CADE.

Segundo o Departamento, o CADE não vinha medindo a magnitude de tais valores e, consequentemente, vinha inferindo que a cobrança poderia ter efeito exclusionário, sem ter feito qualquer mensuração se o valor 2, no *downstream*, do agente verticalmente integrado é ou está artificialmente baixo em relação ao valor 1 (custo imputado a não integrados no *upstream*), a ponto de retirar a competitividade de agentes não integrados.

Ainda nessa linha consequencialista, o órgão de estudos da autoridade antitruste indicou que a tese principal da jurisprudência do CADE seria de que operadores portuários possuiriam (i) interesse em excluir rivais e (ii) "poder de barganha ilimitado" se pudessem cobrar THC2.

Para demonstrar as fragilidades dessa tese, o estudo formulou a seguinte pergunta a ser respondida: se, realmente, os operadores portuários possuem "poder de barganha ilimitado" para liberar os contêineres para os armazéns retroportuários, como mencionado na jurisprudência do CADE, por que razão não exercem ou não exerceram tal poder de maneira ilimitada ou pelo menos de maneira mais acentuada?

Isso, portanto, põe em xeque a premissa do que se estaria tutelando nos julgados do CADE de até então.

Deve-se questionar também: poderiam os operadores portuários cobrar milhões ou bilhões de reais para liberar um único contêiner, com propósito (i) de extrair renda extra dos armazéns retroportuários até o limite de (ii) levá-los à falência? Se poderiam agir assim, por que razão não agiram desse modo até o dia de hoje (partindo do pressuposto que seu poder de barganha é, realmente, ilimitado)?

Para o DEE, a resposta é simples: assim não o fazem por não existir poder ilimitado de barganha. Talvez, eventual abuso de cobrança de um operador portuário específico, no período 1 e na rota logística X, poderia fazer com que esse operador venha a ser preterido no período 2 pela rota logística W, pelo importador, em um modelo de jogos repetidos e sequenciais. Outras questões também podem limitar o poder de mercado do ponto de vista dinâmico, como questionamentos judiciais sobre excessividade da cobrança, em face de tabelas públicas de preços que limitem a referida cobrança a um valor máximo.

Porém, ao que se sabe, não houve nem foi argumentada a exclusão (ou a quase exclusão) de agentes não verticalizados do mercado, mesmo nos casos em que operadores portuários estão permitidos pela justiça a cobrar THC2/SSE, indicando que, independentemente de qualquer preço teto regulatório, os valores atuais não estariam em nível exclusionário.

A princípio, ao contrário do que foi referido na jurisprudência do CADE, o DEE entende que há, sim, justificativa razoável para cobrar valores de SSE/THC2, não apenas porque a regulação setorial assim reconheceu e autorizou, mas, também, porque efetivamente existe a prestação de um serviço diferenciado (serviço dito *premium*) de entrega de contêineres. O estudo exemplifica o serviço *premium* com o seguinte relato:

> Um cliente do agente verticalmente integrado não tem o direito de retirar o contêiner do Operador Portuário em 48 horas, sem pagamento de qualquer valor. Para dar um exemplo, a PortoNave S.A. – Terminais Portuários de Navegantes, no âmbito do ofício 5589/2019/DEE/CADE (DOCSEI 0676700) relatou que o tempo médio para entrega destas cargas (em regime de DI) é de 05 (cinco) dias úteis, sendo que a retirada se dá com prévio agendamento, conforme as *janelas de disponibilidade operacional da instalação portuária*. Também, eventualmente, e em especial se o operador portuário estiver atuando como entreposto aduaneiro, é possível haver a cobrança de uma armazenagem *default* pelo referido período até a entrega efetiva do contêiner.
>
> *O concorrente não-verticalmente integrado não precisa pagar pela armazenagem default, nem esperar o período médio de entrega. Pelo contrário, este cliente privilegiado possui o direito de retirar o contêiner do Operador Portuário em até 48 horas, de forma mais rápida, mais ágil e mais expedita que os próprios clientes do agente verticalmente integrado.*
>
> Isso inclui os *serviços de identificação dos contêineres, de sua separação/ segregação de forma mais eficiente que o restante da carga que será armazenada em seu próprio armazém, para seus clientes.*
>
> Assim, Operadores Portuários tratam melhor os agentes não integrados em termos de prazo de entrega em detrimento de seus próprios clientes, por uma exigência regulatória de cunho tributário. Se a *velocidade de entrega deve ser superior a uma espécie de cliente, isso naturalmente implica uma logística diferenciada e possivelmente custos específicos, o que é ratificado pelas respostas dos agentes.* (Grifos postos)

Segundo o DEE, isso evidencia a existência de uma heterogeneidade de serviços prestados em razão da regulação/tributação do setor. Tal heterogeneidade gera uma discriminação a favor do agente não verticalmente integrado, que possui direito de tratamento preferencial (em termos de tempo) por um serviço que gera maior custo e menor otimização dos recursos do operador portuário. Dessa forma, ao contrário do que concluiu a jurisprudência do CADE, há, sim, razões econômicas para cobrança de um valor diferenciado, pouco importando se tal cobrança se chama SSE, THC2 ou qualquer outra sigla.

Nesses termos, impedir a cobrança de valores na presença de custo pode significar diminuição de relevantes investimentos futuros no setor, considerando que a concorrência deve ser pensada, também, em termos dinâmicos, como ilustra o seguinte raciocínio:

> A este respeito, os operadores portuários fazem grandes investimentos nos terminais de contêineres esperando receber o retorno de seu investimento considerando, em grande medida, o valor que eventualmente seria recebido pela armazenagem de contêineres. *Ao obrigar que concorrentes prestem serviços do tipo premium a não concorrentes, sem remunerar devidamente os referidos serviços, com velocidade de entrega distinta e sem cobrança de armazenagem default, é possível que se incentive a construção de armazéns retroportuários (serviço com menor nível de investimento) e se desincentive, no plano dinâmico, a construção de novos terminais de contêineres (serviço com maior nível de investimento).* Ou seja, no longo prazo, a não remuneração adequada dos serviços diferenciados acaba sendo um desincentivo à concorrência em sentido mais amplo (concorrência entre terminais de contêineres já existentes e outros greenfield), já que poucos irão querer investir em novos terminais de contêineres (principal) buscando investir apenas na armazenagem (serviços acessórios com maior possibilidade de lucro). Assim, as decisões do CADE agudizam esta injusta diferença de tratamento entre agentes e estes incentivos que parecem não estar bem calibrados. (Grifos postos)

O estudo observa, ainda, que uma análise de mercado relevante, baseada em *market shares* apenas, desconsidera o real ou potencial efeito de preços e de margem de lucro dos agentes, razão pela qual se faz necessário ao CADE formular uma projeção futura do preço e do comportamento dos agentes, em ambos os mercados (*upstream* e *downstream*), buscando avaliar qual seria o resultado social com e sem a prática tida como ilícita:

> Levando tudo isto em consideração, tem-se que, ao contrário de um cartel, onde a ilicitude per se da conduta é fundamentada pela falta de

justificativa em tese da conduta e pela elevada probabilidade de danos sociais, no caso da cobrança de THC2/SSE, como uma prática unilateral, a ilicitude da cobrança não pode e não deve ser pressuposta, com regras de bolso decisórias (que investigam apenas o market share do agente e *não se interessam pelo valor cobrado no downstream*), nem é possível alegar a existência de irracionalidade do agente ou mesmo danos sociais inerentes à conduta em tese, considerando o que já foi exposto, em apertada síntese acima. *Para fazer uma avaliação sobre a licitude ou não da conduta (e se há cobrança em níveis exclusionários) há que se investigar o caso concreto, por meio de metodologias mais complexas, mais adequadas e mais completas em termos de avaliação de eventuais efeitos exclusionários. Simples discriminação de preços não é e não deveria ser uma prática anticompetitiva, mormente quando há, sim, justificativas econômicas para este tipo de conduta. Portanto, deve-se analisar este tipo de conduta pela regra da razão integral, caso a caso, por meio de avaliação dos efeitos da conduta em termos de preços*, e não de maneira pressuposta, como prática *per se* ilícita ou que é classificada como "regra da razão estruturada", mas que muito se aproxima das proibições do tipo *per se*. (Grifos postos)

Trata-se de avaliação complexa e profunda, porém necessária, que inclusive deve contemplar argumentos de eficiência, no plano dos quais a *velocidade é fator-chave*.

Nas condenações casuísticas determinadas pelo CADE, no entanto, não foi realizado qualquer questionamento, instrução ou mesmo consideração a respeito dos níveis de preço no mercado *upstream* e nos mercados *downstream*. Mais: isso é afirmado de maneira textual e consciente nos votos do CADE como algo que não seria importante ou relevante.

Segundo o DEE, se é correto afirmar que um terminal, ao segregar cargas de forma prioritária e, ao movê-las para um terminal retroportuário alfandegado (TRA) no período de 48 horas, necessita de *mais equipamentos*, de *mais área*, de *mais mão de obra* e de *mais caminhões*, isso significa que esse sistema impacta e possivelmente diminui a eficiência do terminal de contêineres por questões burocráticas e tributárias. Logo, haveria a necessidade de mais *input* para produzir o mesmo *output* e restaria constatado que a Declaração de Trânsito de Contêiner (DTC) *gera custo*.

O DEE faz questão de distinguir que, nos portos brasileiros, os SSEs visam modificar as condições usuais para a movimentação e entrega dos contêineres e afetam o fluxo normal ou ordinário nos terminais portuários. Geralmente, tais serviços buscam satisfazer necessidades logísticas especiais de usuários que precisam que o terminal portuário realize procedimentos diferenciados e preferenciais para a movimentação e entrega das suas cargas.

Nesse sentido, o estudo citou o voto que embasou a deliberação da ANTAQ pela aprovação da proposta de alterações da Resolução ANTAQ nº 2.389/2012, caracterizando-o como "nítido entendimento da autoridade reguladora quanto à natureza da SSE no Brasil":

> Entendo que a segregação de contêineres realizada nos portos brasileiros, aqui abrangidos públicos e privados, é realizada de forma que altera o processo de logística dos terminais [...] O serviço de segregação de contêiner envolve uma organização extraordinária dentro do terminal, que é realizada exclusivamente no interesse do dono da carga, mudando o carrossel das atividades feitas no terminal [...].[317]

Assim, seria justo remunerar esse tipo de serviço heterogêneo e mais custoso, considerando que, para a obtenção do benefício do regime de trânsito aduaneiro em suas diversas modalidades, é demandado do terminal portuário que realizou o desembarque um *conjunto de providências e atividades diferenciadas, as quais, além de controles aduaneiros específicos, incluem, no regime "carga pátio", a necessidade de movimentar os contêineres para áreas segregadas ("área pátio") com entrega prioritária, em prazos máximos de até 48 horas.*

Dessa forma, reitera que a cobrança seria um serviço adicional que enseja, por conseguinte, remuneração correspondente. Quanto à argumentação de que os operadores portuários teriam grande poder de mercado em relação aos armazéns retroportuários, o DEE sustentou que a primeira questão a ser colocada deve ser a seguinte: e se o SSE não for antecipado pelo armador e as partes (importador e/ou exportador) combinaram que seria o armazém retroportuário que arcaria com esse valor? Imagine-se ainda que todas as partes concordem com esse tipo de combinação e contratação. O CADE responderia a tal indagação alegando que pouco importa a vontade dos contratantes?

As partes (importador e/ou exportador) deveriam ter o direito de estipular os termos de seus contratos, estipulando quem paga o quê. De mais a mais, nas negociações entre armadores e operadores

---

[317] Voto SEI nº 0499991 do diretor relator, acompanhado pelos demais diretores da Agência Nacional de Transportes Aquaviários, proferido na 25ª Reunião Extraordinária da Diretoria Colegiada da ANTAQ, que deliberou pela aprovação da proposta de alterações da Resolução ANTAQ nº 2.389, de 13 de fevereiro de 2012.

portuários, eventual possibilidade de os armadores se eximirem de responsabilidade e de custos após descarregamento das mercadorias, os importadores e exportadores deveriam, em tese, saber disso *ex ante*.

Quando o armazém retroportuário paga SSE ao operador portuário, age como representante do próprio importador. Por isso, não seria correto dizer que não há "barganha" ou possibilidade de barganha alguma nesse processo. É o importador quem faz a escolha de onde e de como deve deixar e armazenar o seu contêiner, levando em consideração, *ex ante*, todos os custos envolvidos e devidamente publicizados de SSE e os valores de armazenagem dos operadores portuários e dos armazéns retroportuários.

Porém, para o DEE, é incorreto dizer que há um problema de *hold up* clássico, em que o terminal retroportuário é um mero refém desse tipo de situação e é surpreendido por cobranças de valores pelo simples fato de que não possui contrato direto ou relação jurídica com o operador portuário. Tal relação é intermediada. Assim, ao contrário do afirmado na jurisprudência do CADE, haveria um equilíbrio específico de negociação, envolvendo importadores (ou exportadores, a depender do *incoterm*) e diferentes estruturas logísticas de escoamento e de armazenamento de contêineres.

Por força disso, entende o DEE que o tema deva se submeter a um exame caso a caso para a avaliação dos efeitos da conduta em termos de preços, mas que não se descuide dos problemas/injustiças de tratar cada caso isoladamente, pois, na prática, da maneira que o CADE vinha conduzindo as análises, alguns operadores vinham sendo processados e julgados, e outros, não. Isso, somado à obtenção de decisões judiciais autorizando a cobrança de SSE, geraria mais assimetria entre agentes econômicos que supostamente deveriam ser iguais, em um ambiente concorrencial estável.

A proposta para solucionar o tema consistiria em decidir em um caso geral que tratasse da referida questão e que fosse aplicado a todo o país, sob pena de o CADE, querendo tornar os armazéns retroportuários mais acessíveis, terminar por interferir na competição no nível *upstream*, permitindo que alguns operadores portuários sejam beneficiados em detrimento de seus rivais.

A síntese conclusiva do estudo permite destacar trechos de relevância:

Acreditar que cobranças não devem ser feitas (mesmo que tais cobranças não gerem exclusão de rivais), sem sombra de dúvidas traria uma grande quantidade de demandas ao CADE, gerando condenações sem a mínima justificativa, sem lastro em teoria de dano concorrencial, transformando Direito Concorrencial em espelho do Direito Cível, com grande probabilidade de haver desajustes entre ambos os ramos do Direito, que acabarão tendo que apreciar a exata mesma questão. Em suma, acredita-se não só que deva ser utilizada a regra da razão, mas que a regra da razão utilizada não deva ser encurtada ou feita apenas em parte. Não basta analisar *market shares*, há que se ter uma teoria real sobre qual precificação é justa e injusta, se há ou não *margin squeeze* e se há possibilidade de exclusão de rivais. A atual punição de *margin squeeze* positiva, em que as vítimas das práticas exclusionárias na realidade possuem elevados lucros (inclusive superiores aos dos incumbentes verticalmente integrados) não tem sustento na teoria econômica.

Este tema é iluminado pelas respostas ao item 2.1. Não houve indicação de nenhum agente que foi eliminado ou predado pela SSE. Pelo contrário, em Itajaí, indicou-se que houve, mesmo com cobrança de SSE, a efetiva entrada, nos últimos anos, de sete novos terminais retroportuários na região: Local frio Itajaí, Conexão Marítima, Forte Logística, CLIA de Itapoá, Multilog Joinville, Maringá Armazéns Gerais e Barra do Rio Terminal Portuário.

As supostas vítimas da cobrança de SSE, ao serem questionadas sobre tal aspecto, ou ficaram silentes ou disseram que não sabiam se houve exclusão de rivais. O fato é que não se identificou nenhum agente nesta situação, por mais que a referida cobrança seja feita há muito tempo.

(...) Na questão 2.8, verificou-se que o SSE representa uma parte muito pequena dos custos totais do serviço de armazenagem portuária, o que novamente torna os efeitos desta prática como muito improváveis de excluírem qualquer agente do mercado.

(...) Como referido ao longo do presente documento, ao compreender que o SSE ou THC2 deve ser cobrado de maneira indistinta, dentro da rubrica THC, aos armadores, o CADE, na realidade, está subscrevendo a possibilidade de subsídio cruzado, o que pode gerar ineficiências. A cobrança não parece ser anticompetitiva, tendo justificativa relatada ao longo da nota. Aliás, é possível que as decisões do CADE que punam este tipo de conduta possam talvez desincentivar importantes investimentos no setor.

Tais conclusões foram embasadas pela realização de estudos que apuraram os preços e o comportamento de mercado com a cobrança da THC2/SSE por meio de dados disponibilizados pelos atores do setor. Foram enviados às arrendatárias questionários sobre: (i) preços atuais de armazenagem; (ii) previsão de vendas e serviços de armazenagem; (iii) custo fixo e variável mensal para armazenar; (iv) fluxo de caixa; (v) preço médio por contêiner (20 e 40 pés) cobrado pela armazenagem no período de sete dias; entre outros.

Portanto, valendo-se de fatos operacionais observáveis na movimentação de contêineres ante os regimes aduaneiros com contornos e demandas peculiares, dados empíricos, consulta aos agentes econômicos, e do desenvolvimento de argumentos racionalmente embasados em uma teoria antitruste econômica para o tema, o substantivo estudo produzido pelo DEE/CADE evidencia as distorções que gravitam em torno da cobrança do SSE. Ao fazê-lo, contribui significativamente para prover parâmetros adequados de seu tratamento, seja pela ANTAQ, pelo CADE, pelo TCU, Poder Judiciário ou demais controladores.

Por essas razões, tais parâmetros serão retomados em nossa análise jurídica do tema adiante.

1.4.2.2 CADE após a Nota Técnica nº 29/2022/CADE em análise correlata

Como vimos nas três fases anteriores, o CADE, em diversos casos passados anteriores a 2019, se manifestou no sentido de que a cobrança da THC2/SSE seria ilícita, porque, em síntese: (i) os terminais portuários estariam se aproveitando de sua posição na cadeia logística de importação marítima de mercadorias para falsear um mercado cativo de liberação de contêineres, por meio da cobrança da THC2 imposta aos recintos alfandegados; bem como (ii) a cobrança de THC2 não geraria nenhuma eficiência econômica que possa justificá-la, motivo pelo qual seria abusiva do ponto de vista concorrencial.

A partir de 2019, contudo, ao se analisarem as Fases 3 e 4, é possível observar um reposicionamento gradativo do CADE, no sentido de que condutas supostamente anticoncorrenciais não podem ser punidas *per se* e que a análise da legalidade da THC2/SSE deve levar em consideração os ganhos de eficiência decorrentes da prestação dos serviços abrangidos pela cobrança.

Com efeito, em 2024, o CADE ratificou o racional do estudo do DEE, veiculado na Nota Técnica nº 29/2022/CADE, afirmando a necessidade de avaliação de argumentos de eficiência em análises de condutas unilaterais e cobranças de taxas pelos terminais portuários, destacando a velocidade como um fator-chave no caso específico de eficiências portuárias. O caso tratou da tarifa cobrada em função de carga Desembaraçada sobre Águas (DSA), cujo regime de operacionalização guarda paralelo com as nuances da cobrança pela SSE.

A ratificação do entendimento se deu no âmbito do Processo nº 08700.000097/2023-70, no qual foi emitida a Nota Técnica nº 4/2024/CGAA11/SGA1/SG/CADE. Na nota, restou entendido, ainda, que suposta prática de abuso de posição dominante no setor portuário deve ser analisada à luz de efetiva comprovação dos efeitos concorrenciais negativos da conduta.

Concretamente, a nota técnica teve por objetivo analisar se a denúncia formulada pela Associação de Usuários dos Portos da Bahia – Usuport/BA (denunciante) sobre suposta irregularidade da cobrança de tarifa pelo Tecon Salvador S.A. (representada) possuía indícios mínimos de infração à ordem econômica, nos termos da Lei nº 12.529/11, a justificar o prosseguimento das investigações.

A tarifa supostamente indevida se referia à liberação de carga Desembaraçada sobre Águas (DSA). Segundo a Usuport/BA, a cobrança de serviço pretensamente prestado a cargas DSA para importador certificado como Operador Econômico Autorizado (OEA), sob a rubrica de "Facilidades administrativas para a entrega de contêiner/carga" na seção "D. Desembaraço antecipado (OEA) ou regime especial de descarga direta", nos valores de R$1.093,04 para contêineres de 20 pés e R$1.243,99 para contêineres de 40 pés, seria insubsistente, pois não corresponderia a um serviço efetivamente prestado.

Além disso, para a denunciante, a cobrança, quando da entrega de contêineres nacionalizados antecipadamente, como no caso de Desembaraço sobre Águas (DSA) ou em regime especial de descarga direta, já estaria contemplada na cesta de serviços (*box rate*) ou já seria obrigação legal do terminal portuário, o que configuraria, portanto, uma apropriação de um benefício logístico concedido pela Receita Federal do Brasil (RFB).

A esse propósito se manifestou o CADE, referenciando o estudo do DEE:

> Existe, portanto, embasamento justificado pelo Tecon Salvador para a criação da referida cobrança, o que vai na linha do entendimento do Departamento de Estudos Econômicos do Cade (DEE) no estudo de mercado sobre a cobrança de taxas conhecidas como THC2 e congêneres (Nota Técnica nº 29/2022/DEE/CADE - SEI nº 1129241), no Processo nº 08700.003929/2019-23. Naquele estudo, embora se trate da análise de

outra "taxa" portuária, o DEE destacou a necessidade de se analisar argumentos de *eficiência* em análises de condutas unilaterais, sendo, no caso específico de eficiências portuárias, a velocidade um fator chave. *Portanto, à luz do que entendeu aquela setorial técnica, um terminal, ao priorizar determinadas cargas e movimentá-las no período de 48 horas, necessita de mais equipamentos, de mais área, de mais mão de obra e de mais caminhões, impactando negativamente a eficiência do terminal de contêineres, por questões burocráticas e tributárias, pois há a necessidade de mais input para produzir o mesmo output. Nessa linha, entende-se que o DSA gera custos ao terminal.*

Embora não exista precedente do Cade envolvendo a presente cobrança, a Autarquia já analisou a criação das seguintes taxas portuárias: (i) taxa de segregação e entrega dos contêineres - SSE ou taxa "THC2"; (ii) taxa de armazenagem de contêineres de importação submetidos ao regime de Declaração de Trânsito Aduaneiro ("DTA") retirados em menos de 48 horas; (iii) taxa de fiel depósito; (iv) taxa de segurança relacionada à implementação do Código ISPS e (v) entrega postergada.

Como afirmou a SG em Nota técnica nº 7/2020/CGAA3/SGA1/SG/CADE (SEI nº 0735450) no Processo Administrativo nº 08700.005499/2015-51, em tais casos analisados pelo Cade, os potenciais efeitos concorrenciais eram evidentes, pois se permitia que um agente monopolista ou com elevado poder de mercado estipulasse preços e cobrassem "taxas" de outros agentes atuantes no porto, que, muitas vezes, concorriam com o operador portuário em serviços acessórios às atividades portuárias, como é o caso dos recintos retroportuários que prestam serviço de armazenagem.

No caso vertente, entretanto, dada a dispensa da armazenagem no DSA, inexiste o problema concorrencial de rivalidade entre os terminais portuários molhados e os terminais retroalfandegados, como acontece em outros regimes aduaneiros com a cobrança do SSE ("THC2") e de outras "taxas" para a liberação dos contêineres. (Grifos postos)

Portanto, ainda que não haja decisão do CADE sobre a cobrança pelo SSE após o estudo do DEE de 2022, já é possível notar, no caso acima, o emprego do racional do estudo em caso análogo, indiciando como o CADE possivelmente trataria da cobrança do SSE em uma nova análise do tema.

1.4.3 Controle externo (TCU)

No período compreendido nesta Fase 4, o TCU prolatou dois impactantes acórdãos sobre a cobrança do SSE e sua disciplina regulatória. Não só. Produziu também relevante estudo no plano de auditoria operacional sobre a prestação do serviço portuário.

Interagindo com esses acórdãos, no plano da ANTAQ, como vimos anteriormente: (i) foi aberta e suspensa a Audiência Pública nº 07/2022, em 23.06.2022, em atendimento ao art. 9º da Resolução ANTAQ nº 72/2022, para "obter contribuições, subsídios e sugestões para o aprimoramento de proposta de Instrução Normativa, com o objetivo de estabelecer os procedimentos e critérios da análise de condutas abusivas associadas ao Serviço de Segregação e Entrega (SSE) nas instalações portuárias"; (ii) foi prolatado o Acórdão nº 409/2022, pela Diretoria Colegiada, em 25.07.2022, em atendimento ao Acórdão TCU nº 1.448/2022, que decidiu pela suspensão cautelar dos dispositivos da Resolução nº 72/2022, bem como pela suspensão das cobranças relativas ao SSE, por parte das instalações portuárias reguladas; e (iii) foi elaborado o Parecer Técnico nº 68/2022/GRP/SRG, em julho de 2022, em subsídio à resposta da ANTAQ ao Acórdão TCU nº 1.448/2022.

Seguindo a ordem cronológica, trataremos dessas manifestações de forma encadeada.

1.4.3.1 Acórdão TCU nº 1.448/2022 – Plenário

O Acórdão TCU nº 1.448/2022 foi proferido em autos originados por denúncia, com pedido de adoção de medida cautelar, argumentado pela ausência de análise de impacto regulatório (AIR) no procedimento de revisão da Resolução ANTAQ nº 2.389/2012 (que culminou na edição da Resolução nº 34/2019) e de ausência de audiência pública de modificações da norma.

No que concerne à não realização de AIR previamente à Audiência Pública nº 04/2018, o ministro relator Vital do Rêgo acompanhou o entendimento da unidade técnica pela omissão da ANTAQ na adoção das melhores práticas regulatórias. Assim, ainda que não seja considerado ilegal o ato da agência reguladora, teria sido realizado em desacordo às recomendações do TCU e à minuta do Guia Orientativo para Elaboração de AIR da Casa Civil, de cuja elaboração a própria ANTAQ participou.

O ponto de maior relevância, para o objeto deste estudo, diz respeito à alegação de ilegalidade da cobrança pelo SSE. Segundo a compreensão do ministro relator, o debate acerca da regularidade da cobrança dos recintos alfandegados pelos terminais portuários ocorre há mais de 20 anos, e os atos normativos exarados pela ANTAQ teriam sido uma tentativa malsucedida de dirimir a controvérsia.

De acordo com as definições adotadas nas resoluções da ANTAQ, prevê-se a possibilidade de cobrança de valores adicionais à THC, ou seja, a THC2 ou SSE, na importação, pela movimentação de mercadoria entre a pilha do pátio ao portão do terminal. A justificativa para tanto é a existência de custos adicionais nesse trajeto não cobertos pela THC. Os terminais secos, porém, entendem que essa seria uma cobrança indevida, eis que a THC já remuneraria ditos serviços.

Inicialmente, na Resolução nº 2.389/2012, a opção regulatória adotada foi o reconhecimento de que os serviços não seriam englobados pela THC e a subsequente não intervenção direta no preço estabelecido entre as partes. Na análise da resolução, o Tribunal de Contas, por meio do Acórdão nº 1.704/2018 – TCU – Plenário, elencou os seguintes problemas que maculariam a legitimidade do normativo:

> (a) assimetria de conceitos, no conceito de THC, entre serviços que compõem as operações de exportação e de importação (na exportação, a THC engloba a movimentação de cargas desde o portão do terminal até o costado da embarcação; mas, no sentido da importação, a referida taxa alcança o movimento desde o costado da embarcação até a pilha de armazenagem do terminal, excluindo da THC a movimentação de contêineres da pilha até a entrega no portão do terminal);
> (b) ausência de avaliação da adequação do preço praticado de SSE;
> (c) ausência de referência a qualquer mecanismo regulatório para coibir eventual uso abusivo do poder de mercado pelos operadores portuários frente aos recintos alfandegados no âmbito da cobrança das atividades de SSE;
> (d) retirada de instrumento regulatório do art. 5º que limitaria a prática de preços abusivos pelos operadores portuários que cobrassem SSE dos recintos alfandegados independentes (preço-teto aos serviços não abrangidos pelo box rate);
> (e) ineficácia, por sua condição de mera faculdade, do único instrumento regulatório restante que solucionaria o conflito no setor e estabelecido no parágrafo único do art. 9º (adoção de teto de preços, "quando for o caso").

Por esse motivo, foi determinada à ANTAQ a revisão da regulamentação da SSE. Nesse processo de revisão normativa, foi realizada a Audiência Pública nº 04/2018, submetendo minuta de nova resolução ao debate. Após o exame das contribuições, consubstanciadas no Parecer Técnico nº 71/2018, a ANTAQ deliberou pela edição da Resolução nº 34/2019.

No entanto, conforme o acórdão, não houve alteração da opção regulatória da autarquia, apresentando os mesmos mecanismos inseridos anteriormente: pertinência da cobrança do SSE, agora expressamente definido (art. 2º, inciso IX, e art. 6º, §1º), por serviços não remunerados pela *box rate* nem pela THC (art. 9º), cujo valor deve ser objeto de livre negociação entre os terminais portuários e os recintos alfandegados (art. 5º), com análise pontual de abusividade de preço (art. 5º, §1º, e parágrafo único do art. 9º).

Por outro lado, o acórdão considerou ter havido alterações significativas também:

> 37. Em relação à resolução anterior, houve algumas alterações na Resolução 34/2019. Foi estabelecido que (art. 5º), além de os valores máximos de SSE deverem ser previamente divulgados em tabelas de preços pelos terminais, observadas as condições comerciais estipuladas no contrato de arrendamento, devem também ser observadas as normas da autarquia, com vedação expressa a "práticas de preços abusivos ou lesivos à concorrência".
> 38. Foram definidas, no art. 8º, o que antes não havia, quais seriam as práticas consideradas abusivas ou lesivas à concorrência, dentre elas, destaco: "aumentar artificialmente os custos operacionais dos rivais à jusante ou do mesmo mercado relevante"; "elevar sem justa causa os preços ou valer-se de meios artificiosos, exercendo posição dominante sobre a carga com a finalidade de aumentar arbitrariamente os lucros"; e "fraudar preços por meio da sua alteração, sem a correspondente modificação da essência ou da qualidade do bem ou do serviço".
> 39. Por fim, de acordo com o parágrafo único do art. 9ª, apesar de ainda permanecer a previsão de que a fixação de preço máximo a ser cobrado a título de SSE ser uma faculdade da Antaq, a ser analisada a cada caso concreto, foi acrescentado, aí a inovação, que tal análise ocorrerá quando for "demonstrada a verossimilhança de que exista abuso ilegal na cobrança do SSE" e "mediante prévio estabelecimento e publicidade dos critérios a serem utilizados para sua definição".

A Resolução nº 72/2022 não promoveu alteração material ou ampliação de escopo/criação e novas obrigações, apenas realizando adequações redacionais e atualizações de nomenclaturas.

Diante desse contexto, entendeu-se por necessário retomar a discussão da legalidade da cobrança pelo SSE. Segundo o denunciante, a Resolução nº 34/2019 seria ilegal por contrariar as disposições do CADE e do TCU, permitindo remuneração entre atores sem vínculo jurídico e referendando posição anticoncorrencial, a qual atribuiria posição dominante econômica dos operadores portuários na concorrência com os recintos alfandegados, com a imposição de preços que dificultam e/ou impedem o acesso às mercadorias, insumo essencial da atividade econômica.

Em uma primeira oportunidade, o TCU concedeu à ANTAQ a providência de enfrentar a questão com o conhecimento e recursos de que dispõe, o que motivou a agência a publicar uma nova resolução para tratar o tema, a já mencionada Resolução nº 34/2019. No entanto, de acordo com o ministro relator, a resolução em vigor padeceria de vícios insanáveis.

Após apresentar o contexto histórico que dá origem à cobrança do SSE, o ministro relator entendeu que, atualmente, dois particulares podem armazenar a carga até o desembaraço aduaneiro do produto: (i) o próprio operador do terminal arrendado, o qual está ao lado do navio e a quem cabe retirar a carga da embarcação e colocar no pátio; e (ii) o RAI ou instalação portuária alfandegada (IPA), que opera na zona secundária ou em área interna ao porto.

A ordem lógica da movimentação da carga é apresentada da seguinte forma:

> (1) o dono da carga firma contrato com o armador para que seu produto chegue até o porto para ali ser armazenado até a nacionalização;
> (2) o armador firma contrato com o operador portuário para descer a carga do navio e levá-la até a pilha na zona primária do porto (há o pagamento da taxa "box rate" que inclui movimentação vertical e horizontal: esta última se chama THC);
> (3) o dono da carga ou importador escolhe com quem vai armazenar a mercadoria até o desembaraço:
> (3.i) se for o próprio operador portuário: nesse caso ele só paga armazenagem da carga que fica na zona primária;
> (3.ii) se for o recinto alfandegado independente: o próprio recinto vai pagar ao operador portuário a segregação e entrega da mercadoria (SSE) para poder retirar a carga do terminal e cobrará do dono da carga não apenas a armazenagem, mas também os custos que teve com o pagamento da SSE.

Assim, na visão do Tribunal de Contas, o fluxo traduz a conclusão de que, "se o operador portuário presta o serviço alfandegário, toda a movimentação horizontal (THC) está incluída no '*box rate*', mas se o importador (dono da carga) escolhe um recinto alfandegado independente (concorrente do operador), a ANTAQ permite a cobrança do SSE para que o terminal entregue a carga ao recinto seco (RAI)".

Com isso, surgiram duas indagações: (i) o que seria esse serviço de segregação e entrega (SSE) que somente é cobrado quando o operador portuário não realiza a armazenagem da carga durante os trâmites de nacionalização e a entrega para seu concorrente fazê-lo? (ii) Por que razão o SSE apenas é devido nos ciclos de importação, e não é mencionado nas operações de exportação?

Observa o relator que veículos, máquinas, sistemas e mão de obra são usados no percurso da mercadoria entre o navio e pilha de armazenagem. A carga permanece ali até ultrapassar o portão do terminal, momento em que pode ser entregue na carreta de transporte do dono da carga após a nacionalização ou na carreta de quem vai armazená-la em recinto alfandegário próprio para o desembaraço aduaneiro.

Contudo, entende que o caminho percorrido pela carga seria o mesmo em ambas as situações, de sorte que não haveria serviço em um fluxo que não exista no outro.[318] Além disso, afirma que essas operações estariam inseridas na THC em todos os portos do mundo.

É dizer: em sua visão, sempre haverá colocação na pilha em pátio segregado, gerenciamento de riscos de cargas perigosas, cadastramento de empresas ou pessoas, permanência de veículos para retirada, liberação de documentos ou circulação de prepostos, remoção da carga da pilha na ordem ou na disposição em que se encontra e posicionamento da carga no veículo do importador ou do seu representante. A diferença seria, tão somente, quem receberá pela armazenagem.

Em resumo, conclui o ministro relator que "a permissão para cobrança de SSE se traduz na possibilidade de o operador portuário aumentar os custos de seu concorrente (RAI), custos estes que serão repassados ao dono da carga, sempre que o terminal não for 'escolhido' para receber pela armazenagem. Automaticamente, por conclusão lógica, quem paga essa conta é o consumidor final, aumentando-se assim os custos dos produtos em nosso país".

Pontuou-se também o fato de inexistir taxa idêntica em outros sistemas portuários globalmente, bem como não ter sido possível

---

[318] Nesse ponto, o entendimento do relator se distancia do que foi averiguado, em concreto, pela Auditoria Operacional do próprio TCU sobre a prestação de serviços portuários, realizada no TC nº 020.789/2023-8, como veremos adiante.

encontrar explicação ou motivação válida para a assimetria entre os cenários de importação e exportação.

Portanto, entende o ministro relator que a parcela de SSE sempre existiu e está incluída na THC. Nesse sentido, argumenta que, à primeira vista, a resolução possibilitaria que um *player* elevasse artificialmente os preços de seus concorrentes e trouxesse prejuízos à cadeia produtiva nacional.

Entretanto, faz importante ressalva: a questão não pode ser analisada somente pelo prisma da guarda do interesse público em sentido estrito, uma vez que também é necessário considerar as circunstâncias do caso concreto sob a perspectiva da livre concorrência. Isso porque "este TCU não pode assumir a condição de defensor dos interesses de quaisquer dos grupos em disputa". A jurisprudência, inclusive, é clara ao delimitar que, nesses casos, a Corte de Contas atua em "defesa da estabilidade das regras, do cumprimento dos contratos e da eficiência do jogo regulatório", no que se reporta a excerto do voto revisor do ministro Benjamin Zymler no Acórdão nº 1.756/2004 – TCU – Plenário:

> 29. Deve-se salientar que o TCU não pode assumir a condição de defensor dos interesses de quaisquer dos grupos em disputa, mas deve atuar em defesa da estabilidade das regras, do cumprimento dos contratos e da eficiência do jogo regulatório. Afinal, as agências reguladoras devem, simultaneamente, zelar pela fixação de tarifas módicas (o que corresponde a preservar os interesses imediatos dos usuários) e pela manutenção de uma remuneração apropriada para o capital investido (o que equivale a proteger os interesses dos concessionários).

No entanto, para o caso em comento, entende-se que os terminais molhados estariam em posição dominante em relação aos recintos alfandegados secos, apontando, ainda, que a cobrança de SSE dos recintos alfandegados independentes pelos operadores portuários caracterizaria infração à ordem econômica, uma vez que:

> (1) o recinto seco é concorrente direto do recinto molhado;
> (2) o recinto molhado recebe pela movimentação horizontal da carga mediante tarifa denominada THC em contrato firmado com o armador;
> (3) caso o terminal não seja escolhido pelo dono da carga para nacionalizar a mercadoria, ele a entrega ao recinto seco mediante cobrança de SSE; caso seja escolhido, não há SSE;

(4) a SSE é uma taxa cobrada por um serviço que existe tanto na importação quanto exportação, mas somente tem custos devidos quando as cargas chegam ao país;
(5) o dono da carga e o recinto seco não podem escolher o operador portuário e ficam à mercê das tarifas cobradas por estes terminais;
(6) a SSE resulta na imposição de custo artificial de um concorrente dominante para seu rival.

Com relação ao comportamento de mercado, pautando-se em estudo feito pela SEAE, ao mensurar provável sobrefaturamento da THC2, concluiu que os terminais portuários arrecadariam, em média, por volta de R$536.465.213,83 de SSE. Esse custo seria pago pelo consumidor final.

Nesse contexto, concluiu o ministro relator que, "a despeito de qualquer análise de impacto regulatório que venha a ser realizada, o resultado será sempre o mesmo: a cobrança do SSE não é legítima na medida em que obstaculiza a competitividade do serviço de armazenagem da operação portuária de importação e acarreta infração à ordem econômica".

Mesmo com a adoção de providências para controlar a abusividade dos preços, como a apresentação da composição de custos dos serviços e o envio de tabelas de preços do SSE previamente para a agência, ainda persistiria o desvio de finalidade do ato de expedição de resolução que permite a cobrança de tal valor, porquanto foi praticado com um fim diverso do previsto em lei.

Desse modo, não havendo respaldo legal para a opção regulatória que instituiu a cobrança da THC2, determinou-se a anulação de todos os dispositivos da Resolução nº 72/2022 concernentes à possibilidade de cobrança do serviço de segregação e entrega de contêiner.

1.4.3.2 Acórdão ANTAQ nº 409-2022

Nos autos do Processo nº 50300.013454/2019-52, a Diretoria Colegiada da Agência Reguladora, em atendimento à decisão do TCU, decidiu pela suspensão cautelar dos dispositivos da Resolução nº 72/2022, bem como pela suspensão das cobranças relativas ao SSE, por parte das instalações portuárias reguladas. Além disso, determinou aos agentes regulados que indicassem, em suas respectivas tabelas de preços, a suspensão dos itens que remuneravam as rubricas afetadas, com fins de transparência.

Também foi suspensa a Audiência Pública nº 07/2022, cujo objetivo era obter contribuições, subsídios e sugestões para o aprimoramento de proposta de instrução normativa, a fim de estabelecer os procedimentos e critérios da análise de condutas abusivas associadas ao SSE nas instalações portuárias

No entanto, em seu voto, o diretor relator José Renato Ribas Fialho expressou o "relevante interesse público subjacente à representação pretendida, consubstanciada na grave interferência da corte de contas na esfera de discricionariedade técnica da agência reguladora, ao declarar 'ilegal' e em 'desvio de finalidade' dispositivos de ato normativo de cunho regulatório da Antaq regularmente editados". Não apenas isso, mas considera-se "presente o risco iminente de grave desestabilização do setor diante da medida cautelar deferida que suspende a aplicação da referida norma regulatória".

1.4.3.3 Parecer Técnico ANTAQ nº 68/2022/GRP/SRG

Em julho de 2022, a ANTAQ emitiu o Parecer Técnico nº 68 para fornecer subsídios para a resposta ao Acórdão nº 1.448/2022 do Tribunal de Contas da União, que, como já mencionado, determinou a anulação dos dispositivos da Resolução nº 72/2022 que tratavam sobre a possibilidade de cobrança do SSE/THC2.

De início, o parecer analisa a legitimidade e competência da ANTAQ para dispor sobre a cobrança do SSE/THC2. Afasta a alegação de desvio de finalidade, que aponta não ter sido fundamentada pela Corte de Contas, e destaca a discricionariedade técnica da agência e o devido espaço regulatório.

Quanto à liberdade econômica e defesa da concorrência no setor portuário, a agência afirma que a Resolução nº 72/2022 não impede a entrada de novos competidores de armazenagem alfandegada, já que o alfandegamento não é de sua competência.

Ademais, suscita que nenhuma denúncia apresentada à ANTAQ em relação ao SSE foi capaz de provar qualquer dos efeitos ou condutas que caracterizam infração à ordem econômica. Na verdade, todos os problemas de cobrança da THC2 são relacionados a preços excessivos, e não a preços exclusionários:

> Nenhuma denúncia, quanto ao SSE, apresentada à ANTAQ foi capaz de provar alguns desses efeitos e condutas. Aliás, no CADE ocorreu o mesmo, as diversas condenações nos últimos anos, relacionados

ao SSE, tiveram como motivação a mera "possibilidade teórica" de imposição de poder econômico. Os problemas relacionados ao SSE, assim como de outros serviços, versam sobre preços excessivos, e não preços exclusionários. Por tal motivo, a atuação da ANTAQ é essencial na verificação da modicidade dos preços. Não se trata de cobrança ilegal ou desvio de finalidade.

Admitir o desvio de finalidade seria, antes de tudo, admitir uma conduta dissimulada praticada pelo agente público, no exercício da função, que demonstraria a vontade – ou, pelo menos, a negligência desse praticante - em não se portar conforme a legalidade, na medida que o interesse público – a verdadeira finalidade do ato – não é alcançado.

O parecer ainda analisa a legalidade da Resolução Normativa nº 34/2019, que foi publicada para cumprir as determinações do Acórdão nº 1.704/2018 e enfrentar o problema da cobrança da THC2/SSE.

Nesse sentido, a ANTAQ afirma que o silêncio da Resolução nº 2.389/2012 sobre o SSE, precedente à Resolução nº 34/2019, prejudicava o ambiente de negócios e não garantia segurança jurídica. Afirma que determinar ilegal a cobrança fragiliza os usuários, que perdem a facilidade de comparação de preços, na medida em que os operadores portuários poderiam oferecê-la como entenderem correto. O parecer define o SSE como:

> O SSE é, então, um pacote de serviço das instalações portuárias, cobrado das cargas de importação que serão alfandegadas em recintos retroportuários, fora do porto. Contempla os serviços não remunerados pelos fretes. A existência de um pacote é favorável aos usuários, pois permite comparar uma cesta com outra, em termos de qualidade e preços. Garante também que o mínimo aceitável será fornecido, dando previsibilidade para quem demanda e utiliza. O cancelamento desse pacote fragiliza os usuários, pois as instalações portuárias estarão sujeitas a nenhum controle prévio, podendo fornecer o SSE como entenderem correto.

O entendimento firmado pela ANTAQ – tanto no parecer quanto na Resolução nº 34/2019 – é de que o SSE é um custo adicional, não remunerado pela THC e que não faz parte da *box rate*, salvo se convencionado pelas partes. Ainda, ressalva que a cobrança do SSE é permitida, e não obrigada ou imposta pela Agência, nos termos do Código Civil Brasileiro.

O parecer ainda faz uma análise comparativa, utilizando como modelo o estudo da União Europeia intitulado *Terminal handling charges during and after liner conference era – Competition Reports/October 2009*.

Nele, assim como nas duas últimas resoluções da ANTAQ sobre o tema, a negociação do preço e termos de cobrança do SSE/THC2 é feita entre o terminal e os armadores e não está abrangida pela THC ou pela *box rate*. Como paradigmas em gestão portuária, cita os Portos da Antuérpia, na Bélgica, e Roterdã, na Holanda, que adotam o mesmo modelo das resoluções brasileiras. Portanto, conclui que a Resolução nº 72/2022 está alinhada com as melhores práticas a respeito do tema e acrescenta:

> No caso brasileiro, dada a organização setorial da zona de alfandegamento, na qual existe competição adicional no segmento de armazenagem, os itens que devem ser incluídos nos THC são aqueles equiparáveis para todos os usuários, tal qual a regulamentação atual da ANTAQ. De outra forma, haveria diferentes modalidades e preços de THC, caso a opção regulatória fosse pela inclusão de todos os serviços do terminal no THC.

Em análise sobre os mecanismos do direito antitruste, a ANTAQ afirma que a atuação da Administração Pública nos casos mencionados é subsidiária, isto é, não deve se sobrepor à autonomia da vontade das partes, salvo em exceções como abuso de direito ou danos a terceiros. Destaca que o papel das autoridades de concorrência é diferenciar as condutas razoáveis das práticas desarrazoadas.

Ainda no sentido de defender o alinhamento da norma com o entendimento do direito da concorrência, o parecer analisa o Memorando de Entendimentos nº 01/2021, por meio do qual o CADE e a ANTAQ consentiram pela legalidade da cobrança do SSE. Além disso, referencia a Nota Técnica do DEE do CADE também no sentido de a cobrança do SSE não constituir ilícito por si só.

Divergindo do TCU, assinala-se que o TCU desconsiderou a existência de custos adicionais para o fornecimento do SSE, que não são remunerados por nenhum dos outros custos, razão por que precisam ser remunerados pelos usuários, sob pena de enriquecimento ilícito da outra parte.

Especificamente analisando a Resolução Normativa ANTAQ nº 34/2019, observa que a decisão do TCU não apresentou nenhum resultado regulatório negativo referente à cobrança pelo SSE. Por outro lado, em sua avaliação, pautada em evidências, a resolução teria produzido diversos benefícios, como: (i) redução das denúncias relacionadas apresentadas na ANTAQ; (ii) alteração de posicionamento da Superintendência Geral do CADE; (iii) reforço dos precedentes no Poder Judiciário; (iv) eliminação da retenção de cargas indevidas e associadas ao SSE; (v) aumento da quantidade de cargas de SSE de 45% para 60% no Porto de Santos, que era foco da problemática; e (vi) recordes de movimentação nos terminais de contêineres.

Quanto à Resolução ANTAQ nº 72/2022, destacou a inovação em tipificar as infrações à ordem econômica, de maneira a fortalecer a política de defesa da concorrência e fornecer ferramentas para análise de denúncias dos usuários dos portos em relação às condutas abusivas dos terminais.

Por fim, citou como um dos prejuízos da anulação dos trechos das resoluções, pelo TCU, a desestabilização regulatória e a descredibilização da ANTAQ, que fica impedida de utilizar uma regulação alinhada ao novo marco regulatório do setor portuário.

1.4.3.4 Auditoria Operacional TCU sobre a prestação de serviços portuários – TC nº 020.789/2023-8

No plano da Tomada de Contas nº 020.789/2023-8, sob a relatoria do ministro Jorge Oliveira, o TCU realizou uma auditoria operacional da prestação do serviço portuário, com o objetivo de avaliar a regulação e a fiscalização da prestação adequada dos serviços portuários. O relatório resultante da auditoria data de 13.08.2024 e produziu constatações muito relevantes.

Com o propósito de contribuir com o aperfeiçoamento da fiscalização da ANTAQ, sobretudo quanto ao transporte e movimentação de cargas em contêineres, avaliou-se o arcabouço regulatório para identificar falhas e oportunidades de melhoria.

No que concerne à atuação da ANTAQ, apontou-se: (i) falta de atuação no sentido de estudar e analisar a legalidade e a racionalidade da cobrança *ad valorem* sobre a armazenagem, permitindo a aplicação de um percentual sobre o valor da carga, assemelhando-se a tributo; (ii) desenvolvimento insuficiente de indicadores para avaliar a adequabilidade dos serviços portuários prestados; e (iii) andamento inconsistente da regulamentação de metrologia de avaliação de denúncias de preços excessivos ou abusivos.

Diante desse cenário, dentre as propostas de recomendações à ANTAQ para aprimoramento de suas normas, ressalta-se, para o presente objeto de estudo, a necessidade de melhor definir a cesta SSE.

Nesse tema, duas questões guiaram a auditoria: (i) o arcabouço normativo existente assegura a prestação adequada dos serviços portuários, em especial quanto aos temas THC, SSE, DSA[319] e armazenagem? (ii) A atuação da ANTAQ, por meio da fiscalização e do controle, promove a prestação adequada do serviço de transporte aquaviário de cargas em contêineres, em especial quanto à dimensão da modicidade?

Do ponto de vista metodológico, a auditoria realizou amplo estudo de revisão bibliográfica, incluindo trabalhos elaborados pela ANTAQ, DEE, CADE e processos no TCU, bem como *benchmark* internacional. Além disso, entrevistou usuários, operadores portuários, associações, entidades governamentais e especialistas do mercado.

Uma das limitações relatadas, no entanto, foi de que a ANTAQ não possui informação sobre a quantidade de contêineres que seguem para trânsito aduaneiro nos regimes associados à cesta SSE. Assim, não seria possível precisar o número de usuários e cargas que utilizam o trânsito aduaneiro em suas operações, a fim de delimitar o mercado afetado pelas decisões regulatórias.

Pois bem. A primeira questão de auditoria buscou identificar lacunas e falhas no arcabouço normativo atual, com destaque para os temas THC, SSE, DSA e armazenagem. Aqui trataremos apenas dos achados com relação ao SSE/THC2.

Considerando o entendimento da ANTAQ de que o SSE se situa na relação comercial entre os terminais molhados e os recintos alfandegados da zona retroportuária, bem como a suspensão da exigibilidade da cobrança pelo SSE, na forma do Acórdão TCU nº 1.448/2022 – Plenário e do Acórdão ANTAQ nº 409/2022, o Relatório de Auditoria avaliou se existem serviços associados à cobrança ou se há duplicidade de cobrança pelo terminal primário.

A conclusão encontrada: a regulamentação atual condiz com as regras aduaneiras do Brasil e com a prática da operação portuária, havendo serviços efetivamente prestados após o posicionamento do contêiner de importação na pilha de armazenagem, incluindo o SSE. Portanto, é legítima a cobrança segundo as particularidades e demandas dos distintos usuários.

Segundo o relatório, um elevado percentual de cargas se utiliza do regime de trânsito aduaneiro na importação, podendo superar os 70%. Como a operação de trânsito deve ser realizada no tempo máximo

---

[319] O Despacho sobre Águas (DSA) é um método de despacho de importação que é certificado pela Agência Nacional de Transportes Aquaviários (ANTAQ). O DSA atesta que os requisitos e critérios preestabelecidos foram cumpridos, o que oferece vantagens nos processos aduaneiros.

de 48 horas – e, quanto mais rápido ocorrer, melhor, para que tenha início o desembaraço aduaneiro no recinto alfandegado de destino –, isso impacta de forma relevante na operação portuária. Como atestado, no sentido de importação:

> A operação portuária entre o desembarque da carga e o posicionamento nas pilhas de armazenagem é comum aos dois regimes de importação. Após o posicionamento na pilha, para cargas em trânsito, a operação portuária demanda capacidade dinâmica do terminal para disponibilização da carga no menor tempo, respeitado os limites operacionais, enquanto para a carga armazenada no terminal, a demanda é por capacidade estática para atendimento aos prazos ainda longos de desembaraço e liberação da carga.

Assim sendo, a regulamentação da THC na importação reflete o modelo operacional por abranger todos os serviços prestados até o ponto em que o fluxo do contêiner é comum, independentemente do regime. Após a colocação na pilha, contudo, em face das particularidades de cada regime de importação, seja para armazenagem e desembaraço no próprio terminal, seja para trânsito aduaneiro, a regulamentação facultou aos terminais cobrarem por serviços prestados de forma livre, inicialmente, e, com a edição da Resolução nº 34/2019, previu a cesta SSE para um dos fluxos de trânsito aduaneiro.

Ademais, a observação das tabelas de preços dos serviços cobrados dos diversos terminais permite identificar uma gama de serviços cobrados dos distintos usuários importadores, segundo suas particularidades, o que afasta o argumento apresentado contra o SSE de que a cobrança por serviços prestados após a pilha se aplicaria somente aos recintos alfandegados da zona retroportuária. Confira-se:

Figura 9 – Usuários importadores e cobranças realizadas

Usuário Importador	Serviços cobrados
Armazena a carga no terminal de desembarque e faz desembaraço por Despacho de Importação	Armazenagem; Serviço de entrega para caminhões, em alguns do Tecons Pesagem, eventualmente
Realiza o desembaraço da carga no próprio terminal de desembarque por Despacho Antecipado sobre Águas, modalidade de Despacho de Importação	Estadia da carga no terminal por 48h; Entrega prioritária da carga;
Realiza o trânsito aduaneiro do tipo DTC/DTe para um recinto alfandegado jurisdicionados à mesma unidade da SRF-TRA	Estadia da carga no terminal por 48h SSE – Suspenso; Serviço de entrega para caminhões, eventualmente;
Realiza o trânsito aduaneiro, do tipo DTA, para um recinto alfandegado jurisdicionado à unidade distinta da SRF	Armazenagem, se for o caso; Estadia da carga no terminal por 48h, se for o caso; Entrega prioritária da carga, se for o caso; Serviço de entrega para caminhões, eventualmente Pesagem, eventualmente

Fonte: Auditoria Operacional TC nº 020.789/2023-8 (p. 23).

Os preços praticados pelos serviços portuários, contudo, devem necessariamente possuir fatos geradores associados aos serviços prestados, seja para cestas *box rate* e cesta SSE, seja para a armazenagem alfandegada. No caso do SSE, no fluxo de importação, verifica-se um custo incremental quando comparado à armazenagem no próprio terminal molhado. Porém, é preciso avaliar os fatores geradores de custos para a cesta específica do SSE, sendo o ponto de partida de avaliação da cesta atual o entendimento da operação de trânsito aduaneiro e seus requisitos.

Ao avaliar a cesta SSE, verificou-se que a grande maioria dos serviços é prestada de forma similar a todos os usuários importadores de cargas, independentemente do regime aduaneiro, com a exceção da remoção da carga da pilha na ordem ou na disposição em que se encontra. Assim, o incremento de custos associado à cesta SSE está na forma de prestação do serviço. Isso porque "o requisito de tempo de 48h para o transporte de carga até o recinto secundário impõe o tratamento mais célere das informações sobre a carga, que variam em nível de detalhamento em relação a uma armazenagem regular, e com a prioridade do fluxo de movimentação do contêiner, o que demanda utilização mais intensiva de equipamentos e mão de obra". Além disso, a própria manutenção da área segregada para os contêineres em trânsito aduaneiro representa custos aos terminais primários, resultando em ocupação subutilizada do terminal.

Desse modo, um dos principais fatores de custo para a cesta SSE está relacionado ao uso mais intenso de recursos de movimentação para atendimento do requisito de prioridade e de entrega de contêiner em trânsito aduaneiro do tipo Declaração de Trânsito de Contêineres (DTC). Essa prioridade, no entanto, não está expressa na regulação do tema.

A proposta de encaminhamento, então, é no sentido de "recomendar que a ANTAQ aprimore a cesta de serviços do SSE para conferir maior especificidade quanto aos requisitos que a distinguem da operação portuária prestada aos contêineres de importação armazenados no terminal primário, de forma a justificá-la, e especifique, de maneira direta, para qual tipo de trânsito aduaneiro a cesta deve ser aplicada, com vistas a facilitar a sua compreensão completa – o que a integra e em quais casos é aplicável".

A segunda questão buscava averiguar se a atuação da ANTAQ, em seu papel fiscalizatório e de controle, contribui para a prestação adequada do serviço. No entanto, foram constatadas falhas de atuação da agência reguladora por falta de priorização de temas considerados relevantes.

Por isso, o relatório ressalta a importância de retomada dos estudos da metodologia de análise de abusividade geral pela ANTAQ. Esses estudos se encontram sobrestados, o que afeta a tempestividade e a eficácia da atuação da agência. Veja-se:

> O sobrestamento é uma decisão discricionária da Antaq, todavia, no novo cenário, com a suspensão do processo de desenvolvimento da metodologia para análise de abusividade do SSE, a manutenção do sobrestamento não está claramente justificada diante da determinação do TCU ainda vigente. Assim, será proposto recomendar à Antaq que retome o desenvolvimento da metodologia geral de avaliação de preços dos serviços portuários, tendo em vista a maior abrangência de sua utilização.

Diante da constatação de que são prestados serviços específicos de SSE, em função de regimes aduaneiros diferenciados no fluxo de importação, fazendo com que a contraprestação remuneratória por esses serviços seja devida, o Relatório de Auditoria conclui:

> - É legítima a definição assimétrica da THC a depender do sentido de importação ou exportação, pois condiz com as condições aduaneiras vigentes no país. A cobrança de serviços prestados após a colocação do contêiner na pilha de armazenagem no sentido importação decorre dessa

definição. Logo, os serviços da cesta SSE, assim como outros prestados após a colocação na pilha de armazenagem, são passíveis de cobrança, mas devem ser acompanhados pela Antaq para evitar práticas abusivas.

- Há custo incremental relacionado à cesta SSE em razão do uso mais intenso de recursos de movimentação, tendo em vista o requisito de prioridade de entrega do contêiner para o trânsito aduaneiro. Contudo, o aspecto não é expresso de forma direta e objetiva na regulamentação do tema, assim como sua aplicabilidade.

- Toda permanência de contêiner no terminal primário implica custos devido à utilização do espaço e da responsabilidade patrimonial e fiscal da carga, ainda que por curto período, o que torna legítima a sua cobrança.

- A utilização da modalidade de despacho de importação na modalidade desembaraço sobre águas possui, em termos da operação portuária, custos incrementais dos serviços similares aos da cesta SSE, em razão da exigência de entrega prioritária.

Portanto, entendeu-se pela existência de um serviço de segregação e entrega de cargas e, por consequência, pela legitimidade de sua remuneração, razão por que outras passagens do relatório serão referenciadas adiante em mais detalhes.

1.4.3.5   Acórdão TCU nº 1.825/2024

Em 04.09.2024, o TCU exarou o Acórdão nº 1.825/2024 – Plenário, sob relatoria do ministro João Augusto Ribeiro Nardes, de modo a não acolher o pedido de reexame formulado pela ANTAQ contra o supracitado Acórdão nº 1.448/2022 – Plenário.

Após reprisar o itinerário processual, originado por três denúncias perante o TCU (TC nº 021.408/2019-0; TC nº 012.249/2019-0, apenso; e TC nº 015.453/2020-0, apenso), sintetizar os argumentos do pedido de reexame formulado pela ANTAQ e defender a regularidade do provimento cautelar do acórdão recorrido, suspendendo resolução da ANTAQ, o ministro relator, na mesma linha do titular da AudRecursos, valeu-se de abordagem histórica para iniciar seu voto.

Nesse sentido, registrou que, até os anos 1980, a movimentação e a armazenagem de cargas eram realizadas exclusivamente na zona primária do porto, sobrecarregando as áreas próximas à atracação e criando ineficiências operacionais, em especial associadas aos longos tempos de embarque e desembarque.

Como forma de solucionar o problema, criou-se o recinto alfandegado independente (RAI), localizado na zona secundária, retroporto ou porto seco. A ideia era permitir que as cargas fossem armazenadas fora da área molhada do porto, conforme escolha do dono da carga. A carga destinada ao RAI deveria ser disponibilizada pelo operador portuário em até 48 horas.

A mudança, de início, provou-se efetiva, melhorando a eficiência nos terminais das antigas companhias docas. Contudo, à medida que o desembaraço aduaneiro passou a ser realizado nas zonas secundárias, as docas passaram a perder receita de armazenagem. Daí que, em resposta, os operadores da área molhada passaram a cobrar uma taxa de segregação e entrega para o recinto alfandegado independente, responsável por armazenar a carga até sua nacionalização e entrega final.

A partir de 1995, em razão das privatizações, as companhias docas foram substituídas pelos terminais portuários (zona molhada). De início, esses terminais não cobravam pela entrega das mercadorias; porém, posteriormente, teria sido instituída a taxa THC2 para os cenários em que o dono da carga optava por não a armazenar no terminal até a nacionalização.

Diante disso, concluiu o ministro relator que: (i) os terminais portuários são concorrentes diretos dos recintos alfandegários independentes na prestação do serviço de armazenagem alfandegada de cargas; e (ii) os terminais portuários recebem pela movimentação horizontal da carga mediante taxa denominada THC, de modo que a criação de outra taxa de movimentação horizontal (SSE/THC2) não pode conter cobrança já incluída na taxa THC.

Haveria, contudo, divergências de entendimentos sobre a THC2 e a legalidade de sua remuneração, tanto no CADE quanto no Poder Judiciário. Ora considerou-se inexistente o serviço, ora considerou-se que o valor cobrado pelo operador portuário limitaria a livre concorrência e estaria incluso na THC. Citou-se, também, recente decisão prolatada pela 1ª Turma do Superior Tribunal de Justiça (STJ), que, em sede do Recurso Especial nº 1.899.040/SP, decidiu, por maioria de votos, por não permitir a cobrança da THC2 na movimentação de contêineres de importação em terminal marítimo do Porto de Santos.

No próprio TCU, o assunto é também acompanhado há certo tempo. Por exemplo, no Acórdão nº 1.704/2018 – TCU – Plenário, relatado pela ministra Ana Arraes, constatou-se que a norma que regulamentava a THC2 não especificava claramente quais serviços eram incluídos na taxa. Senão vejamos:

117. Se houvesse transparência e divulgação aos usuários da composição dos custos da THC e de todos os itens da Cesta de Serviços, incluída nessa regulamentação a descrição desses itens, a própria agência reguladora teria subsídio consistente para decidir quanto à ocorrência ou não de custos adicionais decorrentes de segregação e liberação de contêineres, bem como quanto a possíveis valores máximos admissíveis para a respectiva taxa de remuneração.

118. Referidas informações consistiriam em subsídios para decisões regulatórias consistentes e para que se evitasse situação de cobranças em duplicidade por serviços prestados, assim como para fixação de valores máximos para taxas de remuneração de serviço.

119. É desejável que autorregulação e regulação coexistam. Mas, ao se identificarem lacunas, a atuação regulatória da agência é necessária para que se evitem abusos de poder econômico. No presente caso, a inércia da Antaq propiciou situações de mercado nas quais um dos agentes, que se encontra em posição singular, endereçou cobranças do preço que lhe convinha a outro agente que não tinha condições de negociação.

Além disso, entendeu a Corte de Contas que a edição de resolução permitindo a cobrança da THC2 não se alinhava às atribuições da ANTAQ. E mais: caracterizaria infração à ordem econômica, em razão de exercício abusivo de posição dominante pelos terminais portuários.

A ANTAQ, como tentativa de defender que os serviços associados à THC2 existem, são devidos e se distinguem dos cobrados na THC, aduziu que os valores cobrados pela THC estão alinhados com os praticados em outras regiões do mundo e que o regime alfandegário brasileiro possui peculiaridades que demandam serviços específicos não incluídos nessa taxa.

Contudo, para o ministro relator, o fato de os preços da THC nos portos brasileiros estarem alinhados com a média de outros mercados não elimina o risco de pagamento em duplicidade. Pelo contrário, seria um indicativo de sobrevalorização dos preços nacionais, tendo em vista que ainda seriam acrescidos os valores da THC2.

Não apenas isso, mas a definição assimétrica na composição dos serviços incluídos no THC entre exportação e importação também impediria a comparação desses preços de forma direta com o dos demais países. É dizer, os serviços contemplados na THC não são os mesmos globalmente.

Assim sendo, uma vez que as taxas de THC de importação e de exportação abrangem cestas de serviços diferentes, torna-se ainda mais necessária a especificação detalhada dos serviços a fim de evitar cobranças duplicadas com a THC2. Ocorre que a norma em exame não especifica quais trânsitos aduaneiros se aplicam à THC2 nem ao menos especifica quais seriam os serviços remunerados pela taxa.

O ministro relator adverte que, embora o acórdão do CADE não tenha considerado a cobrança de THC2 como ilícita em tese, no caso concreto, teria sido constatado que os serviços já estariam inclusos nos custos da *box rate*, configurando infração à ordem econômica. Ainda nesse sentido, o tribunal identificou uma grande disparidade nos preços cobrados pela THC2 ao longo do país e até mesmo dentro de um único porto. Outro agravante para a situação seria a ineficiência da ANTAQ na análise de denúncias sobre abuso de preços e tarifas.

A conclusão a que chega o ministro relator é de que, "embora possam ser necessários serviços específicos conforme o regime aduaneiro adotado, para a cobrança desses serviços (SSE-THC2), é essencial uma distinção clara entre o que está incluso no THC e no SSE/THC2 para cada tipo de trânsito aduaneiro".

Portanto, tão somente em razão da ausência de padronização dos serviços na *box rate* e subsequente falta de transparência é que subsiste o risco de duplicidade de cobrança pelos operadores portuários. Essa é a razão pela qual se entendeu pelo não provimento do pedido de reexame.

O próprio ministro relator cita ainda o fato de que se encontra em curso a Auditoria Operacional TC nº 020.789/2023-8, de relatoria do ministro Jorge Oliveira, a qual analisa a prestação do serviço portuário, com foco na cobrança pelos serviços de segregação de entrega de contêineres (SSE/THC2), taxa de movimentação no terminal (THC) e despacho sobre águas e armazenagem (DSA). O objetivo mais amplo é de contribuir para o aperfeiçoamento da regulação e da fiscalização da ANTAQ. Assim, há a oportunidade de revisitar a matéria e as deliberações exaradas, abordando pontos ainda não incorporados:

> A auditoria tem por objetivo contribuir para o aperfeiçoamento da regulação e da fiscalização da Antaq quanto à prestação adequada dos serviços de transporte e de movimentação de cargas em contêineres. Na ocasião, o TCU poderá, por meio do aprofundamento dos procedimentos, da coleta de evidências e da realização de testes de auditoria, avaliar pontos eventualmente ainda não incorporados nos julgados anteriores e oferecer a oportunidade de o Plenário desta Corte se pronunciar sobre a existência de lacunas normativas e propor medidas para aperfeiçoamento da atuação da Antaq, podendo, se for o caso, revisitar a matéria e as

deliberações até então exaradas, se o assunto evoluir e se considerar pertinente.

O ministro Jorge Oliveira, relator da mencionada auditoria operacional dos serviços portuários, como visto, em sua declaração de voto, apesar de deferente ao entendimento adotado pelo TCU, resguarda a possibilidade de reanálise da matéria em sede da auditoria operacional. Além disso, deixa claro que, em sua opinião pessoal, a proibição de cobrança na THC2 não seria a via mais adequada. Pelo contrário, defende a regulação da matéria pela ANTAQ:

> Apesar dos indícios de abusividade nos valores cobrados, se o SSE constitui um serviço efetivamente prestado, penso que a pura e simples proibição da cobrança não parece ser a melhor solução. A meu sentir, a alternativa mais adequada seria adotar entendimento que permita à Antaq regular a matéria, ainda que o TCU fiscalize os limites e contornos que legalmente se impõem.
> Apesar disso, por deferência ao entendimento adotado pelo TCU e resguardando a possibilidade de análise da matéria que a mim foi submetida no relatório de auditoria a que fiz referência, acato a posição externada por este Colegiado e acompanho o Relator para conhecer do presente pedido de reexame, para, no mérito, negar-lhe provimento.

Portanto, a falta de padronização dos serviços inclusos na *box rate*, a falta de transparência e o risco de duplicidade de cobranças foram os argumentos manejados para fundamentar o não provimento do pedido de reexame da ANTAQ. Por outro lado, o ministro Jorge Oliveira destacou a possibilidade de revisita do tema de fundo diante dos achados da auditoria operacional sobre a prestação de serviços portuários em curso no Processo TC nº 020.789/2023-8.

2 A dinâmica de importação e exportação, a cobrança pelo SSE e a concorrência entre terminais portuários e recintos alfandegados (portos secos)

Examinada a evolução da cobrança pelo SSE à luz da regulação, da defesa da concorrência e do controle de contas, faz-se agora possível nos valermos dos aportes destacados, acrescidos a tantos outros, para nos dedicarmos ao mérito do tema.

Começaremos pelo primeiro questionamento antecipado na introdução, qual seja: o SSE é um serviço prestado de forma autônoma à movimentação de cargas compreendida na *Terminal Handling Charge* (THC)?

A boa compreensão dos fluxos de importação e exportação de cargas conteinerizadas, à luz da dinâmica aduaneira, constitui relevante premissa para a interpretação da existência autônoma do serviço de segregação, da cobrança por esse serviço e de como se dá a concorrência entre terminais portuários e portos secos nesse contexto, razão pela qual passamos a nos dedicar a esses pontos.

2.1 A operação dos terminais portuários de contêineres e dos recintos alfandegados (portos secos)

Os terminais portuários de contêineres, na qualidade de operadores portuários,[320] são responsáveis pela movimentação e armazenagem de cargas direcionadas (exportação) ou provenientes (importação) do comércio exterior. Para o desempenho adequado de tais atividades, as áreas dos terminais especializados em contêineres costumam ser divididas em três setores operacionais.[321]

O primeiro setor é o cais, onde a embarcação é atracada e são processadas as operações de embarque e desembarque dos contêineres. O processo de deslocamento do contêiner entre o costado (*i.e.*, a lateral) da embarcação e o navio em si é chamado de movimentação vertical.

---

[320] A definição legal de operador portuário consta no art. 2º, XIII, da Lei nº 12.815/2013: "Art. 2º Para os fins desta Lei, consideram-se: (...) XIII – operador portuário: pessoa jurídica pré-qualificada para exercer as atividades de movimentação de passageiros ou movimentação e armazenagem de mercadorias, destinadas ou provenientes de transporte aquaviário, dentro da área do porto organizado".

[321] A explicação dos aspectos técnicos e operacionais dos fluxos de importação e exportação, no presente tópico, é amplamente baseada em três referências: (i) auditoria operacional sobre a prestação do serviço portuário, no âmbito do processo do TCU autuado sob o nº TC 020.789/2023-8, sob relatoria do ministro Jorge Oliveira; (ii) Caderno do CADE sobre Mercado de serviços portuários, edição atualizada em 2024 (CADE – CONSELHO ADMINISTRATIVO DE DEFESA ECONÔMICA. Departamento de Estudos Econômicos. *Mercado de serviços portuários*. Edição atualizada – 2024. Disponível em: https://cdn.cade.gov.br/Portal/centrais-de-conteudo/publicacoes/estudos-economicos/cadernos-do-cade/Cadernos%20do%20Cade%20-%20Portos%20-%20DEE-2024.pdf. Acesso em: 21 out. 2024); e (iii) artigo acadêmico elaborado por Victor Oliveira Fernandes (FERNANDES, Victor Oliveira. Os desafios do Antitruste no Setor Portuário Brasileiro: as inovações da Lei nº 12.815/13 e seus reflexos concorrenciais. *Revista de Direito Setorial e Regulatório*, Brasília, v. 2, n. 1, p. 161-210, 2016).

O segundo setor do terminal portuário é o pátio de armazenagem, local onde as cargas são depositadas após o desembarque (importação) ou aguardam a sua embarcação (exportação). O movimento do contêiner entre o costado do navio e o pátio de armazenagem é dito horizontal.

O terceiro setor operacional corresponde aos portões de entrada e saída do terminal para recebimento ou entrega das cargas para o transporte ferroviário ou rodoviário.

Em perspectiva histórica, o serviço de armazenagem foi marcado pela falta de investimentos na expansão dos pátios dos terminais portuários. É que, até os idos da década de 1990, tais terminais eram operados pelas Companhias Docas, empresas estatais responsáveis por exercer as funções de autoridade portuária e operador portuário. A concentração de atribuições em um único agente, aliada às restrições orçamentárias e à gestão ineficiente, gerou um cenário de sobrecarga e insuficiência nos pátios de armazenagem.

Para aliviar a pressão do serviço de armazenamento, começaram a ser estabelecidos, durante a década de 1980, os chamados recintos alfandegados secundários. De acordo com a equipe técnica do TCU, na auditoria operacional formulada no TC nº 020.789/2023-8 (auditoria operacional), tais recintos alfandegados visavam suprir a deficiência de capacidade da operação das Companhias Docas. À época, as embarcações levavam semanas atracadas aguardando o desembarque e o embarque de cargas, em razão, justamente, da insuficiência de áreas para armazenagem.[322]

Tais recintos alfandegados secundários, explorados pela iniciativa privada, realizavam o trabalho de buscar os contêineres de importação diretamente no cais e os transportavam aos recintos alfandegados. Nos termos dos arts. 23 e 24 do revogado Decreto nº 91.030/1985, que aprovou o Regulamento Aduaneiro, os "terminais retroportuários alfandegados são instalações onde, sob controle aduaneiro, são realizadas operações de desunitização de mercadorias ou unitização das destinadas à exportação", podendo ser instados: (i) em área contígua à de porto alfandegado,

---

[322] De acordo com Guilherme Mendes Resende, esses terminais alfandegados foram "estabelecidos na década de 1980 para aliviar o congestionamento nos 'portos molhados' administrados e operados de maneira ineficiente por empresas estatais, e armazenar mercadorias até o desembaraço aduaneiro, competindo diretamente com os terminais portuários no armazenamento de cargas" (RESENDE, Guilherme Mendes. Fomento ao setor portuário, segurança jurídica e a SSE. *Jota.info*, Portos, 18 jul. 2024. Disponível em: https://www.jota.info/artigos/fomento-ao-setor-portuario-seguranca-juridica-e-a-sse. Acesso em: 21 out. 2024).

que ofereça condições básicas de operacionalidade; e (ii) quando haja, na repartição que deva jurisdicioná-los, suficientes recursos humanos para a prestação dos serviços aduaneiros.

Assim, os recintos alfandegados secundários correspondem às instalações em áreas contíguas ao porto, na zona retroportuária, sob controle aduaneiro da mesma unidade da Receita Federal do Brasil (RFB) responsável pelo porto onde são realizadas as operações de armazenagem, unitização ou desunitização de cargas.

Posteriormente, os recintos alfandegados secundários também passaram a ser estabelecidos fora dos complexos portuários, sob jurisdição de outras unidades da RFB. Nesse caso, estabeleceu-se uma competição pela armazenagem alfandegada de cargas, tendo em vista que os contêineres desembarcados em terminal portuário poderiam ser transportados, por meio de trânsito aduaneiro, para outras regiões, sem nacionalização, mediante escolha do importador, em busca de benefícios fiscais.

A partir da publicação da Lei nº 8.630/1993, a operação portuária passou a ser delegada à iniciativa privada, retirando-se o monopólio das Companhias Docas. O trespasse da operação foi acompanhado pelo aporte de investimentos privados nos terminais, inclusive na expansão dos pátios de armazenagem, o que reduziu o tempo e os custos para atracação dos navios. Nesse contexto, as relações comerciais estabelecidas entre os terminais primários e os recintos alfandegados da zona secundária passaram a ser rearranjadas, conforme o influxo de serviços que começaram a ser prestados pelos terminais primários, chamados de "portos molhados", aos recintos alfandegados, chamados de "portos secos".[323]

---

[323] De acordo com o art. 11 do Decreto nº 6.759/2009, que regulamenta a administração das atividades aduaneiras e a fiscalização, o controle e a tributação das operações de comércio exterior, os "portos secos são recintos alfandegados de uso público nos quais são executadas operações de movimentação, armazenagem e despacho aduaneiro de mercadorias e de bagagem, sob controle aduaneiro". O dispositivo prescreve, ainda, que os "portos secos não poderão ser instalados na zona primária de portos" e que "os portos secos poderão ser autorizados a operar com carga de importação, de exportação ou ambas, tendo em vista as necessidades e condições locais".

2.2 Os fluxos de importação e exportação e a forma de remuneração dos serviços prestados pelos terminais portuários aos recintos alfandegados (portos secos)

Para o bom entendimento dessa dinâmica negocial firmada entre portos molhados e portos secos, convém elucidar, em linhas gerais, como os serviços prestados pelos terminais portuários são remunerados.

A receita decorrente da movimentação vertical e horizontal das cargas é obtida, parcialmente, junto aos armadores, por intermédio da cobrança da cesta de serviços denominada *box rate*, a qual é associada à movimentação da carga de acordo com o fluxo de exportação ou importação. No caso da exportação, a *box rate* abrange a movimentação desde o portão do terminal até o porão da embarcação. No caso da importação, a *box rate* compreende a movimentação da carga do porão da embarcação até a pilha de armazenagem.

O relatório elaborado pela equipe técnica do TCU, nos autos da auditoria operacional, indica que a *box rate* "engloba o movimento vertical de carga e descarga do navio e a movimentação horizontal, amplamente conhecida no setor como *Terminal Handling Container* (THC) ou taxa de movimentação no terminal, com abrangência variável conforme o fluxo de importação ou exportação".

Com base nisso, é possível assinalar duas premissas conceituais e operacionais acerca do serviço de movimentação de cargas prestado pelos terminais portuários.

Em primeiro lugar, a cesta de serviços *box rate*, paga pelos armadores aos terminais, é diferente da THC. A *box rate* é composta de serviços prestados para o armador (movimentação vertical de carga e descarga do navio) e de serviços prestados para a carga (movimentação horizontal dentro do terminal, a THC). Sendo uma operação prestada à carga, a movimentação horizontal pode ser restituída ao armador pelo dono da carga. Assim, a THC é elemento do conjunto *box rate*.

Significa dizer que a *box rate* compreende o preço cobrado pela movimentação até o *porão* do navio, no caso da exportação, ou desde o *porão* da embarcação, no caso da importação. De outro lado, a THC engloba a movimentação até o *costado* do navio, no caso da exportação, ou desde o *costado* da embarcação, no caso da importação. A movimentação entre o porão e o costado, portanto, compreende a movimentação vertical não abrangida no conceito de THC, mas que faz parte do conjunto *box rate*.

Em segundo lugar, a receita decorrente da cobrança da *box rate* – e da THC, por consequência – varia conforme o fluxo de importação ou exportação. As definições regulatórias de *box rate* e THC, dispostas no art. 2º, III e X, da Resolução ANTAQ nº 72/2022, auxiliam a ilustrar o ponto.³²⁴ A bem da didática, citem-se os dois conceitos:

> Art. 2º Para os efeitos desta Resolução, considera-se: (...)
> III – cesta de serviços ou *box rate*: preço cobrado pelo serviço de movimentação das cargas entre o portão do terminal portuário e o porão da embarcação, incluída a guarda transitória das cargas pelo prazo contratado entre o transportador marítimo, ou seu representante, e a instalação portuária ou o operador portuário, no caso da exportação; ou entre o porão da embarcação e sua colocação na pilha do terminal portuário, no caso da importação; (...)
> X – taxa de movimentação no terminal ou *Terminal Handling Charge* (THC): preço cobrado pelos serviços de movimentação de cargas entre o portão do terminal portuário e o costado da embarcação, incluída a guarda transitória das cargas pelo prazo contratado entre o transportador marítimo, ou seu representante, e instalação portuária ou operador portuário, no caso da exportação, ou entre o costado da embarcação e sua colocação na pilha do terminal portuário no caso da importação.

Como se pode depreender, há uma variação da abrangência do serviço prestado pelo terminal portuário, conforme o fluxo do contêiner diga respeito à exportação ou à importação. No caso da exportação, a *box rate* envolve a movimentação entre o *portão do terminal* e o porão da embarcação, ao passo que a THC engloba a movimentação entre o *portão do terminal* e o costado da embarcação. No caso da importação, a *box rate* envolve a movimentação entre o porão da embarcação e a sua colocação na *pilha do terminal portuário*, enquanto a THC engloba apenas a movimentação entre o costado da embarcação e a sua colocação na *pilha do terminal portuário*.

Há, portanto, uma assimetria na cobrança da *box rate* e da THC na exportação e na importação, conforme ilustrado pela seguinte imagem:

---

³²⁴ As definições remontam àquelas constantes no art. 2º, VI e VII, do Anexo da revogada Resolução ANTAQ nº 2.389/2012.

Figura 10 – Variação da cobrança da *box rate* e da THC conforme exportação e importação

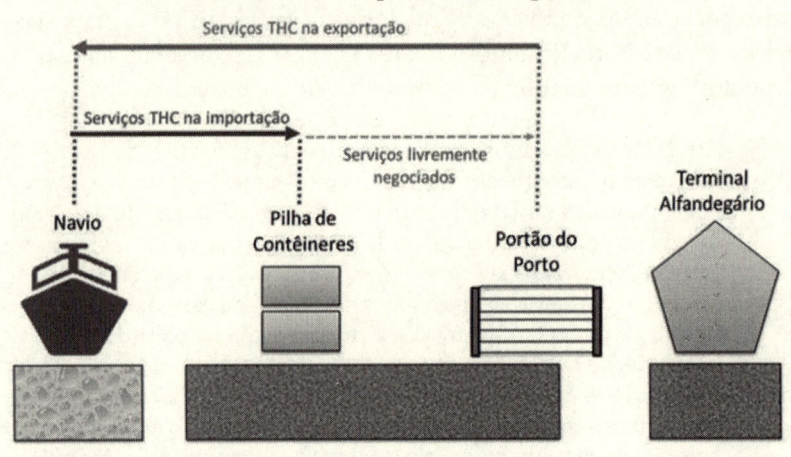

Fonte: Victor Oliveira Fernandes.[325]

É nesse contexto de cobrança assimétrica que se situa a discussão sobre a juridicidade da cobrança da cesta de serviços de segregação e entrega de contêineres. A cobrança pelo serviço de segregação e entrega de contêineres se dá na importação, em contrapartida ao serviço de movimentação das cargas entre a pilha do pátio e o portão do terminal portuário.[326] Em linhas gerais, os argumentos contrários à cobrança do SSE indicam que tal serviço já estaria abrangido pela THC e, por consequência, a cobrança assimétrica da THC, na exportação e na importação, seria ilegítima.

Dessa forma, a análise de tal argumentação perpassa por verificar se, à luz dos aspectos operacionais do comércio exterior, existem razões aptas para justificar a cobrança assimétrica da THC.

---

[325] FERNANDES, Victor Oliveira. Os desafios do Antitruste no Setor Portuário Brasileiro: as inovações da Lei nº 12.815/13 e seus reflexos concorrenciais. *Revista de Direito Setorial e Regulatório*, Brasília, v. 2, n. 1, 2016. p. 184.

[326] Nos termos do art. 2º, IX, da Resolução ANTAQ nº 72/2022, o SSE é o "preço cobrado, na importação, pelo serviço de movimentação das cargas entre a pilha no pátio e o portão do terminal portuário, pelo gerenciamento de riscos de cargas perigosas, pelo cadastramento de empresas ou pessoas, pela permanência de veículos para retirada, pela liberação de documentos ou circulação de prepostos, pela remoção da carga da pilha na ordem ou na disposição em que se encontra e pelo posicionamento da carga no veículo do importador ou do seu representante".

2.3 Os regimes aduaneiros do comércio exterior e a cobrança assimétrica da THC

As operações de comércio exterior brasileiro são realizadas por uma plêiade de entidades federais, incluindo a Secretaria da Receita Federal do Brasil (SRF), por meio das Alfândegas Regionais, localizadas junto aos portos. As operações são efetuadas no âmbito do Sistema Integrado de Comércio Exterior (Siscomex), instituído pelo Decreto nº 660/1992 e definido como "o instrumento administrativo que integra as atividades de registro, acompanhamento e controle das operações de comércio exterior, mediante fluxo único, computadorizado, de informações".

A Auditoria Operacional do TCU, após ouvir agentes envolvidos em todas as cadeias do setor portuário, revelou que, no fluxo da importação, existem entraves significativos relacionados aos prazos de liberação das cargas que não são experimentados no fluxo da exportação. Isso porque, no Brasil, o início do processo de desembaraço de cargas importadas vincula a análise da *informação sobre a carga* e a análise da *carga em si*. Dito em outros termos, enquanto em outros países as aduanas iniciam o processo de avaliação das *informações sobre a carga* antes da sua chegada no porto, no Brasil, tais informações são avaliadas, regra geral, concomitantemente com as cargas em si, via Siscomex.[327]

A consequência disso, no fluxo de importação, é que a carga tende a ficar mais tempo parada nos portos até o seu desembaraço, pagamento dos tributos e efetiva retirada pelo importador. De acordo com dados da Receita Federal de 2019, apresentados no TC nº 020.789/2023-8, o prazo médio para desembaraço e retirada de cargas de importação é de 9,7 dias, podendo variar segundo o tipo de mercadoria, a quantidade de licenças necessárias, as solicitações de inspeção física, entre outros fatores.

Ocorre que, a depender do regime aduaneiro adotado, a carga deverá ser retirada do pátio do terminal em prazo inferior ao tempo médio praticado. Nesse sentido, o art. 71, §3º, da Instrução Normativa SRF nº 248/2002 prescreve que, nos portos alfandegados, o prazo de

---

[327] Veja-se o exemplo citado pela equipe técnica do Tribunal de Contas da União: "Há casos, como nos Estados Unidos, que o embarcador da carga destinada àquele país deve prestar informações 24h antes do contêiner ser embarcado no navio. Já no Brasil, como regra geral, o órgão aduaneiro só inicia a avaliação da carga após sua armazenagem no recinto alfandegado da zona primária ou secundária, ou seja, a carga e as informações sobre a carga seguem o fluxo do processo de desembaraço juntas".

permanência de carga em área pátio "será de 48 (quarenta e oito) horas, considerado somente o tempo decorrido em dias úteis, a partir da chegada da carga nessa área".

Tal regime aduaneiro de entrega de carga, em regra, pode ser de dois tipos: (i) Declaração de Trânsito de Contêineres (DTC e DTe), para cargas destinadas aos recintos aduaneiros jurisdicionados à mesma unidade da Secretaria da Receita Federal; e (ii) Declaração de Trânsito Aduaneiro-Pátio (DTA-Pátio), para cargas destinadas aos recintos aduaneiros jurisdicionados em outra unidade da Secretaria da Receita Federal. Nos casos da DTC, DTe e DTA-Pátio, a carga precisa, por força do disposto na Instrução Normativa SRF nº 248/2002, ser movimentada em até 48 horas e, por isso, sua movimentação é prioritária em face das cargas submetidas aos demais regimes aduaneiros. O tempo é um fator crucial, inerente ao regime aduaneiro, e que demanda o emprego diferenciado de recursos humanos e providências administrativas.

Disso decorre que as regras aduaneiras, no fluxo da importação, impõem regimes jurídicos diferentes. As cargas podem ficar armazenadas nos terminais primários, aguardando o seu desembaraço e liberação, o que poderá ocorrer no prazo médio de 9,7 dias. Por outro lado, no caso de trânsito aduaneiro, em que o contêiner é transportado para outro recinto alfandegado, a movimentação da carga é prioritária, devendo ocorrer a saída do terminal primário no prazo de 48 horas, nos regimes de DTC, DTe e DTA-Pátio. Ao chegar ao outro recinto alfandegado, a carga será armazenada e aguardará o seu desembaraço e liberação.[328]

A tabela abaixo, citada anteriormente, ilustra as diferentes possibilidades de importação de cargas, conforme regras aduaneiras vigentes, das quais se desdobram serviços específicos prestados pelo terminal primário e, por consequência, objeto de cobranças distintas:

---

[328] A Auditoria Operacional do TCU, nos autos do TC nº 020.789/2023-8, apontou que há percentual elevado de cargas que se utilizam do regime de trânsito aduaneiro. Apesar de inexistirem dados oficiais da ANTAQ, o relatório do Tribunal de Contas apontou que, "durante as visitas de campo, constatou-se percentuais de até 70% das cargas de importação saindo do terminal primário por trânsito aduaneiro, o que impacta de forma relevante a operação portuária".

Figura 11 – Usuários importadores e cobranças realizadas

Usuário Importador	Serviços cobrados
Armazena a carga no terminal de desembarque e faz desembaraço por Despacho de Importação	Armazenagem; Serviço de entrega para caminhões, em alguns do Tecons Pesagem, eventualmente
Realiza o desembaraço da carga no próprio terminal de desembarque por Despacho Antecipado sobre Águas, modalidade de Despacho de Importação	Estadia da carga no terminal por 48h; Entrega prioritária da carga;
Realiza o trânsito aduaneiro do tipo DTC/DTe para um recinto alfandegado jurisdicionados à mesma unidade da SRF- TRA	Estadia da carga no terminal por 48h SSE – Suspenso; Serviço de entrega para caminhões, eventualmente;
Realiza o trânsito aduaneiro, do tipo DTA, para um recinto alfandegado jurisdicionado à unidade distinta da SRF	Armazenagem, se for o caso; Estadia da carga no terminal por 48h, se for o caso; Entrega prioritária da carga, se for o caso; Serviço de entrega para caminhões, eventualmente Pesagem, eventualmente

Fonte: Auditoria Operacional TC nº 020.789/2023-8 (p. 23).

2.4 O serviço de segregação e entrega de contêineres (SSE) e sua cobrança à luz do regime aduaneiro de importação

Tornando ao conceito do SSE, tem-se que o serviço de segregação e entrega de contêineres engloba o conjunto de serviços portuários, no fluxo da importação, prestados pelos terminais portuários primários (ou "molhados"), que realizam o desembarque dos contêineres para entrega da carga aos recintos alfandegados secundários (ou "secos"), sem nacionalização da carga, em regime de trânsito aduaneiro.

Veja-se, nesse sentido, que o art. 7º, §1º, da Resolução ANTAQ nº 72/2022 prevê que, "na entrega de cargas pátio em regime de trânsito aduaneiro, na importação ou no desembarque de cargas não nacionalizadas, é permitida a cobrança do SSE, perante o importador ou seu representante".

Os conceitos de "cargas pátio" e de "regime de trânsito aduaneiro" não constam na resolução da ANTAQ, pois a competência normativa sobre o tema é da Secretaria da Receita Federal. Daí por que o art. 4º, IV, da Instrução Normativa SRF nº 248/2002 define carga pátio como "aquela mantida em área pátio". O inciso I do dispositivo conceitua "área pátio" como a "área de zona primária demarcada pelo titular da unidade da Secretaria da Receita Federal (SRF) de jurisdição, para permanência de cargas destinadas a movimentação imediata". De sua parte, o "regime de trânsito aduaneiro" é compreendido como aquele sob o qual as mercadorias são transportadas de um "recinto aduaneiro a outro no território nacional, numa mesma operação", na forma do art. 4º, XIV, da Instrução Normativa SRF nº 248/2002.

Como se vê, a movimentação de cargas pátio, em regime de trânsito aduaneiro, deve se dar de forma "imediata", entendendo-se por "imediata" a movimentação no prazo de até 48 horas úteis, conforme o art. 71, §3º, da Instrução Normativa SRF nº 248/2002.

Logo, a interpretação conjunta dos arts. 2º, IX, e 7º, §1º, da Resolução ANTAQ nº 72/2022 e dos arts. 4º, I, IV e XIV, e 71, §3º, da Instrução Normativa SRF nº 248/2002 permite concluir que o SSE é aplicável apenas para os casos de trânsito aduaneiro com prioridade de entrega da carga, no fluxo da importação.

É a diferença entre as regras aplicáveis ao regime aduaneiro, portanto, que legitima a cobrança assimétrica da THC nos fluxos de exportação e importação e, no fluxo de importação, em específico, a eventual cobrança autônoma pelo SSE, se a carga estiver sujeita ao regime prioritário do DTC, DTe ou DTA-Pátio. Dito em outros termos, o fato gerador de tal assimetria consiste na regra aduaneira que exige a prestação de serviços adicionais pelo terminal portuário, após a pilha de armazenagem de contêineres, no fluxo da importação.

O regime aduaneiro vigente, ao exigir a retirada da carga pátio no prazo de 48 horas, demanda capacidade dinâmica do terminal portuário, de modo a disponibilizar a carga no menor tempo possível. Dessa forma, a regulação da THC, no fluxo da importação, reflete as regras particulares de cargas em trânsito, abrangendo todos os serviços prestados até o ponto em que o fluxo do contêiner é comum, ou seja, a pilha de contêineres do terminal. Após esse ponto, está-se diante de particularidades que justificam a cobrança pelo SSE para a entrega de cargas pátio em regime de DTC, DTe ou DTA-Pátio.

Assim, verifica-se que a incidência do SSE tem como premissa a prestação de um serviço diferenciado, específico e divisível, decorrente da agilidade exigida na segregação e entrega das cargas, no prazo de 48 horas. Tal é a conclusão constante no relatório de auditoria operacional do TCU:

> As discussões acerca da SSE têm como pressuposto a existência de prestação de serviços e seus custos associados, ou seja, a cobrança é

baseada na existência de fatos geradores de custos e a cobrança permite ao operador portuário a obtenção de receitas sobre os serviços em decorrência da entrega das cargas para trânsito no prazo de 48h. (...) Considerando que a regulamentação atual do THC condiz com as regras aduaneiras brasileiras e com a prática da operação portuária, efetivamente, são prestados serviços após o posicionamento do contêiner de importação na pilha de armazenagem, entre os quais a cesta SSE, e é legítima a cobrança conforme as particularidades e demandas dos distintos usuários.

Em sentido semelhante, Guilherme Mendes Resende,[329] ex-economista-chefe do CADE e atual assessor econômico especial da Presidência do Supremo Tribunal Federal (STF), aponta que o SSE é justificado pelos custos adicionais que os terminais primários têm pela segregação e entrega de cargas destinadas aos recintos alfandegados externos. De acordo com o autor, a cobrança do SSE é "resultado da exigência da legislação aduaneira de que o terminal portuário disponibilize os contêineres para que sejam transferidos para os terminais retro alfandegados dentro de 48 horas úteis após desembarcados do navio, implicando um serviço adicional extremamente complexo e mais oneroso". Significa dizer que "os procedimentos logísticos, oferecidos de forma preferencial por determinação legal, fundamentam a necessidade da cobrança do SSE".

Nesse sentido, a Auditoria Operacional do TCU destacou que o incremento de custos associados ao SSE está na forma de prestação do serviço aos usuários. Isso porque o requisito temporal de movimentação de 48 horas para o transporte de carga até o recinto secundário impõe: (i) o tratamento mais célere das informações sobre a carga, as quais variam em nível de detalhamento em relação ao armazenamento das cargas no próprio terminal; e (ii) a prioridade do fluxo de movimentação do contêiner, o que demanda utilização mais intensiva de equipamentos e mão de obra.[330]

A assimetria na cobrança da THC, nos fluxos de exportação e importação, se legitima diante da existência desses serviços adicionais

---

[329] RESENDE, Guilherme Mendes. Fomento ao setor portuário, segurança jurídica e a SSE. *Jota. info*, Portos, 18 jul. 2024. Disponível em: https://www.jota.info/artigos/fomento-ao-setor-portuario-seguranca-juridica-e-a-sse. Acesso em: 21 out. 2024.

[330] E conclui a equipe do TCU: "Um dos fatores de custos preponderantes para a cesta SSE relaciona-se ao uso mais intenso de recursos de movimentação para atendimento do requisito de prioridade de entrega do contêiner em trânsito aduaneiro do tipo DTC".

prestados às cargas submetidas ao regime de movimentação prioritária, no caso da importação. Em termos práticos, se a THC importação fosse idêntica à THC exportação, suprimindo-se o SSE, ter-se-ia um cenário no qual os importadores que não demandam nenhum trânsito aduaneiro pagariam pelo custo da movimentação prioritária de outros importadores, em clássico "subsídio cruzado".

Na síntese de Guilherme Mendes Resende, a extinção da cobrança pelo SSE propõe, implicitamente, que os custos dos serviços que utilizam a prioridade de movimentação "sejam absorvidos pelos outros clientes, os quais escolhem retirar a carga diretamente do terminal portuário". Isso implica em "um sistema de subsídios cruzados que produz ineficiências econômicas. Além disso, proibir a cobrança de serviços quando há custos envolvidos pode resultar na redução de investimentos no setor, visto que tal medida causa desincentivo aos investimentos para expansão e manutenção dos terminais portuários".

2.5 Conclusão parcial

Diante do exposto até aqui, é possível concluir que:

(i) a boa compreensão dos fluxos de importação e exportação de cargas conteinerizadas, à luz da dinâmica aduaneira, constitui relevante premissa para a interpretação da existência autônoma do serviço de segregação e da necessidade de cobrança por esse serviço;

(ii) isso porque é a dinâmica aduaneira que impõe regimes específicos, na importação, para a retirada prioritária de cargas pátio em trânsito aduaneiro, de portos "molhados" para portos "secos". Em tais regimes (DTC, DTe e DTA-Pátio), o contêiner deve ser movimentado no prazo de 48 horas, ao passo que, se a carga permanecesse no terminal primário, a movimentação ocorreria no prazo médio de 9,7 dias;

(iii) a movimentação prioritária exige a prestação de serviços diferenciados, específicos e divisíveis, demandados peculiarmente das cargas a eles submetidas, em geral, associados ao tratamento mais célere das informações sobre a carga e à utilização mais intensiva de equipamentos e mão de obra;

(iv) portanto, os serviços adicionais prestados à carga importada impõem a assimetria na cobrança da THC, nos fluxos de exportação e importação, de modo que a eventual movimentação da carga, após a pilha de armazenagem, seja remunerada pelo SSE.

2.6 A concorrência efetiva entre os terminais portuários e os recintos alfandegados

Do ponto de vista concorrencial, verifica-se que o serviço de armazenagem de contêineres é objeto de concorrência entre os terminais portuários primários e os recintos alfandegados secundários (retroportuários ou fora da zona portuária).[331] Significa dizer que o importador pode decidir armazenar a carga no porto molhado, hipótese na qual o seu desembaraço estará condicionado às condições contratadas com o terminal primário, ou optar pelo armazenamento no recinto alfandegado secundário.

A escolha pela transferência do contêiner ao porto seco pode decorrer de uma série de fatores, tais como a necessidade de um regime aduaneiro mais ágil (DTC, DTe e DTA-Pátio), a oferta das condições comerciais oferecidas ou da busca por benefícios fiscais advindos das regras tributárias incidentes quando a nacionalização da carga ocorre no recinto alfandegado fora da zona portuária. Independentemente das razões subjetivas e econômicas que guiam a decisão do importador, deve-se reconhecer que os portos molhados e os portos secos competem pela armazenagem do contêiner.

Nesse contexto, a questão que se coloca é se a cobrança do SSE poderia ser considerada um ilícito *per se*, na medida em que se trata de um valor cobrado de um competidor, com suposto poder de barganha

---

[331] Por sua vez, no serviço de movimentação de cargas, em regra, a concorrência é estabelecida entre terminais portuários primários, considerando que a movimentação vertical ou horizontal só pode ser, por decorrência lógica, por eles prestada. Nesse ponto, a concorrência pode se dar intraportos ou interportos, conforme a competição seja estabelecida, respectivamente, entre terminais localizados no mesmo complexo portuário (*e.g.*, Santos) ou entre terminais de diferentes complexos portuários (*e.g.*, Porto de São Francisco do Sul e Porto de Itajaí). Em relação à competição entre portos, o CADE decidiu, no Ato de Concentração nº 08012.007025/2008-72, que: "A competição entre portos é mais complexa, incluindo os fatores ou vantagens competitivas. Essas vantagens podem ser agrupadas em dois grandes blocos: a) Facilidades marítimas e terrestres: profundidades (calado), número de berços, especialização dos berços (terminais); áreas de estocagem, fatores de produção adequados: mão-de-obra e equipamentos, custos operacionais, acessos terrestres adequados; e b) Administração portuária: estruturas enxutas, estruturas voltadas para o cliente portuário; atuação comercial; forte marketing; preservação do meio ambiente; parcerias privadas; interfaces adequadas (autoridades e sociedade)".

ilimitado[332] (terminal portuário molhado), a outro (recinto alfandegado secundário), cujos efeitos são "exclusionários" ou "distorcionários".[333] Tal questionamento foi bem endereçado na Nota Técnica nº 29/2022/DEE/CADE, elaborada pelo Departamento de Estudos Econômicos (DEE) do CADE, cujo objeto é, justamente, avaliar a licitude da cobrança do SSE, por terminais portuários primários, no mercado de armazenagem alfandegada.[334]

De acordo com o DEE, a justificativa econômica para a cobrança do SSE decorre da prestação de um serviço diferenciado, chamado pelo órgão de "serviço *premium*", de entrega de contêineres. Em termos práticos, isso significa que, diferentemente do cliente do porto seco, o cliente do terminal portuário não tem o direito de retirar o contêiner do porto molhado no prazo de 48 horas.

Para exemplificar, a Nota Técnica nº 29/2022/DEE/CADE menciona o caso da PortoNave S.A. – Terminais Portuários de Navegantes.

---

[332] O argumento do poder de barganha ilimitado se pauta na ideia de que não haveria barganha estabelecida entre a oferta (operadores portuários) e a demanda (recintos alfandegados secundários). Nesse sentido, a Nota Técnica nº 29/2022/DEE/CADE explica que "os armazéns retroportuários não teriam contratos ou relações jurídicas com operadores portuários, não tendo como estabelecer qualquer forma de barganha comercial. Assim, os operadores portuários teriam 'poder de barganha ilimitado' (termo este repetido em diversos votos) neste tipo de relação, o que permitiria que os operadores portuários excluíssem, com facilidade, do mercado os agentes não-verticalizados (no caso alguns armazéns retroportuários)".

[333] Outro ponto concorrencial debatido diz com o argumento segundo o qual o serviço de segregação e entrega já teria sido remunerado pelos armadores aos operadores portuários, quando do pagamento da THC na importação de contêineres. Tal argumento foi resumido pela Nota Técnica nº 29/2022/DEE/CADE nos seguintes termos: "O serviço de segregação e entrega de contêineres (SSE ou THC2) não deveria ser pago pelos armazéns retroportuários aos operadores portuários (sabendo-se que os armazéns retroportuários são competidores dos operadores portuários no mercado de armazenagem), já que tal serviço, segundo esta tese, já teria sido pago pelos armadores aos operadores portuários, quando do pagamento da THC (*Terminal Handling Charge*) na importação de contêineres. De acordo com a tese do CADE, haveria, assim, uma cobrança *bis in idem*, ou seja, sobre o mesmo objeto". Como antes assinalado, o SSE não está incluído na THC importação, porquanto a incidência de regras aduaneiras impõe a prestação de serviços diferenciados, específicos e divisíveis para o regime de trânsito aduaneiro em cargas pátio. Assim, tal argumento não será extensivamente analisado sob a perspectiva antitruste.

[334] A nota técnica consta no Estudo de Mercado objeto dos Autos nº 08700.003929/2019-23. É válido mencionar que a Nota Técnica nº 29/2022/DEE/CADE indica que, em decisões pretéritas, o CADE considerou ilegal a cobrança da SSE, afastando os debates dos efeitos de tal cobrança em termos de preço, porque: (i) se tratava de uma conduta punível *per se*; ou (ii) se tratava de uma conduta analisável no espectro contínuo da regra da razão, mas que em tal espectro – pelo caráter contínuo que possui – se distancia de uma conduta que avalia efeitos concretos das condutas em questão e tende a dar um foco maior em questões de caráter instrumental e formal, bem como assuntos burocráticos e contábeis, tendo menor ligação com uma teoria de dano fundamentada em debates de cunho econômico, o que "está muito 'próximo' das proibições do tipo *per se*".

Nesse terminal, o tempo médio para entrega de cargas, em regime de Declaração de Importação (DI), é de cinco dias úteis, "sendo que a retirada se dá com prévio agendamento, conforme as janelas de disponibilidade operacional da instalação portuária". Ainda de acordo com o documento, "se o operador portuário estiver atuando como entreposto aduaneiro, é possível haver a cobrança de uma armazenagem *default* pelo referido período até a entrega efetiva do contêiner".

Por outro lado, o recinto alfandegado secundário, na qualidade de concorrente do terminal primário, não precisa pagar pela armazenagem *default*, tampouco esperar o período médio de entrega. Segundo a área técnica do CADE, os portos secos, que competem com a PortoNave, possuem "o direito de retirar o contêiner do Operador Portuário em até 48 horas, de forma mais rápida, mais ágil e mais expedita" que os próprios clientes do porto molhado.

Dito em outros termos, os terminais primários empregam mais recursos para atender os recintos alfandegados secundários, em termos de logística (identificação dos contêineres, segregação do restante da carga etc.) e prazo de entrega, do que para atender seus próprios clientes. O dispêndio de esforços adicionais para atender o concorrente decorre, na visão do DEE, de uma "exigência regulatória de cunho tributário", nos termos dos arts. 4º, I, IV e XIV, e 71, §3º, da Instrução Normativa SRF nº 248/2002.

A distinção operacional e econômica entre o tratamento conferido às cargas do próprio terminal e daquelas direcionadas ao recinto alfandegado secundário pode ser sintetizada na tabela abaixo:

Figura 12 – Diferença de tratamento de cargas armazenadas em portos molhados e secos

Carga armazenada no porto molhado	Carga armazenada no porto seco
Em condições normais, na hipótese de atender apenas operações de descarga de importação da própria instalação portuária (regime DI), há necessidade de menos portêineres, menos transtêineres, menos carretas e menos espaço no pátio. Em tal hipótese, os equipamentos atuam de forma simultânea no desembarque indiscriminado das cargas. Todas as cargas são indistintamente empilhadas no pátio do terminal, distinguindo-se apenas por tamanho, sem qualquer destinação ou distinção entre destinatário, prazo de retirada, dono da carga.[335] Há menos posições de pátio, menos equipamentos, menos mão de obra e, portanto, menos custo para o manejo dos contêineres.	O exíguo prazo de 48 horas, aplicável aos regimes DTC, DTe e DTA-Pátio, que deve ser cumprido para envio de contêineres dos operadores portuário aos portos secos, impõe o engajamento de mais transtêineres, gera mais custos e acarreta perda de eficiência no "carrossel" realizado pelas carretas (*terminal tractors*), já que há movimentação em pilhas distintas, em locais diferentes do terminal. Além disso, os recintos alfandegados costumam funcionar apenas em horário comercial, ao passo que os operadores portuários funcionam 24 horas. Diante da obrigação de entrega preferencial no prazo de 48 horas, há concentração das entregas aos portos secos no horário comercial, o que demanda maior otimização das atividades dos portos molhados e, portanto, maior custo.

Fonte: Elaboração própria a partir de dados da Nota Técnica nº 29/2022/DEE/CADE.

A tabela evidencia a heterogeneidade de serviços mobilizados pelo terminal portuário primário, a depender do regime aduaneiro incidente. Em específico, a exigência de entrega dos contêineres, no prazo de 48 horas, gera uma discriminação a favor do recinto alfandegado secundário, o qual possui o direito de tratamento preferencial (menor tempo). Daí por que a Nota Técnica nº 29/2022/DEE/CADE observou que, "ao contrário do que concluiu a jurisprudência do CADE, há, sim, razões econômicas para cobrança de um valor diferenciado, pouco importando se tal cobrança se chama SSE, THC2 ou qualquer outra sigla".

---

[335] Como exceção, cite-se as cargas perigosas e cargas refrigeradas, que são direcionadas para setores específicos, sendo as refrigeradas colocadas em pilhas com tomadas, mas, igualmente, sem qualquer distinção ou separação entre os contêineres.

Além disso, o DEE ressaltou que eventual proibição da cobrança do SSE pode ter efeitos deletérios para a própria competição.[336] É dizer, os operadores portuários realizam vultosos investimentos nos terminais de contêineres na expectativa de receber justo retorno pelo investimento despendido, considerando, inclusive, as receitas decorrentes da armazenagem de cargas. Ao obrigar que tais terminais prestem serviços do tipo *premium* (entrega em 48 horas) aos recintos alfandegados, sem nenhuma contrapartida, é possível que se incentive a construção de mais recintos alfandegados secundários (com menores níveis de investimento) e se desincentive, no plano dinâmico, a construção de novos terminais portuários (com maiores níveis de investimento). De acordo com a Nota Técnica nº 29/2022/DEE/CADE:

> No longo prazo, a não remuneração adequada dos serviços diferenciados acaba sendo um desincentivo à concorrência em sentido mais amplo (concorrência entre terminais de contêineres já existentes e outros *greenfield*), já que poucos irão querer investir em novos terminais de contêineres (principal) buscando investir apenas na armazenagem (serviços acessórios com maior possibilidade de lucro).
> Assim, as decisões do CADE agudizam esta injusta diferença de tratamento entre agentes e estes incentivos que parecem não estar bem calibrados.

Em razão da presença de justificativas econômicas para a cobrança do SSE, a avaliação sobre a licitude do valor cobrado pelo terminal portuário não deve se dar de acordo com a regra *per se*, no âmbito da qual a proibição da conduta é fundamentada pela falta de sua justificativa e pela elevada probabilidade de danos sociais.

Ao contrário, como bem constatado pela equipe técnica do CADE, a análise do SSE deve ocorrer pela regra da razão integral, casuística, por meio da avaliação dos efeitos da conduta em termos de preço.[337] É

---

[336] Como explicado pelo órgão de defesa da concorrência, "impedir a cobrança de valores na presença de custo pode significar diminuição de relevantes investimentos no setor, no futuro. A concorrência deve ser pensada, também, em termos dinâmicos".

[337] Confira-se, por relevante, o argumento constante na Nota Técnica nº 29/2022/DEE/CADE: "Levando tudo isto em consideração, tem-se que, ao contrário de um cartel, onde a ilicitude *per se* da conduta é fundamentada pela falta de justificativa em tese da conduta e pela elevada probabilidade de danos sociais, no caso da cobrança de THC2/SSE, como uma prática unilateral, a ilicitude da cobrança não pode e não deve ser pressuposta, com regras de bolso decisórias (que investigam apenas o *market share* do agente e não se interessam pelo valor cobrado no *downstream*), nem é possível alegar a existência de irracionalidade do agente ou mesmo danos sociais inerentes à conduta em tese, considerando o que já foi exposto,

dizer, o *standard* decisório para avaliar potenciais práticas anticompetitivas é a avaliação do resultado líquido do bem-estar do consumidor concreto ou uma avaliação pormenorizada de efeitos anticompetitivos potenciais críveis.

Nessa perspectiva, em que o SSE não é considerado ilícito em si, mas pode ser considerado anticompetitivo diante das circunstâncias do caso concreto, a competência do CADE se desloca para decidir se, em determinada relação econômica em concreto, a cobrança pelo serviço de segregação e entrega produz efeitos "exclusionários" ou "distorcionários" (*i.e.*, se a cobrança do SSE é suficiente para excluir os recintos alfandegados secundários do mercado de armazenagem).

Tal análise nunca foi empreendida pelo CADE. A regra da razão integral não foi empregada na jurisprudência do Conselho para fins de medir o valor do SSE e o valor cobrado pela armazenagem de contêineres no mercado *downstream*. Nos precedentes sobre o tema, como visto, o CADE apenas inferiu que a cobrança poderia, talvez, ter efeito exclusionário, sem ter mensurado se o valor cobrado pela armazenagem no mercado *downstream* está artificialmente baixo em relação ao valor do SSE, a ponto de retirar a competitividade dos recintos alfandegados secundários.

A aplicação da ilicitude *per se* pela jurisprudência do CADE e por outros agentes decisórios que seguem na mesma esteira argumentativa, baseando-se em um suposto poder de barganha ilimitado, produz efeitos competitivos deletérios, contrários à suposta concorrência que se busca tutelar. É o que se extrai do seguinte trecho da Nota Técnica nº 29/2022/DEE/CADE:

> A tese principal da jurisprudência do CADE é que operadores portuários possuiriam (a) interesse em excluir rivais e (b) "poder de barganha ilimitado" se pudessem cobrar THC2. Todavia, uma pergunta relevante neste debate é a seguinte: se, realmente, os operadores portuários possuem "poder de barganha ilimitado" para liberar os contêineres

---

em apertada síntese acima. Para fazer uma avaliação sobre a licitude ou não da conduta (e se há cobrança em níveis exclusionários) há que se investigar o caso concreto, por meio de metodologias mais complexas, mais adequadas e mais completas em termos de avaliação de eventuais efeitos exclusionários. Simples discriminação de preços não é e não deveria ser uma prática anticompetitiva, mormente quando há, sim, justificativas econômicas para este tipo de conduta. Portanto, deve-se analisar este tipo de conduta pela regra da razão integral, caso a caso, por meio de avaliação dos efeitos da conduta em termos de preços, e não de maneira pressuposta, como prática per se ilícita ou que é classificada como 'regra da razão estruturada', mas que muito se aproxima das proibições do tipo *per se*".

para os armazéns retroportuários como mencionado na jurisprudência do CADE, por que razão não exercem ou não exerceram tal poder de maneira ilimitada ou pelo menos de maneira mais acentuada? Poderiam os operadores portuários cobrarem milhões ou bilhões de reais para liberar um único contêiner, com propósito (i) de extrair renda extra dos armazéns retroportuários até o limite de (ii) levá-los à falência? Se poderiam agir assim, por que razão não agiram deste modo até o dia de hoje (partindo do pressuposto que seu poder de barganha é, realmente, ilimitado)? Talvez, uma razão simples para explicar tais questões é que não há poder ilimitado de barganha, em especial neste tipo de relação. Talvez, eventual abuso de cobrança de um operador portuário específico, no período 1 e na rota logística X, poderia fazer com que este operador venha a ser preterido no período 2 pela rota logística W, pelo importador em um modelo de jogos repetidos e sequenciais, além de outras questões que limitariam o poder de mercado do ponto de vista dinâmico, como questionamentos judiciais sobre excessividade da cobrança, em face de tabelas públicas de preços que limitam a referida cobrança, em um valor máximo.

Ainda sobre a tese do poder de barganha ilimitado, é relevante observar que, quando o recinto alfandegado secundário paga o SSE ao operador portuário, age como representante do próprio importador. Por isso, não seria correto dizer que não há "barganha" ou possibilidade de barganha alguma nesse processo. É o importador quem faz a escolha de onde e de como deve deixar e armazenar o seu contêiner, levando em consideração, *ex ante*, todos os custos envolvidos e devidamente publicizados de SSE e os valores de armazenagem dos operadores portuários e dos armazéns retroportuários.

Em síntese, a perspectiva concorrencial revela a licitude de remunerar o serviço de segregação e entrega, por se tratar de serviço heterogêneo e mais custoso. Os regimes aduaneiros assimétricos existentes fazem com que exista, também, uma concorrência assimétrica, que não necessariamente é desleal. Os recintos alfandegados secundários têm o direito de receber a carga em tempo prioritário e, portanto, absorvem o custo decorrente. Bem visto o aspecto operacional, a eventual supressão da cobrança pelo SSE é que poderia causar assimetria concorrencial, na medida em que: (i) os recintos alfandegados secundários continuariam gozando do benefício de recebimento prioritário da carga; mas (ii) não pagariam pelo "serviço *premium*", recebendo vantagens competitivas em detrimento dos terminais portuários.

Logo, valendo-se de fatos operacionais observáveis na movimentação de contêineres ante os regimes aduaneiros com contornos e demandas peculiares, dados empíricos, consulta aos agentes econômicos e do desenvolvimento de argumentos racionalmente embasados em uma teoria antitruste econômica para o tema, o substantivo estudo produzido pelo DEE evidencia as distorções que gravitam em torno da cobrança do SSE. Ao fazê-lo, contribui significativamente para prover parâmetros adequados de seu tratamento, seja pela ANTAQ, pelo CADE, pelo TCU, Poder Judiciário ou demais agentes com interface ao tema.

Há, portanto, diversas evidências de que o serviço diferenciado, específico e divisível existe apenas no fluxo de importação e precisa ser remunerado. O contrafactual também reforça o ponto, na medida em que não se tem notícia de qualquer exercício do suposto poder de barganha ilimitado manejado por terminal portuário em prejuízo de recinto alfandegado, de modo a excluir o recinto alfandegado do mercado, sendo certo que as discussões em torno da cobrança do SSE se centram ou no argumento de compreensão dos serviços no THC, ou no valor cobrado.

É boa hora de responder afirmativamente à pergunta encarregada por nortear este item: sim, o SSE é um serviço prestado de forma autônoma à movimentação de cargas compreendida na *Terminal Handling Charge* (THC). Por decorrência lógica, antecipando-nos a ensaiar uma resposta para a segunda pergunta, de que trataremos no item a seguir: se esse serviço existe e é prestado, não há dúvidas de que uma contrapartida remuneratória se faz devida. A pergunta é: em quais bases?

3 A liberdade de preços nos arrendamentos portuários e a vedação ao enriquecimento sem causa

A segunda pergunta que nos guia no estudo sobre o SSE e sua cobrança é a seguinte: os arrendatários de terminais portuários podem cobrar pelo SSE? Em quais bases?

Nos antecipamos em relação ao primeiro ponto, ao final do item anterior. De todo modo, para respondermos aos dois pontos conjuntamente, é preciso investigar o tema da liberdade de preços no plano dos arrendamentos portuários.

Pois bem. A Constituição Federal de 1988 elevou a livre-iniciativa à condição de fundamento do Estado brasileiro (art. 1º, IV, CRFB). Ao mesmo tempo, ladeada à livre concorrência (art. 170, inciso IV, CRFB), a livre-iniciativa (art. 170, *caput*, CRFB) constitui princípio geral da Ordem Econômica.[338] Entre outros sentidos, importa em dizer, para o que ora se faz pertinente, que, enquanto princípios específicos da ordem econômica brasileira, a livre-iniciativa e a livre concorrência representam limitação à atuação estatal, razão por que se deve privilegiar a gravitação da economia em torno da lei da oferta e da procura, de forma que eventuais restrições ao mercado sejam excepcionais e fundamentadas, a fim de corrigirem falhas de mercado.[339]

No setor portuário, desde a já revogada Lei nº 8.630/1993, era possível observar a intenção de fomentar a criação de um ambiente concorrencial – intra e extraporto – marcado pelo primado da livre-iniciativa. A exposição de motivos do Projeto de Lei nº 8/1991, fundacional do antigo marco regulatório, ilustra bem o ponto:

> 2. Este projeto insere-se no Programa Federal de Desregulamentação e reflete a significativa preocupação do meu Governo em fixar limites à atuação do Estado, bem como em *remover os obstáculos ao pleno exercício do trabalho e à livre iniciativa*. [...]
> a) assegurar o aumento da produtividade do setor portuário, mediante a racionalização da atividade econômica e a integração dos diversos agentes envolvidos, através da diminuição da intervenção do Estado e do *estímulo à livre concorrência*, de sorte a possibilitar maior rentabilidade aos investimentos necessários à modernização do setor e melhores níveis de remuneração ao fator trabalho. [...]
> 9. Para alcançar estes objetivos o anteprojeto, essencialmente, propõe:
> c) a *livre concorrência* entre os diversos portos, de maneira a assegurar, de um lado, maior racionalidade na destinação de receitas e no processo de tomada de decisões em matéria econômica, e, de outro lado, fomentar, em cada caso, uma busca permanente de maior eficiência nas operações portuárias e melhor rentabilidade aos investimentos em equipamentos e em infraestrutura;

---

[338] BINENBOJM, Gustavo; CYRINO, André; VORONOFF, Alice; KOATZ, Rafael L. F. *Direito da regulação econômica*: teoria e prática. Belo Horizonte: Fórum, 2020. p. 397-398.

[339] O STF tratou desse tema, em uma situação limite, por exemplo, ao analisar o tema da exploração de transporte individual de passageiros: "A Constituição estabelece, como princípio, a livre iniciativa. A lei não pode arbitrariamente retirar uma determinada atividade econômica da liberdade de empreender das pessoas, salvo se houver um fundamento constitucional que autorize aquela restrição. E eu constato que não há regra nem princípio constitucional que prescreva a manutenção de um modelo específico de transporte individual de passageiros. Não há uma linha na Constituição sobre esse assunto. Portanto, a edição de leis ou atos normativos proibitivos pautada em uma inexistente exclusividade do modelo de exploração por táxis não se conforma ao regime constitucional da livre iniciativa" (STF, RE nº 1.054.110, rel. Min. Luís Roberto Barroso, j. 09/05/2019).

d) a *livre concorrência* entre os proprietários, arrendatários ou locatários de instalações de um mesmo porto, de maneira a possibilitar, através da competição, a prática de tarifas adequadas e a prestação de serviços de acordo com as necessidades dos usuários;

O atual Marco Regulatório do Setor Portuário (Lei nº 12.815/2013), de maneira mais evidente, elencou em seu art. 3º diretrizes de livre mercado que orientam a exploração dos portos organizados e instalações portuárias, nos seguintes termos:

Art. 3º A exploração dos portos organizados e instalações portuárias, com o objetivo de aumentar a competitividade e o desenvolvimento do País, deve seguir as seguintes diretrizes:
I - expansão, modernização e otimização da infraestrutura e da superestrutura que integram os portos organizados e instalações portuárias;
II - garantia da modicidade e da publicidade das tarifas e preços praticados no setor, da qualidade da atividade prestada e da efetividade dos direitos dos usuários;
III - estímulo à modernização e ao aprimoramento da gestão dos portos organizados e instalações portuárias, à valorização e à qualificação da mão de obra portuária e à eficiência das atividades prestadas;
IV - promoção da segurança da navegação na entrada e na saída das embarcações dos portos.

Ora bem. Esses grandes objetivos e diretrizes, além de funcionarem como importantes vetores interpretativos do novo arcabouço jurídico, fornecem os parâmetros a serem seguidos na elaboração dos incentivos e desincentivos do marco regulatório dos portos, formado pela própria Lei nº 12.815/2013, seu Decreto Regulamentador nº 8.033/2013 e demais normas regulatórias e arranjos contratuais que venham a ser editados.[340]

A Lei nº 14.047/2020 acrescentou ao dispositivo anterior o inciso VI a fim de destacar o regime de "liberdade de preços nas operações portuárias, reprimidos qualquer prática prejudicial à competição e o abuso do poder econômico" como princípio orientador do setor regulado.

Como observado anteriormente, as alterações promovidas pela Lei nº 14.047/2020, dentre as quais o reforço da liberdade de preços no

---

[340] Cf. nosso RIBEIRO, Leonardo Coelho. O novo marco regulatório dos portos: entre grandes objetivos e inadequadas exigências. *In*: MOREIRA, Egon Bockmann (org.). *Portos e seus regimes jurídicos*: a Lei nº 12.815/2013 e seus desafios. 1. ed. v. 1. Belo Horizonte: Fórum, 2014. p. 80-121.

plano da prestação dos serviços portuários, tinham por objetivo atender a alguns dos apontamentos decorrentes da Auditoria Operacional sobre Limitações dos Portos Organizados em Comparação com os TUPs, realizada pelo TCU em 2020.

Diante desse contexto, concluiu a ANTAQ, em sede do Parecer Técnico nº 68/2022/GRP/SRG, que "o marco regulatório é claro ao preconizar a liberdade como regra".[341]

A liberdade de negociação é também prevista no âmbito regulatório. A Resolução Normativa ANTAQ nº 7/2016, por exemplo, qualifica "preço" como "valor livremente negociado entre as partes, devido pelos usuários à arrendatária ou aos operadores portuários como contrapartida aos serviços prestados".

De igual modo, desde a primeira tentativa de normatizar e reduzir as controvérsias relacionadas à cobrança pelo SSE, a ANTAQ estabeleceu regime de liberdade de negociação da remuneração, como denota o art. 5º da Resolução nº 2.389/2012:

> *Art. 5º Os serviços não contemplados no Box Rate*, quando demandados ou requisitados pelos clientes ou usuários do terminal sob a responsabilidade de operadores portuários, *obedecerão a condições de prestação e de remuneração livremente negociadas com o operador portuário* ou divulgadas em tabelas de preços de serviços, *observados os tetos de preços fixados pela Autoridade Portuária* e as condições comerciais estipuladas no contrato de arrendamento.
> § 1º - A autoridade portuária, em caso de conflito, arbitrará o preço dos serviços que não estiverem contemplados em tabela, nem previstos em contrato.
> § 2º - A tabela de preços de serviços disporá, necessariamente, sobre os valores máximos dos serviços não contemplados pelo Box Rate entre o porão da embarcação e o portão do terminal ou vice-versa. (Grifos postos)

A Resolução ANTAQ nº 34/2019 também previa, antes de sua revogação pela Resolução ANTAQ nº 72/2022, que os serviços não contemplados pela *box rate* estariam sujeitos às condições livremente negociadas pelas partes. Além disso, definiu-se de forma expressa o SSE, excluindo-o dos serviços remunerados pela *box rate*. Inovou, também, ao retirar a competência da autoridade portuária para fixação de preço-teto, ampliando a autonomia do operador portuário para fixar

---

[341] Parecer Técnico nº 68/2022/GRP/SRG.

o preço máximo desses serviços. Bastava, tão somente, a divulgação prévia em tabelas de preços, com a importante vedação a práticas de preços abusivos ou lesivos à concorrência.

É possível concluir, então, que a regra geral do setor portuário, de liberdade de preços e de negociação entre empresas sobre os valores e tipos das tarifas portuárias a serem cobradas, também se aplica ao cenário específico do SSE.

A liberdade tarifária, contudo, não é irrestrita. Em linha com as disposições normativas, a liberdade de negociação de preços está condicionada à não adoção de práticas prejudiciais à competição e à não ocorrência de situações de abuso de poder econômico.

Essas são, justamente, as hipóteses autorizativas da intervenção do Estado. Como bem adverte Leila Cuéllar,[342] o modelo econômico brasileiro, ainda que fundado na livre-iniciativa, prevê a possibilidade de intervenção estatal com a finalidade de impor limites à atuação individual e reprimir condutas abusivas.

A fim de conferir concretude a esse princípio-guia, em junho de 2021, a ANTAQ e o CADE, com a interveniência do Ministério da Infraestrutura (MInfra), celebraram o Memorando de Entendimentos nº 01/2021, relativo aos procedimentos de cooperação na análise de cobranças sobre o SSE em cargas sob regime de trânsito aduaneiro.

Por meio do ajuste, as autarquias se comprometeram a envidar esforços de cooperação e a atuar de maneira integrada para estabelecer os procedimentos para a análise de indícios de abusividade e infrações à ordem econômica na cobrança do SSE. Os estudos, porém, foram paralisados por força do Acórdão TCU nº 1.448/2022.

Os *Estudos técnicos de fundamentação e convergência metodológica do SSE*, desenvolvidos ainda em 2019 pela Fundação de Estudos e Pesquisas Socioeconômicas (FEPESE), também chegaram a conclusões similares. O relatório pontuou que a repressão a práticas prejudiciais à competição e ao abuso de poder econômica deveria ser "precedida de análise criteriosa de verossimilhança de abuso na cobrança do SSE, e da avaliação do impacto regulatório da definição de preços admitidos".

Assim sendo, a metodologia de definição de preços admitidos tem de ser aplicada com a preservação das condições de liberdade de preços e competição no mercado.

---

[342] CUÉLLAR, Leila. Abuso de posição dominante no direito de concorrência brasileiro. *In*: *Estudos de Direito Econômico*. Belo Horizonte: Fórum, 2004. p. 35-41.

Esse contexto reforça a excepcionalidade do controle de preços. Nesse quadrante, Diogo Coutinho e Jean-Paul Veiga da Rocha[343] entendem que a intervenção regulatória mediante controle de preços é compatível com a ordem jurídica brasileira quando três pressupostos são respeitados: (i) legalidade; (ii) igualdade; e (iii) proporcionalidade.

O ministro Luís Roberto Barroso,[344] em artigo seminal sobre o tema, expõe que essa técnica regulatória apenas é possível se: (i) diante da ocorrência de situação de anormalidade, de grave deterioração das condições de mercado, com ausência de livre concorrência e colapso da própria livre-iniciativa; e (ii) desde que em observância ao princípio da razoabilidade, em sua tríplice dimensão (adequação lógica, vedação do excesso e proporcionalidade em sentido estrito).

Nesse sentido, seja em razão das diretrizes gerais do setor portuário, seja em razão da regulação específica do SSE, a remuneração do serviço se dá em um ambiente de livre negociação de preços, cuja limitação apenas é possível quando o abuso do poder econômico é verificado em concreto.

Portanto, o tabelamento de preços ou o estabelecimento de preço-teto a todos os terminais importaria em desnaturação da liberdade tarifária, em violação ao marco regulatório e às disposições normativas da ANTAQ. Isso porque, com essa padronização generalizada e aprioristica, a esfera de liberdade negocial dos agentes restaria nulificada.

Mais grave do que o tabelamento de preços é a proibição de cobrança do SSE, sob a justificativa de que os serviços abrangidos nessa cesta já estariam sendo remunerados pela THC, em que pesem as evidências de fato e de direito detalhadas anteriormente, ao tratarmos dos regimes aduaneiros no fluxo de importação, bem como a diferenciação realizada nas resoluções da ANTAQ.

Como observou a então conselheira do CADE Lenisa Prado nos autos do Processo nº 08700.005499/2015-51, a partir do momento em que se reconhece a existência do serviço de segregação e entrega, a sua cobrança é não apenas legítima, como necessária para o adequado

---

[343] COUTINHO, Diogo R.; ROCHA, Jean-Paul Veiga da. Regulação e controle de preços do setor privado no direito brasileiro: hipóteses de possibilidade – parâmetros jurídicos – a irretroatividade das normas no campo regulatório – formas e limites de atuação do Poder Judiciário. *Revista de Direito Administrativo*, Rio de Janeiro, v. 272, p. 253-281, 2016.

[344] BARROSO, Luís Roberto. A ordem econômica constitucional e os limites à atuação estatal no controle de preços. *In*: BARROSO, Luís Roberto (org.). *Temas de direito constitucional*. t. 2. Rio de Janeiro: Renovar, 2003. p. 53.

funcionamento do setor portuário. Do contrário, tem-se o risco de acarretar duas graves consequências: "(i) ou tal cobrança seja exigida de todos, inclusive aqueles não beneficiados pelos serviços, ou (ii) exigir que o Operador Portuário execute um serviço para o qual não fora – e nem será – remunerado".

Em ambos os casos, haveria um enriquecimento sem causa do beneficiário do serviço. Isso porque deixaria de pagar, no todo ou em parte, por serviço que efetivamente recebe.

A esse respeito, como visto, a Auditoria Operacional do TCU sobre a prestação do serviço portuário (TC nº 020.789/2023-8) reconheceu a existência do SSE. E, diga-se, no Acórdão TCU nº 1.825/2024, também constou registrado que as decisões judiciais favoráveis à cobrança do SSE, ao reconhecerem a prestação do serviço, também reconhecem a necessidade de sua remuneração, a fim de que não se configure enriquecimento ilícito.

O ponto é exemplificado por julgado do TRF-3 sobre o tema, reiterando o entendimento de que o SSE, enquanto serviço não abrangido pela *box rate*, deve ser cobrado, sob pena de enriquecimento sem causa:

ADMINISTRATIVO. TRIBUTÁRIO. CADE. EXIGIBILIDADE DA TAXA DE SEGREGAÇÃO E ENTREGA DE CONTÊINERES (THC-2 - TERMINAL HANDLING CHARGE). ILEGITIMIDADE PASSIVA DA UNIÃO FEDERAL. CONDENAÇÃO DO ASSISTENTE LITISCONSORCIAL EM HONORÁRIOS SUCUMBENCIAIS. POSSIBILIDADE. O litisconsorte assistencial sujeita-se aos mesmos ônus impingidos à parte da qual se aliou processualmente. A União Federal não detém legitimidade para figurar no polo passivo da relação processual, pois o fato de ser de sua competência a exploração direta ou mediante autorização, concessão ou permissão dos serviços de portos marítimos, não lhe defere, "ipso facto", obrigação para ditar as regras tarifárias que são de exclusiva atribuição da CODESP e da ANTAQ, cada qual no respectivo âmbito de atribuição legal. *Não sendo a segregação e movimentação de contêineres prevista dentro do contrato de arrendamento como serviço básico de movimentação (horizontal), deve ser cobrada a THC-2 daqueles que dele se beneficiam, sob pena de sufragar-se o enriquecimento sem causa.* Estando a CODESP a fiscalizar e fixar valores para esse serviço complementar, não é dado ao CADE imiscuir-se em setor concedido, ignorando fortemente a atuação da agência reguladora - ANTAQ. Apelação da União Federal provida para excluí-la da lide. Remessa oficial parcialmente provida. Apelação do autor Santos Brasil Participações S/A parcialmente provida para o fim de anular a decisão do CADE e a consequente imposição de multa e declarar apenas em relação à CODESP prejudicado o pedido vertido com a inicial. Apelação do CADE e da Marimex Despachos, Transportes e Serviços Ltda improvidas. TRF-3, Apelação n. 0014995-56.2005.4.03.6100/ SP, relatora: Marli Ferreira, publ. 26/3/2015. (Grifos postos)

Como se sabe, o enriquecimento sem causa é interditado pelo ordenamento jurídico, consoante o disposto no art. 884 do Código Civil, segundo o qual "aquele que, sem justa causa, se enriquecer à custa de outrem, será obrigado a restituir o indevidamente auferido, feita a atualização dos valores monetários".

A jurisprudência,[345] por diversas oportunidades, já consagrou a ideia – ínsita à própria noção de justiça – de que uma das partes na relação contratual não pode se locupletar de forma ilícita, obtendo benefício desproporcional, por meio da qual se cria uma situação de agravamento ao outro contratante.

O TCU, desde o Acórdão nº 2.197/2009, apresenta entendimento reiterado segundo o qual o contratado deve ser remunerado pelos serviços que efetivamente executou sob pena de configurar enriquecimento sem causa, o que é vedado pelo ordenamento jurídico. E, isso, mesmo diante de irregularidade fiscal ou trabalhista. Quer dizer: mesmo diante desses cenários extremos, de irregularidade, é vedada a retenção do pagamento se o contratado não tiver incorrido em inexecução do serviço ou se tiver prestado o serviço a contento.[346]

A partir do art. 59, parágrafo único, da Lei nº 8.666/1993, Hely Lopes Meirelles[347] e José dos Santos Carvalho Filho[348] concluíram que nem mesmo a nulidade exonera a Administração do dever de indenização do contratado pelos serviços executados até a data em que foi declarada a nulidade. O dispositivo, atualizado pelos arts. 148 e 149 da Lei nº 14.133/2021, tem como objetivo impedir o enriquecimento sem causa da Administração, impedindo que a parte tenha recebido o objeto do contrato sem a devida contraprestação.

---

[345] Nesse sentido: "A justiça da indenização corresponde a assegurar que não terá valor superior nem inferior ao prejuízo efetivamente sofrido. Desrespeito a tais parâmetros significa enriquecimento sem causa de uma das partes e rompimento do princípio constitucional da justa indenização" (STJ – AgInt no REsp nº 1.868.409/SP – 2ª Turma – Rel. Min. Herman Benjamin – DJe: 21/08/2020).

[346] Acórdão TCU nº 964/2012 – Plenário. Min. Rel. Walton Alencar Rodrigues, j. 25/04/2012.

[347] MEIRELLES, Hely Lopes. *Licitação e Contrato Administrativo*. 13. ed. São Paulo: Malheiros. 2002. p. 230-231.

[348] CARVALHO FILHO, José Santos. *Manual de Direito Administrativo*. 10. ed. Rio de Janeiro: Lumen Juris. p. 217.

Assim, conclui o Tribunal de Contas da União,[349] com base em entendimento do STJ veiculado no REsp nº 753.039/PR, de relatoria do então ministro Luiz Fux, que "o ordenamento jurídico pátrio veda o enriquecimento sem causa em face de contrato administrativo declarado nulo porque inconcebível que a Administração incorpore ao seu patrimônio prestação recebida do particular sem observar a contrapartida, qual seja, o pagamento correspondente ao benefício".

Ora, se, mesmo em caso de nulidade e envolvendo relação contratual com entidade administrativa, a jurisprudência do TCU reconhece ser devida a remuneração pelo serviço comprovadamente prestado, de forma diferente não poderia se passar no caso do SSE, em que a Corte de Contas já reconheceu a existência da prestação do serviço de segregação e entrega de contêineres, na forma da Auditoria Operacional realizada no âmbito do Processo TC nº 020.789/2023-8. Do contrário, como visto, restaria caracterizado enriquecimento ilícito por parte do beneficiário do serviço que dele usufrui sem contrapartida.

Diante disso, a partir do reconhecimento da prestação do serviço de segregação e entrega de contêineres, pode-se concluir que: (i) a liberdade de preços encontra respaldo constitucional, legal e regulatório, orientando a cobrança pela prestação do SSE e afastando qualquer tentativa de controle de preços não balizada por abuso de poder econômico ou condições de concorrência desiguais efetivamente comprovadas; e (ii) evidenciada a existência efetiva do SSE, pelo próprio TCU, impedir a sua cobrança redunda em enriquecimento sem causa dos destinatários do serviço.

Portanto, respondendo objetivamente à pergunta justificadora do exame procedido neste item, nos parece que, sim, os arrendatários de terminais portuários podem cobrar os recintos alfandegados pelo Serviço de Segregação e Entrega de Contêineres (SSE), em regime de liberdade tarifária, sem que isso afaste, no caso concreto, a reprimenda antitruste em caso concreto no qual se comprove a presença de abuso de poder econômico ou condições de concorrência desiguais.

---

[349] Acórdão TCU nº 1842/2022 – Plenário. Min. Rel. Antonio Anastasia, j. 10/08/2022.

4 O entendimento atual do TCU pela suspensão da norma regulatória que fundamenta a cobrança pelo SSE

O entendimento atual do TCU ocasionou a suspensão da Resolução ANTAQ nº 72/2022, naquilo pertinente à cobrança pelo SSE. Desse modo, a Corte de Contas acaba por atrair dois debates fundamentais ao tema: o primeiro deles diz respeito ao enquadramento desse entendimento como uma presunção *ex ante* de infração à ordem econômica baseada em conduta; o segundo toca com o dever de deferência do TCU à regulação da ANTAQ e as hipóteses de incursão em abuso do poder regulatório e expropriação regulatória pelo próprio TCU.

Esses dois temas se voltam a responder duas das perguntas que inicialmente lançamos neste capítulo, mas até aqui remanescem demandando resposta: (i) quem seria o agente institucionalmente mais adequado para disciplinar o tema do SSE; e (ii) se poderia o Tribunal de Contas da União, de maneira *ex ante*, genérica e abstrata, suspender norma da ANTAQ e proibir a cobrança pelo SSE.

Como os dois grandes temas concernem a acórdãos do TCU, para dar conta da quadra atual do assunto, optamos por didaticamente retomar uma síntese do entendimento manifestado nesses acórdãos para, a partir dessa síntese, tratarmos dos dois temas em subitens. É ao que passamos a nos dedicar.

Como exposto, a interlocução do TCU com a ANTAQ se deu, de modo geral, em três etapas: (i) Acórdão nº 1.704/2018; (ii) Acórdão nº 1.448/2022; e (iii) Acórdão nº 1.825/2024.

O Acórdão nº 1.704/2018, sob relatoria da ministra Ana Arraes, determinou à agência a elaboração das composições de custo dos serviços prestados pelos terminais portuários, com o objetivo de balizar o exame da pertinência da cobrança pelo SSE e seu eventual caráter abusivo. Além disso, a ANTAQ deveria proceder à revisão da regulação concernente ao SSE, de modo a adequá-la ao arcabouço jurídico-institucional estabelecido pela Lei nº 12.815/2013 e pela Lei nº 12.529/2011.

O Acórdão nº 1.448/2022, de relatoria do ministro Vital do Rêgo, determinou a anulação, inclusive com suspensão cautelar de seus efeitos, de todos os dispositivos da Resolução ANTAQ nº 72/2022 que diziam respeito à possibilidade de cobrança do SSE, ao argumento de desvio de finalidade frente ao art. 36, I e IV, da Lei nº 12.529/2011, ao art. 4º, inciso I, da Lei nº 13.874/2019, e os artigos 20, II, *b*, e 27, IV, da Lei nº 10.233/2001. Retornaremos à análise desses fundamentos adiante.

Na visão do ministro relator, o ato regulatório restaria maculado pelo desvio de finalidade, porquanto, a despeito de qualquer análise de impacto que pudesse ser realizada, a cobrança da SSE seria ilegítima, na medida em que "obstaculiza a competitividade do serviço de armazenagem da operação portuária de importação e acarreta infração à ordem econômica". A cobrança do SSE atrairia o risco, em cenários extremos, de o *player* da posição dominante excluir os recintos alfandegados secos do mercado ou criar barreiras à entrada de novos concorrentes.

Por sua vez, o Acórdão nº 1.825/2024, sob relatoria do ministro Augusto Nardes, conheceu do pedido de reexame interposto pela ANTAQ, em face do Acórdão nº 1.448/2022, para, no mérito, negar-lhe provimento. Na prática, o acórdão de 2024 manteve a anulação parcial da Resolução ANTAQ nº 72/2022, embora o relator tenha reconhecido a existência de serviços específicos que justifiquem a cobrança do SSE.

Significa dizer que, diferentemente do voto prolatado pelo ministro Vital do Rêgo (Acórdão nº 1.448/2022), a decisão assinada pelo ministro Augusto Nardes (Acórdão nº 1.825/2024) não encampou a existência de um vício congênito na cobrança do SSE. Pelo contrário, este ministro reconheceu que podem ser "necessários serviços específicos conforme o regime aduaneiro adotado", mas que a cobrança do SSE deveria ser precedida de uma distinção regulatória dos serviços incluídos na THC e no SSE.

Além disso, o ministro Augusto Nardes abriu a possibilidade de que o entendimento do tribunal fosse modificado, diante da existência de auditoria operacional em curso, a qual poderia subsidiar novos posicionamentos sobre o tema, "se o assunto evoluir e se considerar pertinente".

A auditoria operacional citada pelo ministro Augusto Nardes é aquela autuada sob o TC nº 020.789/2023-8. Seu relatório, elaborado em agosto de 2024 e anteriormente apresentado neste capítulo 3, constatou que "os serviços da cesta SSE, assim como outros prestados após a colocação na pilha de armazenagem, são passíveis de cobrança, mas devem ser acompanhados pela ANTAQ para evitar práticas abusivas".

Nesses quadrantes é que abordaremos os temas a seguir.

4.1 A impossibilidade de presunção *ex ante* de infração à ordem econômica baseada em conduta

Dentre os fundamentos indicados pelo Acórdão TCU nº 1.448/2022, consta que o art. 36, incisos I e IV, da Lei nº 12.529/2011 teria sido violado pela Resolução ANTAQ nº 72/2022. Dispõe o artigo:

> Art. 36. Constituem infração da ordem econômica, independentemente de culpa, os atos sob qualquer forma manifestados, que tenham por objeto ou possam produzir os seguintes efeitos, ainda que não sejam alcançados:
> I - limitar, falsear ou de qualquer forma prejudicar a livre concorrência ou a livre iniciativa;
> IV - exercer de forma abusiva posição dominante.

A esse fundamento, portanto, segundo o TCU, a possibilidade de cobrança pelo SSE constituiria infração à ordem econômica apriorística, na medida em que atrairia o risco, em cenários extremos, de um terminal portuário abusar de posição dominante para excluir os recintos alfandegados do mercado ou criar barreiras à entrada de novos concorrentes. Os terminais portuários de contêineres promoveriam uma concorrência desleal em relação aos portos secos, sobre os quais praticariam preços abusivos.

A questão termina por se assemelhar ao embate enfrentado no capítulo 1 deste livro, a propósito da integração logística e da presunção *ex ante* quanto à suposta perniciosidade desse arranjo empresarial, no qual armadores também se tornam operadores de terminais portuários, razão pela qual rememoramos alguns dos pontos lançados na ocasião.

Como é de conhecimento convencional, a atuação da autoridade antitruste na defesa da concorrência é regida por dois padrões de regulação: regulação de conduta e regulação de estrutura. No campo da regulação das condutas, há regras de comportamento que, se não observadas, podem gerar punições ao agente. De outro lado, as condutas podem ser punidas *per se* ou a partir de uma avaliação das implicações das ações dos agentes sobre a concorrência e o bem-estar dos consumidores. Nesse caso, aplica-se o critério da razoabilidade, que conjuga a análise das condicionantes, motivações e impactos da conduta sobre o mercado.[350]

Não basta, portanto, como uma leitura superficial do art. 36, I e IV, da Lei nº 12.529/2011 indicaria, que a cobrança pelo SSE possa produzir prejuízo à livre concorrência, ainda que esse efeito não seja alcançado, para se dizer, de antemão, que os serviços compreendidos na cesta do SSE já estariam contidos na THC ou que não poderiam ser cobrados. É preciso uma tese concorrencial, amparada em evidências, que afaste o SSE e sua cobrança. Não apenas suposições. Exatamente como demonstraram a Nota Técnica nº 29/2022/DEE/CADE e o Relatório de Auditoria do TCU na TC nº 020.789/2023-8, respectivamente atestando a inexistência de ilícito *per se* e, no rumo exatamente oposto, a existência de serviços diferenciados, específicos e divisíveis, no fluxo de importação, em virtude de regimes aduaneiros especiais, justificadores do SSE e sua cobrança.

Não se está, por evidente, apregoando que o setor portuário gozaria de qualquer modalidade de isenção antitruste (albergada pela aplicação de alguma das teorias da *primary jurisdiction doctrine, filed rate doctrine, state action doctrine, implied antitrust immunities doctrine*). Mas isso não importa dizer que o Tribunal de Contas da União, no caso, ao suspender ato normativo de agência reguladora, ao argumento de mérito típico da seara antitruste, esteja autorizado a criar presunções sequer aplicáveis pela própria entidade de defesa da concorrência.

Explica-se. O art. 36 da Lei nº 12.529/2011 adota o conceito de razoabilidade lastreado na jurisprudência da Suprema Corte norte-americana, extraída do *Sherman Act*. O §3º do art. 36 prescreve que tais condutas resultarão em violação à ordem econômica se importarem em: (i) condutas de colusão, que consistem naquelas em que os agentes coordenam sua atuação em determinado mercado (*e.g.*, incisos I, II e VIII); (ii) restrições de entrada, na forma das quais a conduta impede que concorrentes efetivos ou potenciais tenham acesso a insumos ou canais de distribuição necessários para a produção de determinado bem ou serviço (*e.g.*, incisos III, IV, V, VI, XIX); (iii) restrições verticais, quando a conduta restringe a concorrência na cadeia de produção e distribuição de um bem ou serviço (*e.g.*, incisos IX, X, XII e XVIII); (iv) recusa de contratar, quando um agente econômico recusa a negociar determinado bem ou serviço que é necessário para as atividades de

---

[350] SALGADO, Lucia Helena. *Política de concorrência*: tendências recentes e o estado da arte no Brasil. Brasília: IPEA, 1995. p. 5. Disponível em: https://repositorio.ipea.gov.br/handle/11058/1725. Acesso em: 1º jun. 2024.

outro agente (*e.g.*, incisos V, XI); e (v) práticas predatórias, que visam retirar um concorrente do mercado (*e.g.*, inciso XV).

Do exame do referido dispositivo é possível depreender que uma infração unilateral da ordem econômica é definida em função dos efeitos econômicos que potencialmente pode produzir no mercado, e não a partir da descrição da conduta.

Nesse sentido, é muito enfático o argumento, desenvolvido na nota técnica do DEE, de que, se os terminais portuários tivessem um poder de barganha ilimitado, permitindo-lhes excluir os recintos alfandegados do mercado, seus rivais no mercado de armazenagem, por que razão, nunca o teriam feito, mesmo antes de a ANTAQ ter inaugurado sua atuação normativa no tema, por meio de Resolução nº 2.389/2012.

Jogadas luzes sobre o tema, o que se vê é que ele está envolto por uma narrativa de combate que não se sustenta, por equivocar-se quanto às premissas de fato e de direito, e delas dissociar-se.

É fato, atestado pelo TCU e pelo CADE, existir uma sistemática específica de importação de cargas sob regimes aduaneiros especiais. Essa sistemática impõe que terminais portuários movimentem contêineres destinados a recintos alfandegados em prazos mais curtos, fora da ordem mais eficiente para fazê-lo, adotando providências administrativas prioritárias extraordinárias. Isso acarreta ampla reprogramação logística, novos movimentos de contêineres e emprego extraordinários de insumos humanos e materiais.

É, igualmente, fato que a posição dos terminais portuários não foi empregada para excluir recinto alfandegado do mercado, afastando a premissa de que existiria um poder de barganha ilimitado. Tanto ao contrário, o mercado dos recintos alfandegados segue crescendo e se desenvolvendo.

Já do ponto de vista jurídico, não se tratando de um ilícito *per se*, reprovável como a prática de cartelização, o trato regulatório da matéria seguia em bom caminho ao delimitar o escopo da THC, o escopo do SSE, bem como prever os parâmetros para a tutela repressiva da violação à concorrência em concreto, em caso de constatada abusividade de preços. E isso vinha sendo feito de modo incremental,[351] aprimorando-se as resoluções da ANTAQ desde 2012, como vimos, e coordenando a

---

[351] Sobre o valor de se fazerem alterações regulatórias de modo incremental, conferir nosso: RIBEIRO, Leonardo Coelho. *O direito administrativo como "caixa de ferramentas"*: uma nova abordagem da ação pública. São Paulo: Malheiros, 2017.

atuação da Agência e do CADE (conforme o memorando de entendimentos de 2021), como apregoam as melhores práticas.

O TCU, por sua vez, seguia igual bom caminho exercendo um controle de segunda ordem rumo à redução da assimetria de informações e rumo à maior transparência dos serviços prestados e valores cobrados.

Bem vistas as coisas, tudo isso, no entanto, foi abandonado pelo TCU ao proferir os Acórdãos nº 1.448/2022 e 1.825/2024, sem nenhum fato novo que verdadeiramente o justificasse, na medida em que a Resolução ANTAQ nº 72/2022, como demonstramos, nada mais significou do que uma adequação classificatória de atos da Agência para que deixasse de ser nominada como "resolução normativa", fazendo apenas praticamente repetir as disposições da Resolução ANTAQ nº 34/2019.

Isso importa dizer que, diversamente dos denominados cartéis *hard core*,[352] as eventuais práticas exclusionárias que possam ocorrer em função da cobrança do SSE em patamar abusivo não se configuram como um ilícito concorrencial *per se*,[353] pois que predicam de uma análise das eficiências líquidas produzidas *vis-à-vis* eventuais restrições à concorrência. Razão por que, nesse ponto, igualmente se aplicam as ponderações que formulamos no capítulo 1 do livro, ao afastarmos a subsunção da integração logística a um critério apriorístico, típico de presunção *ex ante*, de todo descabida na presente hipótese.

---

[352] "Cartel *hard-core* [aqueles cartéis voltados única e exclusivamente à determinação de preço/quantidade e demais variáveis competitivas] são os vilões por excelência do direito da concorrência. Eles são considerados não apenas por toda parte como ilícitos antitruste, mas em vários ordenamentos, também como criminosos." SCHUARTZ, L. F. Ilícito antitruste e acordos entre concorrentes. *In*: POSSAS, M. L. (org.). *Ensaios sobre Economia e Direito da Concorrência*. São Paulo: Singular, 2002. p. 120.

[353] Como se depreende do voto do conselheiro-relator do CADE no processo administrativo do cartel da pedra britada: "Mesmo abandonando-se a premissa de concorrência perfeita, os efeitos negativos para o bem-estar dos consumidores de cartéis são determinados de forma conclusiva por economistas das várias correntes de pensamento econômico. Quando bem-sucedidos os cartéis elevam preços acima do que seria possível na ausência de coordenação das decisões alocativas. Os consumidores, inclusive empresas ou governo, são compelidos a pagar preços mais elevados ou não consumir esses produtos. Em muitos casos, portanto, os cartéis reduzem o nível de produção para viabilizar seus níveis de preços: esses se apropriam dos excedentes econômicos e da renda dos setores que consomem seus produtos. Finalmente, ao ficarem protegidas da competição e da rivalidade, as empresas cartelizadas são desestimuladas a controlar seus custos ou inovar. Dessa forma pode-se afirmar que cartéis são sempre (e sem qualquer exceção) nocivos à eficiência de uma economia de mercado" (Voto do Cons. Relator no Processo Administrativo nº 08012.002127/02-14, Representante: Secretaria de Direito Econômico *ex officio* Representados: Sindicato da Indústria de Mineração de Pedra Britada do Estado de São Paulo – SINDIPEDRAS e outros. Relator: Cons. Luiz Carlos Delorme Prado, p. 7).

Na contramão das evidências, dos fatos, dos argumentos e dos desenvolvimentos mais recentes promovidos pelo regulador e pela autoridade antitruste, o tema ganha ares especulativos pelas mãos do controlador, como também já pudemos apontar a respeito da integração logística no setor de contêineres, em artigo de opinião.[354]

A barganha ilimitada e a exclusão dos recintos alfandegados pelos terminais portuários em virtude da cobrança pelo SSE tornam-se um axioma que não precisaria ser demonstrado, bastando ser argumentado. E, a pretexto de combater a concorrência desleal e abusiva, o que se faz é, via decisão do controlador externo, restringir a concorrência ao torná-la artificial, impondo indevidamente aos terminais portuários a prestação graciosa de serviços (SSE) para seus concorrentes, que sem causa enriquecem.

A concorrência entre terminais portuários e recintos alfandegados é assimétrica, dada a diferença de regimes aduaneiros nos quais tais agentes econômicos operam. Ao artificialmente intervir nesse ambiente de assimetria, as decisões do TCU baralham o complexo equilíbrio de mercado. Como veremos, se tornam não correções, mas, elas próprias, falhas de controle ou, caso se queira, de regulação, na medida em que a Corte de Contas se equiparou ao regulador ao suspender resolução deste.

4.2 O dever de deferência do TCU à regulação da ANTAQ: abuso do poder regulatório e expropriação regulatória

A armadilha de agudamente intervir no setor regulado, inclusive anulando e cautelarmente suspendendo a Resolução ANTAQ nº 72/2022, ato normativo produzido pelo regulador técnico setorial, tradutor de evolução que remonta ao ano de 2012 e se alinha à atuação concertada entre o regulador e a autoridade antitruste, redobra o ônus do TCU de embasar uma intervenção tão gravosa e impactante. Proporcionalmente, redobra também o escrutínio demandado pelo tema, ao qual ora nos dedicamos, sob a ótica da teoria institucionalista, do abuso do poder regulatório e da expropriação regulatória.

---

[354] RIBEIRO, Leonardo Coelho. *Contêineres em Santos, verticalização portuária e falácia do espantalho*. Disponível em: https://agenciainfra.com/blog/infradebate-conteineres-em-santos-verticalizacao-portuaria-e-falacia-do-espantalho/. Acesso em: 02 nov. 2024.

Ora bem. Segundo o Acórdão TCU nº 1.448/2022, a Resolução ANTAQ nº 72/2022 violaria ainda o art. 4º, I, da Lei nº 13.874/2019 e os artigos 20, II, *b*, e 27, IV, da Lei nº 10.233/2001, todos abaixo transcritos:

> Art. 4º É dever da administração pública e das demais entidades que se vinculam a esta Lei, no exercício de regulamentação de norma pública pertencente à legislação sobre a qual esta Lei versa, exceto se em estrito cumprimento a previsão explícita em lei, evitar o abuso do poder regulatório de maneira a, indevidamente:
> I - criar reserva de mercado ao favorecer, na regulação, grupo econômico, ou profissional, em prejuízo dos demais concorrentes;
> Art. 20. São objetivos das Agências Nacionais de Regulação dos Transportes Terrestre e Aquaviário:
> II – regular ou supervisionar, em suas respectivas esferas e atribuições, as atividades de prestação de serviços e de exploração da infra-estrutura de transportes, exercidas por terceiros, com vistas a:
> b) harmonizar, preservado o interesse público, os objetivos dos usuários, das empresas concessionárias, permissionárias, autorizadas e arrendatárias, e de entidades delegadas, arbitrando conflitos de interesses e impedindo situações que configurem competição imperfeita, práticas anticompetitivas ou formação de estruturas cartelizadas que constituam infração da ordem econômica.
> Art. 27. Cabe à ANTAQ, em sua esfera de atuação:
> IV – elaborar e editar normas e regulamentos relativos à prestação de serviços de transporte e à exploração da infra-estrutura aquaviária e portuária, garantindo isonomia no seu acesso e uso, assegurando os direitos dos usuários e fomentando a competição entre os operadores.

A partir dos dispositivos, é possível dessumir que, para o acórdão do TCU, a competitividade do serviço de armazenagem da operação portuária de importação estaria comprometida, acarretando infração à ordem econômica, porque a Resolução ANTAQ nº 72/2022:

(i) criaria uma reserva de mercado ao favorecer os terminais portuários em detrimento dos recintos alfandegados;
(ii) não impediria situações que configurem competição imperfeita, práticas anticompetitivas ou formação de estruturas cartelizadas que constituam infração da ordem econômica; e
(iii) não fomentaria a competição entre os operadores.

Nos parece, no entanto, que o prático efeito das decisões interventivas do TCU vai, justamente, na contramão do que alega defender.

Seguindo a mesma ordem dos argumentos sintetizados acima, tem-se que:

(i) ao determinar a suspensão de ato normativo regulatório, ao argumento de que o ato criaria reserva de mercado para favorecer grupo econômico em prejuízo dos demais concorrentes, produz-se, exatamente, esse mesmo efeito por meio da decisão controladora. O TCU cria uma graciosidade indevida em favor dos recintos alfandegados (que recebem serviço prioritário sem pagar) e em prejuízo dos terminais portuários (que prestam serviço prioritário sem receber). Traçando um paralelo com a teoria das falhas da regulação, de Sunstein,[355] o exemplar se amoldaria perfeitamente a uma falha do controle. Como aqui o controle se substituiu, de modo intrusivo e no mérito, à regulação, no fim do dia, o que se tem é uma típica hipótese de falha da regulação ocasionada pela decisão do TCU, *a contrario sensu* das evidências empíricas presentes no fluxo de importação de contêineres ante os regimes aduaneiros diferenciados, apuradas pelo próprio TCU no Relatório de Auditoria e ao que dispõe o detalhado estudo do DEE/CADE;

(ii) no mesmo sentido, competição imperfeita há quando, criando uma falha que desconsidera evidências empíricas decorrentes não de práticas voluntárias de agentes econômicos (terminais portuários), mas de regimes aduaneiros diferenciados, elaborados pelo próprio poder público, o TCU promulga acórdãos que, descolando-se dessas evidências, impedem a cobrança de um serviço efetivamente existente, desequilibrando a competição entre terminais portuários e recintos alfandegados e promovendo a violação à liberdade de iniciativa, à liberdade de cobrança de preços, e a violação à vedação legal ao enriquecimento sem causa;

(iii) por fim, a competição entre portos se dá, justamente, quando, à luz das evidências e da realidade de fato, a ANTAQ exerce seu poder normativo reconhecendo a legalidade da cobrança pelo SSE ante a existência do serviço, em bases diferenciadas

---

[355] SUNSTEIN, Cass. *After Rights Revolution*: Reconceiving the Regulatory State. Massachusetts: Harvard University Press, 1993.

que são impostas por previsão legal delimitando regimes aduaneiros especiais de importação. Por outro lado, os recintos alfandegados seguem tendo as vantagens competitivas que os regimes aduaneiros lhes atribuem, podendo ser associados a disciplinas de incentivo fiscal, entre outras vantagens.

Ou seja, ao impor gratuidade onde existe serviço, negando os fatos que sua própria auditoria confirma com evidências, a decisão do TCU desvirtua, ela própria, a concorrência. É típica falha de governo. O controle, ao se imiscuir no plano regulatório, equipara-se ao agente regulador, e sua ação, ao exercício da função regulatória. Desse modo, tal qual o regulador, o controlador-regulador pode produzir falhas também, exatamente ao modo como se passa na hipótese. Senão vejamos, esmiuçando os argumentos.

Bem vistas as coisas, o exercício do controle acerca do SSE se deu: (i) exortando o regulador a revisitar o tema para, a partir disso, aprimorá-lo (Acórdão nº 1.704/2018) e, rompendo com essa diretiva, (ii) anulando a opção regulatória escolhida, com fundamento na ilegitimidade da cobrança do SSE (Acórdão nº 1.448/2022) ou na necessidade de haver distinção clara entre o que está incluso no THC e no SSE para cada tipo de trânsito aduaneiro (Acórdão nº 1.825/2024).

No segundo caso, a investida do TCU implica, por via reflexa, em uma decisão de caráter regulatório exarada por um controlador externo. Isso porque, ao invés de devolver o tema para a arena regulatória, o tribunal optou por tomar a decisão pela ANTAQ, coibindo a cobrança do SSE. Tal forma de atuação justifica uma análise acerca dos limites institucionais aplicáveis às decisões de controle sobre atos regulatórios.

É que, como antes assinalado, a teoria institucionalista deu ênfase à análise acerca do *locus* mais apropriado à tomada de determinada decisão antes de se debater a legalidade, a constitucionalidade ou a melhor forma de interpretar certo ato normativo. A ideia subjacente é verificar, aprioristicamente, as capacidades e aptidões de cada instituição, com o objetivo de assinalar aquela que tem maior potencial de levantar recursos e informações acerca do tema controvertido, bem como especialização para avaliar os efeitos sistêmicos da tomada de decisão.[356]

---

[356] SUNSTEIN, Cass R.; VERMEULE, Adrian. Interpretation and institutions. *John M. Olin Program in Law and Economics Working Paper*, n. 156, 2002.

No âmbito regulatório, tal análise pode apontar, por exemplo, que a agência reguladora está habilitada a produzir a melhor decisão sobre temas específicos de sua alçada, o que exigiria *deferência* ou autocontenção de entidades de controle, como o Poder Judiciário e os tribunais de contas. Isso porque, como as matérias regulatórias costumam ser tecnicamente complexas, a deferência às decisões tomadas pelas agências transmite a ideia de respeito a uma instituição comparativamente mais bem adaptada para enfrentá-la, seja porque detém maior *expertise*, seja para não prejudicar a coerência e a dinâmica da política regulatória.

Em matérias técnicas, a teoria da deferência propõe que o controlador deve se autoconter, privilegiando as decisões tomadas pelas agências reguladoras, tanto em função da natureza da atuação do regulador como em razão de seu maior aparelhamento institucional. Nesse sentido, Eduardo Jordão e Renato Toledo Cabral Junior[357] observam que "a justificativa do controle judicial deferente às decisões das agências reguladoras reside, de um lado, na inadequação subjetiva e objetiva dos tribunais para a regulação; de outro, no prejuízo que a sua intervenção pode causar à política regulatória das agências".

O paradigmático caso *Chevron*,[358] antes apresentado, definiu a relação entre os reguladores e os tribunais norte-americanos, apresentando razões para a deferência às decisões técnicas adotadas na arena regulatória. Nesse caso, a Suprema Corte defendeu a autorrestrição dos tribunais nos casos de controle de interpretações promovidas pelas autoridades administrativas, considerando a especialidade das

---

[357] Ainda na visão dos autores, a aplicação de um controle "deferente sobre decisões das agências reguladoras veicula a compreensão de que matérias tecnicamente complexas devem ser definidas prioritariamente pelas autoridades administrativas especializadas – aos tribunais caberia apenas uma revisão relativamente superficial" (JORDÃO, Eduardo; CABRAL JUNIOR, Renato Toledo. A teoria da deferência e a prática judicial: um estudo empírico sobre o controle do TJRJ à Agenersa. *Revista Estudos Institucionais*, v. 4, n. 2, 2018, p. 541).

[358] "Judges are not experts in the field, and are not part of either political branch of the Government. Courts must, in some cases, reconcile competing political interests, but not on the basis of the judges' personal policy preferences. In contrast, an agency to which Congress has delegated policymaking responsibilities may, within the limits of that delegation, properly rely upon the incumbent administration's views of wise policy to inform its judgments" (*Chevron U.S.A Inc. versus Natural Resources Defensa Council, Inc.*, 467 U.S. 837, 1984. Disponível em: https://caselaw.findlaw.com/court/us-supreme-court/467/837.html. Acesso em: 16 set. 2024).

agências e a sua melhor posição institucional para conciliar interesses contrapostos.[359]

Ao comentar sobre a importância do caso para a teoria da deferência, Eduardo Jordão[360] esclarece que "uma das contribuições mais importantes de *Chevron* foi, mesmo, redefinir a relação entre os tribunais e as autoridades administrativas e elucidar a distribuição de competências". O referido precedente esclareceu, por exemplo, que "nos casos de ambiguidade legislativa não é necessário que a interpretação administrativa seja a 'única possível ou mesmo a melhor', sendo bastante que ela seja *permissível*" para que os tribunais estejam desautorizados a nela interferir.

Em 28.06.2024, a Suprema Corte revisitou a doutrina *Chevron* ao decidir o caso *Loper Bright Enterprises el al. v. Raimondo, Secretary of Commerce, et. al.* Em síntese, o caso envolvia a interpretação sobre a legislação de pesca efetuada pelo *National Marine Fisheries Service*. As decisões judiciais que antecederam a chegada do caso à Suprema Corte aplicaram a teoria da deferência do precedente *Chevron*, indicando que a entidade administrativa detinha a competência para decidir sobre temas de sua alçada técnica.

A Suprema Corte, aplicando *overrule* (superando o precedente),[361] decidiu que os tribunais não deveriam conferir deferência apriorística às interpretações das agências administrativas nos casos de ambiguidade legal, cabendo-lhes a interpretação direta da lei, sem reverência automática ao posicionamento das agências. Ainda não há clareza sobre como o caso *Loper* impactará a relação entre o regulador e o Poder Judiciário ou se tal doutrina encontrará respaldo no direito brasileiro. Isso porque, a rigor, o caso não afastou a competência técnica das agências, apenas

---

[359] Além disso, o julgado defendeu que a utilização de termos ambíguos, pelo Poder Legislativo, implicaria em verdadeira delegação para que as agências decidissem sobre a matéria.

[360] JORDÃO, Eduardo. *Controle judicial de uma Administração Pública complexa*: a experiência estrangeira na adaptação da intensidade do controle. São Paulo: Malheiros, 2016. p. 599.

[361] "Chevron is overruled. Courts must exercise their independent judgment in deciding whether an agency has acted within its statutory authority, as the APA requires. Careful attention to the judgment of the Executive Branch may help inform that inquiry. And when a particular statute delegates authority to an agency consistent with constitutional limits, courts must respect the delegation, while ensuring that the agency acts within it. But courts need not and under the APA may not defer to an agency interpretation of the law simply because a statute is ambiguous" (*Loper Bright Enterprises et. al. v. Raimondo, Secretary of Commerce, et. al.* 603 U.S. 2024. Disponível em: https://www.supremecourt.gov/opinions/23pdf/22-451_7m58.pdf. Acesso em: 16 set. 2024).

ressaltou a capacidade de o Poder Judiciário decidir conflitos sobre interpretações jurídicas ambíguas.³⁶² No âmbito do Poder Judiciário brasileiro, não existe uma orientação jurisprudencial clara sobre os limites impostos pela teoria da deferência técnico-administrativa a servir de baliza para mensurar a postura contingente dos tribunais, que, por aqui, se associa às presunções de legalidade e de veracidade, operativas em prol da validade dos atos administrativos.³⁶³ Há julgados difusos apontando a necessidade de uma postura autocontida dos tribunais em matérias originalmente atribuídas às agências,³⁶⁴ inclusive com manifestações do Supremo

---

[362] "As the Court recently noted, interpretive issues arising in connection with a regulatory scheme 'may fall more naturally into a judge's bailiwick' than an agency's. Kisor v. Wilkie, 588 U. S. 558, 578. Under Chevron's broad rule of deference, though, ambiguities of all stripes trigger deference, even in cases having little to do with an agency's technical subject matter expertise. And even when an ambiguity happens to implicate a technical matter, it does not follow that Congress has taken the power to authoritatively interpret the statute from the courts and given it to the agency. Congress expects courts to handle technical statutory questions, and courts did so without issue in agency cases before Chevron. After all, in an agency case in particular, the reviewing court will go about its task with the agency's 'body of experience and informed judgment', among other information, at its disposal. Skidmore, 323 U. S., at 140. An agency's interpretation of a statute 'cannot bind a court', but may be especially informative 'to the extent it rests on factual premises within [the agency's] expertise'. Bureau of Alcohol, Tobacco and Firearms v. FLRA, 464 U. S. 89, 98, n. 8. Delegating ultimate interpretive authority to agencies is simply not necessary to ensure that the resolution of statutory ambiguities is well informed by subject matter expertise. (...) Finally, the view that interpretation of ambiguous statutory provisions amounts to policymaking suited for political actors rather than courts is especially mistaken because it rests on a profound misconception of the judicial role. Resolution of statutory ambiguities involves legal interpretation, and that task does not suddenly become policymaking just because a court has an 'agency to fall back on'. Kisor, 588 U. S., at 575. Courts interpret statutes, no matter the context, based on the traditional tools of statutory construction, not individual policy preferences. To stay out of discretionary policymaking left to the political branches, judges need only fulfill their obligations under the APA to independently identify and respect such delegations of authority, police the outer statutory boundaries of those delegations, and ensure that agencies exercise their discretion consistent with the APA" (*Loper Bright Enterprises et. al. v. Raimondo, Secretary of Commerce, et. al.* 603 U.S. 2024. Disponível em: https://www.supremecourt.gov/opinions/23pdf/22-451_7m58.pdf. Acesso em: 16 set. 2024).

[363] Sobre o tema, v. nosso: RIBEIRO, Leonardo Coelho. Presunções do ato administrativo, capacidades institucionais e deferência judicial a priori: um mesmo rosto, atrás de um novo véu? *Revista de Direito Administrativo Contemporâneo*, São Paulo, ReDAC, v. 4, n. 22, p. 85-115, jan./fev. 2016. V. também: SAMPAIO, Patrícia. *Superação da doutrina Chevron e a legitimidade do ato administrativo*. Disponível em: https://www.jota.info/opiniao-e-analise/colunas/publicistas/superacao-da-doutrina-chevron-e-a-legitimidade-do-ato-administrativo. Acesso em: 06 nov. 2024.

[364] Nesse sentido, ver de modo exemplificativo: TRF-1. Tutela Cautelar Antecedente à Apelação nº 1028531-45.2022.4.01.0000. 5ª Turma. Rel. Des. Carlos Augusto Pires Brandão. Rel. convocado Ilan Presser. Julgado em: 14/11/2022; TRF-1. Agravo de Instrumento nº 1032731-32.2021.4.01.0000. 6ª Turma. Rel. Des. Jamil Rosa de Jesus Oliveira. Julgado em: 27/01/2022.

Tribunal Federal sobre a falta de *expertise* e capacidade institucional dos tribunais,[365] além da possibilidade de a intervenção judicial causar efeitos sistêmicos nocivos à coerência e à dinâmica regulatória administrativa.[366]

Em relação ao Tribunal de Contas da União, os limites ao controle exercido sobre atos regulatórios foram estabelecidos com base na ideia de deferência às competências primárias das agências, cabendo ao TCU o controle de "segunda ordem" das atividades finalísticas do regulador. Isso significa que a competência do TCU para fiscalizar as atividades-fim das agências deve "respeitar a discricionariedade das agências quanto à escolha da estratégia e das metodologias utilizadas para o alcance dos objetivos delineados". Por isso, o tribunal só pode determinar "a adoção de medidas corretivas a ato praticado na esfera discricionária dessas entidades, quando houver violação ao ordenamento jurídico".[367]

O entendimento remonta ao Acórdão nº 602/2008,[368] quando o Tribunal de Contas observou que o controle sobre os atos de regulação é exercido em segunda ordem, na medida em que esbarra na esfera de discricionariedade do regulador. Caso o ato discricionário seja praticado de forma motivada e em "prol do interesse público", cabe ao TCU, tão somente, recomendar a adoção das providências que reputar adequadas. Por outro lado, se o ato praticado na esfera de discricionariedade das agências for viciado em seus requisitos, o tribunal pode: (i) determinar as medidas corretivas necessárias; ou ii) anular o ato, na hipótese de a irregularidade ser grave.

Em igual medida, no Acórdão nº 2.302/2012,[369] de relatoria do ministro Raimundo Carreiro, restou assentado que a fiscalização do TCU sobre as agências "é de segunda ordem, cabendo a estas a fiscalização de primeira ordem, bem como as escolhas regulatórias, e ao TCU verificar se não houve ilegalidade ou irregularidade na atuação dessas autarquias especiais".

Em caso envolvendo a Resolução ANTAQ nº 2.389/2012, a ministra relatora, Ana Arraes, observou que não cabia ao TCU substituir-se à agência reguladora, competindo-lhe cobrar a atuação do regulador de

---

[365] STF. ADI nº 4.874/DF. Plenário. Rel. Min. Rosa Weber. Julgado em: 1º/02/2018.
[366] STF. AgR no RE nº 1.083.955/DF. Primeira Turma. Rel. Min. Luiz Fux. Julgado em: 28/05/2019.
[367] TCU. Acórdão nº 1.166/2019 – Plenário. Rel. Min. Augusto Nardes. Data da sessão: 22/05/2019.
[368] TCU. Acórdão nº 602/2008 – Plenário. Rel. Min. Benjamin Zymler. Data da sessão: 09/04/2008.
[369] TCU. Acórdão nº 2.302/2012 – Plenário. Rel. Min. Raimundo Carreiro. Data da sessão: 29/08/2012.

acordo com o marco legal e regulamentar que a disciplina. De acordo com o voto, uma agência que "ou não regula ou desempenha tal atividade de forma deficiente é incapaz de incentivar a eficiência e de neutralizar a assimetria de informação existente entre os diferentes atores, de forma a harmonizar e arbitrar interesses. O TCU não pode definir qual deve ser a solução do problema, mas deve exigir que o regulador defina soluções para problemas de sua competência".[370]

No caso do SSE, o Acórdão nº 1.704/2018,[371] também de relatoria da ministra Ana Arraes, teceu considerações sobre o controle de segunda ordem exercido pelo TCU. O voto da relatora indicou que a atuação do Tribunal de Contas não pode importar intromissão na autonomia funcional da ANTAQ, que mantém sob sua competência a prerrogativa de dispor de diferentes instrumentos regulatórios, "sempre de forma motivada e com vistas à satisfação do interesse público, sem se submeter a juízo de valoração subjetiva da escolha pelo TCU".

Com base nessa premissa, os atos emanados da agência poderiam ser corrigidos por determinações do TCU quando identificado "desvio em relação a preceitos legais aplicáveis, ou mesmo omissão no tratamento concedido à matéria sob sua tutela". No caso específico da Resolução ANTAQ nº 2.389/2012, a relatora do Acórdão nº 1.704/2018 compreendeu que a atuação do TCU seria justificável, porquanto a resolução foi alterada, sem a devida justificativa, contrariando entendimentos expressos pelo CADE, pela SEAE e pelo corpo técnico da própria ANTAQ.

Tais precedentes reforçam que a interlocução do TCU e das agências reguladoras tem sido marcada por uma postura autocontida do Tribunal de Contas, baseada nos quadrantes teóricos da teoria da deferência, sem prejuízo do controle externo sobre a juridicidade do ato regulatório emanado. Esse juízo de juridicidade, o qual aproxima a jurisprudência do tribunal do caso *Loper*, poderá resultar, em tese, nas seguintes medidas, gradativamente escaladas: (i) recomendação de adequações, quando o ato regulatório for motivado, mas o Tribunal de Contas entender que lhe cabe aprimoramentos; (ii) determinação de medidas corretivas quando o ato estiver eivado de vícios sanáveis; e (iii) anulação do ato, quando não couber convalidação.

---

[370] TCU. Acórdão nº 1.439/2016 – Plenário. Rel. Min. Ana Arraes. Data da sessão: 1º/06/2016.
[371] TCU. Acórdão nº 1.704/2018 – Plenário. Rel. Min. Ana Arraes. Data da sessão: 25/07/2018.

Daí ser possível indicar que o controle de segunda ordem exercido, no âmbito do Acórdão nº 1.825/2024, se afastou dos parâmetros estipulados pela jurisprudência do Tribunal de Contas. Isso porque o voto condutor do acórdão não vislumbrou nenhum vício congênito na norma que permitia a cobrança do SSE, na linha do predecessor Acórdão nº 1.448/2022 – o que, ao menos em tese, justificaria a sua anulação. O problema apontado pelo tribunal residiria na suposta ausência de identificação dos componentes da THC e do SSE, bem como na atuação fiscalizatória deficiente da ANTAQ. Nesse caso, a medida a ser adotada, ao invés da anulação, corresponderia à recomendação de adequações na resolução e à determinação de aprimoramentos na fiscalização da agência.

Trata-se de problema de coerência decisória que não passou despercebido pelo ministro Jorge Oliveira, ao declarar seu voto no Acórdão nº 1.825/2024:

> De fato, entendo que esta Casa deve fazer valer sua jurisprudência no sentido de limitar o controle externo exercido sobre as atividades finalísticas das agências a uma atuação de segunda ordem, sempre privilegiando a expertise e a competência regulatória primária dessas autarquias especiais.
>
> *Apesar dos indícios de abusividade nos valores cobrados, se o SSE constitui um serviço efetivamente prestado, penso que a pura e simples proibição da cobrança não parece ser a melhor solução. A meu sentir, a alternativa mais adequada seria adotar entendimento que permita à Antaq regular a matéria, ainda que o TCU fiscalize os limites e contornos que legalmente se impõem.*
>
> Apesar disso, por deferência ao entendimento adotado pelo TCU e resguardando a possibilidade de análise da matéria que a mim foi submetida no relatório de auditoria a que fiz referência, acato a posição externada por este Colegiado e acompanho o Relator para conhecer do presente pedido de reexame, para, no mérito, negar-lhe provimento. (Grifos postos)

Ao se afastar dos limites do controle externo de atos regulatórios, o que o Tribunal de Contas fez, ao cabo, foi substituir a decisão da ANTAQ por outra, de conteúdo materialmente regulatório. Diz-se que o acórdão proferido pelo TCU possui caráter regulatório, tendo em vista a constatação, pelo próprio tribunal, de que o SSE consubstancia uma contrapartida devida, seguida da opção, também exarada pela Corte de Contas, de anular a cobrança sem devolver o tema à ANTAQ.

Essa substituição do *locus* decisório sobre o tema tem o potencial de produzir diversas externalidades negativas, dentre as quais se destacam: (i) desequilíbrio da estrutura regulatória da ANTAQ; (ii) expropriação da propriedade privada dos arrendamentos portuários; e (iii) abuso de poder regulatório.

Como se sabe, a regulação estatal é pautada pelo caráter de *mediação de interesses*, o que cria para o regulador uma obrigação de dialogar com agentes sujeitos à atividade regulatória, de modo a prover a solução que equilibre o subsistema regulado. Dito em outros termos, o exercício da função regulatória busca preservar o equilíbrio do mercado, por intermédio da procedimentalização dos múltiplos interesses envolvidos no setor regulado.

Não é por outra razão que a ANTAQ foi dotada de competências para "promover estudos aplicados às definições de tarifas, preços e fretes, em confronto com os custos e os benefícios econômicos transferidos aos usuários", "regulamentar outras formas de ocupação e exploração de áreas e instalações portuárias", na forma do art. 27, II e XXIX, da Lei nº 10.233/2001, bem como de harmonizar os objetivos dos usuários, das empresas concessionárias, permissionárias, autorizadas e arrendatárias, e de entidades delegadas, "arbitrando conflitos de interesses", conforme o art. 20, II, *b*, da Lei nº 10.233/2001.

A mediação de interesses e o equilíbrio sistêmico do setor portuário são funções quanto às quais a ANTAQ detém capacidade institucional precípua para desenvolver, não cabendo ao controlador externo se imiscuir no exercício dessas competências privativas, exceto em juízo de juridicidade, como visto acima.

Como há muito apontado por Floriano de Azevedo Marques Neto,[372] o controle dos Tribunal de Contas sobre a atividade-fim da agência deve ser exercido apenas com relação aos interesses afetos ao poder público, o que exclui os vários outros interesses que, por meio da permeabilidade, são captados, filtrados e arbitrados pelo devido processo regulatório.

Além disso, ao substituir a decisão da ANTAQ, a decisão do Tribunal de Contas da União produz outro efeito deletério, consubstanciado na expropriação da propriedade privada, por intermédio da supressão da renda dos terminais portuários, que, de um lado, fornecem

---

[372] MARQUES NETO, Floriano de Azevedo. *Agências reguladoras independentes*: fundamentos e seu regime jurídico. Belo Horizonte: Fórum, 2005. p. 126.

o serviço de segregação e entrega de contêineres e, de outro lado, deveriam receber contrapartida remuneratória.

As expropriações regulatórias decorrem de efeitos não pretendidos pela intervenção estatal. Dito em outros termos, a intervenção estatal tem uma finalidade originária (*v.g.*, a instituição de uma Área de Preservação Permanente (APP), a delimitação urbanística, a desapropriação de uma área, a interdição da exploração de determinada substância), que produz o efeito reflexo de subtração da propriedade privada. Logo, se o efeito expropriatório é indesejado pela decisão estatal, é porque ele não foi previsto no âmbito de seu processo de formação. Trata-se, pois, de efeitos sistêmicos complexos e que não tiveram as suas consequências antecipadas pelo decisor.

É dizer, há casos em que a decisão adotada não atinge as suas finalidades, seja porque possui um vício intrínseco, seja porque não produziu os resultados desejados. Isso, contudo, não autoriza concluir-se que a função de controle seria despicienda. Assim não nos parece. As vicissitudes são inerentes à atividade decisória, posto que o seu exercício, por consequência, produz impactos na vida dos administrados.

É, pois, nesse quadrante em que se encontram as expropriações regulatórias. No direito norte-americano, a expedição de atos com efeitos expropriatórios é denominada de *regulatory takings*, assim considerada como a hipótese em que o Estado, por meio de atos concretos, institui limitações expropriatórias ao direito de propriedade dos agentes privados, sem o pagamento da respectiva indenização. Trata-se de hipótese em que "a regulação estatal afeta o valor de uma propriedade".[373]

O primeiro caso enfrentado pela Suprema Corte norte-americana sobre esse tema foi o *Pennsylvania Coal Co. v. Mahon*, 260 US 393 (1992). Na ocasião, a Suprema Corte, expressamente, consagrou a teoria da expropriação regulatória (*regulatory takings*) ao afirmar que a intervenção do governo sobre o uso da propriedade, ainda que não represente uma apropriação física, poderá se caracterizar como expropriatória.

O caso teve origem na exploração mineral de carvão realizada, em 1877, em Scranton, no estado da Pensilvânia, por meio da empresa Pennsylvania Coal Co. Em 1878, a Pennsylvania Coal Co. celebrou contrato de compra e venda com o Sr. H. J. Mahon, por meio do qual alienou o direito de superfície do terreno que explorava. No entanto,

---

[373] SHAVELL, Steven. Economic Analysis of Property Law. *Harvard Law and Economics Discussion Paper*, Boston, n. 399, 2002 (Cap. 11, p. 17).

em 1921, o estado da Pensilvânia aprovou a denominada Lei Kohler, a qual tinha por objeto a proibição da exploração de carvão abaixo da superfície de área construída. Sucede que, quando a referida companhia notificou a família Mahon de que extrairia o carvão presente no subsolo de sua propriedade, teve sua exploração vedada, ao argumento que essa atividade seria ilegal.

Posteriormente, a herdeira da família Mahon entrou com uma ação para proibir a exploração de minério no subsolo de sua propriedade, com fundamento na Lei Kohler. Em sua defesa, a Pennsylvania Coal Co. sustentou que a impossibilidade de explorar carvão no referido subsolo violava o seu direito de propriedade (sob um aspecto de proteção contratual) assegurado pela V Emenda à Constituição norte-americana. A referida demanda fora julgada procedente pelo Supremo Tribunal da Pensilvânia.

Em sede recursal, a Suprema Corte norte-americana, reformando a decisão do tribunal estadual, se posicionou no sentido de que o Estado se excedeu no exercício do seu poder de polícia, de sorte a causar uma significativa redução do valor da propriedade da mineradora. Nas palavras do *Justice* Oliver Wendell Holmes Jr., relator do caso, que sumariza o posicionamento daquela Corte: "Na nossa opinião, não se trata do exercício do poder de polícia, na medida em que afeta a mineração de carvão em ruas ou cidades em lugares onde havia um direito exploratório de natureza econômica".

No direito brasileiro, o Estado atua – e não intervém[374] – na economia sob uma miríade de modalidade. Tais intervenções, em decorrência da consagração constitucional do princípio da livre-iniciativa, por excepcionarem a ordem espontânea do mercado, deverão ser interpretadas restritivamente.[375] Assim é que são proscritas interferências

---

[374] Está-se de acordo com Fabio Nusdeo, para quem o termo "intervenção" pressupõe algo excepcional, não se coadunando a função normal do Estado de disciplinar o funcionamento do mercado. Segundo o referido autor, a concepção de um Estado intervencionista se alterou. A palavra "intervenção" carrega consigo uma ideia de transitoriedade, de anomalia e excepcionalidade. O Estado não mais intervém no sistema econômico, mas o integra. Torna seus agentes parte das decisões que lhes afetam. Daí por que se pode denominar tal situação de "economia social de mercado"; "economia dirigida"; "economia de comando parcial"; entre outras tantas nomenclaturas (NUSDEO, Fábio. *Curso de economia*: introdução ao direito econômico. São Paulo: RT, 1997. p. 216).

[375] Nesse sentido, Diogo de Figueiredo Moreira Neto: "O ordenamento econômico, como sua função congênere, o ordenamento social, são, ambos, funções estatais, que atuam excepcionando a ordem espontânea e os direitos fundamentais que a suportam, e, por isso, é necessário que sejam entendidas como ordens coercitivas de exceção, devendo sempre

estatais injustificadas sobre o desempenho das atividades privadas.[376] Justificadas, as interferências estatais serão consideradas excepcionais, se amparadas em outros princípios concorrentes, igualmente tutelados pela Constituição.[377]

A dimensão constitucional das economias de mercado pressupõe a ideia de que o sistema econômico segue uma ordem espontânea decorrente da livre circulação de produtos e serviços nos mercados, ordem esta que necessita ser preservada. Por conta dessa peculiaridade, a responsabilização do Estado pelo lícito exercício da intervenção (atuação) na economia deverá considerar as vertentes de que: (i) essa intervenção deverá ser sempre excepcional;[378] e (ii) não poderá resultar

---

ser interpretada restritivamente". MOREIRA NETO, Diogo de Figueiredo. *Curso de direito administrativo*. 14. ed. Rio de Janeiro: Forense, 2015. p. 453.

[376] O Supremo Tribunal Federal é taxativo ao limitar a atuação do regulador pela livre-iniciativa: "A intervenção estatal na economia, mediante regulamentação e regulação de setores econômicos, faz-se com respeito aos princípios e fundamentos da Ordem Econômica. CF, art. 170. O princípio da livre iniciativa é fundamento da República e da Ordem econômica: CF, art. 1º, IV; art. 170. II. – Fixação de preços em valores abaixo da realidade e em desconformidade com a legislação aplicável ao setor: empecilho ao livre exercício da atividade econômica, com desrespeito ao princípio da livre iniciativa" (BRASIL. Supremo Tribunal Federal. RE 422941/DF. Segunda Turma. Relator: Min. Carlos Velloso. Julg. 6 dez. 2005).

[377] BARROSO, Luís Roberto. A ordem econômica constitucional e os limites à atuação estatal no controle de preços. *In*: BARROSO, Luís Roberto (org.). *Temas de direito constitucional*. Rio de Janeiro: Renovar, 2003. p. 53. t. 2.

[378] Essa diretriz é consagrada por diversos marcos regulatórios, a exemplo do disposto no art. 128 da Lei nº 9.472/97 (Lei Geral de Telecomunicações) – "art. 128. Ao impor condicionamentos administrativos ao direito de exploração das diversas modalidades de serviço no regime privado, sejam eles limites, encargos ou sujeições, a Agência observará a exigência de mínima intervenção na vida privada" –, assegurando a preferência do particular no desempenho da atividade econômica. Em sentido contrário, o relevante posicionamento de José dos Santos de Mendonça, no sentido de que: "O princípio constitucional da subsidiariedade da intervenção econômica a) não é princípio constitucional, mas diretriz político-administrativa de organização do Estado. É uma orientação política, que, boa ou má, deve ser aceita ou criticada em tal condição. A subsidiariedade econômica jamais poderia gozar de superconstitucionalidade dos princípios constitucionais porque isso significaria a constitucionalização de um modelo econômico, de modo alienante a quem quer que ele discorde. Ela pode ser excelente diretriz política ordinária, e não no campo das supergarantias constitucionais. Além disso, a) b) a subsidiariedade econômica não tem vinculação necessária com dignidade humana, justiça, autonomia privada ou pluralismo político: em alguns casos, trata-se do contrário. Por fim, c) o princípio constitucional da subsidiariedade não é, e jamais poderia ser, ideologicamente neutro ou flexível, na medida em que se trata de uma proposição ideológica pertencente à faixa irreconciliável de uma doutrina abrangente específica: ela é proposição política do liberalismo econômico. Ou seja: a subsidiariedade é argumento político, não jurídico; ela habita o campo da política ordinária, não o terreno das garantias constitucionais fundamentais; quem afirma o contrário está produzindo razões doutrinárias não públicas. Em outras palavras, o princípio constitucional da subsidiariedade econômica não ultrapassa o teste da razão pública" (MENDONÇA, José Vicente Santos de. *Direito constitucional econômico*: a intervenção do estado na economia à luz da razão pública e do pragmatismo. Belo Horizonte: Fórum, 2014. p. 266).

na expropriação de atividades econômicas, sob pena de violação ao princípio da liberdade de iniciativa. Mais que isso, essa intervenção excessiva pode gerar o dever de reparação dos danos causados aos particulares.

Fernando Facury Scaff,[379] em trabalho específico sobre o tema, aduz que o Estado deverá ser responsabilizado pela intervenção no domínio econômico quando: (i) violar o princípio da igualdade, por injustificada escolha da opção econômica a ser objeto da ação interventiva estatal; (ii) violar o princípio da lucratividade em face de uma errônea política econômica de direção adotada; (iii) violar o princípio do direito adquirido em face da posterior modificação de normas de indução; e (iv) violar o princípio da boa-fé, por descumprimento de compromissos governamentais.[380]

Nesse sentido, Gustavo Binenbojm[381] aponta que uma regulação será expropriatória quando, simultaneamente, vier acompanhada de esbulho possessório, for desproporcional, porquanto desnecessária e/ou tiver custos maiores que seus benefícios e for excessiva, por configurar esvaziamento econômico ou retirar o conteúdo prático do direito, que passa a ser usado para o atendimento de finalidades públicas. Em igual medida, André Rodrigues Cyrino[382] leciona que a função regulatória não seria ilimitada, na medida em que a Constituição de 1988 criou um sofisticado aparato normativo, vedando o confisco e a desapropriação (de bens e direitos), sem o pagamento prévio de justa indenização em dinheiro (art. 150, IV, e art. 5º, XXIV).

De nossa parte,[383] já podemos conceituar a expropriação regulatória como a falha do processo decisório, provocada pela não realização de um procedimento avaliador de seus efeitos sistêmicos, que impõe um sacrifício de direitos a particulares por meio do estabelecimento de gravames anormais e especiais, sem a observância do devido processo legal expropriatório, previsto no art. 5º, XXXIV, da Constituição,

---

[379] SCAFF, Fernando Facury. *A responsabilidade civil do Estado intervencionista*. 2. ed. Rio de Janeiro: Renovar, 2005. p. 169.

[380] Sobre o tema, ver COUTO, Almiro do. Responsabilidade do estado e problemas jurídicos resultantes do planejamento. *Revista da Procuradoria-Geral do Estado de Porto Alegre*, Porto Alegre, n. 57, p. 123-132, 2003.

[381] BINENBOJM, Gustavo. *Regulações expropriatórias*. Disponível em: https://www.editorajc.com.br/regulacoes-expropriatorias/. Acesso em: 13 set. 2024.

[382] CYRINO, André Rodrigues. Regulações expropriatórias: apontamentos para uma teoria. *Revista de Direito Administrativo*, v. 267, p. 199-235, 2014.

[383] FREITAS, Rafael Véras de. *Expropriações regulatórias*. Belo Horizonte: Fórum, 2016. p. 143.

resultando na responsabilização do Estado por ato ilícito, em razão da violação da equânime repartição de encargos sociais.

Como antes assinalado, a Auditoria Operacional do Tribunal de Contas, autuada sob o nº 020.789/2023-8, reconheceu a existência de serviço apto a ensejar a cobrança do SSE. Logo, a vedação estabelecida pelo TCU, nos Acórdãos nº 1.448/2022 e 1.825/2024, suprime a propriedade econômica do serviço prestado pelos terminais portuários, sem que tenha havido o devido processo legal expropriatório, tendo em vista, justamente, que o tribunal não é o *locus* adequado para mediar os interesses entre os agentes do subsistema regulado.

No limite, a decisão proferida pelo tribunal poderia ser qualificada como uma modalidade de abuso do poder regulatório, nos termos da Lei nº 13.874/2019 (Lei de Liberdade Econômica). De acordo com Floriano de Azevedo Marques Neto,[384] o novel diploma obriga o "regulador a duas coisas: i) previamente à edição de medida regulatória demonstrar que os ônus, mensuráveis em custos, da medida são compensados com os benefícios alcançados; ii) permanentemente, verificar se os resultados (benefícios) que vêm sendo alcançados justificam os custos a ela associados".

Para José Vicente Santos de Mendonça, a noção de abuso de poder regulatório é problema que pressupõe, antes de tudo, a identificação do limite ao exercício da competência fixada para a entidade reguladora. De acordo com o autor, "o desvio do poder regulatório, na forma como tratado pelo art. 4º da lei n. 13.874/19 e trabalhado pela literatura do Direito Administrativo, poderia ser definido como a regulamentação da legislação de direito econômico que, mercê de complementá-la, acaba por restringir injustificadamente alguma garantia da liberdade de iniciativa".[385]

Em específico, a atuação do TCU esbarra na espécie de abuso do poder regulatório disposta pelo art. 4º, VII, da Lei de Liberdade Econômica, o qual veda condutas tendentes a "introduzir limites à livre formação de sociedades empresariais ou de atividades econômicas". Isso porque, ao coibir a cobrança pela prestação dos serviços de

---

[384] MARQUES NETO, Floriano de Azevedo. Abuso de Poder Regulatório: algo prático na Lei de Liberdade Econômica. *Advocacia hj.*, nº 003, 2020. Disponível em: https://www.oab.org.br/revistas/revista-adv-hj-3a-edicao.pdf. Acesso em: 15 mar. 2024.

[385] MENDONÇA, José Vicente Santos de. *Abuso de poder regulatório*: modo de usar (compreensão do art. 4º da Lei 13.874/19), p. 3-4. Disponível em: https://www.academia.edu/40442363/Art4Lei_Liberdade_Economica_Final_12672_. Acesso em: 11 jul. 2024.

segregação e entrega de contêineres, o tribunal acaba, na prática, limitando o exercício da atividade econômica desenvolvida por terminais portuários, os quais seguem prestando o serviço sem o recebimento de qualquer contrapartida.

Disso decorre que a investida decisória do TCU, intrusiva e expropriatória, substitui a escolha técnica da ANTAQ, fato que a torna: (i) inconstitucional, porquanto não foi tomada em observância ao devido processo legal expropriatório, previsto no art. 5º, XXXIV, da Constituição; e (ii) ilegal, posto que antípoda ao racional fundante do subsistema regulado, conforme arts. 27, II e XXIX, e 20, II, *b*, da Lei nº 10.233/2001, e em potencial abuso de poder regulatório, na forma do art. 4º, VII, da Lei nº 13.874/2019.

Não por outra razão, aliás, não pode haver dúvidas de que, em respeito aos artigos 23 e 24 da Lei de Introdução às Normas do Direito Brasileiro (LINDB),[386] os valores cobrados em contrapartida ao SSE, na vigência das resoluções da ANTAQ, de 2012 a 2022, até a prolação do Acórdão TCU nº 1.448/2022, hão de ser tidos como válidos, sem prejuízo, inclusive, de que, mesmo após o referido acórdão, uma vez comprovada a efetiva prestação do SSE, a suspensão cautelar imposta pela decisão do TCU não impede a cobrança dos valores correspondentes ao SSE em juízo, sob pena de enriquecimento sem causa e expropriação regulatória.

Na forma dos aportes anteriores, é boa hora para retomarmos às duas perguntas remanescentes, respondendo-as, sendo certo que: o agente institucionalmente mais adequado para disciplinar o tema do SSE é a ANTAQ, agência reguladora setorialmente encarregada de ponderar os interesses em disputa no microssistema regulado, o que vinha sendo feito, inclusive, em coordenação institucional com o CADE, instituição mais bem dotada para tutelar a defesa da concorrência no ordenamento jurídico brasileiro, e sob os influxos do próprio TCU, na

---

[386] Art. 23. A decisão administrativa, controladora ou judicial que estabelecer interpretação ou orientação nova sobre norma de conteúdo indeterminado, impondo novo dever ou novo condicionamento de direito, deverá prever regime de transição quando indispensável para que o novo dever ou condicionamento de direito seja cumprido de modo proporcional, equânime e eficiente e sem prejuízo aos interesses gerais.
Art. 24. A revisão, nas esferas administrativa, controladora ou judicial, quanto à validade de ato, contrato, ajuste, processo ou norma administrativa cuja produção já se houver completado levará em conta as orientações gerais da época, sendo vedado que, com base em mudança posterior de orientação geral, se declarem inválidas situações plenamente constituídas.
Parágrafo único. Consideram-se orientações gerais as interpretações e especificações contidas em atos públicos de caráter geral ou em jurisprudência judicial ou administrativa majoritária, e ainda as adotadas por prática administrativa reiterada e de amplo conhecimento público.

forma do Acórdão nº 1.704/2018 – Plenário, razão por que, de igual modo, não pode o Tribunal de Contas da União, de maneira *ex ante*, genérica e abstrata, abandonar sua posição institucional de controlador de segunda ordem para, contra as evidências inclusive por si apuradas, justificadoras da existência e cobrança pelo SSE, suspender norma da ANTAQ e proibir a cobrança pelo SSE, sob pena de materializar falha de controle/regulação, culminando em expropriação regulatória e abuso do poder regulatório, ao beneficiar os recintos alfandegados com a prestação graciosa de um serviço, conferindo-lhes vantagem competitiva em relação aos terminais portuários, condenados a prestar um serviço sem a devida remuneração em contrapartida.

Conclusões

Diante do exposto, é possível sumariar, em proposições objetivas, as conclusões:

(i) a discussão a respeito da legalidade da cobrança pelo serviço de segregação e entrega de contêineres (SSE) está em debate há pelo menos 20 anos. Trata-se de controvérsia já examinada pela ANTAQ, CADE, TCU e pelo Poder Judiciário. Eventos recentes, porém, sugerem que os embates perduram, de modo que é ainda atual a necessidade de pacificação;

(ii) de 2022 à data presente, cronologicamente: (a) a ANTAQ atualizou sua normativa, permitindo a cobrança pelo serviço; (b) o TCU, mediante o Acórdão nº 1.448/2022, determinou, cautelarmente, a suspensão dos dispositivos da Resolução ANTAQ nº 72/2022 que permitiam a cobrança do SSE; (c) em paralelo, a Auditoria Operacional, conduzida no âmbito do Processo TC nº 020.789/2023-8, produziu relatório que concluiu pela existência do serviço; (d) o STJ, decidindo em processo interpartes, sem trânsito em julgado, entendeu pela ilegalidade da cobrança do SSE, em razão da produção de efeitos anticoncorrenciais; e (e) o TCU, por meio do Acórdão nº 1.825/2024, não acolheu o pedido de reexame formulado pela ANTAQ em face do Acórdão nº 1.448/2022;

(iii) diante desse contexto, formulamos as seguintes perguntas, respondidas ao longo do capítulo: (a) o SSE é um serviço prestado de forma autônoma à movimentação de cargas compreendida na *Terminal Handling Charge* (THC)? (b) Os arrendatários de terminais portuários podem cobrar pelo SSE? Em quais bases? (c) Quem é o agente institucionalmente mais adequado para disciplinar o tema do SSE? (d) Pode o Tribunal de Contas da União, de maneira *ex ante*, genérica e abstrata, suspender norma da ANTAQ e proibir a cobrança pelo SSE?

(iv) Além disso, em decorrência da extensa discussão a respeito da juridicidade da cobrança pelo serviço, optamos, a bem da didática, por dividir a explicação sobre a evolução regulatória da THC e da cobrança do SSE em quatro fases, empregando as resoluções da ANTAQ como delimitadoras temporais;

(v) a Fase 1, anterior a 2012, cuida de um cenário de ausência de resolução normativa regulatória. Daí por que a THC era conceituada nos próprios contratos de arrendamento e, muitas vezes, em termos bastante abertos;

(vi) durante um cenário anterior à existência de regulamentação do tema, a ANTAQ e o CADE exararam entendimentos casuísticos e vacilantes em torno do tema do SSE. O TCU, até então, não havia adentrado à discussão. No âmbito da agência reguladora, foi possível encontrar decisões favoráveis e contrárias à legalidade da cobrança. No que diz respeito ao posicionamento da autoridade antitruste, porém, a única manifestação localizada entendeu pela ilicitude da cobrança do SSE;

(vii) passa-se, pois, à Fase 2, momento em que a ANTAQ editou a Resolução nº 2.389/2012. O ato normativo estabeleceu os primeiros parâmetros normativos regulatórios a serem observados na prestação dos serviços de movimentação e armazenagem de contêineres nos portos organizados;

(viii) para tanto, contou com definição regulatória da THC, que qualificava a taxa de movimentação no terminal como "o preço cobrado pelo serviço de movimentação de cargas entre o portão do terminal portuário e o costado da embarcação, incluída a guarda transitória das cargas até o momento do embarque, no caso da exportação, ou entre o costado da embarcação e sua colocação na pilha do terminal portuário, no caso da importação, considerando-se, neste último caso, a inexistência de cláusula contratual que determine a entrega no portão do terminal";

(ix) a resolução, porém, não dispunha sobre as condições de prestação de serviços e remuneração não contemplados pela *box rate*, que poderiam ser livremente negociadas pelas partes, observados os tetos fixados pela autoridade portuária. É nesse quadrante que se insere o SSE, enquanto serviço não contemplado na *box rate*, tendo lugar no fluxo de importação (à época, o SSE era chamado pela regulação de THC2);

(x) nesse contexto, o CADE manifestou-se pela ilegalidade da cobrança do SSE. O posicionamento foi amparado (a) no poder de mercado dos terminais portuários e na sua capacidade de impor custos a rival; e (b) na possibilidade de cobranças injustificadas ou duplicadas por parte dos terminais portuários. Chama atenção, contudo, o fato de o então conselheiro João Paulo Resende entender que a conduta não poderia ser um ilícito *per se*, demandando uma análise mais apurada das condutas *in concreto*;

(xi) o TCU, no Acórdão nº 1.704/2018, reconheceu a legalidade da cobrança, ao tempo em que indicou a necessidade de revisão da resolução para adequá-la ao novo marco legal do setor portuário;

(xii) a Fase 3 foi inaugurada pela Resolução Normativa ANTAQ nº 34/2019, que apresentou importante inovação conceitual para a cobrança por serviços de movimentação e armazenagem. Isso porque a THC2 foi renomeada como Serviço de Segregação e Entrega SSE, explicitamente excluído da *box rate* e diferenciado da THC;

(xiii) durante esse período, além de decisões no âmbito administrativo, a ANTAQ e o CADE, com a interveniência do MInfra, celebraram o Memorando de Entendimentos nº 01/2021. Por meio do documento, as autarquias se comprometeram a envidar esforços de cooperação e a atuar de maneira integrada para estabelecer os procedimentos para a análise de indícios de abusividade e infrações à ordem econômica na cobrança do SSE;

(xiv) a Fase 4, atual, é iniciada pela Resolução ANTAQ nº 72/2022. No entanto, seu emprego serve exclusivamente à função de marco temporal, uma vez que o ato normativo apenas reedita a resolução anterior;

(xv) de todo modo, a etapa atual é marcada pelo reavivamento das discussões sobre a legalidade da cobrança do SSE e pela manifestação de expressões, por vezes, antagônicas dentro da mesma instituição. Foi nesse contexto que, em 2022, o DEE do CADE realizou um estudo temático sobre a cobrança do SSE e entendeu não haver motivos para considerá-la como ilícita, independentemente de seu nível;

(xvi) o estudo apresentou uma visão distinta daquela observada nas fases anteriormente abordadas. Rompeu-se com os julgados que, casuisticamente, assumiam a ilicitude da cobrança pelo SSE para afirmar haver justificativa lícita de sua cobrança;

(xvii) no período compreendido nesta Fase 4, o TCU prolatou dois impactantes acórdãos sobre a cobrança do SSE e sua disciplina regulatória. Não só. Produziu também relevante estudo no plano de auditoria operacional sobre a prestação do serviço portuário;

(xviii) nos acórdãos, o Tribunal de Contas entendeu que a cobrança do SSE não é legítima na medida em que obstaculiza a competitividade do serviço de armazenagem da operação portuária de importação e acarreta infração à ordem econômica. Mais: determinou-se a anulação de todos os dispositivos da Resolução nº 72/2022 concernentes à possibilidade de cobrança do serviço de segregação e entrega de contêiner;

(xix) o Relatório de Auditoria, contudo, concluiu pela existência de um serviço de segregação e entrega de cargas e, por consequência, pela legitimidade de sua remuneração;

(xx) examinada a evolução da cobrança pelo SSE à luz da regulação, da defesa da concorrência e do controle de contas, torna-se possível adentrar ao mérito do tema. Para tanto, analisamos a dinâmica de importação e exportação, a cobrança pelo SSE e a concorrência entre terminais portuários e recintos alfandegados;

(xxi) a boa compreensão dos fluxos de importação e exportação de cargas conteinerizadas, à luz da dinâmica aduaneira, constitui relevante premissa para a interpretação da existência autônoma do serviço de segregação, da cobrança por esse serviço e de como se dá a concorrência entre terminais portuários e portos secos nesse contexto;

(xxii) os terminais portuários de contêineres, na qualidade de operadores portuários, são responsáveis pela movimentação e armazenagem de cargas direcionadas (exportação) ou provenientes (importação) do comércio exterior. Para o desempenho adequado de tais atividades, as áreas dos terminais especializados em contêineres costumam ser divididas em três setores operacionais, quais sejam: (i) cais; (ii) pátio de armazenagem; e (iii) portões de entrada e saída do terminal para recebimento ou entrega das cargas para o transporte ferroviário ou rodoviário;

(xxiii) em perspectiva histórica, o serviço de armazenagem foi marcado pela falta de investimentos na expansão dos pátios dos terminais portuários. É que, até os idos da década de 1990, tais terminais eram operados pelas Companhias Docas, empresas estatais responsáveis por exercer as funções de autoridade portuária e operador portuário. A concentração de atribuições, em um único agente, aliada às restrições orçamentárias e à gestão ineficiente, gerou um cenário de sobrecarga e insuficiência nos pátios de armazenagem;

(xxiv) para aliviar a pressão do serviço de armazenamento, começaram a ser estabelecidos, durante a década de 1980, os chamados recintos alfandegados secundários. Tais recintos alfandegados secundários, explorados pela iniciativa privada, realizavam o trabalho de buscar os contêineres de importação diretamente no cais e os transportavam aos recintos alfandegados;

(xxv) a partir da publicação da Lei nº 8.630/1993, a operação portuária passou a ser delegada à iniciativa privada, retirando-se o monopólio das Companhias Docas. O trespasse da operação foi acompanhado pelo aporte de investimentos privados nos terminais, inclusive na expansão dos pátios de armazenagem, o que reduziu o tempo e os custos para atracação dos navios. Nesse contexto, as relações comerciais estabelecidas entre os terminais primários e os recintos alfandegados da zona secundária passaram a ser rearranjadas, conforme o influxo de serviços que começaram a ser prestados pelos terminais primários, chamados de "portos molhados", aos recintos alfandegados, chamados de "portos secos";

(xxvi) a receita decorrente da movimentação vertical e horizontal das cargas é obtida, parcialmente, junto aos armadores, por intermédio da cobrança da cesta de serviços denominada *box rate*, a qual é associada à movimentação da carga de acordo com o fluxo de exportação ou importação. No caso da exportação, a *box rate* abrange a movimentação desde o portão do terminal até o porão da embarcação. No caso da importação, a *box rate* compreende a movimentação da carga do porão da embarcação até a pilha de armazenagem;

(xxvii) é a dinâmica aduaneira que impõe regimes específicos na importação, para a retirada prioritária de cargas pátio em trânsito aduaneiro, de portos "molhados" para portos "secos". Em tais regimes (DTC, DTe e DTA-Pátio), o contêiner deve ser movimentado no prazo de 48 horas, ao passo que, se a carga permanecesse no terminal primário, a movimentação ocorreria no prazo médio de 9,7 dias;

(xxviii) a movimentação prioritária exige a prestação de serviços diferenciados, específicos e divisíveis, demandados peculiarmente das cargas a eles submetidas, em geral, associados ao tratamento mais célere das informações sobre a carga e à utilização mais intensiva de equipamentos e mão de obra; portanto, os serviços adicionais prestados à carga importada impõem a assimetria na cobrança da THC, nos fluxos de exportação e importação,

(xxix) de modo que a eventual movimentação da carga, após a pilha de armazenagem, seja remunerada pelo SSE; tornando ao conceito do SSE, tem-se que o serviço de segregação e entrega de contêineres engloba o conjunto de serviços portuários, no fluxo da importação, prestados pelos terminais portuários primários (ou "molhados"), que realizam o desembarque dos contêineres, para entrega da carga aos recintos alfandegados secundários (ou "secos"), sem nacionalização da carga, em regime de trânsito aduaneiro;

(xxx) a incidência do SSE tem como premissa a prestação de um serviço diferenciado, específico e divisível, decorrente da agilidade exigida na segregação e entrega das cargas, no prazo de 48 horas;

(xxxi) a assimetria na cobrança da THC, nos fluxos de exportação e importação, se legitima diante da existência desses serviços adicionais prestados às cargas submetidas ao regime de movimentação prioritária, no caso da importação. Em termos práticos, se a THC importação fosse idêntica à THC exportação, suprimindo-se o SSE, ter-se-ia um cenário no qual os importadores que não demandam nenhum trânsito aduaneiro pagariam pelo custo da movimentação prioritária de outros importadores, em clássico "subsídio cruzado";

(xxxii) do ponto de vista concorrencial, verifica-se que o serviço de armazenagem de contêineres é objeto de concorrência entre os terminais portuários primários e os recintos alfandegados secundários (retroportuários ou fora da zona portuária). Significa dizer que o importador pode decidir armazenar a carga no porto molhado, hipótese na qual o seu desembaraço estará condicionado às condições contratadas com o terminal primário, ou optar pelo armazenamento no recinto alfandegado secundário;

(xxxiii) os operadores portuários realizam vultosos investimentos nos terminais de contêineres na expectativa de receber justo retorno pelo investimento despendido, considerando, inclusive, as receitas decorrentes da armazenagem de cargas. Ao obrigar que tais terminais prestem serviços do tipo *premium* (entrega em 48 horas) aos recintos alfandegados, sem nenhuma contrapartida, é possível que se incentive a construção de mais recintos alfandegados secundários (com menores níveis de investimento) e se desincentive, no plano dinâmico, a construção de novos terminais portuários (com maiores níveis de investimento);

(xxxiv) em razão da presença de justificativas econômicas para a cobrança do SSE, a avaliação sobre a licitude do valor cobrado, pelo terminal portuário, não deve se dar de acordo com a regra *per se*;

(xxxv) ao contrário, como bem constatado pela equipe técnica do DEE/CADE, a análise do SSE deve ocorrer pela regra da razão integral, casuística, por meio da avaliação dos efeitos da conduta em termos de preço;

(xxxvi) a aplicação da ilicitude *per se*, pela jurisprudência do CADE e por outros agentes decisórios que seguem na mesma esteira argumentativa, baseando-se em um suposto e probabilístico poder de barganha ilimitado, produz efeitos competitivos deletérios, contrários à suposta concorrência que se busca tutelar;

(xxxvii) em síntese, a perspectiva concorrencial revela a licitude de remunerar o serviço de segregação e entrega, por se tratar de serviço heterogêneo e mais custoso. Os regimes aduaneiros assimétricos existentes fazem com que exista, também, uma concorrência assimétrica, que não necessariamente é desleal. Os recintos alfandegados secundários têm o direito de receber a carga em tempo prioritário e, portanto, absorvem o custo decorrente;

(xxxviii) bem visto o aspecto operacional, a eventual supressão da cobrança pelo SSE é que poderia causar assimetria concorrencial, na medida em que: (a) os recintos alfandegados secundários continuariam gozando do benefício de recebimento prioritário da carga; mas (b) não pagariam pelo "serviço *premium*", recebendo vantagens competitivas em detrimento dos terminais portuários;

(xxxix) a regra geral do setor portuário, de liberdade de preços e de negociação entre empresas sobre os valores e tipos das tarifas portuárias a serem cobradas, também se aplica ao cenário específico do SSE;

(xl) a liberdade tarifária, contudo, não é irrestrita. Em linha com as disposições normativas, a liberdade de negociação de preços está condicionada à não adoção de práticas prejudiciais à competição e à não ocorrência de situações de abuso de poder econômico;

(xli) a fim de conferir concretude a esse princípio-guia, em junho de 2021, a ANTAQ e o CADE, com a interveniência do Ministério da Infraestrutura, celebraram o Memorando de Entendimentos nº 01/2021, relativo aos procedimentos de cooperação na análise de cobranças sobre o SSE em cargas sob regime de trânsito aduaneiro;

(xlii) a metodologia de definição de preços admitidos tem de ser aplicada com a preservação das condições de liberdade de preços e competição no mercado. Esse contexto reforça a excepcionalidade do controle de preços;

(xliii) nesse sentido, seja em razão das diretrizes gerais do setor portuário, seja em razão da regulação específica do SSE, a remuneração do serviço se dá em um ambiente de livre negociação de preços, cuja limitação apenas é possível quando o abuso do poder econômico é verificado em concreto;

(xliv) portanto, o tabelamento de preços ou o estabelecimento de preço-teto a todos os terminais importaria em desnaturação da liberdade tarifária, em violação ao marco regulatório e às disposições normativas da ANTAQ. Isso porque, com essa padronização generalizada e apriorística, a esfera de liberdade negocial dos agentes restaria nulificada;

(xlv) a partir do reconhecimento da prestação do serviço de segregação e entrega de contêineres, pode-se concluir que: (a) a liberdade de preços encontra respaldo constitucional, legal e regulatório, orientando a cobrança pela prestação do SSE e afastando qualquer tentativa de controle de preços não balizada por abuso de poder econômico ou condições de concorrência desiguais efetivamente comprovadas; e (b) evidenciada a existência efetiva do SSE, pelo próprio TCU, impedir a sua cobrança redunda em enriquecimento sem causa dos destinatários do serviço;

(xlvi) o entendimento atual do TCU ocasionou a suspensão da Resolução ANTAQ nº 72/2022, naquilo pertinente à cobrança pelo SSE. Desse modo, a Corte de Contas atraiu dois debates fundamentais ao tema: o primeiro deles diz respeito ao enquadramento desse entendimento como uma presunção *ex ante* de infração à ordem econômica baseada em conduta; o segundo toca com o dever de deferência do TCU à regulação da ANTAQ e as hipóteses de incursão em abuso do poder regulatório e expropriação regulatória pelo próprio TCU;

(xlvii) na contramão das evidências, dos fatos, dos argumentos e dos desenvolvimentos mais recentes promovidos pelo regulador e pela autoridade antitruste, o tema ganha ares de incerteza pelas mãos do controlador;

(xlviii) a barganha ilimitada e a exclusão dos recintos alfandegados pelos terminais portuários, em virtude da cobrança pelo SSE, tornam-se um axioma que não precisaria ser demonstrado, bastando ser argumentado. E, a pretexto de combater a concorrência desleal e abusiva, o que se faz é, via decisão do controlador externo, restringir a concorrência ao torná-la artificial, impondo indevidamente aos terminais portuários a prestação graciosa de serviços (SSE) para seus concorrentes, que sem causa enriquecem;

(xlix) ao impor gratuidade onde existe serviço, negando os fatos que sua própria auditoria confirma com evidências, a decisão do TCU desvirtua, ela própria, a concorrência. É típica falha de governo. O controle, ao se imiscuir no plano regulatório, equipara-se ao agente regulador, e sua ação, ao exercício da função regulatória. Desse modo, tal qual o regulador, o controlador-regulador pode produzir falhas também;

(l) bem vistas as coisas, o exercício do controle acerca do SSE se deu: (a) exortando o regulador a revisitar o tema para, a partir disso, aprimorá-lo (Acórdão nº 1.704/2018); e, rompendo com essa diretiva, (b) anulando a opção regulatória escolhida, com fundamento na ilegitimidade da cobrança do SSE (Acórdão nº 1.448/2022) ou na necessidade de haver distinção clara entre o que está incluso (li) na THC e no SSE para cada tipo de trânsito aduaneiro (Acórdão nº 1.825/2024);

(li) a investida do TCU implica, por via reflexa, em uma decisão de caráter regulatório exarada por um controlador externo. Isso porque, ao invés de devolver o tema para a arena regulatória, o tribunal optou por tomar a decisão pela ANTAQ, coibindo a cobrança do SSE. Tal forma de atuação justifica uma análise acerca dos limites institucionais aplicáveis às decisões de controle sobre atos regulatórios;

(lii) o controle de segunda ordem exercido no âmbito do Acórdão nº 1.825/2024 se afastou dos parâmetros estipulados pela jurisprudência do Tribunal de Contas. Isso porque o voto condutor do acórdão não vislumbrou nenhum vício congênito na norma que permitia a cobrança do SSE, na linha do predecessor Acórdão nº 1.448/2022 – o que, ao menos em tese, justificaria a sua anulação. O problema apontado pelo tribunal residiria na suposta ausência de identificação dos componentes da THC e do SSE, bem como na atuação fiscalizatória deficiente da ANTAQ. Nesse caso, a medida a ser adotada, ao invés da anulação, corresponderia à recomendação de adequações na resolução e à determinação de aprimoramentos na fiscalização da agência;

(liii) ao se afastar dos limites do controle externo de atos regulatórios, o que o Tribunal de Contas fez, ao cabo, foi substituir a decisão da ANTAQ por outra, de conteúdo materialmente regulatório;

(liv) essa substituição do *locus* decisório sobre o tema tem o potencial de produzir diversas externalidades negativas, dentre as quais se destacam: (a) desequilíbrio da estrutura regulatória da ANTAQ; (b) expropriação da propriedade privada dos arrendamentos portuários; e (c) abuso de poder regulatório;

(lv) não por outra razão, o atual entendimento do TCU demanda ser revisitado, dando lugar a uma análise mais bem informada pelas evidências colhidas em relatório do próprio TCU e no estudo do DEE a fim de culminar em contribuição que guarde coerência interna, observe as capacidades institucionais e proveja um avanço incremental do trato regulatório do SSE, colaborando para a estabilização do tema.

REFERÊNCIAS

ÁLVAREZ-SANJAIME, Oscar; CANTOS-SÁNCHEZ, Pedro; MONER-COLONQUES, Rafael; SEMPERE-MONERRIS, José J. Vertical integration and exclusivities in maritime freight transport. *Transport Research Part E 51* (2013).

ANTAQ – AGÊNCIA NACIONAL DE TRANSPORTES AQUAVIÁRIOS. *Relatório Final*: Estudo comparativo dos valores de THC (Terminal Handling Charge/Taxa de Movimentação no Terminal) nos terminais de contêineres no Brasil e no mundo, 2019.

ARAGÃO, Alexandre Santos de. Análise de impacto regulatório – AIR. *Revista de Direito Público da Economia – RDPE*, Belo Horizonte, ano 8, n. 32, p. 13, out./dez. 2010.

ARAGÃO, Alexandre Santos de. Controle jurisdicional de políticas públicas. *A&C – Revista de Direito Administrativo & Constitucional*, Belo Horizonte, ano 10, nº 42, out./dez. 2010.

ARAGÃO, Alexandre Santos de. *Direito dos Serviços Públicos*. 3. ed. Rio de Janeiro: Forense, 2013. p. 448-449.

ARAGÃO, Alexandre Santos de. Serviços públicos e concorrência. *Revista de Direito Público da Economia – RDPE*, Belo Horizonte, ano 1, n. 2, p. 59-123, abr./jun. 2003.

ARIÑO ORTIZ, Gaspar. Sucessos e Fracassos da Regulação. *Revista Eletrônica de Direito Administrativo Econômico*, Salvador, Instituto de Direito Público da Bahia, n. 3, ago./set./out. 2005. Disponível em: http://www.direitodoestado.com.br. Acesso em: 16 ago. 2024.

ARIÑO ORTIZ, Gaspar; GARCÍA-MORATO, Lucía López de Castro. *Derecho de la competencia en sectores regulados*. Granada: Comares, 2001.

ARNS, Vanessa de Mello Brito. Análise Econômica do Direito e a Lei de Liberdade Econômica (13.874/2019). *Revista Jurídica da Escola Superior de Advocacia da OAB-PR*, ano 5, nº 1, 2020.

ÁVILA, Humberto Bergman. A distinção entre princípios e regras e a redefinição do dever de proporcionalidade. *Revista de Direito Administrativo – RDA*, n. 215, p. 153-179, 1999.

BAGATIN, Andreia Cristina. *Captura das agências reguladoras independentes*. São Paulo: Saraiva, 2013.

BALDWIN, R.; CAVE, M.; LODGE, M. *Understanding Regulation*: Theory, Strategy, and Practice. New York: Oxford University Press, 2013.

BANDEIRA DE MELLO, Celso Antônio e. *Curso de direito administrativo*. 13. ed. São Paulo: Malheiros.

BANDEIRA DE MELLO, Celso Antônio. *Conteúdo jurídico do princípio da igualdade*. 3. ed. São Paulo: Malheiros, 1993.

BARROS, Suzana de Toledo. *O princípio da proporcionalidade e o controle de constitucionalidade das leis restritivas de direitos*. Brasília: Brasília Jurídica, 1996.

BARROSO, Luís Roberto. A ordem econômica constitucional e os limites à atuação estatal no controle de preços. *In*: BARROSO, Luís Roberto (org.). *Temas de direito constitucional*. Rio de Janeiro: Renovar, 2003.

BARROSO, Luís Roberto. *Interpretação e aplicação da Constituição*: fundamentos de uma dogmática constitucional transformadora. São Paulo: Saraiva, 2014.

BATTESINI, Eugenio. Direito e Economia da Concorrência: Concentração Vertical na União Europeia. *Publicações da Escola da AGU – Debates em Direito da Concorrência*, n. 07, 2011.

BECK, Leland E. Judicial Review & EO 12866 Regulatory Impact Analysis, on August 29th, 2012. Posted in *Executive - OMB Review, Judicial Review & Remedies, Regulatory Flexibility & Small Business, Regulatory Process*.

BINENBOJM, Gustavo. Aspectos institucionais da transformação: desestatização e desterritorialização do poder de polícia. *In*: BINENBOJM, Gustavo. *Poder de Polícia Ordenação Regulação*: Transformações Político-jurídicas, Econômicas e Institucionais do Direito Administrativo Ordenador. Belo Horizonte: Fórum, 2020.

BINENBOJM, Gustavo. *Regulações expropriatórias*. Disponível em: https://www.editorajc.com.br/regulacoes-expropriatorias/. Acesso em: 13 set. 2024.

BINENBOJM, Gustavo; CYRINO, André; VORONOFF, Alice; KOATZ, Rafael L. F. *Direito da regulação econômica*: teoria e prática. Belo Horizonte: Fórum, 2020.

BISHOP, Simon e outros. *The efficiency-enhancing effects of non-horizontal mergers*.

BOLONHA, Carlos; EISENBERG, José; RANGEL, Henrique. Problemas Institucionais no Constitucionalismo Contemporâneo. Direitos Fundamentais e Justiça. *Revista do Programa de Pós-Graduação Mestrado e Doutorado em Direito da PUC-RS*, ano 5, n. 17, out./dez. 2011.

BONFIM, Anderson Medeiros. Concorrência entre os terminais portuários de uso público e de uso privado. *Revista Trimestral de Direito Público*, São Paulo, a. 9, n. 59, out./dez. 2014.

BRASIL. Tribunal de Contas da União. *Licitações e contratos*: orientações e jurisprudência do TCU. Brasília: TCU, Secretaria-Geral da Presidência: Senado Federal, Secretaria Especial de Editoração e Publicações, 2010.

BRATTON, William; MCCAHERY, Joseph. The New Economics of Jurisdictional Competition: Devolutionary Federalism in a Second-Best World. *Penn Car enn Carey Law: Legal Scholarship Repository Law: Legal Scholarship Repository*, [s. l.], 1997.

BRESSER-PEREIRA, Luiz Carlos. O Estado na economia brasileira. *Ensaio de Opinião*, São Paulo, v. 4 n. 2-2, p. 16-23, 1977.

BUCHANAN, James M. Politics without romance: a sketch of positive public choice theory and its normative implications. *In*: BUCHANAN, James M.; TOLLINSON, Robert D. (orgs.). *The theory of public choice*. v. II. Ann Arbor: The University of Michigan Press, 1984.

BUCHANAN, James. *Toward a theory of the rent-seeking society*. Texas: University Press, 1985.

CABRAL JUNIOR, Renato Toledo; SILVA, João Vitor. O abuso do poder regulatório na lei de liberdade econômica. *Jota.info*, Seção: Análise, 30 out. 2019. Disponível em: https://www.jota.info/opiniao-e-analise/artigos/o-abuso-do-poder-regulatorio-na-lei-de-liberdade-economica-30102019. Acesso em: 11 jul. 2024.

CADE – CONSELHO ADMINISTRATIVO DE DEFESA ECONÔMICA. *Cartilha do CADE*, 2016. p. 9.

CADE – CONSELHO ADMINISTRATIVO DE DEFESA ECONÔMICA. *Mercado de serviços portuários*. Edição atualizada – 2024. Departamento de Estudos Econômicos. Disponível em: https://cdn.cade.gov.br/Portal/centrais-de-conteudo/publicacoes/estudos-economicos/cadernos-do-cade/Cadernos%20do%20Cade%20-%20Portos%20-%20DEE-2024.pdf. Acesso em: 21 out. 2024

CADE. Departamento de Estudos Econômicos. *Nota Técnica nº 35/2021/DEE/CADE*. Disponível em: http://web.antaq.gov.br/Sistemas/WebServiceLeilao/DocumentoUpload/Audiencia%20105/_30_ANEXO%202%20-Tratativas_MInfra-CADE.pdf. Acesso em: 03 maio 2024.

CADE. Superintendência Geral. *Nota Técnica nº 10/2022/CGAA3/SGA1/SG/CADE*. Disponível em: https://sei.CADE.gov.br/sei/modulos/pesquisa/md_pesq_documento_consulta_externa.php?HJ7F4wnIPj2Y8B7Bj80h1lskjh7ohC8yMfhLoDBLddbtiSE lrg_jFEUpyESh7N5J5pT50JG7e5nwlomxBrdByAhiBz622W1mlNZfKbx0XYdcC6hI0LHR_Pzq7ClMtuKM. Acesso em: 3 maio 2024.

CADE. Superintendência Geral. *Nota Técnica nº 33/2023/CGAA11/SGA1/SG/CADE*. Disponível em: https://sei.CADE.gov.br/sei/modulos/pesquisa/md_pesq_documento_consulta_externa.php?HJ7F4wnIPj2Y8B7Bj80h1lskjh7ohC8yMfhLoDBLddY_X9cUsOiZo-Yts3uZC_BQ0G32xOmbb4JI-YXQ1fHyor_kWJ6kWm6VhlFtk9QIzigvujo4VOIKycL8XASUJFs-. Acesso em: 3 maio 2024.

CADE. Superintendência Geral. Nota Técnica nº 5/2023/CGAA3/SGA1/SG/CADE. Disponível em: https://sei.CADE.gov.br/sei/modulos/pesquisa/md_pesq_documento_consulta_externa.php?HJ7F4wnIPj2Y8B7Bj80h1lskjh7ohC8yMfhLoDBLddau tRF-pPj-nLLXuLxSYm93ElcgXkKgUQhtKxIojNXPK_dDoX7xiNfVwrMGUE6WC7_-opXLq8sn7mQVffdfH3BK. Acesso em: 03 mai. 2024.

CADE. Superintendência Geral. *Parecer nº 15/2020/CGAA3/SGA1/SG/CADE*. Processo nº 08700.002724/2020-64. SEI nº 0814173, 07 out. 2020.

CAETANO, Marcello. *Princípios fundamentais do direito administrativo*. Coimbra: Almedina, 1995.

CAGGIANO, H. C. Alocação de riscos em concessões rodoviárias federais no Brasil: análise do caso da BR 153/TO/GO. *Revista de Direito Público da Economia*, v. 15, p. 25-50, 2017.

CANOTILHO, José Gomes. *Direito constitucional*. 5. ed. Coimbra: Almedina.

CARVALHO, Vinícius Marques de; MAIA, Gabriel Dantas. Concorrência no setor portuário: a concessão do Porto de Santos. *Jota.info*, Fronteiras de concorrência e regulação, 27 mar. 2022. Disponível em: https://www.jota.info/opiniao-e-analise/colunas/fronteiras-concorrencia-regulacao/concorrencia-setor-portuario-concessao-porto-de-santos-27032022?non-beta=1. Acesso em: 25 abr. 2024.

CARVALHO FILHO, José Santos. *Manual de Direito Administrativo*. 10ª ed. Rio de Janeiro: Lumen Juris.

CASSAGNE, Juan Carlos. *Derecho administrativo II*. 6. ed. Buenos Aires: Abeledo-Perrot, 1998.

CASTRO, Rodrigo Pironti Aguirre de; MENEGAT, Fernando. Matriz de risco nas contratações estatais e o rompimento da "teoria das áleas" no direito administrativo. *In*: REIS, Luciano Elias; CHIESORIN JUNIOR, Laerzio (orgs.). *Lei das empresas estatais*: responsabilidade empresarial e o impacto para o desenvolvimento econômico nacional. Curitiba: OAB, 2017.

COASE, Ronald H. The problem of social cost. *The Journal of Law & Economics*, v. III, p. 1-44, 1960.

CORREIA, Jorge Alves; LEITÃO, Ana Carolina da Costa. A regulação pública como limite à autonomia da vontade no direito contratual. *Revista Brasileira de Direito Público – RBDP*, Belo Horizonte, ano 14, n. 52, p. 75-95, jan./mar. 2016.

COUTINHO, Diogo R.; ROCHA, Jean-Paul Veiga da. Regulação e controle de preços do setor privado no direito brasileiro: hipóteses de possibilidade – parâmetros jurídicos – a irretroatividade das normas no campo regulatório – formas e limites de atuação do Poder Judiciário. *Revista de Direito Administrativo*, Rio de Janeiro, v. 272, p. 253-281, 2016.

COUTO, Almiro do. Responsabilidade do estado e problemas jurídicos resultantes do planejamento. *Revista da Procuradoria-Geral do Estado de Porto Alegre*, Porto Alegre, n. 57, p. 123-132, 2003.

COX JUNIOR, L. A. What's wrong with risk matrices? *Risk Analysis*, Herndon, v. 28, n. 2, p. 497-512, 2008.

CUÉLLAR, Leila. Abuso de Posição Dominante no Direito de Concorrência Brasileiro. *In*: *Estudos de Direito Econômico*. Belo Horizonte: Fórum, 2004.

CYRINO, André Rodrigues. Regulações expropriatórias: apontamentos para uma teoria. *Revista de Direito Administrativo*, v. 267, p. 199-235, 2014.

DECKER, C. *Modern Economic Regulation*: An Introduction to Theory and Practice. Cambridge: Cambridge University Press, 2015.

DEMSETZ, H. Why regulate utilities? *Journal of Law and Economics*, Chicago, v. 11, nº 1, p. 55-65, 1968.

DI PIETRO, Maria Sylvia. *Direito Administrativo*. 30ª ed. rev., at. e ampl., Rio de Janeiro: Forense, 2017.

DJANKOV, Simeon et al. The regulation of entry. *The Quarterly Journal of Economics*, v. 117, nº 1, 2002.

DOMINGUES, Juliana Oliveira; SILVA, Pedro Aurélio de Queiroz P. da. Lei da liberdade econômica e a defesa da concorrência. *In*: SALOMÃO, Luis Felipe; CUEVA, Ricardo Villas Bôas; FRAZÃO, Ana (coord.). *Lei de liberdade econômica e seus impactos no direito brasileiro*. São Paulo: Thomson Reuters Brasil, 2020.

DUGUIT, Léon. *Traité de Droit Constitutionnel*. t. II. 3ª ed. 5. V. Paris: Ancienne Librairie, 1927.

ENGEL, E.; FISCHER, R. D.; GALETOVIC, A. When and how to use public-private partnerships in infrastructure: lessons from the International experience. *National Bureau of Economic Research: Working Paper* 26766, fev. 2020. Disponível em: nber.org/papers/w26766. Acesso em: 11 jul. 2024.

EU – EUROPEAN COMMISSION. *Cases & Judgments (Transport & Tourism)*. Disponível em: https://competition-policy.ec.europa.eu/sectors/transport-tourism/casesen#maritime. Acesso em: 6 jun. 2024.

FERNANDES, Victor Oliveira. Os desafios do antitruste no setor portuário brasileiro: as inovações da Lei nº 12.815/2013 e seus reflexos concorrenciais. *Revista de Direito Setorial e Regulatório*, Brasília, v. 2, nº 1, p. 161-2010, 2016.

FERRAZ JÚNIOR, Tércio Sampaio. Lei geral de telecomunicações e a regulação dos mercados. *Revista de Direito da Associação dos Procuradores do Novo Estado do Rio de Janeiro*, v. XI, Rio de Janeiro, 2002.

FONSECA, Eduardo G. Comportamento individual: alternativas ao homem econômico. *Revista Novos Estudos*, São Paulo: CEBRAP, 1989.

FRANK-JUNGBECKER, A.; ALFEN, H. W. *Analysing Traffic Demand Risk in Road Concessions*. Disponível em: https://www.irbnet.de/daten/iconda/CIB_DC24078.pdf. Acesso em: 2 abr. 2024.

FREITAS, Rafael Véras de. A Análise de Impacto Regulatório (AIR) no setor de energia elétrica. *Revista Brasileira de Direito Público – RBDP*, Belo Horizonte, ano 12, n. 46, p. 177-200, jul./set. 2014.

FREITAS, Rafael Véras de. A Nova Reforma Regulatória no Setor Portuário. *In*: FREITAS, Rafael Véras de. *Coluna Direito da Infraestrutura 2020-2021*. E-book: Fórum Conhecimento Jurídico, 2021.

FREITAS, Rafael Véras de. *Expropriações Regulatórias*. Belo Horizonte: Editora Fórum, 2016.

FREITAS, Rafael Véras de. O Programa de Parcerias de Investimentos (PPI) e o seu regime jurídico. *Revista de Contratos Públicos – RCP*, Belo Horizonte, ano 6, n. 11, p. 137-174, mar./ago. 2017.

GALVÃO JUNIOR, Alceu de Castro; PAGANINI, Wanderley da Silva. Aspectos conceituais da regulação dos serviços de água e esgoto no Brasil. *Engenharia Sanitária e Ambiental*, Rio de Janeiro, v. 14, n. 1, p. 79-88, 2009.

GAMA, Mariana Casati Nogueira da. *O regime jurídico do contrato de transporte marítimo de mercadorias*. Dissertação de Mestrado em Direito, Pontifícia Universidade Católica de São Paulo – PUC-SP, São Paulo, 2005.

GARCIA, Flávio Amaral; FREITAS, Rafael Véras de. Portos brasileiros e a nova assimetria regulatória – Os títulos habilitantes para a exploração da infraestrutura portuária. *Revista de Direito Público da Economia*, Belo Horizonte, a. 19, n. 47, p. 85-124, jul./set. 2014.

GIOVANETTI, G. N. Is ocean freight becoming a commodity? *Journal of Commerce*. Disponível em: https://www.joc.com/article/is-ocean-freight-becoming-a-commodity-5675093. Acesso em: 15 maio 2024.

GONÇALVES, Pedro António P. Costa. Regulação administrativa e contrato. *Revista de Direito Público da Economia – RDPE*, Belo Horizonte, ano 9, n. 35.

GONÇALVES, Pedro. *A concessão de serviços públicos*. Coimbra: Almedina, 1999.

GRAU, Eros Roberto Grau; FORGIONI, Paula. *O estado, a empresa e o contrato*. São Paulo: Malheiros, 2005. p. 116.

GRAU, Eros Roberto. *A Ordem Econômica na Constituição de 1988*. 5ª edição. São Paulo: Malheiros, 2000.

GUASCH, J. L. *Granting and Renegotiating Infrastructure Concessions*: Doing It Right. The World Bank: Washington, 2004.

GUERRA, Sérgio. *Discricionariedade, regulação e reflexividade*. 6. ed. Belo Horizonte: Fórum, 2021.

GUIMARÃES, Fernando Vernalha. *Alocação de riscos na PPP*. Parcerias público-privadas: reflexões sobre os 10 anos da Lei 11.079/2004.

HARRIS, Donald; VELJANOVSKI, Cento. The use of economics to elucidate legal concepts: The Law of Contract. *In*: DAINTITH, Terence; TEUBNER, Gunter. *Contract and organization – legal analysis in the light of economic and social theory*. Berlin: Walter de Gruyter & Co., 1986.

HOOD, Christopher C.; MARGETTS, Helen Z. *The Tools of Government in the Digital Age*. New York: Palgrave MacMillan, 2007.

ICN Vertical Mergers Survey Report SUMMARY. [s.l: s.n.]. Disponível em: https://www.internationalcompetitionnetwork.org/wp-content/uploads/2018/10/MWG_SurveyreportVerticalMergers2018.pdf. Acesso em: 26 maio 2024.

JÈZE, Gaston. *Princípios Generales del Derecho Administrativo*. tomo II. 6 volume. Tradução: Julio N. San Millan Almargo. Buenos Aires: Depalma, 1948.

JORDÃO, Eduardo. *Controle judicial de uma Administração Pública complexa*: a experiência estrangeira na adaptação da intensidade do controle. São Paulo: Malheiros, 2016.

JORDÃO, Eduardo; CABRAL JUNIOR, Renato Toledo. A teoria da deferência e a prática judicial: um estudo empírico sobre o controle do TJRJ à Agenersa. *Revista Estudos Institucionais*, v. 4, nº 2, 2018.

JUSTEN FILHO, Marçal. *O direito das agências reguladoras independentes*. São Paulo: Dialética, 2002.

JUSTEN FILHO, Marçal. O regime jurídico dos operadores de terminais portuários no direito brasileiro. *Revista de Direito Público da Economia – RDPE*, 2006.

JUSTEN FILHO, Marçal. O regime jurídico das atividades portuárias e seus reflexos sobre a delimitação do porto organizado. *In*: PEREIRA, Cesar; SCHWIND, Rafael Wallbach (Coord.). *Direito Portuário Brasileiro*. Belo Horizonte: Fórum, 2019.

JUSTEN FILHO, Marçal. *Teoria geral das concessões de serviço público*. São Paulo: Dialética, 2003.

JUSTEN FILHO, Marçal. Terminais de contêineres e competição: a irrelevância da integração vertical. *Jota.info*, Infraestrutura, 28 abr. 2023. Disponível em: https://www.jota.info/opiniao-e-analise/artigos/terminais-de-conteineres-e-competicao-a-irrelevancia-da-integracao-vertical-28042023?non-beta=1. Acesso em: 26 maio 2024.

JUSTEN, Monica Spezia. O serviço público na perspectiva do direito comunitário europeu. *Revista de Direito Público da Economia – RDPE*, Belo Horizonte, ano 1, nº 1, jan./mar. 2003.

KATAOKA, Eduardo Takemi. *A coligação contratual*. Rio de Janeiro: Lumen Juris, 2008.

KLEIN, Aline; MARQUES NETO, Floriano de Azevedo. *In*: DI PIETRO, Maria Sylvia Zanella (coord.). *Tratado de direito administrativo*. V. 4. São Paulo: Revista dos Tribunais, 2014.

KLEIN, Benjamin; CRAWFORD, Robert G.; ALCHIAN, Armen. Vertical Integration, appropriable rents and the competitive contracting process. *Journal of Law and Economics*, p. 297-326, 1978.

KLEIN, Vinicius. *A economia dos contratos*: uma análise microeconômica. Curitiba: CRV, 2015.

KOÇOUSKI, Ângela Regina. *Qualidade regulatória brasileira*: a Análise de Impacto Regulatório como instrumento indutor de governança na Agência Nacional de Energia Elétrica. Brasília: IPEA, 2016.

KOLLIA, S.; PALLIS, A. A. Competition effects of vertical integration in container ports: assessing the European Commission decisional practice. *Maritime Business Review*, Vol. 9, No. 1, 2024.

LACERDA, Sander Magalhães. Navegação e portos no transporte de contêineres. *Revista do BNDES*, Rio de Janeiro, v. 11, nº 22, 2004.

LANGEN, Peter W. de. *Productive arrangements in container logistics*: policy challenges for granting terminal concessions. Disponível em: https://www.porteconomics.eu/mdocs-posts/2021-de-langen-policy-report/. Acesso em: 25 maio 2024.

LARENZ, Karl. *Base del negocio jurídico y cumplimiento de los contratos*. Tradução: Carlos Fernández Rodríguez. Granada: Comares, 2002.

LIMA, Ruy Cirne. *Princípios de direito administrativo*. 2. ed. Porto Alegre: Globo, 1939.

LOUREIRO, Gustavo Kaercher. *Observações sobre a prorrogação de contratos de programa sob o Marco do Saneamento*: Texto para discussão. FGV: Centro de Estudos em Regulação e Infraestrutura.

MAGALHÃES, Petrônio Sá Benevides. *Transporte marítimo*: cargas, navios, portos e terminais. São Paulo: Aduaneiras, 2010.

MARQUES NETO, Floriano de Azevedo. A Nova Regulação Estatal e as Agências Independentes. *In*: SUNDFELD, Carlos Ari (coord.) *Direito Administrativo Econômico*. São Paulo: Malheiros, 2002.

MARQUES NETO, Floriano de Azevedo. A Nova Regulamentação dos Serviços Públicos. *Revista Eletrônica de Direito Administrativo Econômico*, Salvador, Instituto de Direito Público da Bahia, n. 1, fev. 2005. Disponível em: http://www.direitodoestado.com/revista/REDAE-1-FEVEREIRO-2005-FLORIANO-MARQUES-NETO.pdf. Acesso em: 3 jan. 2024.

MARQUES NETO, Floriano de Azevedo. Abuso de poder regulatório: algo prático na Lei de Liberdade Econômica. *Advocacia HJ*, n. 003, mar. 2020. Disponível em: https://www.oab.org.br/revistas/revista-adv-hj-3a-edicao.pdf. Acesso em: 15 mar. 2024.

MARQUES NETO, Floriano de Azevedo. *Agências reguladoras independentes*: fundamentos e seu regime jurídico. Belo Horizonte: Fórum, 2005.

MARQUES NETO, Floriano de Azevedo. Bens Reversíveis nas Concessões do Setor de Telecomunicações. *Revista de Direito Público da Economia – RDPE*, Belo Horizonte, n. 8, ano 2, out./dez. 2004.

MARQUES NETO, Floriano de Azevedo. Limites à abrangência e à intensidade da regulação estatal. *Revista de Direito Público da Economia – RDPE*, n. 1, v. 1, p. 69-93, mar. 2003.

MARQUES NETO, Floriano de Azevedo. Os Serviços de Interesse Econômico Geral e as Recentes Transformações dos Serviços Públicos. *In*: *Direito Público em Evolução*: Estudos em Homenagem à Professora Odete Medauar. Belo Horizonte: Fórum, 2013.

MARQUES NETO, Floriano de Azevedo. Universalização de serviços públicos e competição: o caso da distribuição de gás natural. *Revista de Direito Administrativo – RDA*, v. 223, 2001.

MARQUES NETO, Floriano de Azevedo; FREITAS, Rafael Véras de. Uber, WhatsApp, Netflix: os novos quadrantes da *publicatio* e da assimetria regulatória. *Revista de Direito Público da Economia – RDPE*, ano 18, n. 56, p. página inicial-página final, out./dez. 2016.

MARQUES NETO, Floriano de Azevedo; GAROFANO, Rafael Roque. Notas sobre o conceito de serviço público e suas configurações na atualidade. *Revista de Direito Público da Economia – RDPE*, Belo Horizonte, ano 12, nº 46, abr./jun. 2014, p. 63-77.

MARQUES NETO, Floriano de Azevedo; LOUREIRO, Caio de Souza. A (re)afirmação do equilíbrio econômico-financeiro das concessões. *Revista de Direito Público da Economia*, Belo Horizonte, a. 12, n. 47, p. 125-151, jul./set. 2014.

MARQUES, Maria Manuel Leitão; ALMEIDA, João Paulo Simões de; FORTE, André Matos. *Concorrência e regulação*: a relação entre a autoridade da concorrência e as autoridades de regulação setorial. Coimbra: Coimbra Editora, 2005.

MARTINS, Licínio Lopes. O equilíbrio econômico-financeiro do contrato administrativo: algumas reflexões. *Revista de Contratos Públicos*, Belo Horizonte, a. 1, n. 1, p. 199-240, mar./ago. 2012.

MATTOS, César; ALLAIN, Marcelo; PINA, Fábio; SACCONATO, André. Terminais portuários de contêineres no Brasil – verticalização, concentração, antitruste e regulação. *BR infra group*, 2021.

MATTOS, César; ALLAIN, Marcelo. Integração vertical entre empresas de navegação e terminais – os bons argumentos que não teimam com os fatos. *AgênciaiNFRA*, iNFRADebate, 22 ago. 2022. Disponível em: https://agenciainfra.com/blog/integracao-vertical-entre-empresas-de-navegacao-e-terminais-os-bons-argumentos-que-nao-teimam-com-os-fatos/#:~:text=Enfim%2C%20os%20bons%20argumentos%20n%C3%A3o,brasileiros%2C%20seguindo%20a%20tend%C3%AAncia%20mundial. Acesso em: 25 abr. 2024.

MAYER, Giovanna. Notas sobre o regime dos portos brasileiros. *In*: MAYER, Giovanna. *Portos e seus regimes jurídicos*: a Lei nº 12.815/2013 e seus desafios. Belo Horizonte: Fórum, 2014.

MCKEAN, Roland N. The Unseen Hand in Government. *American Economic Review*, nº 55, p. 496-506, 1965.

MEDEIROS, Alice Bernardo Voronoff de. *Racionalidade e otimização regulatórias*: um estudo a partir da teoria das falhas de regulação. 2015. Dissertação (Pós-graduação em Direito) – Universidade do Estado do Rio de Janeiro. Rio de Janeiro, 2015.

MEIRELLES, Hely Lopes. *Licitação e Contrato Administrativo*. 13ª ed. São Paulo: Malheiros, 2002.

MENDONÇA, José Vicente Santos de. *Abuso de poder regulatório*: modo de usar (compreensão do art. 4º da lei 13.874/19). p. 3-4. Disponível em: https://www.academia.edu/40442363/Art4Lei_Liberdade_Economica_Final_12672_. Acesso em: 11 jul. 2024.

MENDONÇA, José Vicente Santos de. *Direito constitucional econômico*: a intervenção do estado na economia à luz da razão pública e do pragmatismo. Belo Horizonte: Fórum, 2014.

MILGROM, P. R.; WEBER, R. J. A theory of auctions and competitive bidding. *Econometrica*, v. 50, n. 5, p. 1.089-1.122, sep. 1982.

MOREIRA NETO, Diogo de Figueiredo. *Curso de direito administrativo*. 14. ed. Rio de Janeiro: Forense, 2015.

MOREIRA NETO, Diogo de Figueiredo; FREITAS, Rafael Véras de. *A nova regulação portuária*. Belo Horizonte: Fórum, 2015.

MOREIRA, Egon Bockmann. A nova Lei dos Portos e os regimes de exploração dos portos brasileiros. *In*: RIBEIRO, Leonardo Coelho; FEIGELSON, Bruno; FREITAS, Rafael Véras de (coords.). *A nova regulação da infraestrutura e da mineração*: portos, aeroportos, ferrovias, rodovias. Belo Horizonte: Fórum, 2015.

MOREIRA, Egon Bockmann. Portos brasileiros e seus regimes jurídicos. In: MOREIRA, Egon Bockmann. *Portos e seus regimes* jurídicos: a Lei nº 12.815/2013 e seus desafios. Belo Horizonte: Fórum, 2014.

MOREIRA, Egon Bockmann. Riscos, incertezas e concessões de serviço público. *Revista de Direito Público da Economia*, Belo Horizonte, a. 18, n. 20, p. 35-50, out./dez. 2007.

MOREIRA, Egon Bockmann; CAGGIANO, Heloisa Conrado. Regulação e Delimitação de Regimes Jurídicos – Caso Portos Públicos e Privados: Acórdãos nº 402/2013 e 989/2017, TCU. *In*: MARQUES NETO, Floriano de Azevedo; MOREIRA, Egon Bockmann; GUERRA, Sérgio. *Dinâmica da regulação*: estudo de casos da jurisprudência brasileira – a convivência dos tribunais e órgãos de controle com agências reguladoras, autoridade da concorrência e livre iniciativa. 2ª edição. Belo Horizonte: Fórum, 2021 (Capítulo 5 da Seção 1), p. 71-89.

MSC Bill of Lading. Disponível em: https://www.msc.com/-/media/files/legal-files/bill-of-lading.pdf. Acesso em: 15 maio 2024.

MUNICÍPIO DE ITAJAÍ. *Seara vai assumir as operações de contêineres no Porto de Itajaí*. Disponível em: https://itajai.sc.gov.br/noticia/32102/seara-vai-assumir-as-operacoes-de-conteineres-no-porto-de-itajai. Acesso em: 25 jun. 2024.

NESTER, Alexandre Wagner. *Regulação e concorrência (compartilhamento de infraestruturas e redes)*. São Paulo: Dialética, 2006.

NIEBUHR, Joel de Menezes. O Direito dos arrendatários ao reequilíbrio econômico-financeiro provocado pela assimetria concorrencial e pelo novo Marco Regulatório do Setor Portuário. *In*: PEREIRA, Cesar; SCHWIND, Rafael Wallbach (coord.). *Direito Portuário Brasileiro*. Belo Horizonte: Fórum, 2019.

NÓBREGA, Marcos; CAMELO, Bradson. O que o prêmio Nobel de Economia de 2020 tem a ensinar a Hely Lopes Meirelles? O modelo de licitações que temos no Brasil é eficiente? *Jota.info*, seção Análise, 15 out. 2020.

NOLL, Roger. Economic Perspectives on the Politics of Regulation. *In*: SCHMALENSEE, Richard. *Handbook of Industrial Organization*. V. 2. Disponível em: http://econpapers.repec.org/bookchap/eeeindhes/2.htm. Acesso em: 21 out. 2024.

NORTH, Douglass C. Economic Performance Through Time. *Nobelprize.org*. Nobel Media AB 2014.

NUSDEO, Fábio. *Curso de economia*: introdução ao direito econômico. São Paulo: RT, 1997.

OCDE – ORGANIZAÇÃO PARA COOPERAÇÃO E DESENVOLVIMENTO ECONÔMICO. *Competition issues in liner shipping, 2015*. Disponível em: https://www.oecd.org/daf/competition/competition-issues-in-liner-shipping.htm. Acesso em: 15 maio 2024.

OCDE. *Building an institutional framework for regulatory impact analysis.* Version 1.1 Regulatory Policy Division Directorate for Public Governance and Territorial Development. Paris, 2008.

OCDE. *Recomendação do Conselho sobre Política Regulatória e Governança,* 2012. Disponível em: https://www.oecd.org/gov/regulatory-policy/Recommendation%20PR%20with%20 cover.pdf. Acesso em: 11 jul. 2024.

OCDE. *Relatórios de Avaliação Concorrencial da OCDE*: Brasil. 2022. Disponível em: https:// www.oecd.org/competition/relatorios-de-avaliacao-concorrencial-da-ocde-brasil-283dc7c1-pt.htm. Acesso em: 06 jun. 2024.

OCDE. *The Essential Facilities Concept.* Paris: OECD, 1996.

OCDE. *Working party nº 2 on competition and regulation*: Competition issues in liner shipping, 2015. Disponível em: https://one.oecd.org/document/DAF/COMP/WP2(2015)3/En/pdf. Acesso em: 24 maio 2024.

OGUS, A. I. *Regulation*: Legal Form and Economic Theory. Oxford: Hart Publishing, 2004.

OLIVEIRA NETO, Dario da Silva; MACEDO, Alexandre Cordeiro. Abuso de poder regulatório: uma evolução da advocacia da concorrência no Brasil. *Revista de Defesa da Concorrência*, v. 9, nº 2, 2021.

OLIVEIRA, Gesner; RODAS, João Grandino. *Direito e economia da concorrência.* São Paulo: Editora Revista dos Tribunais, 2013.

ORBACH, Barak. What Is Government Failure. *Yale Journal on Regulation Online*, New Haven, n. 30, p. 44-56, 2013. Disponível em: http://ssrn.com/abstract=2219709. Acesso em: 15 ago. 2024.

PACHECO, Renata Cristina Vasconcelos. As assimetrias regulatórias do setor portuário: arrendamentos portuários e terminais de uso privado. *Publicações da Escola da AGU*, 2021.

PELTZMAN, Sam. A teoria econômica da regulação depois de uma década de desregulação. *In*: MATTOS, Paulo Todescan Lessa (coord.). *Regulação econômica e democracia*: o debate norte-americano. São Paulo: Ed. 34, 2004.

PELTZMAN, Sam. *Theory of regulation after a decade of deregulation.* Political participation and government regulation. Chicago: University of Chicago Press, 1989; 1998.

PEREIRA, Cesar Augusto Guimarães. A Medida Provisória nº 595 – Mudanças no marco regulatório do setor portuário no Brasil. *Interesse Público*, Belo Horizonte, a. 23, n. 77, nov./dez. 2012.

PEREIRA, Cesar; SCHWIND, Rafael Wallbach. O Marco Regulatório do Setor Portuário brasileiro. *In*: PEREIRA, Cesar; SCHWIND, Rafael Wallbach (Coord.). *Direito Portuário Brasileiro*. Belo Horizonte: Fórum, 2019.

PEREIRA, Flávio Henrique Unes; SILVEIRA, Marilda de Paula; COMBAROLLI, Bruna R. A identificação dos bens reversíveis: do ato ao processo administrativo. *Fórum Administrativo – FA*, Belo Horizonte, ano 14, n. 165, p. 38-44, nov. 2014.

PERRY, M. K. Vertical Integration: Determinants and Effects. *In*: SCHEMALENSEE, R.; WILLIG, R. (org.). *Handbook of Industrial Organization*. New York: The MIT Press, 1989.

PHILLIPS JR., C. F. *The regulation of public utilities*: theory and practice. Arlington, VA: Public Utilities Report Inc., 1993.

PINDYCK, Robert; RUBINFELD, Daniel. *Microeconomia*. São Paulo: Pearson Education do Brasil, 2013.

PINHEIRO, Armando Castelar; RIBEIRO, Leonardo Coelho. *A regulação das ferrovias*. Rio de Janeiro: FGV, 2017.

PINHEIRO, Bruno de Oliveira; MONTEIRO, Sandro José. Regulação tarifária e expansão das autorizações: dois avanços, lado a lado, da Lei nº 10.233, de 2001. *In*: TOJAL, Sebastião Botto de Barros; SOUZA, Jorge Henrique de Oliveira (coord.). *Direito e Infraestrutura*: portos e transporte aquaviário – 20 anos da Lei nº 10.233/2001. V. 1. Belo Horizonte: Fórum, 2021.

POSNER, Richard. Teorias da regulação econômica. *In*: MATTOS, Paulo (coord.). *Regulação econômica e democracia*: o debate norte-americano. Tradução: Mariana Mota Prado. São Paulo: Ed. 34, 2004.

PROSSER, Tony. *Law and the Regulators*. Oxford: Claredon Press, 1997.

PRZEWORSKI, Adam. Reforma do Estado, responsabilidade política e intervenção econômica. *Revista Brasileira de Ciências Sociais*, São Paulo, v. 11, n. 32, p. 18-38, out. 1996.

RAGAZZO, Carlos Emmanuel Joppert Ragazzo. A Regulação da Concorrência. *In*: *A Regulação no Brasil*: Enfoques Diversos. Rio de Janeiro: Editora FGV, 2013. p. 1-19.

RAGAZZO, Carlos Emmanuel Joppert. *Regulação jurídica, racionalidade econômica e saneamento básico*. Rio de Janeiro: Renovar, 2011.

RAPOSO, P. *Entenda por que, em Suape, as tarifas para contêiner são as mais altas do Brasil*. Disponível em: https://movimentoeconomico.com.br/economia/portos/2022/06/01/entenda-porque-em-suape-as-tarifas-para-conteiner-sao-mais-altas-do-brasil/. Acesso em: 25 jun. 2024.

RESENDE, Guilherme Mendes. Fomento ao setor portuário, segurança jurídica e a SSE. *Jota.info*, Portos, 18 jul. 2024. Disponível em: https://www.jota.info/artigos/fomento-ao-setor-portuario-seguranca-juridica-e-a-sse. Acesso em: 21 out. 2024.

RIBEIRO, Leonardo Coelho. *Contêineres em Santos, verticalização portuária e falácia do espantalho*. Disponível em: https://agenciainfra.com/blog/infradebate-conteineres-em-santos-verticalizacao-portuaria-e-falacia-do-espantalho/. Acesso em: 02 nov. 2024.

RIBEIRO, Leonardo Coelho. *O direito administrativo como "caixa de ferramentas"*: uma nova abordagem da ação pública. São Paulo: Malheiros, 2017.

RIBEIRO, Leonardo Coelho. O novo marco regulatório dos portos: entre grandes objetivos e inadequadas exigências. *In*: MOREIRA, Egon Bockmann (org.). *Portos e seus regimes jurídicos*: a Lei nº 12.815/2013 e seus desafios. 1. ed. v. 1. Belo Horizonte: Fórum, 2014.

RIBEIRO, Leonardo Coelho. Presunções do ato administrativo, capacidades institucionais e deferência judicial *a priori*: um mesmo rosto, atrás de um novo véu? *Revista de Direito Administrativo Contemporâneo – ReDAC*, São Paulo, v. 4, n. 22, p. 85-115, jan./fev. 2016.

ROCHA, Nara Rejane Moraes da. *Responsabilidade civil do operador portuário*. São Paulo: Aduaneiras, 2014.

RODRIGO, Délia. *Regulatory Impact Analysis in OECD Countries Challenges for Developing Countries*: South Asian Third High level Investment Roundtable, 2005.

SALGADO, Lucia Helena. *Política de concorrência*: tendências recentes e o estado da arte no Brasil. Brasília: IPEA, 1995. p. 5. Disponível em: https://repositorio.ipea.gov.br/handle/11058/1725. Acesso em: 1º jun. 2024.

SALGADO, Lucia Helena; HOLPERIN, Michelle Moretzsonh. *Análise de impacto*: ferramenta e processo de aperfeiçoamento da regulação. Disponível em: http://www.agersa.es.gov.br/arquivos/relatorios/Analise%20do%20Impacto%20Regulatorio%20Ferramenta%20e%20Processo%20de%20Aperfeicoamento%20da%20Regulacao.pdf.

SAMPAIO, Patrícia Regina Pinheiro. *Regulação e concorrência nos setores de infraestrutura*: análise do caso brasileiro à luz da jurisprudência do CADE. Tese de Doutorado em Direito, Universidade de São Paulo, São Paulo, 2012.

SAMPAIO, Patrícia. *Superação da doutrina Chevron e a legitimidade do ato administrativo*. Disponível em: https://www.jota.info/opiniao-e-analise/colunas/publicistas/superacao-da-doutrina-chevron-e-a-legitimidade-do-ato-administrativo. Acesso em: 6 nov. 2024.

SAMPAIO, Patrícia; ARAÚJO, Thiago. Previsibilidade ou resiliência? Notas sobre a repartição de riscos em contratos administrativos. *Revista de Direito da Procuradoria Geral*, Rio de Janeiro, edição especial: Administração Pública, risco e segurança jurídica, p. 311-333, 2014.

SANDRONI, Paulo. *Novíssimo dicionário de economia*. 14. ed. São Paulo: Best Seller, 2004.

SARMENTO, Daniel. *A ponderação de interesses na Constituição Federal*. Rio de Janeiro: Lumen Juris, 2002.

SCAFF, Fernando Facury. *A responsabilidade civil do Estado intervencionista*. 2. ed. Rio de Janeiro: Renovar, 2005.

SCHIRATO, Vitor Rhein. A experiência e as perspectivas da regulação do setor portuário no Brasil. *Revista de Direito Público da Economia – RDPE*, Belo Horizonte, ano 6, nº 23, p. 171-190, jul./set. 2008.

SCHIRATO, Vitor Rhein. *A livre iniciativa nos serviços públicos*. Belo Horizonte: Editora Fórum, 2012.

SCHUARTZ, L. F. Ilícito antitruste e acordos entre concorrentes. *In*: POSSAS, M. L. (org.). *Ensaios sobre Economia e Direito da Concorrência*. São Paulo: Singular, 2002.

SCHWIND, Rafael Wallbach. Modificações na regulamentação do setor portuário – As novidades introduzidas pelo Decreto nº 9.048. *In*: PEREIRA, Cesar; SCHWIND, Rafael Wallbach (Coords.). *Direito Portuário Brasileiro*. Belo Horizonte: Fórum, 2019.

SCHWIND, Rafael Wallbach; NIEBUHR, Karlin Olbertz. Considerações críticas sobre a movimentação mínima contratual (MMC) em arrendamentos portuários: um conceito que demanda revisão. *In*: PEREIRA, Cesar; SCHWIND, Rafael Wallbach (coord.). *Direito Portuário Brasileiro*. Belo Horizonte: Fórum, 2019.

SHAVELL, Steven. Economic Analysis of Property Law. *Harvard Law and Economics Discussion Paper*, Boston, n. 399, 2002.

SILVA, Luiz Fernando Soggia Soares da. *Metodologia de reequilíbrio econômico-financeiro aplicada a contratos de arrendamento do setor portuário brasileiro*. 2015. Dissertação (Mestrado em Engenharia) – Escola Politécnica da Universidade de São Paulo, Universidade de São Paulo, São Paulo, 2015.

SIMON, Herbert. *El comportamiento administrativo*: estudio de los procesos decisorios en la organización administrativa. Buenos Aires: Aguilar, 1988.

SMITH, Adam. *A riqueza das nações*: investigação sobre sua natureza e suas causas. Tradução: Luiz João Baraúna. São Paulo: Abril Cultural, 1983.

SOUSA, Maurício Araquam de. Proposta de flexibilização do atual modelo de arrendamento portuário. *In*: PEREIRA, Cesar; SCHWIND, Rafael Wallbach (coord.). *Direito Portuário Brasileiro*. Belo Horizonte: Fórum, 2019.

SOUTO, Marcos Juruena Villela. *Direito Administrativo das Concessões*. 5ª edição. Rio de Janeiro: Lúmen Júris, 2004.

SOUTO, Marcos Juruena Villela. *Direito Administrativo regulatório*. Rio de Janeiro: Lumen Juris, 2004.

SOUZA, Jorge Henrique de Oliveira. Flexibilização dos contratos de arrendamento. *In*: TOJAL, Sebastião Botto de Barros; SOUZA, Jorge Henrique de Oliveira (coord.). *Direito e Infraestrutura*: portos e transporte aquaviário – 20 anos da Lei nº 10.233/2001. V. 1. Belo Horizonte: Fórum, 2021.

STIGLER, G. J. The theory of economic regulation. *In*: STIGLER, G. J. (org.). *The citizen and the State*: essays on regulation. Chicago; London: The University of Chicago Press, 1971.

STIGLER, George J. A Teoria da Regulação Econômica. *In*: MATTOS, Paulo *et al*. (coord.) *Regulação Econômica e Democracia*. São Paulo: Editora 34, 2004. p. 23-48.

STIGLITZ, Joseph E. Reforming the Global Economic Architecture: Lessons from Recent Crises. *The Journal of Finance*, New York, v. 54, n. 4, Papers and Proceedings, Fifty-Ninth Annual Meeting, American Finance Association, January 4-6, 1999 (Aug., 1999).

STIGLITZ, Joseph; WALSH, Carl. *Introdução à microeconomia*. Rio de Janeiro: Campus, 2003.

SUNDFELD, Carlos Ari. *Licitação e contrato administrativo de acordo com as leis 8.666/93 e 8.883/94*. São Paulo: Malheiros, 1995.

SUNDFELD, Carlos Ari; CÂMARA, Jacintho Arruda. Terminais portuários de uso privativo misto: as questões da constitucionalidade e das alterações regulatórias. *Revista de Direito Público da Economia – RDPE*, Belo Horizonte, ano 10, n. 37, jan./mar. 2012.

SUNDFELD, Carlos Ari. Utilização remunerada do espaço público pelas concessionárias de serviço. *Revista de Direito Municipal*, jan./mar. 2003.

SUNSTEIN, C. As funções das normas reguladoras. *Revista de Direito Público da Economia*, Belo Horizonte, ano 1, nº 3, p. 33-65, 2003.

SUNSTEIN, C. Paradoxes of the Regulatory State. *The University of Chicago Law Review*, Administering the Administrative State, v. 57, nº 2, p. 407-441, Spring, 1990.

SUNSTEIN, Cass R.; VERMEULE, Adrian. Interpretation and Institutions. John M. Olin Program. *Law and Economics Working Paper* n. 156, 2002. Disponível em: http://chicagounbound.uchicago.edu/cgi/viewcontent.cgi?article=1279&context=law_and_economics. Acesso em: 12 maio 2024.

SUNSTEIN, Cass. *After Rights Revolution*: Reconceiving the Regulatory State. Massachusetts: Harvard University Press, 1993.

SUNSTEIN, Cass. *Risk and Reason Safety, Law and the Environment*. USA: Cambridge University Press, 2002.

SZTAJN, Rachel. Law and economics. *In*: ZYLBERSZTAJN, Décio; SZTAJN, Rachel. *Direito & economia*: análise econômica do direito e das organizações. Rio de Janeiro: Elsevier, 2005.

TAFUR, Diego Jacome Valois. Contratos conexos no âmbito do project finance. *Revista Brasileira de Infraestrutura – RBINF*, Belo Horizonte, ano 2, n. 4, jul./dez. 2013.

TEUBNER, Gunther. *Network as connected contracts*. Tradução: Michelle Everson. p. 17. Disponível em: http://ssrn.com/abstract=1233545. Acesso em: 18 abr. 2024.

TOLMASQUIN, Mauricio Tiomno. *Novo Modelo do Setor Elétrico*. Rio de Janeiro: Sinergia, 2011.

TORGAL, Lino; GERALDES, João de Oliveira. Concessões de actividades públicas e direito de exclusivo. *Revista de Direito Público da Economia – RDPE*, Belo Horizonte, v. 10, n. 37, p. 151-176, jan./mar. 2012.

TORRES, Silvia Faber. *O princípio da subsidiariedade no direito público contemporâneo*. Rio de Janeiro: Renovar, 2001.

TRAVASSOS, Marcelo Zenni. *A legitimação jurídico-moral da regulação estatal à luz de uma premissa liberal-republicana*: autonomia privada, igualdade e autonomia pública. Rio de Janeiro: Editora Renovar, 2015.

UNCTAD – UNITED NATIONS CONFERENCE ON TRADE AND DEVELOPMENT. *Best practices for defining respective competences and settling of cases, which involve joint action by competition authorities and regulatory bodies*, 2006. Disponível em: https://unctad.org/system/files/official-document/tdrbpconf6d13rev1en.pdf. Acesso em: 17 maio 2024.

VASCONCELOS, Adalberto. Exemplos mundiais são inspiração para licitação do STS10 no Porto de Santos. *Jota.info*, Porto, 31 maio 2022. Disponível em: https://www.jota.info/opiniao-e-analise/artigos/exemplos-mundiais-sao-inspiracao-para-licitacao-do-sts10-no-porto-de-santos-31052022?non-beta=1. Acesso em: 25 abr. 2024.

VERMEULE, Adrian. Rationally Arbitrary Decisions (in Administrative Law). *Harvard Public Law Working Paper* n. 13-24. Disponível em: http://papers.ssrn.com/sol3/papers.cfm?abstract_id=2239155. Acesso em: 12 maio 2024.

VISCUSI, W. Kip. *Economics of regulation and antitrust*. Massachusetts: Mit Press, 2005.

WILLIAMSON, O. E. Economics of Organization: The Transaction Cost Approach. *American Journal of Sociology*, Chicago, v. 87, n. 3, p. 548-577, 1981.

WILLIAMSON, O. E. *The Economic Institutions of Capitalism*. New York: The Free Press, 1985.

WOLF JR., Charles. *Framework for Implementation Analysis*, 1978. Disponível em: http://www.rand.org/content/dam/rand/pubs/papers/2006/P6034.pdf. Acesso em: 15 ago. 2024.

WOLF JR., Charles. *Markets or governments*: choosing between imperfect alternatives. Santa Mônica: The Rand Corporation, 1986.

Esta obra foi composta em fonte Palatino Linotype, corpo 10
e impressa em papel Pólen Bold 70g (miolo) e Supremo 250g (capa)
pela Gráfica Star7.